Steinert
Das Verhängnis der Gesellschaft
und das Glück der Erkenntnis

KRITISCHE THEORIE UND KULTURFORSCHUNG

Herausgegeben von Ursula Apitzsch, Alex Demirović und Heinz Steinert

Band 10

In dieser Buchreihe erscheinen „Kulturstudien“ mit der theoretischen Fundierung in einer - angemessen weitergedachten - Kritischen Theorie. Dazu ist die Arbeit an zentralen Begriffen nötig: Ungleichheit und Statuskämpfe, besonders die Politik der gebildeten Klasse, Ethnizität und Verschiedenheit, subkulturelle Praktiken und Lebensweisen, Kulturindustrie, Kunst und ihre Rezeption, auch die Beziehung zur Psychoanalyse, in der das Subjekt in der Kritischen Theorie bestimmt wird, muss neu gesucht werden.

Kulturforschung legt die gesellschaftstheoretische Konzeption einer Produktionsweise nahe, ohne deshalb „Totalität“ unterstellen zu müssen, sie verweist auf einen grundlegenden Vergesellschaftungsmodus („Warenförmigkeit“), ohne deshalb die Widersprüche, Ungleichzeitigkeiten, Differenzierungen zu vernachlässigen.

Kulturforschung ermöglicht, indem sie Kulturindustrie und die Stellung der Intellektuellen in ihr zum Ausgangspunkt macht, eine *reflexive* Soziologie in der Tradition der Kritischen Theorie.

Bisher erschienen:

Band 1: Christine Resch: Die Schönen Guten Waren: Die Kunstwelt und ihre Selbstdarsteller (1999)

Band 2: Tomke Böhnisch: Gattinnen - die Frauen der Elite (1999)

Band 3: Christian Schneider/Cordelia Stillke/Bernd Leineweber: Trauma und Kritik (2000)

Band 4: Gottfried Oy: Die Gemeinschaft der Lüge - Medien- und Öffentlichkeitskritik sozialer Bewegungen in der Bundesrepublik (2001)

Band 5: Kerstin Rathgeb: Helden wider Willen. Frankfurter Swing-Jugend zwischen Verfolgung und Idealisierung (2001)

Band 6: Ursula Apitzsch/Mechtild M. Jansen (Hrsg.): Migration, Biographie und Geschlechterverhältnisse (2003)

Band 7: Christine Resch/Heinz Steinert: Die Widerständigkeit der Kunst - Entwurf einer Interaktionsästhetik (2003)

Band 8: Oliver Brüchert: Autoritäres Programm in aufklärerischer Absicht - Wie Journalisten Kriminalität sehen (2005)

Band 9: Ellen Bareis: Verkaufsschlager - Urbane Shoppingmalls - Orte des Alltags zwischen Nutzung und Kontrolle (2007)

Heinz Steinert, geb. 1942, Studium der Philosophie, Psychologie und Literaturwissenschaften in Wien, Ausbildung in der Wiener Psychoanalytischen Vereinigung, Habilitation für Soziologie in Graz, Mitbegründer und bis 2000 wissenschaftlicher Leiter des Instituts für Recht und Kriminalsoziologie in Wien, Professor für Soziologie an der J.W. Goethe-Universität Frankfurt.

Heinz Steinert

Das Verhängnis der Gesellschaft und das Glück der Erkenntnis: *Dialektik der Aufklärung* als Forschungsprogramm

WESTFÄLISCHES DAMPFBOOT

Bibliografische Information der Deutschen Bibliothek
Die Deutsche Bibliothek verzeichnet diese Publikation in der Deutschen Nationalbibliografie; detaillierte bibliografische Daten sind im Internet über http://dnb.ddb.de abrufbar.

1. Auflage Münster 2007

Umschlag: Lütke · Fahle · Seifert, Münster
Druck: Rosch-Buch Druckerei GmbH, Scheßlitz
ISBN 978-3-89691-710-2

Inhalt

Zum Anlass: Sechzig Jahre *Dialektik der Aufklärung*

Die *Dialektik der Aufklärung* ist 1947 bei Querido in Amsterdam erschienen.

Sie wurde unter dem Eindruck des Nationalsozialismus im Exil in Kalifornien geschrieben. Sie ist heute so aktuell wie damals.

Wenn wir den Soziologen glauben sollen, leben wir heute in einer „Wissensgesellschaft", in den USA vereinfacht zum „information age", und gehen damit einer großen Zukunft entgegen. Wissensgesellschaft und -ökonomie aber bedeuten, dass Wissen - herkömmlich als Teil der gesellschaftlichen Infrastruktur verstanden und per Schule, die für alle frei zugänglich (und verpflichtend) ist, sowie in der Öffentlichkeit verschiedener Medien umfassend zur Verfügung gestellt bis (wie es viele empfinden) aufgedrängt - wo immer möglich zur Ware gemacht wird. „Kultur als Ware", das ist die allgemeinste Formel für das, was in einem Kapitel von Horkheimer/Adornos *Dialektik der Aufklärung* als „Kulturindustrie" untersucht wird. „Instrumentelle Vernunft" kann als der allgemeinere Zentralbegriff dieses Buchs bestimmt werden. Kritische Theorie und die *Dialektik der Aufklärung* als ihre entscheidende Formulierung verfügen über ein passgenaues theoretisches Vokabular für die Einordnung und Kritik der „Wissensgesellschaft" und zur weitergehenden Interpretation zeitgenössischer Phänomene.

Die Grundgedanken der *Dialektik der Aufklärung* lassen sich in einigen Merksätzen umreißen: Der menschheitsgeschichtliche Prozess der Aufklärung hat seinen Höhepunkt in einer heillos hungernden, von Seuchen geplagten, in Kriege und Völkermorde verwickelten Menschheit und in der Möglichkeit ihrer kriegerischen wie ökologischen Selbstzerstörung erreicht. Der Fortschritt der Produktivkräfte wird von einem ebensolchen Fortschritt der Herrschaftsmittel begleitet. Je mehr nach den objektiven Voraussetzungen eine befreite Gesellschaft möglich wäre, umso wirksamer wird sie herrschaftlich verhindert. Die heutige Form dieser Herrschaft kann als „Kulturindustrie" - die waren- und verwaltungsförmige Zurichtung schon des Denkens - beschrieben werden. Die Trägerin der Aufklärung seit dem 19. Jahrhundert, die Arbeiterbewegung, ist längst (in ihren verschiedenen Organisationsformen unterschiedlich) von einer Emanzipationsbewegung zu einem Herrschaftsregime geworden (und inzwischen historisch überholt). Die Aufklärung dieses Verhängnisses der Aufklärung ist Aufgabe einer Kritischen Theorie der Gesellschaft.

Die *Dialektik der Aufklärung* war in den ersten zwanzig Jahren nach ihrem Erscheinen in einer kleinen und nur langsam verkauften Auflage praktisch unbekannt. Wirksam wurde sie in dieser Zeit über das, was ihre beiden Autoren sonst zur intellektuellen Agenda der nachfaschistischen Zeit in Deutschland und Europa beitrugen. Sie war in der Studentenbewegung in Raubdrucken verbreitet. Erst 1969, kurz vor dem Tod Adornos, wurde sie als Taschenbuch wieder aufgelegt. Diese Ausgabe ist seither - unter wechselnden Umschlag-Farben - in den Buchhandlungen geblieben und hält derzeit bei der 16. Auflage. Zusätzlich ist sie in zwei weiteren Ausgaben im Rahmen der *Gesammelten Schriften* Adornos (AGS 3) und der *Gesammelten Schriften* Horkheimers (HGS 5) erhältlich.[1] Eine englische Ausgabe ist ebenso kontinuierlich und in wechselnden Editionen (aber in derselben Übersetzung) seit 1972 verfügbar. In ihren letzten vierzig Jahren ist die *Dialektik der Aufklärung* ein Klassiker der Gesellschaftstheorie geworden und geblieben - was ja bekanntlich nicht unbedingt heißt, dass ein solches Buch viel gelesen würde.

Noch weniger sicher ist es, dass ein Klassiker aktualisiert wird und so lebendig bleibt. Er kann auch musealisiert werden - ehrfürchtig oder als Kuriosität bestaunt, aber der Staub, der sich auf ihm ablagert, stört nicht weiter. Die wirksamste Legitimation für eine solche Musealisierung hat schon in den 1970ern Jürgen Habermas geliefert, indem er die Gedanken der *Dialektik der Aufklärung* für zu radikal und zum „performativen Selbstwiderspruch", der sich selbst die Grundlage der Gesellschaftskritik entziehe, dazu für pessimistisch und insgesamt eine Sackgasse erklärte. Das ist in der Habermas-Schule bis heute der Tenor geblieben. Ich sehe das nicht so: Kritische Theorie ist als Denkform der Reflexivität lebendig und in ihren theoretischen Modellen aktuell anwendbar. Die Revision, die von der Habermas-Schule vollzogen wurde, ist nicht die einzige oder gar die einzig denkbare Fortführung der Kritischen Theorie seit den 1970ern. Die Aufgabe der Kritischen Theorie der Gesellschaft: Aufklärung der Aufklärung, kann und wird mit zeitgemäßen Fragestellungen, die aus der *Dialektik der Aufklärung* gewonnen werden können, weiter verfolgt werden.

In diesem Buch stelle ich (im vierten Abschnitt) ein Forschungsprogramm vor, das diese Aufgabe heute orientieren kann. Dazu ist es auch nötig, (im dritten Abschnitt) die Schicksale der Kritischen Theorie besonders in den sechzig Jahren seit Erscheinen der *Dialektik der Aufklärung* zu untersuchen und sie mit den Entwicklungen der Erfahrung von Gesellschaft in dieser Zeit zu verbinden. Im zweiten Abschnitt wird die heutige Herrschaftsform „erweiterte Kulturindustrie" an Beispielen umrissen. Dazu ist es auch nötig, (im ersten Abschnitt) das Verständnis von „Aufklärung" zu untersuchen und zu entwickeln, mit dem eine Kritische Theorie der Gesellschaft heute arbeiten kann. In der Vorrede wird an die zentralen Eigenheiten der Kritischen Theorie als Befreiungstheorie erinnert. Zwei Exkurse illustrieren an Materialien aus der Geschichte des Nachdenkens über Befreiung die Schicksale des Indiviuums wie der abendländischen Aufklärung.

"Be reasonable, man. I'll be glad to explain the meaning of life, but not during rush hour."

Vorrede: Schicksale der Kritischen Theorie

Keine andere Theorie-Schule in den Sozialwissenschaften hat ein ähnlich absonderliches Schicksal wie die Kritische Theorie der Frankfurter Schule.

Wir können uns als Analogie eine Psychoanalyse vorzustellen versuchen, wie sie heute aussähe, wenn Freud im 66. Lebensjahr, also 1921 gestorben wäre: Anna Freud hätte die unvollendete *Massenpsychologie und Ich-Analyse* posthum herausgegeben, das Berliner Psychoanalytische Institut unter der Leitung von Max Eitingon wäre als organisatorisches Zentrum nachgefolgt und C.G.Jung hätte sich die bestimmende theoretische Position in der Psychoanalyse erkämpft. Jung und seine Schüler hätten die Geschichte der Psychoanalyse als eine von Freuds Fehlern und Defiziten, die nun endlich überwunden seien, umgeschrieben. Jung hätte natürlich zugleich behauptet, der einzig legitime Erbe Freuds und der Psychoanalyse zu sein. Die anderen Schüler und Mitarbeiterinnen Freuds hätten sich in der Wissenschaftsgeschichte verloren. Freuds Schriften hätten den Namen „Ältere Psychoanalyse" bekommen und würden heute weniger gelesen als die Jungs. Wer sich nicht spezialistisch und mit einem scharfen Blick auf die feinen und groben Unterschiede mit Psychoanalyse beschäftigt, würde sie heute mit C.G.Jung und seinen Komplexen und Archetypen gleichsetzen.

Die Kritische Theorie der Frankfurter Schule zeichnet sich zunächst dadurch aus, dass sie überhaupt als „Schule" wahrgenommen wird. Wir haben sonst in den Sozialwissenschaften eher Einzelfiguren, die Theorie-Richtungen markieren: Max Weber, Georg Simmel, vielleicht noch Talcott Parsons und Niklas Luhmann. Ihnen ordnen sich dann die präsumtiven Nachfolger im Handgemenge um die authentische Interpretation zu. Marx ist noch ein besonderer Fall, mit der für eine Theorie einmaligen Geschichte von wechselnden machtbewehrten Orthodoxien, die seinen Namen benützten, und den vielen darum gruppierten Dissidenten und Ausgestoßenen.

Die Kritische Theorie hingegen hat zwei zentrale Personen: Horkheimer und Adorno, und sie wird als zusammengehörige Gruppierung wahrgenommen, aus der nur einmal jemand explizit ausgeschlossen wurde, nämlich Erich Fromm in New York, während sonst die Breite der unterschiedlichen Zugänge akzeptiert oder nicht beachtet wurde und wird. (Täte man das konsequent, würden schnell beachtliche Unterschiede zwischen den Einzelpersonen sichtbar, die in wechselnder Besetzung in dieser Gruppe zusammenarbeiteten.) In der ersten Phase ab 1930 in Frankfurt und dann im US-Exil dominierte Horkheimer, in der zweiten in der BRD und zurück in Frankfurt Adorno. Die *Dialektik der Aufklärung* verknüpft die beiden Phasen und ist das Dokument der unmittelbarsten Kooperation ihrer beiden Träger.

Die Frankfurter Schule, die diesen Namen erst in den 1950er Jahren bekam und theoretisch wie wissenschaftspolitisch entscheidend von Adorno geprägt ist, wäre mit seiner damals wirksam gewordenen Theorie-Produktion in *Minima Moralia*, *Prismen* und *Negative Dialektik* und mit seinen musik- und literaturtheoretischen Arbeiten zu identifizieren. Dass er daneben noch ein Forschungsinstitut, das wiedergegründete Institut für Sozialforschung leitete, wurde öffentlich viel weniger wahrgenommen. In der Soziologie war das anders: Da waren das *Gruppenexperiment* (1955), die ersten industriesoziologischen Arbeiten (1955) und *Student und Politik* (1961) von einiger Bedeutung, wurden aber auch hier von Adorno als Theoretiker, mit dessen Veröffentlichungen diese empirischen Arbeiten praktisch nichts zu tun hatten, überschattet.

Horkheimer hatte sich damals zuerst in die Politik und dann in die Schweiz zurückgezogen und versuchte, ganz anders als Adorno, seine Arbeiten aus der von ihm geprägten ersten Phase der Kritischen Theorie in der Weimarer Zeit und im US-Exil eher zu verstecken. Er schloss auch nach der *Eclipse of Reason* (1947, deutsch erst 1967) nicht mehr mit einer größeren Arbeit an sie an. Mit ihm hatte die so verstandene Frankfurter Schule durch seine Lehrtätigkeit und vor allem über Adornos Loyalitäts-Beteuerungen zu tun. Die *Dialektik der Aufklärung* war damals praktisch unbekannt und de facto, außer im Raubdruck in der Studentenbewegung, öffentlich erst wieder 1969 zugänglich. In der Phase der Prominenz und öffentlichen Wirksamkeit der Kritischen Theorie als „Frankfurter Schule" war das, was heute als ihr Schlüssel-, wenn nicht Hauptwerk behandelt wird, schlicht nicht vorhanden.

In der öffentlichen Aufmerksamkeit war es in der Zeit der Studentenbewegung besonders Herbert Marcuse, der als Vertreter der Kritischen Theorie galt - und in den USA ohnehin.[1] In Deutschland blieb Adorno bestimmend. Er wurde in den USA erst posthum, etwa seit den 1980ern bekannt, vor allem mit der *Aesthetic Theory*[2], und wechselte sich in der akademischen Hochschätzung zu Zeiten (in den 1990ern) mit Walter Benjamin ab. Ansonsten war es seit den 1980ern Habermas, der international als *der* Vertreter der Kritischen Theorie verstanden wurde und auch im Angelsächsischen die „ältere Kritische Theorie", wie sie jetzt bezeichnet wurde, ablöste.[3] Er gilt in der kanonischen Theorie-Geschichtsschreibung als der Erbe, wenn nicht Vollender der Kritischen Theorie.

Inhaltlich wird damit beiden, Habermas und der Kritischen Theorie, unrecht getan. Habermas hat ein eigenständiges Theoriegebäude errichtet. Um das tun zu können, hat er das Paradigma der Kritischen Theorie kritisiert und es in allen wichtigen Dimensionen verlassen.[4] Die Originalität seines Entwurfs einer *Theorie des kommunikativen Handelns* wird nur geschmälert, wenn man sie zu eng in den Kontext der Kritischen Theorie zwingen will. Dazu gibt es jedenfalls heute keinen Grund mehr. Im Rückblick sind die Geschicke der Kritischen Theorie in den 1970/80ern vielfältiger und interessanter, als es das gängige Erbschafts-Modell darstellt.

Nach Adornos Tod 1969 wurde die Kritische Theorie in Deutschland in erstaunlich kurzer Zeit aus der Öffentlichkeit gedrängt. Zu den Angriffen von außen, die sich jetzt unter dem Stichwort „geistige Wegbereiter des Terrorismus" zur angedrohten politischen Eliminierung verschärften, kamen die internen Auseinanderentwicklungen. Am Institut für Sozialforschung setzte sich eine stärker arbeiterbewegungs-marxistisch fundierte Richtung der Gewerkschafts- und Industrieforschung durch, die sich von Adornos Kulturtheorie weit abwandte. Friedeburg wurde Minister und hatte für einige Zeit ganz andere als Theorie-Sorgen. Habermas ging 1971 nach Starnberg und war überhaupt mit der Ausformulierung seiner *Theorie des kommunikativen Handelns* beschäftigt. Der aus Philosophie-, Wirtschaftswissenschaften- und Lehrerausbildungs-Orientierung neu zusammengesetzte Fachbereich Gesellschaftswissenschaften an der Universität Frankfurt war entsprechend inhomogen und hatte zunächst allenfalls ein paar versprengte Einzelkämpfer der Kriti- [illegible] Gruppe von Schülern versammelte sich um Oskar Negt in Hannover. Besonders sein mit Alexander Kluge geschriebenes Buch *Geschichte und Eigensinn* (1981) ließ den Glanz der Frankfurter Schule noch einmal aufblitzen und blieb wohl genau dadurch isoliert.[5] Die meisten anderen saßen vereinzelt an den diversen neuen Universitäten. Öffentliche Aufmerksamkeit und Prominenz in der „großen" Öffentlichkeit fand von ihnen allen, als der Staub des Zerfalls der Studentenbewegung und des Aufräumens nach ihr sich gesetzt hatte, vor allem Habermas.[6]

Kritische Theorie ist eine besonders elaborierte Variante von Befreiungstheorie – und, weil von keinerlei Fortschritts-Euphorie verblendet, eine besonders realistische.

„Befreiungstheoretisches" Denken heißt, von einer herrschaftlich organisierten und stabilisierten Gesellschaft und ihrer Politik auszugehen und über sie unter der Perspektive nachzudenken, wie sich diese Herrschaft wodurch und von wem zumindest reduzieren, wenn nicht aufheben lässt. Im Gegensatz dazu erkennt man „ordnungstheoretisches" Denken am besten daran, dass es von einem entweder chaotischen oder hoch labilen und gefährdeten Zustand der Gesellschaft ausgeht und danach fragt, wie er stabilisiert und in eine haltbare Ordnung gebracht werden kann. Das kann explizit als die Frage danach geschehen, wie sich eine bestimmte Herrschaft sichern lässt: Hobbes und besonders Machiavelli haben das erfreulich offen getan, spätere Schriften zur Regierungskunst bis hin zu Überlegungen zur (richtigen) Struktur des internationalen Systems und zum Management der Politik (und vor allem natürlich der Wirtschaft) tun das verschämter. Soziologen haben eine Neigung, nicht so explizit über stabile Herrschaft, sondern lieber über „gute Ordnung“ (in der alle auf ihre Rechnung kommen) nachzudenken. Das kann zu Aufforderungen führen, Herrschafts-Exzesse zurückzunehmen, bleibt aber trotzdem ordnungstheoretisch.

Befreiungstheoretisches Denken ist in Europa wesentlich von der Aufklärung ausgegangen und war notwendig mit einer Idee von Vernunft und Fortschritt verbunden. In Frankreich bedeutete das damals Revolution, Sturz von König und Aristokratie im Namen der Vernunft, in England und Amerika eher die vernünftige Gestaltung der Gesellschaft durch kluge soziale und politische Einrichtungen. Naturwissenschaftlicher und technischer Fortschritt war in jedem Fall die entscheidende Dimension von Aufklärung. In Deutschland wurde „Fortschritt“ durch Hegel in die Form einer Geschichtsphilosophie und von Marx in die Form einer Theorie von machbarer Geschichte gebracht - relativ machbar unter „nicht selbstgewählten Umständen“ und nach Maßgabe der Gegenkräfte und der Machtverhältnisse. Ob das Ergebnis „Sozialismus“ oder „Barbarei“ ist, kann niemand vorhersagen. Wir leben heute nach einem Jahrhundert, in dem das Ergebnis recht eindeutig Barbarei war, teilweise unter dem Namen von „Sozialismus“.

Horkheimer und Adorno haben in der *Dialektik der Aufklärung* diese Situation wie niemand sonst auch theoretisch verarbeitet. Wofür ihre Theorie wenig Instrumentarium bietet, ist die Tatsache, dass es nach den Menschheitskatastrophen von „Auschwitz“ und „Hiroshima“ doch weitergegangen ist - und in Europa und Japan, wo die Weltkriege der ersten Jahrhundert-Hälfte geführt wurden, ebenso wie in den USA gar nicht so schlecht. Dieses Fehlen einer spezifischen Konzeption dafür, dass nach der Barbarei noch einmal neu (wie „neu“ eigentlich genau?) angesetzt werden kann, hat den Vorteil, dass ihnen die Kontinuitäten aus der Zeit der Barbarei in die danach offensichtlich und selbstverständlich waren. Das macht ihre Zugangsweise so „abgrundtief pessimistisch“, wenn nicht unerträglich für alle, die nur durch die Setzung einer „Stunde Null“ (und die lag in Deutschland und Österreich irgendwann nach der - bekanntlich eher zurückhaltenden - „Entnazifizierung“ und nicht gleich 1945) wieder denken und handeln und ein Wirtschaftswunder und einen Kalten Krieg herbeiführen konnten.[7] Es gab aber natürlich nicht nur Kontinuitäten, sondern ebenso scharfe Veränderungen.

Kritische Theorie war von den Erfahrungen der Gesellschaftsformation bestimmt, die wir heute als „Fordismus“ bezeichnen und die das „kurze 20. Jahrhundert“ (von den 1920ern bis zu den 1980ern) geprägt hat. Ende des 19. Jahrhunderts war verbreitet angenommen worden, die Krisenhaftigkeit der kapitalistischen Wirtschaft mit Stagnationen und Bankenkrachs einerseits, einer ungelösten „sozialen Frage“ und machtvollen sozialistischen, nationalistischen und rassistischen Bewegungen andererseits werde sich zuspitzen. Was als „Monopolkapitalismus“ und „Imperialismus“ diagnostiziert wurde, brachte aber neben großen Krisen auch die „Lösung“ des Fordismus hervor - einen Kapitalismus der rationalisierten („taylorisierten“) Massenproduktion und des Massenkonsums und der Sozialstaatlichkeit, der die Arbeiterschaft integrierte. Leider dauerte es zu lange, bis die Staaten auch die wirtschaftspolitische Kompetenz zur links-keynesianischen Krisenbewältigung gewannen. Stattdessen setzten sich erst die nationalistischen und rassistischen Populismen in autoritären, an der Kriegswirtschaft orientierten Modellen von Staatskapitalismus durch - mit katastrophischen Folgen.

Kritische Theorie hat in den 1930ern die Erfahrungen von Fordismus[8] und die autoritären europäischen Reaktionen, in den 1940ern die der US-amerikanischen Variante von Herrschaft durch Massenproduktion und -konsum reflektiert. Was sie von banaleren Formen von Befreiungstheorie unterschied, war der frühe „Abschied vom Proletariat“, die Kenntnis (und Kenntnisnahme) von Versagen der Arbeiterbewegung schon in den europäischen Revolutionen von 1917ff und dann im Stalinismus in der Sowjetunion. Nach der Kritischen Theorie war schon die bürgerliche Revolution missglückt, von einer proletarischen war daher gar nichts zu erwarten. Die Kritik richtete sich auf das Versagen der Bürger und der Intellektuellen. Das Proletariat war, auch in Bewegungen und Aufständen, von ihnen instrumentalisiert und wurde noch populistisch gegen ihre fortschrittlichen Fraktionen mobilisiert. Was sie auch einmalig machte, war ihre konsequente Herrschaftstheorie und das ebenso konsequente Festhalten an der bürgerlichen Errungenschaft der Individualität (und an dem resultierenden Widerspruch, der nicht eingeebnet werden sollte), dazu der extrem hochgetriebene Anspruch an Reflexivität, den sie an sich selbst und an Theorie wie intellektuelle Produktion überhaupt stellte. Die Wurzeln dieser Hartnäckigkeit werden zu untersuchen sein.

Die 1950/60er als zweiter Schub von Fordismus in (West-)Europa ließen sich mit dem Instrumentarium der Kritischen Theorie ebenso mit Gewinn bearbeiten. Der äußere Erfolg wird nicht nur daran liegen, sondern auch kontingente Gründe haben. Jedenfalls war es möglich, in der jungen Bundesrepublik ein Stück weit die intellektuelle Agenda zu bestimmen und Kritische Theorie in der Infrastruktur von Wissen über Gesellschaft, in Universität und Öffentlichkeit zu etablieren.

Die Studentenbewegung hat das zunächst aufgenommen und verstärkt, andererseits ist sie bald in Konflikt mit der Kritischen Theorie geraten, die damit „zwischen den Fronten“ stand. Der frühe Tod Adornos 1969, der mit dem Beginn des Zerfalls der Studentenbewegung koinzidierte, hat einen radikalen Einschnitt nicht nur in dieser Dynamik, sondern in der Kritischen Theorie überhaupt bedeutet. Die verschiedenen Strömungen zu identifizieren, in die sie sich in den 1970/80ern, während der Zeit der Krise des Fordismus, aufspaltete, ist die Aufgabe eines ausführlichen Kapitels dieses Buchs. Sie sollen hier nur benannt werden: feministische, staatstheoretische, subjekttheoretische und kulturtheoretische Herrschaftskritik. Dazu kommen „positive Wendungen“, in denen auf die Reformhoffnungen der frühen 70er eingegangen und mit denen sie auch gegen die sich rasch formierende konservative „Wende“ mit mehr oder weniger (meist weniger) Erfolg verteidigt wurden.

Dieser Zustand der Zersplitterung ist nur dann bedauerlich, wenn er als Zeichen der Schwäche oder gar des Endes von Kritischer Theorie verstanden wird. Er kann auch als Ausdruck und Ergebnis von Versuchen der Orientierung in verschiedenen Aspekten jener Krise des Fordismus interpretiert werden: Die radikale Veränderung der Situation der Frauen ist noch ein Erbe des Fordismus, in dem der patriarchalen Familie endgültig die Grundlage entzogen wurde. Die komplizierte Neugestaltung des Geschlechterverhältnisses ist in verschiedenen Formen in Gang und noch lang nicht zu irgendeinem neuen stabilen Zustand gelangt. Der staatstheoretische Fokus auf Identifikation der Produktionsweise und ihres Herrschaftsregimes hat sich in einer Phase des Umbaus der Produktionsweise vom Fordismus zu dem, was wir heute als Neoliberalismus kennen, besonders bewährt. Die subjekttheoretische Forschung tritt mit Gen-Biologismus und Neurowissenschaft in eine Phase ein, in der das „Subjekt“ auch wirtschaftlich und gesellschaftlich „umgebaut“ wird. Die kulturtheoretische Kritik des stattfindenden Schubs von Rationalisierung der Wissensarbeit bei gleichzeitiger Abwertung der Handarbeit (mit allem, was das für Theorie, spezialistisches und Alltagswissen, Kunst, Politik usw. bedeutet), wie auch der Verleugnung von Kulturkonflikten und der damit verbundenen Diskriminierungen und Ausschließungen, ja selbst schon der Tatsache von Migration als gleichzeitig geförderte Normalität, kann auch nicht über Mangel an relevanten Anlässen klagen.

Die These ist, dass sich die verschiedenen Dimensionen dessen, wozu sich Kritische Theorie ausdifferenziert hat, unter den Bedingungen des inzwischen durchgesetzten und „gereiften“ Neoliberalismus als Aktualisierung der *Dialektik der Aufklärung* engführen lassen. Das im letzten Kapitel dieses Buchs entworfene Forschungsprogramm stellt eine erste und weiter entwickelbare, versteht sich, Materialisierung dieses Anspruchs dar. Die Zukunft der Kritischen Theorie kann nur als Forschungsprogramm dargestellt werden, sie lässt sich nicht voraus-konstruieren, sie muss eine Chance haben, sich entwickeln zu können, sie muss entstehen. Ich mache hier den Versuch, die wichtigsten Errungenschaften zu benennen, die in den verschiedenen Strömungen der 1970/80er, in Auseinandersetzung mit den Erfahrungen von Fordismus erarbeitet wurden, und sie auf die Erfahrungen und Fragen anzuwenden, die von der neuen Produktionsweise des Neoliberalismus vermittelt werden. Was daraus an entwickelter Kritischer Theorie entsteht, muss Ergebnis dieser Arbeit sein. Ich behaupte allerdings, dass die *Dialektik der Aufklärung* in ihrer Radikalität der richtige Ausgangspunkt dafür ist.[9]

Die neue Form von Kapitalismus, die sich seit den 1980ern (anfangs markiert durch „Thatcherismus" und „Reaganomics") durchsetzt, haben wir anfangs, weil sie sich noch nicht genau charakterisieren ließ, „Post-Fordismus" genannt, inzwischen hat sich die Bezeichnung „Neoliberalismus" eingespielt. In der Soziologie treffen wir besonders häufig die Benennung dieser neuen Phase von Kapitalismus als „Wissensgesellschaft", früher auch „Dienstleistungsgesellschaft". Das Epitheton „globalisiert" taucht mit Regelmäßigkeit in all diesen Zusammenhängen auf. Diese Formation ist zugleich durch massive soziale Ausschließung und wachsende, aber in Kauf genommene, wenn nicht freudig begrüßte soziale Ungleichheit bestimmt. Konsens, allgemeine gleichberechtigte Teilhabe, Integration durch Beteiligung, das alles sind nicht mehr die Mittel der Politik im großen wie im kleinen. Vielmehr wird wieder mit Macht, Erpressung, Zwang die Lage der Arbeitenden verschlechtert, werden die Rechte, die „Belegschaften" einmal hatten, durch neue („prekäre") Arbeitsverhältnisse ausgehebelt.

Viel spricht dafür, dass diese Veränderung der Produktionsweise, in der als neuer „impliziter Arbeitsvertrag" (Moore, 1978) die Figur des „Arbeitskraft-Unternehmers" angeboten und erzwungen wird, als Kapital-Offensive in einer durchgängig guten Profit-Situation zu sehen ist, nicht als (gar noch unausweichliche) Reaktion auf eine Krise. Schon in den 1970ern entstanden für die Kapitale neue Möglichkeiten der globalisierten Investition und der Verlagerung in den Finanz-Sektor. In den 1980ern wurden diese Möglichkeiten durch die aggressive Politik von Reaganomics und Thatcherismus gewollt erweitert. Die Arbeitslosigkeit bis in den zweistelligen Prozentbereich, die zunächst noch öffentlich als Symptom einer Krise verstanden wurde, konnte gleichzeitig offensiv zur Schwächung der Arbeiterschaft und ihrer Organisationen genutzt werden. Besonders dramatisch geschah das in England, wo Thatcher bürgerkriegsähnliche Zustände provozierte und damit siegte. Die darauf folgende Hoch-Zeit der Finanz-Spekulation samt Umstellung auf Aktienwert statt Gewinn als Kriterium für Unternehmenserfolg war ebenfalls aus Kapital-Sicht eine Zeit erweiterter Möglichkeiten. Für „Globalisierung" gilt das ohnehin: Weltweite Arbeitsmärkte, weltweite Investitionsmöglichkeiten, weltweite Möglichkeiten der Auslagerung von Teil-Produktionen, nicht zuletzt weltweite Absatzmärkte sind nur für die nicht so „flexiblen" Arbeitskräfte ein Problem.[10] Kapital verlagert sich leichter als Menschen und kann daher die Möglichkeiten des in diesem Fall gar nicht „kleinen" Grenzverkehrs nutzen.

Wir haben es auch in diesem Beispiel mit „Dialektik der Aufklärung" zu tun, also damit, dass ein Stück Fortschritt der Produktivkraft (elektronische Kommunikation, vernachlässigbare Transportkosten) zugleich neue Herrschaftsmittel hervorbringt. Ein Teil davon nützt entstandene und hergestellte Markt-Möglichkeiten, besteht vor allem in der genannten Kapital-Mobilität und setzt sich für die Arbeitskräfte in den Zwang zur „Flexibilität“[11] um. Ein anderer Teil ist rein repressiv und verhindert mit den Mitteln des Polizeistaats, dass nicht erwünschte Arbeitskräfte oder gar Personen, die nicht marktgängig sind, ihrerseits die Mobilitäts-Möglichkeiten nutzen, um wirtschaftlich und politisch unerträglichen Situationen zu entkommen und anderswo ihre Chancen zu suchen. Die damit hinderlich gewordenen Produktionsverhältnisse (der Fordismus) wurden und werden in der Tat „gesprengt“, aber von oben. Die Möglichkeit, dass die Arbeiter die arbeitsorganisatorischen Leistungen des Kapitals selbst übernehmen, wird ihnen herrschaftlich abverlangt: Die erzwungene Selbst-Instrumentalisierung der Arbeitskräfte verlagert Koordinations-Leistungen nach außen. Die Kapital-Funktionen, ohnehin längst arbeitsteilig von verschiedenen (ursprünglich lohnabhängigen, inzwischen zumindest in den Spitzen-Positionen aktienwert-abhängigen) Managern erledigt, werden dadurch keineswegs überflüssig, sie differenzieren sich vielmehr immer mehr aus, nicht zuletzt in der neuen Figur der „Berater“. Die damit auch gegebenen Möglichkeiten der Selbstorganisation, etwa in genossenschaftlichen Modellen, werden kaum genutzt. Was entsteht, ist die Arbeitskraft als Unternehmerin ihrer selbst.[12]

Aufklärung ist, als menschheitsgeschichtlicher Vorgang, wie Horkheimer und Adorno das hegelianisch konzipieren, oder als Prozess, der in Europa im 18. Jahrhundert begann, in dem Zeitalter, das nur in manchen Ländern und hauptsächlich rückblickend das der „Aufklärung“ genannt wurde, die Durchsetzung eines säkularisierten Wissens und Wissenserwerbs gegen die bis dahin religiöse Intelligenz. Möglicherweise ist es die Herkunft aus dieser Konkurrenz, aus der die Nähe der Gesellschaftstheorie zur Moralphilosophie stammt. Aus den weiland Beichtvätern sind heute (selbsternannte) Berater geworden.[13] Auch Gesellschaftskritik gegenüber existiert ein verbreitetes Missverständnis, Kritik setzte voraus, dass man es selbst besser könne, jedenfalls besser wisse und dass man vor allem eine gesicherte moralische Grundlage habe, von der aus man beurteilen könne, was zu kritisieren sei.

Es gehört zu den Errungenschaften gerade der deutschen Aufklärung, dass sie einen Begriff von Kritik eingeführt hat, der am besten mit „Reflexivität“ zu übersetzen ist. Kritik heißt nicht, dass mir etwas am Zustand der Gesellschaft nicht passt oder dass dieser im Namen einer bestimmten Moral oder normativen Theorie der Gerechtigkeit zu verurteilen sei, dass man über einen positiven Maßstab, eine Utopie des Richtigen verfüge, an denen die gegebenen Verhältnisse gewogen und zu leicht befunden würden.

Der Begriff von Kritik in der Kritischen Theorie unterscheidet sich von solcher Moralphilosophie. Die Motive stammen aus der Tradition der Aufklärung: Kritik rekonstruiert (seit Kant) die Bedingungen, die selbstverständlichen Voraussetzungen (Kategorien) des Erkennens von Welt und Gesellschaft - dazu braucht man keinen Maßstab, sondern Reflexivität. Kritik ist (seit Hegel) das Selbstverständnis, das eine Gesellschaft durch ihre Intellektuellen von sich gewinnt, die ihre Erkenntnis der Möglichkeiten von Freiheit als Selbstbewusstsein, das sich historisch entfaltet, artikulieren. Kritik ist (seit Marx) die Analyse des notwendig falschen Bewusstseins von Gesellschaft, das die herrschende Klasse und ihre Intellektuellen produzieren und verbreiten, im Licht der Erfahrungen, die die Arbeiterklasse in Auseinandersetzung mit Natur (durch Arbeit) und Herrschaft (durch Verelendung und im Widerstand dagegen) macht. Auch dazu braucht man keinen Maßstab, sondern Reflexivität. Kritik ist (seit Adorno) zusätzlich besonders die Analyse der bürgerlichen Errungenschaften (etwa Individuum, Demokratie, Autonomie) im Widerspruch zu ihrer Unrealisierbarkeit in einer kapitalistischen Klassenherrschaft. Das alles geschieht mit einem herrschaftlich konstituierten Denken und dadurch verzerrten Begriffen, Normen und Selbstverständlichkeiten, die im Vorgang der reflexiven Anwendung, Analyse, Korrektur, Neu-Konzeption durch Erfahrung und theoretische Arbeit modifiziert, aufgebrochen, realitätstüchtiger, der Sache angemessener gemacht werden.

Die Situation von Herrschaft und möglicher Befreiung erschließt sich aus dem ideologiekritisch orientierten Einsatz der herrschaftlich verformten Begriffe, durch die Analyse der Widersprüche, auf die man dabei stößt, durch Reminiszenzen an historische Versprechen, die in ihnen festgehalten werden (dieses Denkmotiv wurde besonders von Benjamin favorisiert), durch Erfahrungen, die im Umgang mit der warenförmig zugerichteten und bürokratisch verwalteten Welt sehr wohl gemacht werden können (siehe *Minima Moralia*). Dazu braucht die Kritische Theorie weder einen Maßstab, noch eine ausgepinselte Utopie, sondern „nur" Ideologiekritik und dialektisches Denken - Reflexivität.

Das Schlüssel-Thema der *Dialektik der Aufklärung* ist Vernunft und ihre Zurichtung im Prozess der Aufklärung. Die Diagnose ist, dass der Ausgang aus der selbstverschuldeten Unmündigkeit Herrschaft nicht aufgehoben, ihr vielmehr neue Herrschaftsmittel zugespielt hat. Mindestens genauso wie davor religiöse und sonst abergläubische Welterklärungen konnte, wenig überraschend, auch die aufgeklärte Vernunft, die diesen Konkurrenz machte, in den Dienst von Herrschaft wie von Befreiung gestellt werden.

Für diese herrschaftlich genützte Vernunft hat sich der Name „instrumentelle Vernunft" eingebürgert. In Anlehnung an Max Weber wird sie als „Zweck-Rationalität" mit einem strikten Denken in technischen Kausalitäten identifiziert, als „strategisches" Denken in sozialen Beziehungen. Das ist eine Zuspitzung, die schnell zu der Frage führt: Ja, sollen wir denn aufhören, über die vernünftigen Mittel zur Erreichung von Zielen nachzudenken? Sollen wir zu magischem Denken zurückkehren? (Dazu gibt es nach wie vor die religiösen und quasi-religiösen Herrschafts- und Verkaufs-Organisationen, die uns genau das anempfehlen.) Sollen wir davon absehen, vernünftig im Sinn von Selbsterhaltung durch Technik zu denken und zu handeln?

Die Zuspitzung von Rationalität und Rationalisierung auf bürokratische Verwaltung und verantwortungsfreie Technik ist aber schon die Verbiegung, die dem Befreiungsdenken der Aufklärung unter Bedingungen von kapitalistischer Herrschaft widerfahren ist. „Instrumentelles" Denken, bei Horkheimer und Adorno eher als „subjektive" Vernunft oder Vernunft im Dienst von Selbsterhaltung benannt, meint *herrschaftliches* Denken - und das tritt in vielen Formen auf, häufig als hohe Irrationalität gegenüber Zweck-Mittel-Zusammenhängen. Auch die Vernunft im Dienst der Selbsterhaltung meint Selbsterhaltung von (hohen oder weniger hohen) Herrschaftspositionen, nicht einfaches Überleben. Die säkulare, nichtreligiöse Vernunft der Aufklärung hat sich häufig genug in den Dienst von Herrschaft stellen lassen, sie wird fast selbstverständlich als solche herrschaftliche Vernunft verstanden. Ihre Selbstaufklärung besteht aber nicht darin, die Vernunft aufzugeben, sondern aus dem Dienst der Herrschaft auszutreten.

Zu den frühen Errungenschaften der Kritischen Theorie hat es auch gehört, das Potential der Arbeiterbewegung zur Wendung in Herrschaft zu erkennen. Um aus dem Dienst der Herrschaft auszutreten, genügt es nicht, in den Dienst der Arbeiterbewegung einzutreten, wie es viele Intellektuelle taten. Für die Kritische Theorie musste die proletarische Revolution in Europa 1917ff misslingen, weil schon die bürgerliche Revolution in neue Herrschaft umschlug und ihre Errungenschaften, zusammengefasst als Freiheit, Gleichheit, Brüderlichkeit, nicht realisierte. Horkheimer hat in „Egoismus und Freiheitsbewegung" (1936, HGS 5) sehr genau analysiert, wie die unteren Schichten, die Plebejer und Proletarier, in den bürgerlichen Bewegungen immer nur benützt und um die Freiheit betrogen wurden. Das Problem sind daher die Bürger und ihre Intellektuellen, die den falschen „Fortschritt der Produktivkraft" betreiben, die aber auch nicht damit rechnen können, von proletarischen Bewegungen „befreit" zu werden. Die Partei-Intellektuellen, die sich machtgestützt aufschwangen, der Arbeiterbewegung sagen zu wollen, wo und wie es weitergeht, haben in der Kritischen Theorie keinen Platz. Von der Arbeiterbewegung selbst, mit ihren beiden Organisationen, der Partei und der Gewerkschaft, war aber ebenso wenig zu erwarten: Sie wurden als integriert und Teil der neuen Herrschaft verstanden.

Kritische Theorie kritisiert damit in erster Linie die Intellektuellen. Sie werden als angepasst und als Verkäufer wie Verwalter in den Dienst von Herrschaft übergelaufen vorgeführt. „Kulturindustrie", die Herrschaftsform, die im Fordismus zur Blüte und Auffälligkeit kam, wirkt durchdringend und subtil, müsste aber zumindest von den Intellektuellen nicht mit Unterwerfung hingenommen werden. Sie sind im Grundsatz zu Reflexivität und „Nonkonformismus" imstande. Wenn Kritische Theorie Anforderungen stellt, dann an die Intellektuellen: Sie könnten genauer, rücksichtsloser gegen sich selbst, weniger schlampig sein. Sie müssen das allerdings ganz allein tun und ohne sich auf Herrschaft oder Gegenmacht stützen zu können, in hart erarbeiteter Analyse von Herrschaft, wo und in welcher Form immer sie auftritt. Sie könnten reflexiv denken und diese Reflexivität auch auf die Errungenschaften der Aufklärung anwenden.

Historisch ist noch anzumerken, dass gerade die deutsche Aufklärung eine sehr „schwere" Philosophie von Moral als Pflicht hervorgebracht hat. Diese Moral der Herrschaftsunterwerfung ist von göttlichen Geboten nur um den kleinen Schritt an Säkularisierung entfernt, der die protestantische Staatskirche von der katholischen Papstkirche trennt. Schon die schottischen und englischen Moralphilosophen Adam Smith, Jeremy Bentham oder John Locke waren mit ihren Entwürfen näher bei den realen Problemen der Konkurrenz als ebenso konstitutiv wie bedrohlich für Kapitalismus. (In Deutschland hat sich diesem Problem, wie die Konkurrenz zwischen den Menschen so zu regulieren sei, dass man doch miteinander leben kann, verdienstvoll und klug der Freiherr von Knigge gewidmet – auch einer von den abgestürzten Adeligen, die für die Aufklärung so wichtig waren.) Aber zuletzt gibt es noch eine Moral der Aufklärung, die man bei den Spöttern und Ironikern, bei Voltaire und Diderot oder auch bei Benjamin Franklin findet: eine bescheidene und vorsichtige Moral des leben und leben lassen, die sich von allen großen Begründungen und gar Systemen fernhält, aber um die Zerbrechlichkeit der menschlichen Beziehungen und Verhältnisse und zuletzt der Menschen selbst weiß. Es ist auch die Orientierung, die in Adornos *Minima Moralia* vorsichtig vorgeschlagen wird. Wenn das Bedürfnis nach Moral übermächtig wird, kann man sich an sie halten.

Es ist ein merkwürdiger Vorwurf, der ein Denken für überholt bis unbrauchbar erklärt, weil es „pessimistisch" oder „zu radikal" sei. Auch in solchen Urteilen ist instrumentelle Vernunft am Werk: Denken ist mehr als ein Werkzeug zur Orientierung von Herrschaft wie von Befreiungsbewegungen. In den Kämpfen um Herrschaft auf der „richtigen" Seite zu sein, genügt nicht, wenn Herrschaft überhaupt aufgehoben werden soll. Wahrheit, die Gültigkeit eines Denkens lässt sich nicht daran messen, wem das Ergebnis jeweils zupass kommt oder ob es überhaupt jemandem gerade brauchbar erscheint. Wenn eine Erkenntnis traurig stimmt oder sogar hoffnungslos, kann das kein Argument gegen ihre Triftigkeit sein. Jene „Unnachgiebigkeit“ der Theorie, von der Horkheimer und Adorno sprechen, besteht in äußerster Illusionslosigkeit. Wenn es eine Tugend des Erkennens gibt, dann ist es das Fehlen jeglicher Naivität. Dazu gehört es auch, sich den fremden wie eigenen Wünschen nach einem happy-end der Geschichte zu widersetzen. In finsteren Zeiten wie in besseren sind die Güte und die Freundlichkeit dem praktischen Handeln vorbehalten. Im Denken haben sie nichts zu suchen. Das Glück der Erkenntnis kann nicht im Ergebnis, sondern nur in der Widerständigkeit des Denkens liegen.

Adorno-Denkmal, Frankfurt

Begriff der Kritischen Theorie

I: Gerüchte über Kritische Theorie und die Frankfurter Schule

Keine Anekdoten

Der Titel dieses Abschnitts könnte zu der Hoffnung Anlass geben, man würde hier allerlei Anekdoten und biographische Details über Professor Adorno, Gerüchte eben, zu hören bekommen. So ist das aber nicht gemeint. Es geht vielmehr um die Rezeptionsgeschichte der Kritischen Theorie. Und die ist nicht zuletzt dadurch geprägt, dass wir zu Adorno ein ausgesprochen „biographisches" Verhältnis haben, während seine Schriften auf einige wenige Formeln und Merksätze reduziert, als Gerüchte eben, durch die öffentlichen und privaten Unterhaltungen geistern: „Es gibt kein richtiges Leben im falschen", oder „Das Ganze ist das Unwahre" (mit Varianten: z.B. „Das Ganze ist die Ware" - Dieter Prokop). Wir haben, besonders in Frankfurt, ein relativ vertrauliches Verhältnis zu diesem Philosophen, über den es Witze und Karikaturen gibt. Als Gegenstück haben viele auch noch ein erstaunlich lebendiges Ressentiment abzuarbeiten, das sich in schnöden bis gehässigen Anmerkungen äußert. Es ist eine merkwürdig schräge Gefühlslage, von der die Rezeption bestimmt wird.

Um uns nicht ganz zu enttäuschen, will ich schnell noch meine beiden Lieblings-Anekdoten über Professor Adorno erzählen, beide ganz kurz:

- Adorno hatte einem amerikanischen Verleger ein Buchmanuskript vorgelegt. Der hatte ein wenig darin gelesen und fragte leicht konsterniert: But Dr. Adorno, which public are you aiming at? - Adorno blickte den Verleger traurig an, packte wortlos sein Manuskript zusammen und verließ das Verlagshaus.

- Als Professor Adorno aus einem von Karajan dirigierten Konzert kam, sagte er zu seiner Begleiterin: Das ist ein erstklassiger Dirigent für zweitklassige Musik.

Es geht also um die Adorno-Rezeption. Und da findet sich nicht nur eine schräge Gefühlslage, sondern auch einige intellektuelle Verwirrung. Zu den hartnäckigsten Gerüchten über Kritische Theorie gehören etwa die folgenden Behauptungen:
- Adornos Philosophie, besonders die *Dialektik der Aufklärung*, sei so abgrundtief pessimistisch, dass sie alle Relevanz und Brauchbarkeit verliere.
- Dazu habe sie ihre Gesellschaftskritik so radikal und „tief gelegt", dass sie jede Basis verliere und sich selbst aufhebe. Das wird in einer Diagnose, die Habermas gestellt hat, gern als „performativer Selbstwiderspruch" benannt.
- Sie sei darob an sich selbst verzweifelt und habe „Wahrheit" nur mehr in der Kunst gesucht. (Bubner, Wellmer)
- Dazu sei diese ganze Theorie (und das betrifft besonders „Kulturindustrie") ohnehin elitär, bildungsbürgerlich und volksverachtend. (Dieses Gerücht ist besonders in den USA verbreitet und wird auch von den Cultural Studies liebevoll gepflegt.)
- Im Gegenzug wird der Kritischen Theorie eine anspruchsvolle moralische Haltung einer radikalen „re-education" der Deutschen nachgesagt. (Das Wort „Volkskommissar" wird gelegentlich verwendet.) Das ist ein breiter Komplex von Gerüchten: „Keine Lyrik nach Auschwitz", „das ganze Leben ist danach auszurichten, dass sich Auschwitz nicht wiederholen kann", „Kino verdummt", „Humor, das ist das schlimmste", „Musik fängt erst mit Schönberg an", „Empirie ist sinnlos, weil sie nur reproduziert, was der Fall ist", „wir sind alle dafür anfällig, als 'autoritäre Persönlichkeit' zu reagieren, und sei es in der Form der 'autoritären Rebellion'". Michael Krüger hat das einmal die „Verbots-Ästhetik der 60er Jahre" genannt - aber es geht nicht in erster Linie um Ästhetik, sondern um Politik, und zwar um Politik in der ersten Person, also um die richtige Lebensweise, besonders die der Intellektuellen.

In einem ersten Teil wird im folgenden als Gemeinsamkeit der Gerüchte die Denkfigur des „versperrten individuellen Auswegs" dargestellt, die für die Kritische Theorie zentral ist, die in der Rezeption aber offenbar schwer ausgehalten werden kann. Die gängigen Haltungen zu Adorno sind davon bestimmt, dass sie ihm entweder ein „Positives" abverlangen oder entgegenhalten, oder aber ihn wegen seines angeblichen Pessimismus und elitären Quietismus zurückweisen.

Im zweiten Teil wird das stärkste wissenschaftliche Beispiel dafür, die Irrelevant-Erklärung der *Dialektik der Aufklärung* durch die Habermas-Schule, diskutiert und deren Argumentation zurückgewiesen.

Der versperrte individuelle Ausweg

Beispiel 1:
„Es gibt kein richtiges Leben im falschen"

Der Satz beschließt den Aphorismus 18 der *Minima Moralia*: „Asyl für Obdachlose". Dieser Aphorismus handelt von der Unmöglichkeit des Wohnens. Traditionelle Wohnungen schleppen den Verrat an der Erkenntnis der Unbehaustheit und die „muffige Interessengemeinschaft der Familie" mit. Neusachlich wird die Wohnung zur verlängerten Fabrik. Zieht man ins Hotel, macht man die Exil-Existenz zur Norm. Viele haben ohnehin nur eine provisorische oder gar keine Behausung. Wie mans macht, ists verkehrt - es gibt kein richtiges Leben im falschen.

Hauptsächlich heißt das, man kann in einer heillosen Gesellschaft keinen individuellen Ausweg finden. Man kann sichs nicht richten. Es gibt kein heiles Privatleben, kein persönliches Rückzugsgebiet, das man selbst gestalten und bestimmen könnte, in einer Welt, die Individualität nicht vorsieht. Wer aber daraus die Konsequenz zieht, gleich nur mehr aus dem Koffer zu leben (wie es zum Beispiel Sartre getan hat), stellt freiwillig und vorwegnehmend den Zustand der Barbarei her, der sich ohnehin verallgemeinert.

Adorno hat hier auch die Lösung der Bescheidenheit und Vorläufigkeit, die ohnehin die Lösung der *Minima Moralia* ist: „Das beste Verhalten all dem gegenüber scheint noch ein unverbindliches, suspendiertes: das Privatleben führen, solange die Gesellschaftsordnung und die eigenen Bedürfnisse es nicht anders dulden, aber es nicht so belasten, als wäre es noch gesellschaftlich substantiell und individuell angemessen ... es gehört zur Moral, nicht bei sich selber zu Hause zu sein." In dieser Paradoxie mit ihren Implikationen: der Nichtachtung der Dinge einerseits und der Verteidigung des Privateigentums andererseits, muss man leben. Es gibt kein richtiges Leben im falschen - aber es gibt ein vorläufiges, unaufdringliches, doch pflegliches, das sich weder aufgibt noch verhärtet.

Beide Motive wiederholen sich in diesem ersten Abschnitt der *Minima Moralia*: am Beispiel der Ehe und ihrer Scheidung (Aphorismen 10, 11), des taktvollen Betragens (16) und der „Zartheit des Umgangs" (20), am Beispiel des Schenkens (21) und am Beispiel der Kultur im Gegensatz zum „rein Materiellen", auf das sich letztlich alles zurückführen lässt (22). Das stimmt schon, um das letzte Beispiel aufzunehmen: „Zwangshaft reicht der Gedanke an Geld und aller Konflikt, den er mit sich führt, bis in die zartesten erotischen, die sublimsten geistigen Beziehungen hinein." Aber wenn man im persönlichen Umgang das Verhältnis darauf reduziert, betreibt man mit „Zügen des Hämischen" die „Anähnelung von Geschäftsgeist und nüchtern beurteilender Kritik". Und: „Daß die Kultur bis heute mißlang, ist keine Rechtfertigung dafür, ihr Mißlingen zu befördern ..." Auch hier nennt Adorno eine „bescheidene“ Lösung: „Menschen, die zusammengehören, sollten sich weder ihre materiellen Interessen verschweigen, noch auf sie nivellieren, sondern sie reflektiert in ihr Verhältnis aufnehmen und damit über sie hinausgehen.“ (49)

Die allgemeine Denkfigur ist:

Viele der Dinge, die das Leben erträglich machen, beruhen auf Privileg und (Selbst-) Täuschung - aber zugleich stellen sie doch Widerstand gegen das universelle Herrschaftsprinzip der Warenförmigkeit dar. Sie abzuschaffen, arbeitet der Barbarei in die Hände.

Für diesen Widerspruch gibt es keine Lösung, man kann (und muss) ihn nur aushalten.

Beispiel 2:

„Nach Auschwitz ein Gedicht zu schreiben, ist barbarisch, und das frißt auch die Erkenntnis an, die ausspricht, warum es unmöglich ward, heute Gedichte zu schreiben.“

Dieser Satz, der vorletzte des großen Essay über Kulturkritik von 1949, wird in letzter Zeit zwar zunehmend vollständig und richtig zitiert (nicht einfach als Anweisung: „Schluss mit Lyrik nach Auschwitz!“), gilt aber wohl immer noch als das stärkste Beispiel für „Verbots-Ästhetik“. Tatsächlich kann man ihn auch als eine deskriptive Aussage lesen, zumal wenn man die Erkenntnis-Funktion aus dem zweiten Teil des Satzes einbezieht: Beide, Poesie und Wissenschaft, sind nach Auschwitz so diskreditiert und machtlos, dass es barbarisch wäre, sie wieder in Gang setzen zu wollen. Der zweite Teilsatz nimmt übrigens vorweg, was Peter Rühmkorf später gegen den ersten gesetzt hat: dass es nach Auschwitz vielleicht auch nicht mehr möglich sei, Adorno zu lesen. Überhaupt haben die Dichter sich heftig gegen das, was sie als Verbot lasen, verwahrt, nicht zuletzt mit dem Hinweis auf Nelly Sachs und Paul Celan. Heute scheint der Konsens zu sein, dass Adorno mit diesem Verbot wohl zu weit gegangen sei - und außerdem hätte er es doch ohnehin zumindest fast zurückgenommen: „Das perennierende Leiden hat soviel Recht auf Ausdruck wie der Gemarterte zu brüllen; darum mag falsch gewesen sein, nach Auschwitz ließe kein Gedicht mehr sich schreiben.“ So schrieb er 1966 in den „Meditationen zur Metaphysik“ in der *Negativen Dialektik* (GS 6: 355).

Es ist aber ein grundsätzlicher Irrtum, Adorno hätte hier ein Verbot ausgesprochen, das er nach heftigen Protesten zurückgenommen habe. Muss man nicht fragen, warum es gerade „Lyrik“ ist, die nicht mehr geht? Zu dem neuen Genre der „Zeugen-Literatur“ etwa fällt kein Wort. Was macht also Lyrik so besonders anstößig?

Die beiden Sätze stehen in verschiedenen Kontexten und daher bedeutet „Lyrik“ jeweils verschiedenes.

Im ersten Fall, 1949, ging es um den Befund, die traditionelle Kultur sei „Schund“ geworden, „nichtig“ und „entbehrlich“. Noch das Aufdecken von Ideologie wird zu „Wichtigmacherei“ und das „äußerste Bewußtsein vom Verhängnis droht zum Geschwätz zu entarten“. „Lyrik“ ist in diesem Rahmen die Beschäftigung mit dem eigenen Leiden an der Gesellschaft, mit dem Ich des Poeten und seinen sensiblen Erfahrungen - und das in gebundener Rede, preziösen Sprachbildern und in der Öffentlichkeit. Das Problem ist ja nicht das nächtliche Verfassen von Gedichten, um einer Gefühlsüberwältigung Herr zu werden, sondern die Veröffentlichung des Produkts dieser Nachtarbeit. Die *öffentliche* Beschäftigung mit den eigenen feineren Gefühlen ist nach Auschwitz durch kein Individuum mehr gedeckt, das seine Besonderheit mit Anspruch auf allgemeine Beachtlichkeit zu Protokoll geben könnte. Im industriellen Massenmord wurde keine Besonderheit erfahren, sondern Entmenschlichung - Primo Levi und Jean Améry haben es deutlich genug beschrieben. Das lässt sich nicht in kunstvoll gebundene Vers-Form bringen.

Später, 1966, ist „Lyrik“ ein Schmerzensschrei, fast ein Reflex, nicht hoch artifizielle Kultur, sondern Ausdruck der Beschädigung, nicht mehr. (Von einem Protest der Dichter gegen dieses Verständnis von Lyrik haben wir nichts gehört.) Die Frage, ob Lyrik der angemessene öffentliche Ausdruck dieses Schmerzes von Ent-Individualisierung ist, wird nicht gestellt. Offen ist auch, wie wir auf die Darstellung von Schmerz reagieren können: Gewöhnlich würde sie (wäre sie wirklich analog dem Schrei des Gequälten) Anstrengungen zur Abhilfe verlangen. Lyrik tut das nicht, sondern sie drückt im besten Fall stellvertretend aus, was ich als Leser auch fühle, aber nicht so gut sagen kann. Sie lädt zur Identifikation mit dem lyrischen Ich ein. Schafft sie das als Schrei des Gequälten?

Hinzu kommt ein weiteres: Kultur hat nicht nur Auschwitz „nicht verhindert“ oder den industriellen Völkermord „zugelassen“, wie es meistens formuliert wird, die europäische (vielleicht mit ein paar Spezifika der deutschen) Kultur hat Auschwitz mit hervorgebracht. Adorno spricht von „Kultur, die den Mord gebar“. („Engagement“, 1962, GS 11: 424) Das mit sich beschäftigte lyrische Ich ist Teil der „bürgerlichen Kälte“, die den Abtransport der Nachbarn nicht bemerkt haben will. Die Kultur des Kapitalismus ist voll von Genie-Überhebung bis hin zu Herrenmenschentum, das abstrahierende Denken in großen Kategorien, das auch Rassismus auszeichnet, ist Teil der instrumentellen Kultur, die Auschwitz mit hervorgebracht hat. Das ist der härtere Grund, warum Lyrik nach Auschwitz etwas Barbarisches hat.

1949, kaum in das Land der Mörder zurückgekehrt, hat Adorno vor allem diesen Sachverhalt dargestellt: Kultur und Kulturkritik der traditionellen Art hatten tatsächlich jede Berechtigung verloren. Die Lyrik der gepflegten Schwermut war nach dem Faschismus nicht mehr möglich. Selbst die theoretische Beschäftigung mit Möglichkeiten von Kultur hatte etwas Luxurierendes, das dem Ernst der Lage nicht angemessen war. Das ist keine Vorschrift, sondern konstatiert, was der Fall ist. Dem Ernst der Lage kann es durchaus angemessen sein, auf bestimmte Kultur zu verzichten. Adorno hat noch 1964, in der „Nachschrift zu einer Wagner-Diskussion", GS 16, dafür plädiert, die offen antisemitischen und dem „faschistischen Effekt" zuarbeitenden Stellen bei Wagner, „das Schlimmste einfach (zu) streichen". „Die Verschränkung von Katastrophenpolitik und interesselosem Wohlgefallen fordert Eingriffe auch ins ästhetische Gefüge; in emphatischem Sinn ist das gesellschaftlich-politisch Falsche auch künstlerisch mißlungen." Im Einzelfall konnte er es tatsächlich so meinen, wie die Verteidiger der Lyrik gegen die „Verbots-Ästhetik" es unterstellten.

1966 kehrte er für die Lyrik zu dem kompletten Modell des „versperrten individuellen Auswegs" zurück: Lyrik als Darstellung des leidenden Individuums ist nach Auschwitz, wo das Individuum endgültig zerstört wurde, nicht möglich, aber der Ausdruck des Leidens ist legitim - ihn zu unterdrücken, würde ein (wie immer widersprüchliches) Stück Wahrheit unterdrücken.

Beispiel 3:
Es gibt aber doch gelingende Kunstwerke und richtige Einsichten

Auf die gesellschaftliche Entwicklung angewendet, heißt die Denkfigur des „versperrten individuellen Auswegs", dass es auch kein leicht identifizierbares Subjekt der Befreiung gibt. „Dialektik der Aufklärung" kann man auch so zusammenfassen, dass der Entwicklung der Produktivkraft, dem Motor von Befreiung, eine ebensolche Entwicklung der Herrschaftskräfte entspricht. Sie lassen ein denkbares Subjekt von Befreiung sicher nicht zu Klassenbewusstsein kommen. Eher bedrohen sie es mit Überflüssigkeit und sozialer Ausschließung.

Auch auf dieser Ebene der gesellschaftlichen Auseinandersetzungen sind alle einzelnen Kräfte mit verstrickt und zu wirksamen Veränderungen nicht imstande.

Adornos Modell der Befreiung ist von der Erfahrung des musikalischen Komponierens bestimmt. In der europäischen Komponisten-Musik ist durch Schönberg vor dem I. Weltkrieg die Revolution des Komponierens geschehen, die wie die politische sich nicht verallgemeinert hat und selbst wieder in Herrschaft umgeschlagen ist. Befreiung ist punktuell möglich, wird aber zu neuer Herrschaft, wenn man sie als System festzulegen und zu organisieren versucht. (Genau diese Verfestigung zu einem System des „Komponierens mit zwölf Tönen" hat Adorno in der *Philosophie der neuen Musik* (1948, GS 12) Schönberg als Verrat an seiner revolutionären Befreiung der Musik vorgehalten.) Dazu kommt „die Reaktion", die ihre alte Herrschaft wieder aufrichtet und das umso härter tut, je sichtbarer die Möglichkeit der Befreiung wird.

Diese kurzen Momente von Befreiung beruhen auf dem Leid, das dem Individuum angetan wird, auf der daraus folgenden Kritik der sozialen Normen und Selbstverständlichkeiten - und sie müssen hart erarbeitet werden an dem Material, in dem sie sich darstellen. Sie sind möglich, bleiben nur unverbindlich und gehen unter in dem Meer von Standardprodukten kulturindustrieller Art. Das persönliche Verstricktsein ist selbst Ausgangspunkt von revolutionären Fortschritten und wird gelegentlich auch wirklich so genutzt. Allgemeine Durchsetzung ist unwahrscheinlich.

Das hat Adorno keineswegs handlungsunfähig gemacht. Kritik ist mit äußerstem Einsatz möglich und das ist durchaus ein Beitrag zur Relativierung von Selbstverständlichkeiten. Man muss nur keine unmittelbaren Wirkungen anstreben oder gar erwarten, weder für die Gesellschaft, noch für sich selbst.

Die „öffentliche Einsamkeit" des Dandy

Es ist eine defensive Haltung, in der Adorno gelesen wurde und wird. Heute kommt dazu die Haltung gegenüber einer Autorität, die sich nicht mehr durchsetzen kann, die Haltung, die Schüler gegenüber ehemaligen Lehrern einnehmen, die ihnen nichts mehr vorschreiben können.

Vielleicht machen die Beispiele klar, dass man Adorno nicht normativ aufladen muss. Man kann seine Analysen als empirisch fundierte Deutungen dessen lesen, was der Zustand der Welt und des intellektuellen Individuums in ihr ist. Dazu muss man allerdings die große Distanz wahrnehmen, die Adorno sein ganzes Leben, aber besonders nach der Nazi-Zeit zu der ihn umgebenden Gesellschaft hatte. Und man muss auch die Distanz zu ihm gewinnen, die wir in den falschen Vertraulichkeiten der Geschichten und Gerüchte über ihn überspringen.

An Adornos Texten ist eine seltene und der Unterstellung von Normativität entgegengesetzte Erfahrung zu machen: Sie wollen uns nichts andrehen, uns nicht überzeugen, uns nicht eine einfach zusammenfassbare „message" übermitteln. Sie dokumentieren vielmehr geschliffene Gedankengänge, intensive Bemühungen um einen Gegenstand in immer neuen Zugängen - und sie beachten uns als Leser überhaupt nicht. Sie tun das in einer manierierten Sprache, ohne Scheu vor ungewöhnlichen Worten und Satzstellungen und unter Einsatz von vielerlei Bildungsgut, nie in Alltagssprache. Die Haltung dieser Texte ist ein wenig kränkend für Leser, die an Propaganda, Einschmeichelung und autoritäre Verfügung gewöhnt sind - so wie Miles Davis' Spiel mit dem Rücken zum Publikum kränkend war, übrigens besonders auch für John Coltrane, bei dessen Solos Davis gleich die Bühne verließ. Es ist das Arbeitsbündnis der „öffentlichen Einsamkeit" - intellektuelle Produktion mit dem Rücken zum Publikum, aber auf der gut ausgeleuchteten Bühne, versteht sich.

Womit lässt sich diese Haltung der „öffentlichen Einsamkeit" vergleichen? Welche Sozialfigur ist es, die dieses Arbeitsbündnis vor- und auslebt? Adornos Haltung wird oft als die eines „Snob" bezeichnet. Besser passt der „Dandy". (Ich werde die beiden als austauschbar verwenden.)

Adorno ist zu dieser Haltung gekommen als ein Intellektueller, der sich zunächst gegen die Korrumpierungen durch Anbiederung bei einem Publikum zu sichern hatte, dem die Versuchungen des Partei-Intellektuellen ohnehin fern lagen und der sich jedenfalls auch von dieser Figur, die zu seiner Zeit einigen noch möglich schien, entschieden absetzen musste, dem zugleich die Unhaltbarkeit des Georgeschen Elitismus (wie des Mannheimschen „Freischwebens") natürlich bewusst war und der schließlich zwischen all diesen Unmöglichkeiten in die Position des Snob und Dandy geriet, die letzte Zuflucht dessen, der unabhängig bleiben will. Sie verband ihn mit Baudelaire, Valéry, Proust und vor allem mit Alban Berg, mit Schönberg in der Zeit seiner großen Errungenschaften und zugehörigen Konzert-Skandale, also in den Jahren vor dem I. Weltkrieg.

In Abwandlung der Lexikon-Definition ist „Snob" hier eine Sozialfigur, die „voller Verachtung für jedes bürgerliche Mittelmaß einen Anspruch auf extravagantes Denken zur Schau stellt". Der Anspruch legitimiert sich bei Adorno durch die Angemessenheit der so ermöglichten Denkform, die resultierende intellektuelle Haltung kommt trotzdem als Extravaganz an. Der Snob und Dandy sichert seine Freiheit dadurch, dass er nichts (mehr) braucht, weil er alles schon (gehabt) hat oder jederzeit haben könnte. Er ist Asket im und aus Überfluss. Er befreit sich damit von Not und Zwang, den möglichen Befriedigungen hinterherhetzen zu müssen und ist dadurch unabhängig und stark. Auch wenn er einer untergegangenen Schicht angehören mag, er pocht auf Überlegenheit und Durchblick. Gerade aus dieser Außenseiterposition bezieht er die müde Abgeklärtheit und sensible Unbefangenheit des Blicks, die ihm Kritik ermöglicht. Und er führt diese Überlegenheit auch vor. Diese Haltung gilt dem Alltagsdenken wie dem wissenschaftlichen Normaldenken oft als „zynisch" oder „arrogant" (oder beides).

Historisch ist der Dandy nach der bürgerlichen Entmachtung des Adels im 19. Jahrhundert als anti-bürgerlicher Aristokratismus entstanden. Dem triumphierenden Bürgertum wurden Attituden der untergegangenen Aristokratie entgegengesetzt: gewählte Kleidung, gepflegte Formen, Müßiggang, Verschwendung und Blasiertheit. Die nüchterne, disziplinierte Unermüdlichkeit des Erwerbslebens wurde mit der Möglichkeit von Luxus und hoher Kultur konfrontiert und kritisiert.

Adorno hat diese intellektuelle Haltung in den *Minima Moralia* völlig explizit gemacht. Sie ist eines der Hauptthemen im ersten Teil dieses Buchs. Gleich im ersten Aphorismus wird es eingeführt: Der Nicht-Professionelle unter den Wissenschaftlern kann deren Bornierungen vermeiden, wird aber dafür von ihnen draußen gehalten, wo er sich ohnehin befindet und auch bleiben will und soll, weil er aus dieser Position seine überlegenen Einsichten bezieht. Dieser intellektuelle Snob ist auch Deserteur aus seiner Klasse, der bürgerlichen, deren intellektuelle Ansprüche sich inzwischen auf Expertentum reduziert haben. Aber genau in dieser Position lässt sich der Anspruch festhalten, den Dingen gerecht zu werden, die von den Experten nur vergewaltigt werden. Der Aphorismus trägt übrigens den Titel „Für Marcel Proust".

Die Haltung des „Dandy" wird erzwungen vom Zustand der Welt, der aus jeder Teilnahme einen Verrat an der Wahrheit und an der notwendigen Kritik macht. „Es gibt nichts Harmloses mehr." Daher ist „für den Intellektuellen ... unverbrüchliche Einsamkeit die einzige Gestalt, in der er Solidarität etwa noch zu bewähren vermag" - mit der gleich nachfolgenden „Antithese", dass die so entwickelte Kälte „von der bürgerlichen nicht zu unterscheiden" ist. Die aus dem unlösbaren Widerspruch abgeleitete private Bescheidenheit und Unscheinbarkeit widerspricht öffentlichen Auftritten in sich und kann daher dem Intellektuellen, der sie schriftlich und in Vorträgen immer wieder gern zelebriert, nicht helfen: Er gerät in die Position des „Dandy".[1]

Adorno hat diese Haltung als Möglichkeit verwendet, um „Wahrheit", den „emphatischen Begriff von Wahrheit",[2] als Bezugspunkt zu retten. Die Haltung ist realistisch in einem Zustand der Welt, in dem alle umstandslos befreiende Praxis unmöglich ist, weil sie kein energisch auftretendes Subjekt findet und weil Praxis selbst nur als hemdsärmelige Zupackerei stattfindet, von der die instrumentelle Grobheit nicht zu trennen ist, in der Herrschaft besteht. Sie ist auch widersprüchlich: Der Intellektuelle als Snob müsste konsequent schweigen (und hoffen, dass das bemerkt wird), statt mitzuteilen, dass es nichts mitzuteilen gibt, jedenfalls nicht denen, die gerade zuhören. Adorno hat das als Komponist für einige Zeit durchgehalten, beginnend in USA 1944.[3]

Das ist es, was die Haltung des intellektuellen Snob so irritierend macht und was sie, auf „Wahrheit" angewendet, für viele impliziert: Es gibt eine Wahrheit, die den meisten nicht zugänglich ist, weil sie ihr borniertes Alltagsbewusstsein mit zu viel unmittelbaren Interessen besetzt haben, weil sie die schreckliche Wahrheit, die ihnen dämmert, verdrängen und verleugnen müssen. Das macht diese Haltung auch so befriedigend: Der Snob hat immer das letzte Wort. Daher ist sie in den Kämpfen der Intellektuellen so brauchbar, wenn in ihnen ohnehin niemand überzeugt wird, wenn die Öffentlichkeit tatsächlich so aussieht, wie Adorno sie in der Theorie der Kulturindustrie beschrieben hat.

Die Widersprüchlichkeit entsteht dann auch daraus, dass dieser Begriff von „Wahrheit“ gebildet ist an der Erfahrung, die in geduldiger und behutsamer Arbeit an den Objekten und in Kritik an den Normen und Selbstverständlichkeiten, die uns den Zugang zu ihnen verstellen, zu machen ist. Er kollidiert mit jenem anderen, der die öffentlichen Debatten beherrscht, von „Wahrheit“ als einem „Ergebnis“, dessen „Funktionieren“ man dem anderen vorführen, als einer „Objektivität“, die man dem anderen um die Ohren schlagen kann. Wenn *Nachdenklichkeit* in einen Kontext gerät, in dem nur *Rechthaberei* gefragt ist, geht sie entweder unter oder sie muss selbst „überlegene Einsicht“ behaupten und den anderen damit übertrumpfen. Jedenfalls wird sie im Arbeitsbündnis von „Wissenschaft als Rechthaberei“ so verstanden.

Wenn es stimmig ist, das Arbeitsbündnis, das von Adornos Texten angeboten wird, als die Haltung des Dandy und Snob zu identifizieren, müssen wir auch nach den Reaktionen des Gegenüber fragen: Wer hat welche Schwierigkeiten mit dem Dandy? Wer kann mit ihm gut umgehen?

Der Dandy ärgert den Bürger, darauf ist er angelegt: Er kritisiert ihn durch die Lebensform, die er darstellt. Er ärgert auch den Arbeiter, besonders den durch harte Arbeit hoch- und zu Bildung gekommenen, die er nun zur Verbesserung der Lage des Proletariats einsetzen möchte. Er ärgert auch die künstlerische Bohème, der er ebenfalls nicht angehören will, vor allem im Fall Adornos durch die Betonung von Arbeit in der künstlerischen Produktion und die Ablehnung der genialischen Schlamperei, auch durch das Bestehen auf einer grundsätzlich tragischen Sicht von Geschichte und Gesellschaft. Der Dandy ärgert alle. Er ist freilich eine veraltete Figur von nonkonformer Intellektualität. Er ist kulturindustriell gut zu vereinnahmen.

Vereinnahmung und Distanz

Man muss diesen Dandy mit seiner hohen Distanziertheit vielleicht auch noch einmal historisch, in der Generationengeschichte der Bundesrepublik verorten. Schneider, Stillke und Leineweber (2000) haben die Koalition zwischen Opfer-Großvätern und Nachgeborenen-Enkeln, über die Köpfe der Täter-und-Mitläufer-Väter hinweg, beschrieben, die das damalige Erfolgsprojekt „Kritische Theorie“ ausmachte. Aber Adorno war, anders als Herbert Marcuse, keine freundliche, ermutigende (Groß-)Vater-Figur, er war (zurecht) gekränkt und misstrauisch - und er wurde ja 1968/69 von diesen Enkeln und Enkelinnen noch einmal theoretisch und praktisch kritisiert - praktisch durch die Institutsbesetzung und verschiedene Vortrags-Verhinderungen - und damit noch einmal angegriffen und beleidigt. Diese Koalition über die Generationen war prekär.

Daneben gab es noch den anderen Teil derselben Generation, der mit diesen Opfer-Großvätern nur seinen Frieden machen, der sich lieber weiter mit den irgendwie unschuldig gemachten Vätern verbünden wollte. Diese Fraktion, weniger lautstark, aber sicher die Mehrheit, wurde erst später wieder wirksam.

Die Geschichte der Kritischen Theorie seither ist eine von Austreibungsversuchen auf der einen, von Verharmlosungsversuchen auf der anderen Seite. Nach Adornos frühem Tod wurde Kritische Theorie in der Bundesrepublik erstaunlich schnell stillgestellt und unter Druck gesetzt. Marcuse, und selbst Adorno, bei dem das besonders unsinnig ist, wurden als „Väter des Terrorismus" entlegitimiert. Die Kritische Theorie wurde von wenigen „Schülern" zwar noch als Marke hochgehalten, aber gerade von ihnen inhaltlich entscheidend modifiziert. Andererseits hat sie, recht verstanden, an vielen Orten - mit einer Verdichtung in Frankfurt - interessante Weiterentwicklungen und Neuansätze gefunden. (Das wird im Kapitel „Theoriegeschichte" ausführlicher dargestellt.)

Die nachfolgenden Generationen konnten sich nur in einer Minderheit durch nochmalige Koalitionen mit den blasser werdenden, jetzt nur mehr literarischen Großvätern stabilisieren. Es hat einen Moment gedauert, bis einige von uns begriffen, dass es unsere Aufgabe ist, diese Verbindung zu ermöglichen und zu fördern. Überwiegend entstand aber Theoriemüdigkeit und der immer deutlicher anwachsende Wille, in den mainstream der Politik (als Grüne) und der Wissenschaft zurückzukehren, wieder „anschlussfähig" zu werden.

Parallel zu diesen verschiedenen wissenschaftlichen Formen der Verharmlosung erfolgte die Verharmlosung in der Öffentlichkeit besonders Adornos über das Biographische. Die Geschichten und Anekdoten über ihn blühten und machten aus ihm retrospektiv doch den skurrilen, aber „freundlichen" Großvater, der den Enkeln die Kränkung verziehen hat. Damit war die „Frankfurter Schule" so aufbereitet, dass sie auch zum Hilfsmittel im Stadt-Marketing taugte.

Heute wird vom „anderen Teil" der 68er- und 70er-Generation die Austreibung dieser Großväter an den Vermittlern, die nun auch pensionsreif werden, betrieben. Man kann das an einem Fachbereich immer gut an den Kämpfen um die Wiederbesetzung von Professuren ablesen. Was gut dazupasst, ist das gleichzeitige Feiern dessen, der als intellektuelle Kraft bedeutungslos werden soll, in verharmloster Form: Das geschieht durch Konzentration aufs Biographische und auf Adorno als Komponist statt Gesellschaftstheoretiker.

Wenn wir Kritische Theorie ernstnehmen, müssen wir an dem Dandy mit seiner hohen Distanz festhalten. Und wir müssen den Zustand des „versperrten individuellen Auswegs", samt der Denkfigur, die ihn immer wieder benennt, in der widersprüchlichen Balance aushalten.

Selbstkritik der instrumentellen Vernunft

Beispiel 4:
Ein performativer Selbstwiderspruch - Kritische Theorie entziehe mit ihrer radikalen Kritik auch sich selbst den Boden

Kritische Theorie hat ihren „Abschied vom Proletariat“ bereits früh im 20. Jahrhundert genommen. Von Aufständen und Revolutionen hält sie nichts. Befreiung muss als Ergebnis von Fortschritt der Produktivkraft geschehen - darin ist die Theorie ganz orthodox -, aber der wird an der äußersten Grenze des bürgerlichen Denkens erreicht, auf der Grundlage all des Wissens und Könnens, das unter Bedingungen von Herrschaft immerhin hervorgebracht wird und das man beherrschen muss, um eben diese Herrschaft kritisieren zu können. Dieser Fortschritt der Produktivkraft gelingt nonkonformen Mitgliedern der herrschenden Klasse, von ihr Kooptierten und sonst von ihr Abhängigen, als Selbstkritik der Klasse und ihres Denkens. Das geschieht nicht von außen und schon gar nicht von unten. Deshalb ist ihre wichtigste Denkform auch Reflexivität. Die Kritik, die sie übt, kommt nicht von außerhalb, etwa im Namen einer besseren Moral oder einer Utopie. Sie ist vielmehr Reflexion auf die Herrschaft, die in den Formen und Kategorien des bürgerlichen Denkens selbst enthalten ist. Das ist tatsächlich ein ganz gewöhnliches Verfahren von Kritik. Wenn Gesellschaft ein Herrschaftszusammenhang ist, dann drückt sich das auch in unseren Begriffen aus.

Interessant ist, dass es ein starkes Bedürfnis gibt, eine andere Grundlage von Kritik zu finden. Viel an Unbehagen an der *Dialektik der Aufklärung* beruht auf dem Drang nach einem Punkt außerhalb. Selbst und besonders deutlich bei Habermas ist das so.

„Aufklärung“ sieht wie das Paradigma von Befreiungs-Wissen aus: Befähigung der Menschen zum Ausgang aus der selbstverschuldeten Unmündigkeit. Horkheimer und Adorno haben uns nachdrücklich gezeigt, dass dadurch allerdings eine instrumentelle Vernunft zur Herrschaft gebracht wurde, mit der sich zwar die Hexenverfolgung bekämpfen lässt, weil die gefährlichen Dämonen und Teufel nicht nachzuweisen sind, mit der man aber, wie die Geschichte gezeigt hat, nichts gegen andere, weil zynischer, nämlich instrumentell begründete Massenmorde und Säuberungen sagen kann: Was wäre instrumentell unvernünftig an einer konsequent durchgezogenen Schaffung von „Lebensraum“ durch Vertreiben und Umbringen der Bevölkerung, die ihn besetzt hält? Instrumentell unvernünftig ist es nur, wenn man sich dabei ungeschickt, weil skrupulös anstellt und so zu starke Gegenkräfte mobilisiert.

Im kolonialen Zusammenhang hat die gesamte aufgeklärte westliche Welt mit solchen Vorgängen der Ausrottung auch lange keine übermäßigen Probleme gehabt. Auch Versklavung von „Wilden" war mit aufgeklärter Vernunft noch bei Leuten verträglich, die die Deklaration der Menschenrechte voranbrachten (z.B. Thomas Jefferson). Dass sie es ab einem bestimmten Punkt nicht mehr war, hatte in Europa (als Aufhebung der Leibeigenschaft) mehr mit dem Interesse an einer verfügbaren Arbeitskraft proletarischer Art zu tun als mit Imperativen der aufgeklärten Vernunft, und wäre auch in den USA nicht durchgesetzt worden, wären die Nordstaaten ebenso agrarisch organisiert gewesen wie der Süden. Bürgerlich waren es eher die nicht zuletzt religiös motivierten „Abolitionisten", die Sklaverei unerträglich fanden. Sie wurde eher im Namen der abergläubischen Religiosität bekämpft als in dem der aufgeklärten Vernunft.

Wohl aus solchen Zusammenhängen, unterstützt von Formulierungen wie der von der Aufklärung, die, vollendet, wieder in Mythos umschlage, ist aus Horkheimer/Adorno abgeleitet worden, Mythos und andere Formen eines vor-aufgeklärten und nicht so kalt und selbsterhaltend rationalen Denkens, etwa in der Kunst, seien die Gegenbilder, auf die man sich wieder zurückbesinnen müsse. Es ist nicht zu bestreiten, dass Horkheimer/Adorno dem Anhaltspunkte bieten, aber in der Hauptsache ist doch klar, dass es ihnen um *Selbstaufklärung der Aufklärung* geht und nicht um irgendwelche Rückwendungen und -besinnungen. Dass das instrumentelle Denken selbst mythischen Charakter angenommen habe, ist eine Formulierung zur Kritik dieser Denkform: Mythos ist deshalb keine positive und bessere Form von Erkenntnis geworden als das selbsterhaltende, instrumentelle Denken. Und auch sonst findet man bei Horkheimer und Adorno nichts, was bei sorgfältiger Lektüre als Vorschlag für ein anderes, besseres Denken zu verstehen wäre.

Das Missverständnis entsteht, weil Adorno und Horkheimer konsequent befreiungstheoretisch denken, die Interpreten aber ein ordnungstheoretisches Modell darüberstülpen. Ich will das an einigen Beispielen vorführen: Das eklatanteste ist Habermas' Interpretation der *Dialektik der Aufklärung* in „Die Verschlingung von Mythos und Aufklärung" (1983/1985).[4]

Habermas, wie erinnerlich, verfolgt mit Sorge, wie Horkheimer und Adorno in der *Dialektik der Aufklärung* das Verfahren der Ideologiekritik auf die abendländische Rationalität selbst und insgesamt anwenden und damit, wie er das sieht, ihrem eigenen Denken den Boden entziehen und sich damit in einen „performativen Widerspruch" verstricken, indem sie trotzdem weiterdenken und weiterkritisieren. Wenn das abendländische Denken zur „instrumentellen Vernunft" geworden ist, haben nach Habermas' Interpretation auch die Autoren, die das erkennen, nichts mehr an Denk- und Kritik-Möglichkeiten zur Verfügung. Sie müssten konsequent in Schweigen verfallen. Dazu passt die verbreitete Meinung,

Horkheimer wäre im Alter religiös geworden und Adorno hätte den Ausweg in die Ästhetik gewählt, beide hätten also andere Formen des Denkens über Gesellschaft gesucht und gefunden. Konsequente Ideologiekritik führe in den Irrationalismus. Horkheimer bleibt nichts als „schließlich die formelhafte Beschwörung der sich selbst transzendierenden Aufklärung" (Nachwort, 1986: 288). Adorno hatte es besser, denn „ihm hatte sich ... die ästhetische Erfahrung moderner Kunst als eine unabhängige Quelle von Einsicht erschlossen". (Nachwort, 1986: 289)[5]

Nun mag es Teil der herrschenden Ideologie sein, dass uns der Verstand versagt, wenn wir die kapitalistische Wirklichkeit in ihrer Schäbigkeit und Brutalität wirklich kalt zur Kenntnis nehmen, weshalb wir lieber nicht so genau hinsehen sollten. Aber die Haltung von Horkheimer und Adorno war das sicher nicht. Ihre „(Selbst-)Aufklärung der Aufklärung" ist nichts als die Technik der Reflexivität, von der Ideologiekritik immer schon gelebt hat: das Wissen um die herrschaftliche Zurichtung schon unserer Begriffe, der wir nichts entgegenzusetzen haben als die konsequente Frage nach den Interessen und Herrschaftsverhältnissen, die einen bestimmten Begriff hervorgebracht haben, brauchen können und stützen. In der Situation, dass wir das Boot auf hoher See und ohne festen Boden unter den Füßen umbauen müssen, waren wir immer schon. Daran ändert sich nichts, wenn wir erkennen, dass unser Denken „instrumentell" gesteuert ist, außer zum besseren, indem wir von dieser Erkenntnis zu genauerer Kritik der verfügbaren begrifflichen Instrumente und schärferer Reflexion der herrschenden Methoden instand gesetzt werden.

Habermas' Umdeutung besteht darin, dass er nach einem festen Boden sucht: „Wenn das zynisch gewordene Bewußtsein der schwarzen Schriftsteller die Wahrheit über die bürgerliche Kultur ausspricht, behält die Ideologiekritik nichts zurück, woran sie appellieren könnte ..." (1983: 417) An etwas „appellieren" muss sie nur, wenn sie an die Stelle der reflektierten und in dem Sinn kritisierten Aussagen und Begriffe „richtige" setzen will. Aber das ist nicht Aufgabe von Ideologiekritik. Ihre Aufgabe ist es, das Element von Herrschaft in den Begriffen zu identifizieren, die Widersprüche des herrschenden Denkens herauszuarbeiten und aus ihnen auf die in der Produktionsweise grundgelegten Interessen und Konflikte zu schließen, die sie hervorbringen.

Ideologiekritik heißt, anders gesagt, nicht den Nachweis, dass der andere verblendet ist, während man selbst durchblickt, sie heißt auch nicht, dass man die bessere Moral oder die strahlendere Utopie einer zu kritisierenden gesellschaftlich herrschenden entgegenhält, sie heißt als Reflexivität, dass man den gesellschaftlichen Konflikt identifiziert, in dem man sich auch selbst in Bezug auf den kritisierten Sachverhalt befindet – und zwar nicht als Person, sondern als Vertreter einer bestimmten gesellschaftlichen Position. Ideologiekritik schließt als Reflexivität die gebildeten Klassen und ihre Interessen mit ein. Dann braucht sie auch keine „tief gelegten" „normativen Grundlagen der kritischen Gesellschaftstheorie", für die Habermas an dieser Stelle auf seine „*Theorie des kommunikativen Handelns*, 2 Bde., Frankfurt a. M. 1981" verweist, die er damit als den Ausweg anbietet, den er überlegen gefunden habe. (1983: 429)

Habermas mag, wie der Verweis zeigt, ein Interesse haben, das so zu sehen. Seine Sorge um das, was Horkheimer und Adorno da zugestoßen sei, sitzt tatsächlich auf einer gewollten Unterschätzung der *Dialektik der Aufklärung* auf. Sie ist, wie er in einer bemerkenswerten Formulierung mitteilt, als Text zwar „durchaus philosophisch gemeint", tatsächlich aber eine „rhetorische Darstellung", von der man „übermannt werden" kann. (1983: 409/1985: 134f) Zumindest ambivalent ist auch die Charakterisierung der *Dialektik der Aufklärung* im „Nachwort" von 1986: „Genau betrachtet besteht, was die Autoren vorbehaltlos als Substanz des Buches präsentieren, aus einem einleitenden Essay von kaum mehr als fünfzig Seiten. Darin entwickelt Horkheimer den Grundgedanken einer Aufklärungskritik, die heute in aller Munde ist." Ihre zentralen Denkmotive gehören heute „zu den kulturellen Selbstverständlichkeiten eines konservativ gestimmten Zeitgeistes ...", Horkheimer und Adorno würden sich heute „gegen eine umstandslose kulturkritische Vereinnahmung ihres eigenen Gedankens zur Wehr setzen müssen". (Nachwort, 1986: 277) Ein knappes, fragmentarisches Werk mit nicht ganz ernst zu nehmenden schöngeistig-rhetorischen Zusätzen, das dem konservativen Zeitgeist in die Hände arbeitet und sich dabei in einen Selbst-Widerspruch verstrickt, aus dem die Autoren nur in Irrationalismen verschiedener Art ausweichen konnten - kann man ein Buch, das „durchaus philosophisch gemeint" ist, umfassender für irrelevant erklären?[6]

Die traurige Geschichte von der Selbstaufhebung der Vernunftkritik in der *Dialektik der Aufklärung* ist in der Folge verbreitet nacherzählt und schließlich kanonisiert worden: Albrecht Wellmer (1985) fragt „nach der Rolle der Kunst als Instanz des Einspruchs gegen die dominante Rationalitätsform der Moderne" und versucht, „mit Adorno und gegen Adorno die Rationalismus-Kritik aus der falschen Alternative 'Versöhnungs-Philosophie versus Irrationalismus' herauszulösen", ohne genau zu sagen, woher er diese „falsche Alternative" hat - von Adorno stammt sie nicht, obwohl das suggeriert wird. Ähnlich baut Rüdiger Bubner (1989) auf der angeblichen Eignung von Kunst als das „Andere der Vernunft" auf und diagnostiziert bei Adorno ein „Ästhetischwerden der Theorie selber" (71), eine „Auswanderung der Theorie in die Ästhetik" (93).

Auch Axel Honneth hantiert mit diesem Modell,[7] indem er „Kritik" als „normative Kritik" bestimmt, die imstande sein müsse, „sowohl ihre Entstehung in einer vorwissenschaftlichen Erfahrung als auch ihre Verwendung in einer zukünftigen Praxis stets mitdenken (zu) können". (15) Honneth behauptet wie Habermas, die Kritische Theorie habe ihren moralischen und utopischen Standpunkt der Kritik verloren, weil sie letztlich doch dem „marxistischen Funktionalismus verhaftet geblieben" sei (16) und nach dem Verlust des Proletariats als Träger von Widerstand wie Utopie nur in den „geschichtsphilosophischen Negativismus Adornos" hätte umschlagen können. Er behauptet sogar: „... in den Reflexionen der *Dialektik der Aufklärung* verbleibt als einziger Ort, an dem sich etwas wie eine innerweltliche Transzendenz vollziehen könnte, nur noch die Erfahrung der modernen Kunst." (16) Beleg gibt es dafür keinen - und der wäre auch ziemlich schwer zu finden, weil weder die „moderne Kunst" noch eine „innerweltliche Transzendenz" dort eine besondere Rolle spielen.[8]

Ein weiteres, harmloseres Beispiel, liefert jüngst Tiedemann (1998). Er betont zwar nachdrücklich, dass „Mythos" für Adorno ein immer wieder kritisierter Begriff blieb. Aber in der Einleitung spielt er doch dem verbreiteten Missverständnis vom „anderen Denken" zu, indem er Adornos Einsichten aus dessen guter Beziehung zu seiner eigenen Kindheit herleitet: „Die der Begriffe noch nicht mächtig sind, besitzen zuweilen in den Bildern, die sie sich von der Welt machen, eine Ahnung dessen, worum es geht und woran die Mehrzahl der Erwachsenen längst sich desinteressierte." (9) Auch hier wird ein Punkt außerhalb und in einer „Vorzeit" als der archimedische der Kritik identifiziert - mit der Implikation, dass anders Kritik nicht legitimierbar wäre.

Die *Dialektik der Aufklärung* ist im Gegensatz zu solchen Figuren der Kritik das exemplarische Buch eines dialektischen, heißt reflexiven Denkens. Sie analysiert die Widersprüche der Aufklärung und verfolgt ihr Schicksal in der bürgerlichen Selbsterhaltungs- und Katastrophengeschichte. Sie will ihr weder eine höhere Moral noch ein besseres Denken entgegensetzen, vielmehr zu ihrer Selbstreflexion beitragen.

Viele lesen die *Dialektik der Aufklärung* als Symptom der verständlichen Verzweiflung ihrer Verfasser angesichts der Ereignisse von 1944, erklären sie damit aber auch zum Verstimmungsprodukt und als unverbindlich. Besser als die Reflexivität der *Dialektik der Aufklärung* ist für die Revision der Kritischen Theorie eine moralische Position. Habermas gewinnt sie aus seinem Modell der Kommunikation: Um überhaupt argumentieren zu können, muss ich die Vernünftigkeit des anderen und die vernünftige Austragbarkeit von Argumenten unterstellen. Indem ich mit einem vernünftig zu reden versuche, anerkenne ich ihn als solcher Vernunft zugänglich. Indem sich der Intellektuelle mit einem überhaupt einlässt, nimmt er ihn als ebensolchen Intellektuellen. Im Umkehrschluss: Der Intellektuelle beanspruchtt, vom anderen (z.B. vom Politiker) aufgrund seiner Argumente ernst genommen und anerkannt zu werden. Das „kommunikative“ Verständnis von Politik als permanente Podiumsdiskussion heißt auch, dass der Intellektuelle sich in sie hineinreklamiert.

Pure Machtpolitik oder eine, die den Intellektuellen ausschließt oder ihn als bloßen Unterhalter vernutzt, soll nicht stattfinden oder jedenfalls nicht verbindlich sein. Genau das ist aber der Zustand einer kulturindustriellen Politik und genau das haben Horkheimer und Adorno, beeindruckt von sozialer Ausschließung in ihrer härtesten, nämlich der massenmörderischen Variante, und von kulturindustrieller Vernutzung in ihrer entwickeltsten, nämlich der US-amerikanisch-privatwirtschaftlichen Form, in der *Dialektik der Aufklärung* analysiert - ohne Rekurs auf eine höhere Moral, vielmehr als reflexives Denken. Angesichts der herrschaftlichen Überwältigung der Intellektuellen haben sie erkannt, wie hilflos die Argumente sind und wie beschönigend die Rede von „Kommunikation“ in diesem Zusammenhang ist. Und sie zeigen, wie die Intellektuellen sich noch freiwillig unterwerfen, den Widerstand aufgeben, dem herrschaftlichen Denken, das sie umbringt, noch zuarbeiten.

Es gibt weder im Rückgriff auf die Ahnungen der Kindheit, noch in der Religion oder in sonstwo propagierten „Normen & Werten“, noch in künstlerischen Produkten und ästhetischen Erfahrungen ein „besseres“ Wissen. Den Bornierungen des wissenschaftlichen Denkens lässt sich nicht durch Berufung auf Althergebrachtes, Geahntes und Geraunte s, plötzlich Eingegebenes, Immer-schon-Gewusstes oder sonst in Bildern, Symbolen, Erzählungen, Darstellungen nicht begrifflich Ausbuchstabiertes, aber angeblich umso wirksamer Enthaltenes entgegentreten. Es gibt keinen Punkt außerhalb und es ist auch keiner nötig. Es gibt die Kritik der Herrschaft und die Reflexivität, die den Gebildeten von dieser Kritik nicht als Besserwisser ausnehmen will, sondern den Konflikt, den er austrägt, zu ihrem Gegenstand macht.

Adornos Theorie der Befreiung ist an der Erfahrung des Komponisten gebildet: Man kann die gesellschaftlichen Normen, die sich in Sonatenform, Tonalität und Konventionen der Gattungen manifestieren, durch angespannte Arbeit am Material bei gleichzeitig höchstem Respekt für das Subjekt und sein Leiden an der Gesellschaft kritisieren und durchbrechen. Diese Errungenschaften werden sich bei gegebenen Zuständen nur nicht verallgemeinern. Es kann Momente der Befreiung geben. Es gibt nur keine stabilen Zustände der Freiheit.

Schluss der Gerüchte

Gerüchte über die Kritische Theorie, wie ich sie hier untersucht habe, werden einerseits gepflegt aus einer moralphilosophischen Umdeutung, in der die *Dialektik der Aufklärung* beiseite geschoben werden muss, sie entstehen andererseits aus kulturindustrieller Unachtsamkeit, in der die Texte weniger wichtig sind als die Personen, besonders die Person Adorno. Um die Distanz zu gewinnen und zu pflegen, die diesem Denken angemessen ist, sollten wir, wie ich schon einleitend sagte, damit aufhören, Anekdoten über Professor Adorno zu erzählen.

Deshalb will ich diesen Abschnitt damit schließen, dass ich eine letzte Anekdote vortrage:

Wie Professor A. einmal geehrt werden sollte

Professor A. hatte die Absicht, nach seiner Emeritierung nach Wien zu ziehen und dort eine vierte oder fünfte Karriere - diesmal als Komponist - zu beginnen. Er beriet mit seinen Wiener Freundinnen und Freunden, wie man diesen Neu-Anfang auch öffentlich angemessen begehen könnte. Den Wienern fiel als erstes ein, ihm einen Orden verleihen zu lassen, das sei ganz leicht zu bewerkstelligen. Professor A. musste das ablehnen: Er habe erst kürzlich seinem Freund Max geraten, einen diesem angebotenen Orden nicht anzunehmen, da könne er jetzt nicht selbst ... Wie wäre es denn mit einem Ehrendoktorat in Musikwissenschaft? Auch das wurde nicht für ganz unmöglich gehalten, aber eine Gasse nach ihm zu benennen, das könnte man leichter hinkriegen, wenn sie klein und unbekannt sein und in einem der Außenbezirke liegen dürfe.

Professor A. kam doch etwas ins Grübeln: Würde das nicht einen unerfreulichen Wettbewerb zwischen Wien und seiner Heimatstadt Frankfurt auslösen? Auf einen Ehrendoktor in Wien würden die Frankfurter bestimmt mit einem nach ihm benannten Preis kontern, der dann sicher an Kritiker seiner Theorie wie Habermas, Elias oder Bourdieu vergeben würde. Auf einen Orden in Wien würden die Frankfurter mit einer Plakette an seinem Wohnhaus antworten, die ihn wie einen Frosch mit Tauchermaske aussehen ließe. Und die kleinste Sackgasse mit seinem Namen in Wien würden die Frankfurter mit einem ihm gewidmeten Platz übertrumpfen: Wie er sie kannte, würden sie einen Platz auswählen, an dem es keine Häuser gab, so dass niemand die Adresse hätte; und auf dem wahrscheinlich ein Kriegerdenkmal stand, das durch ein fragiles, für den öffentlichen Raum ungeeignetes und daher regelmäßig beschädigtes Kunstwerk ersetzt würde.

Professor A. sah resigniert ein, dass es unter diesen Umständen nicht möglich war, seine Heimatstadt zu verlassen.

Diese Anekdote hat den Vorteil, dass sie erfunden ist.

II: Dialektik der Aufklärungen. Projektemacherei, Herrschaftskritik, Reflexivität und der Wunsch nach Anerkennung – angelsächsische, französische und deutsche Aufklärung

Die Vereinigten Staaten und ihre Aufklärung: europäische Hoffnungen und Ängste

1977 ist ein Buch *Das Reich der Vernunft* (*The Empire of Reason*) des amerikanischen Philosophen Henry Steele Commager erschienen. Es trägt den schönen Untertitel: *Wie Europa die Aufklärung ausdachte und Amerika sie verwirklichte*. Und als Ralf Dahrendorf in (nicht gerade von Minderwertigkeitsgefühlen bestimmter) Identifikation mit Alexis de Tocqueville 1963 seine Amerika-Erfahrungen auswertete, nannte er das resultierende Buch *Die angewandte Aufklärung*.[9] Den Beobachtern auf beiden Seiten des Atlantik ist deutlich, dass da beachtliche Unterschiede in der Art der „Aufklärung" bestehen. Sie sehen sich aber auch veranlasst, eine Verbindung herzustellen, ein unmittelbares Abhängigkeits-Verhältnis: In Amerika wird angewandt und verwirklicht, was in Europa nur ausgedacht wurde. Zumindest bei Dahrendorf ist damit auch (mehr oder weniger implizit) eine Aufforderung zum Re-Import der dortigen, eigentlich ja ohnehin hiesigen Errungenschaften verbunden.

Es klingt jedenfalls nicht gerade kritisch, eher neidvoll, wenn Dahrendorf etwa schreibt: „Während bei uns der von Dilthey bis zum Neuhegelianismus à la Adorno genährte grundlegende Zweifel noch immer nach neuen Argumenten für die Unmöglichkeit strenger Erfahrungswissenschaften vom Menschen sucht, gibt es in Amerika längst eine theoretisch begründete Wirtschaftspolitik, eine angewandte Sozialmedizin, eine verbreitete Psychotherapie und viele andere Anwendungen wissenschaftlicher Theorien vom Menschen." (1963: 25f) Seine Zusammenfassung des amerikanischen Verständnisses von „Aufklärung" hat immerhin einen ironischen Zug: „Die wissenschaftlich vermittelte Erfahrung, die machbare Welt und insbesondere der erziehbare Mensch, der Glaube an die prästabilierte Harmonie von Moral und Erfolg und die Verehrung eines höchsten Wesens, das diesen glücklichen Stand der Dinge herbeigeführt hat, bilden ein Syndrom, in dem die Aufklärung ihren eigentlichen historischen Triumph feiert." (1963: 31) In jedem Fall hat Dahrendorf zu solchem Import von amerikanischer Aufklärung, der in Deutschland (West) mit Reeducation, Marshall-Plan und NATO-Mitgliedschaft verbunden war, vor allem durch seinen *Homo sociologicus* von 1958 (geschrieben in Palo Alto, Kalifornien) einen beachtlichen Schub beigetragen.

Eine solche Verbindung zwischen europäischer und amerikanischer Aufklärung, allerdings mit anderem Vorzeichen, hat auch Adorno gesehen: In den Vereinigten Staaten war für ihn schon viel vom Schrecken der Dialektik der Aufklärung verwirklicht, das Europa noch bevorstand. In den 1968 geschriebenen Erinnerungen an Amerika wird das explizit genug gesagt: „Innerhalb der Gesamtentwicklung der bürgerlichen Welt haben fraglos die Vereinigten Staaten ein Extrem erreicht. Sie zeigen den Kapitalismus gleichsam in vollkommener Reinheit, ohne vorkapitalistische Restbestände. Nimmt man, im Gegensatz zu einer freilich hartnäckig verbreiteten Meinung, an, daß auch die anderen nicht-kommunistischen und nicht der Dritten Welt zugehörigen Länder auf einen ähnlichen Zustand sich hinbewegen, so bietet für einen Menschen, der weder in Bezug auf Amerika noch auf Europa naiv sich verhält, Amerika die fortgeschrittenste Beobachtungsposition. Tatsächlich kann der Rückkehrer unendlich viel in Europa heraufkommen sehen oder bestätigt finden, was ihm in Amerika erstmals auffiel." (Wissenschaftliche Erfahrungen in Amerika, 1968, GS 10.2: 736)

Dieser Aufsatz ist übrigens ein bemerkenswertes Dokument, weil in ihm die Ambivalenz des in die USA exilierten europäischen Bildungsbürgers in Aussagen, die einander dementieren, und in Perspektiven-Brüchen ausgedrückt wird. Der Aufsatz wurde ursprünglich für eine amerikanische Publikation geschrieben und betont die Dankbarkeit des Flüchtlings, der dort aufgenommen wurde. Aber die Auseinandersetzung dreht sich um den Anpassungsdruck, dem sich Adorno als Preis für diese Rettung ausgesetzt sah. Adorno artikuliert eingangs trotzig seine europäische Identität und seinen Widerstand gegen die amerikanische Kultur. „Daß ich, vom ersten bis zum letzten Tag, mich als Europäer empfand, habe ich nie verleugnet. An der geistigen Kontinuität festzuhalten, war mir selbstverständlich und artikulierte sich mir in Amerika rasch genug zu vollem Bewußtsein." (1968: 702) Er wollte seiner Art von Philosophieren treu bleiben und auch weiterhin ins „philharmonische Konzert" gehen und nicht ins „Radio City". Eingeschaltet ist hier ein kleiner Exkurs über „Anpassung", der mit folgendem Satz schließt: „Adjustment war noch ein Zauberwort, zumal dem gegenüber, der als Verfolgter aus Europa flüchtete, und von dem man ebensowohl erwartete, daß er in dem neuen Land sich qualifizierte, wie daß er nicht hochmütig bei dem sich versteifte, was er nun einmal war." (702) Hier ist deutlich genug von den Zumutungen die Rede, denen gerade der Flüchtling in seiner schwachen Position ausgesetzt war, verbunden noch mit einer Verpflichtung zur Dankbarkeit, die Kritik doppelt schwer macht. Diese ganze Ambivalenz fließt dann in den Satz, in dem Adorno die guten Grundlagen für seine „Anpassung" beschreibt, die er sowohl in seiner eigenen Haltung als auch in Elementen der amerikanischen Kultur findet: „Andererseits kam ich, so hoffe ich wenigstens (!), nach Amerika als ein von Nationalismus und kultureller Arroganz völlig Freier. Die Problematik des traditionellen, zumal deutschen, geisteswissenschaftlichen Kulturbegriffs war mir viel zu evident geworden, als daß ich solchen Anschauungen länger (!) mich anvertraut hätte. Das aufklärerische (!) Moment auch im Verhältnis zur Kultur, im amerikanischen geistigen Klima selbstverständlich, mußte (!) mich aufs stärkste berühren. Überdies war ich voll von Dankbarkeit für die Rettung vor der Katastrophe..." (703; meine Rufzeichen) Diese Demutsbeteuerung wird von den vorhergehenden Bemerkungen einigermaßen dementiert: Der Dankbarkeit für die Rettung vor der Katastrophe kontrastiert der Anpassungsdruck, „zumal dem gegenüber, der als Verfolgter aus Europa flüchtete", der Absage an den „traditionellen Kulturbegriff" der „Schock" (702) über das modische Aufgeben des philharmonischen Konzerts zugunsten der Veranstaltungen in dem 6.000-Personen-Auditorium der Radio City Music Hall. Das „aufklärerische Moment auch im Verhältnis zur Kultur, im amerikanischen geistigen Klima selbstverständlich" ist die Respektlosigkeit gegenüber Althergebrachtem, die vor Kulturdünkel und der damit verbundenen Politikblindheit schützen mag, die aber auch eine Unterseite von Naivität und Banausentum hat. Adorno hat in dieser Verwendung von „aufklärerisch" gewiss die zugehörige Dialektik mitgedacht.

Unterstrichen wird das von den Perspektiven-Wechseln: Der Aufsatz ist grundsätzlich aus einer europäischen Perspektive geschrieben. Gleich im ersten Satz wird von Amerika als „drüben" gesprochen. Später (736) ist von Europa als „hierzulande" die Rede. Aber im Zusammenhang mit dem erwähnten Exkurs über „Anpassung" wird von „herüber"kommen gesprochen, womit Amerika gemeint ist. Wenn es um Anpassung geht, versetzt sich Adorno in die USA. Tatsächlich waren die Anpassungs-Leistungen der Mitglieder des Instituts für Sozialforschung beachtlich. Als Dokument kann man Horkheimers *The End of Reason*, englisch veröffentlicht im letzten Heft der *Zeitschrift für Sozialforschung/Studies in Philosophy and Social Science* 1942 in New York, mit dem deutschen Original *Vernunft und Selbsterhaltung* (1942 nur als Typoskript vervielfältigt, erst 1970, Frankfurt: Fischer, als eigenständige Broschüre im Druck erschienen) vergleichen. Dabei sind die großen Auslassungen, die hauptsächlich Verweise auf die europäische Philosophie-Geschichte betreffen, weniger aussagekräftig als die kleinen Veränderungen. Zum Beispiel ist da systematisch das Wort „bürgerlich" verschwunden. Es wird entweder umschrieben (so gleich mehrfach eingangs 320f/366[10]), oder einfach weggelassen (so z.B. 326/370), oder aber verfälscht - etwa, wenn aus der „Bourgeoisie" eine „middle class" wird (329/372) oder aus der „Transformation der bürgerlichen in unvermittelte Herrschaft" ein ungenauer „leap from the indirect to direct forms of domination" (332/374). Zum Beispiel wird da aus der „Zirkulationssphäre" die „sphere of private life" (335/376) und aus der Phasen-Bestimmung „unter dem Monopol" farblos „in the present period" (336/376). Verschwunden sind auch sämtliche Hinweise auf die Sklaverei, von denen es im deutschen Text einige gibt (320/366,

325/370, 326/370), wo einer, wie etwa 336/376, erhalten bleibt, wird wenigstens die Zeit von der Gegenwart in die Vergangenheit umgewandelt. Aus der „(Vernunft in der) Klassengesellschaft" wird eine „(reason ... in all phases of) competitive society" (323/368). An einer Stelle gibt es im englischen Text eine Einfügung. Über das Individuum, das sich zusammenzieht, heißt es da (337/377) zusätzlich: „His life falls into a sequence of data which fit in advance the questionnaires he has to answer." Die Einfügung belegt übrigens noch einmal, dass die englische Fassung nicht von irgendeinem Übersetzer, sondern von Horkheimer zumindest redigierend hergestellt wurde. Die Selbstzensur, die hier geübt wird, entspricht dem, was Horkheimer und Adorno auch an der *Dialektik der Aufklärung* zwischen den Fassungen von 1944 und 1947 korrigiert haben.[11]

„Adjustment war noch ein Zauberwort, zumal dem gegenüber, der als Verfolgter aus Europa flüchtete..." Und vielleicht war es auch schon ein bisschen mehr, nämlich die Angst zuerst der Exilanten vor der Bürokratie mit ihren Fragebogen, dann die Angst vor dem beginnenden McCarthyismus, dem Adorno sogar die Mit-Autorschaft am Buch *Komposition für den Film* geopfert hat, was ihm sicher nicht leicht fiel. Der Rückzug nach Kalifornien und die Abfassung der *Dialektik der Aufklärung* - auf Deutsch und für einen europäischen Verleger - waren auch das Ergebnis von allerlei Exil-Erfahrungen.

Man kann mit guten Gründen bestreiten, dass diese Kontinuitäts-Annahmen über „Aufklärung" und „Fortschritt" in Europa und den USA, die Dahrendorf positiv, Adorno negativ trifft, die historische Wirklichkeit gültig beschreiben: Aus der Perspektive der Arbeiterbewegung etwa sind die Vereinigten Staaten ein ziemlich rückständiges Land. Andernfalls müsste man annehmen, dass das, was sich die Arbeiterbewegung als „soziale Errungenschaften" zugute hält, vor- oder frühkapitalistische Reste sind. Auch mit dem Faschismus, der einerseits eine Tendenz des fortschreitenden Kapitalismus sein soll, andererseits aber bekanntlich in Europa stattfand und nicht in den USA, gerät man mit dieser Annahme in Probleme. Und schließlich vernachlässigt sie einfach die durchaus aktive Rolle, die die Vereinigten Staaten (kultur)imperialistisch in der Weltgesellschaft und der Weltökonomie spielen. Dass sich Coca-Cola und bestimmte Fernseh-Serien mit zeitlichen Verschiebungen über die ganze Welt verbreiten, braucht nicht mit gleichgerichteten Vorgängen der „Aufklärung" interpretiert zu werden, in denen die USA einen Vorsprung hätten. An solchen konkreten Beispielen lässt sich viel genauer angeben, wer hier die „Dialektik der Aufklärung" betreibt und dafür sorgt, dass weltweit alle nach und nach unter ihr Glücksrad kommen.

Heute werden die von Konservativen und religiösen Fundamentalisten übernommenen USA in Europa und Lateinamerika und besonders in der islamischen Welt (mit ihren eigenen Fundamentalismen) wieder viel stärker als bedrohliche imperialistische Macht gesehen, die ihr politisches und Wirtschaftsmodell allen aufzwingen wollen (und das durch militärische und ökonomische Macht auch zu können glauben[12]). Sie sind politisch wie technisch längst nicht mehr die Verkörperung und Avantgarde eines „Fortschritts", dem alle zustreben, den alle zuletzt ebenso erreichen wollen und werden. Die Hegemonie ist zumindest brüchig geworden.

Angelsächsische und französische Aufklärung

Es ist offensichtlich, dass auch historisch die Aufklärung in den angelsächsischen Ländern und besonders in Amerika ganz anders aussah als auf dem Kontinent und besonders in Frankreich. Es ging im einen Fall um Vernunft als Instrument zur besseren Gestaltung der Gesellschaft, im anderen um Befreiung durch Vernunft - um instrumentelle und kritische Vernunft also. Und das gilt selbst angesichts der Tatsache, dass die amerikanische Revolution der französischen vorausging und dass die französischen Aufklärer von den englischen tief beeindruckt waren und von ihnen gelernt haben. Sie hatten das, was sie da gelernt haben, unter ganz anderen Bedingungen zu vertreten. In dem erwähnten Buch von Commager werden diese Unterschiede, speziell zwischen Frankreich und Amerika, scharf herausgearbeitet und im letzten Abschnitt in acht Punkten zusammengefasst:

1/Die amerikanische Aufklärung setzt später ein und endet später. Sie endet auch nicht abrupt und in einem Gewalt-Exzess wie die französische in der Revolution, sondern geht gleitend in der Romantik auf.

2/Während die europäischen Aufklärer eine „Klasse für sich" darstellten, die in relativer Isolation lebte, stammten die amerikanischen aus dem Volk und lebten im Volk. „Sie waren Rechtsanwälte und Ärzte, Bauern und Farmbesitzer, Kaufleute und Geistliche; sie bezogen ihre Stärke aus einander, aber noch mehr aus den Leuten, die sie repräsentierten." (242; Übersetzung HSt)

3/Die amerikanischen Aufklärer waren religiös und in ihrer Moral Puritaner. Eine Verbindung zwischen Aufklärung und Libertinage gab es in Amerika nicht.

4/Frankreich war für die amerikanische Aufklärung keine Bezugsgröße. Sie orientierten sich an England und ansonsten an den alten Griechen und Römern.

5/Die europäische Aufklärung war ein durchgehend städtisches Phänomen, die amerikanische ein überwiegend ländliches. Das lag nicht zuletzt daran, dass Amerika zu der Zeit keine großen Städte hatte, jedenfalls keine von dem metropolitanen Zuschnitt etwa von Paris. „Die große Mehrheit der amerikanischen Philosophen teilte Jeffersons Leidenschaft für das einfache und tugendhafte Leben des Landmanns: Während der gesamten Zeit der amerikanischen Aufklärung war jeder Präsident vom Land. Das verstärkte das romantische Element der amerikanischen Aufklärung." (243)

6/Die Amerikaner hatten kein Interesse an Ökonomie, ihr Problem war mehr das Moralische. Amerika brachte Staatsmänner und Juristen hervor, aber keine Ökonomen.

7/Der amerikanische Aufklärer musste sich nicht kritisch an bestehender Herrschaft abarbeiten, die den Großteil der Energie der europäischen Aufklärer verbrauchte. „Er war nicht aufgerufen, alte Missstände zu beheben (immer mit Ausnahme der Sklaverei, die er nicht ausrotten konnte) oder eine herrschende Klasse zu stürzen, den Feudalismus zu beenden, die Infamie zu besiegen, die Jesuiten hinauszuwerfen, die Inquisition abzuschaffen. Er konnte sich positiven und konstruktiven Aktivitäten hingeben, die eine sehr gute Chance der Realisierung hatten." (244)

Die amerikanische Aufklärung brachte keinen *Candide*, keinen *Nathan der Weise* und kein *Über die Verbrechen und die Strafen* hervor, sondern die *Federalist Papers*. Wichtig in diesem Zusammenhang ist auch die Abwesenheit einer Zensur, was es überflüssig machte, Gesellschaftskritik in Utopien und Satiren zu verkleiden. Die Amerikaner konnten ihre Pläne ungehindert entwerfen und veröffentlichen.

8/„Schließlich hatten es die amerikanischen Philosophen nicht nötig, gegen ein Establishment anzukämpfen: Sie waren das Establishment." (245) Sie mussten sich nicht damit aufreiben, die Irrtümer, Grausamkeiten und Tyranneien der Vergangenheit zu stürzen, sie konnten sich darauf konzentrieren, eine Zukunft zu bauen. Sie mussten nicht Enttäuschungen verarbeiten und sich auf ihren Nachruhm vertrösten; sie konnten sich vielmehr auf ihren Erfolg verlassen und zuversichtlich sein, dass die Nachwelt sie dankbar erinnern werde - was sie auch getan hat. „Wie sie keine Utopien entwarfen, weil Amerika Utopia war, so schrieben sie auch keine Abhandlungen über Glück und Fortschritt, sondern setzten deren Erreichen als selbstverständlich voraus." (245)

Die amerikanischen Revolutionäre waren Angehörige der dortigen Oberschicht, die sich als Gentlemen und erfahrene Politiker zusammentaten, um eine vernünftige Verfassung der „Vereinigten Staaten" zu erarbeiten, die sie dabei konstituierten. Aufstände und Volksbewegungen waren ihnen gefährlich und zuwider. Die französischen Revolutionäre waren Theoretiker, zum Teil Fanatiker, die großstädtische wie ländliche, sich unkontrollierbar entwickelnde und verbreitende, auch wieder in sich zusammenfallende Aufstandsbewegungen in schwierigen Vertretungs-Konstellationen und aufgeregten Auseinandersetzungen nutzten und zu steuern versuchten. Dunn (1999) charakterisiert den Unterschied der Politiker-Persönlichkeiten mit den Begriffen „Architekten" und „Träumer".

Unter den ganz anderen Bedingungen in Amerika (und zum Teil auch in England) entstand eine pragmatische, wissenschaftsfreudige und „positive" Aufklärung: Aufklärung als Projektemacherei. Benjamin Franklin war nicht nur Buchdrucker, Journalist, Mitautor der Deklaration der Menschenrechte und der Amerikanischen Verfassung, Gesandter in Paris und mehrfacher Ehrendoktor, er entwickelte auch Pläne für Blitzableiter, für Entwicklungshilfe, für Kanalisation und Straßenreinigung, für eine Rechtschreibreform, usw.[13] Ein schönes Dokument für diese oft (so bei Franklin) pragmatische und sozial kompetente, manchmal aber auch windige und phantastische Form der Vernunft ist Daniel Defoes *Essay on Projects* (1697), der sich zugleich ironisch gegen seine „Zeit des Projektemachens" (8) wendet und selbst eine ganze Reihe von Projekten vorlegt. Defoe schreibt: „... so kann man, glaube ich ohne für die Gegenwart besonders voreingenommen zu sein mit Recht behaupten, daß bisher niemals der Grad des Projektmachens und Erfindens erreicht worden ist, wenigstens was Handelsangelegenheiten und Staatseinrichtungen anbetrifft, zu dem wir unser Zeitalter gelangt sehen." (8). Die Projekte, die Defoe entwirft, betreffen (in den Worten des Vorworts der deutschen Ausgabe von 1890) „z.B. das Bankwesen, die Versicherungs- und Versorgungsanstalten, die Konkurs- und Handelsgerichte, die Irrenhäuser und die höheren Bildungsanstalten ... die Unfall-, Invaliden- und Altersversicherung, wie auch ferner den Gedanken der Verstaatlichung großer Verkehrszweige. In der Anwendung des letzteren auf Englands wichtigsten Verkehrszweig, das Seewesen, zeigt sich Defoe's Staatssocialismus am deutlichsten." (VIII) Benjamin Franklin hat das Buch übrigens gekannt und geschätzt. Einer Aufklärung als Kritik – und zum Teil wütende Kritik, als Ironie und auch als Verzweiflung an der Möglichkeit, Natur und Vernunft in Übereinstimmung zu bringen, die in Europa und speziell Frankreich vorherrschte, steht also in England und Amerika eine Aufklärung als Projektemacherei gegenüber, eine „angewandte Aufklärung", die wir leicht auch als „instrumentelle Vernunft" identifizieren können.

Ein interessanter Berichterstatter ist in diesem Zusammenhang Tocqueville, der Amerika ebenfalls als das Land der angewandten Aufklärung beschrieben hat. „Wenn ich noch weiter gehe und unter diesen verschiedenen Zügen nach dem Hauptmerkmal suche, das alle anderen in sich begreift, so entdecke ich, daß sich jeder Amerikaner in fast allem seinem geistigen Tun nur auf seine eigene Vernunft verläßt. Amerika ist also eines der Länder in der Welt, in dem man die Lehren von Descartes am wenigsten kennt und am besten befolgt. Das ist nicht verwunderlich. Die Amerikaner lesen die Werke von Descartes nicht, weil ihre Gesellschaftsform sie von theoretischer Gedankenarbeit ablenkt, und sie befolgen seine Lehren, weil eben diese Gesellschaftsform ihren Sinn naturgemäß zu deren Anwendung geneigt macht." (Tocqueville, 1835/40: 457) „Sie (die philosophische Denkweise von Descartes bis Voltaire) wurde in einer Zeit entdeckt, da die Gleichheit unter den Menschen begann und diese sich ähnlicher wurden. Zur allgemeinen Richtlinie konnte sie erst in einem Zeitalter werden, da die Lebensbedingungen sich ausglichen und die Menschen nahezu gleichgestellt waren. Die philosophische Denkweise des 18. Jahrhunderts ist somit nicht einfach französisch, sondern demokratisch." (489)

Tocqueville erklärt also die Aufklärung als Ausdruck der Entwicklung zu mehr Gleichheit zwischen den Menschen, anders gesagt: des Niedergangs der ständischen Ordnung des Feudalismus. Dementsprechend lokalisiert er den Unterschied zwischen Frankreich und Amerika in der unterschiedlichen Art der Beziehung zu diesem Feudalismus: Die Franzosen hatten gegen die Herrschaft auch der Religion zu kämpfen und sie stürzten den Feudalismus in einer blutigen Revolution. „Das trägt ungeachtet der Gleichheit mächtig dazu bei, die Menschen zu trennen, sie mißtrauen ihren Urteilen gegenseitig, und jeder verläßt sich nur auf sein eigenes Licht." (491) Die Amerikaner hingegen sind religiös geblieben und der Feudalismus war jedenfalls im eigenen Land kein Problem. Daher konnte sich die demokratische Geisteshaltung ungehindert und nicht-reaktiv, nicht auf Kritik und Abwehr und Überwindung konzentriert, entfalten. In dieser Geisteshaltung aber verschiebt sich die Autorität. „In den Zeiten der Gleichheit glauben die Menschen infolge ihrer Gleichartigkeit nicht aneinander; diese selbe Gleichartigkeit jedoch verleiht ihnen ein fast unbegrenztes Vertrauen in das Urteil der Öffentlichkeit; sie halten es, da alle die gleiche Einsicht besitzen, nicht für wahrscheinlich, daß die Wahrheit sich nicht auf der Seite der größten Zahl finde." (494) Dieser Zustand, meint Tocqueville, in dem die Mehrheit zur Autorität in Fragen der Wahrheit geworden ist, hat sich in Amerika deutlicher ausgeprägt, während in Europa aus der Kampfsituation heraus der einzelne, unabhängige, „große" Geist durchaus in der Nachfolge aristokratischer Verhältnisse auch im Denken der Aufklärung mehr Gewicht behalten habe.[14] Das hat seine Auswirkungen auch auf die Art, wie Wissenschaft betrieben wird: Tocqueville stellt Theorie- und Anwendungsorientierung einander gegenüber.

Der Unterschied lässt sich auch sozialstrukturell bestimmen: In der kontinentalen Aufklärung dominierte eine philosophisch-literarische Intelligenz, in der angelsächsischen eine naturwissenschaftlich-administrativ-politische. Auf dem Kontinent blieb das Bildungsbürgertum stärker isoliert, in den angelsächsischen Ländern verbündete es sich eher mit dem Wirtschafts-Bürgertum.[15] Die wichtige Unterscheidung der „zwei Kulturen" von naturwissenschaftlicher und literarischer Intelligenz, auf die C.P. Snow aufmerksam gemacht hat,[16] ist auch auf die „zwei Aufklärungen" anzuwenden: Auf dem Kontinent dominiert eher die literarische Intelligenz, in den angelsächsischen Ländern eine „technische". Die viel größere Staatsabhängigkeit der kontinentalen Aufklärung kommt wohl noch hinzu und mag hier ganz spezifische Bedingungen geschaffen haben, wie sie Darnton (1971) mit der Unterscheidung von „Hoch-Aufklärung" und „literarischem Untergrund" beschrieben hat. Für die Entwicklung zur Revolution war dann mit entscheidend, dass die Wege aus dem literarischen „Untergrund" heraus in die größere (und lukrative) Öffentlichkeit verstopft waren, dass dementsprechend zur französischen Aufklärung auch eine große Zahl von unzufriedenen bis verbitterten Literaten gehört haben, die in einer Flut von Pamphleten die Herrschenden diffamierten, lächerlich machten, kritisierten. Gay (1970: 562f) erwähnt eine ähnliche Pamphlet-Literatur in Amerika vor der Revolte gegen England. Es mag also zusätzlich noch auf Fraktionen innerhalb der jeweils dominierenden Intelligenz-Fraktion und ihr Verhältnis zueinander ankommen.

Die Besonderheiten der deutschen Aufklärung

Dass angelsächsische und französische Aufklärung mit einander zu tun haben, ist schon personell offensichtlich - an interessanten Migranten-Figuren wie Tom Paine, aber auch an den England-Aufenthalten von Voltaire wie Rousseau und den Paris-Aufenthalten der amerikanischen Aufklärer Benjamin Franklin und Thomas Jefferson oder John Adams.[17] Die deutsche Aufklärung erscheint im Vergleich dazu als provinziell: Immanuel Kant, der Königsberg, freilich damals eine bedeutende Stadt des internationalen Handels, nie verließ, ist dafür paradigmatisch. Tatsächlich bestanden besonders zu England Beziehungen, die halfen, den internationalen Anschluss zu finden. Leibniz war Mitglied der Londoner Royal Society.[18] Die Beziehung zu Frankreich war im aufgeklärten Absolutismus stark, dann aber vor allem durch den Schock der Revolution und die Eroberungen und die Niederlage Napoleons geprägt. Goethe hat Diderot und Voltaire übersetzt, aber für die Bevölkerung wurde die französische Aufklärung erst von Napoleons Truppen nach Deutschland gebracht. Bis dahin hatte es in Deutschland und Österreich zuerst eine Regierungs-Aufklärung im „aufgeklärten Absolutismus" von Maria Theresia, Friedrich II und besonders Joseph II und ihren jeweiligen aufgeklärten Beratern gegeben, danach eine Professoren-Aufklärung außerhalb von unmittelbar politischen Zusammenhängen. Die bekannten deutschen Aufklärer wollten Fürsten nicht vom Thron stoßen (oder gar köpfen), sie wollten sie erziehen und beraten. Pragmatische Projekte zur Verbesserung des Lebens der Untertanen waren, wenn sie überhaupt auftraten, paternalistisch und auf die „gute Herrschaft" orientiert. Stattdessen hat die deutsche Aufklärung etwas ganz Eigenes zur aufgeklärten Welt beigetragen: Reflexivität. Die Wendung auf sich selbst ist das Produkt der Selbst-Konstitution eines Bildungsbürgertums, das von der Aristokratie abhängig, wenn nicht in ihren Diensten blieb. Was die deutschen Bildungsbürger von den Aristokraten wollten, war Anerkennung.

Ohne dass hier ernsthaft historische Aufklärungsforschung betrieben werden kann, sollen doch zwei Indikatoren für die besondere Position der deutschen Intelligenz im Zeitalter der Aufklärung genannt werden:

- Die Erfahrung der Hofmeister-Position, also einer Tätigkeit zwischen Erzieher, Gesellschafter und Diener, findet sich in den Biographien der Dichter und Philosophen des deutschen Idealismus[19] auffällig gehäuft.
- Das Thema der verweigerten Anerkennung eines (jungen) Bürgerlichen durch Aristokraten und Höflinge wird in der Literatur verschiedentlich und so behandelt, dass die Kränkung durch die verweigerte Anerkennung zu drastischen Konsequenzen führt.

Fast das gesamte prominente Personal der deutschen Aufklärung und des deutschen Idealismus war unterschiedlich lang Hauslehrer und Hofmeister: Moses Mendelssohn, Gottlieb Baumgarten, Johann Georg Hamann, Immanuel Kant, Johann Gottfried Herder, Christoph Martin Wieland, Georg Wilhelm Friedrich Hegel, Friedrich Schelling, Johann Gottlieb Fichte, Friedrich Schleiermacher, Johann Wolfgang Goethe (als Fürstenerzieher und -berater, später gut besoldeter Geheimer Rat).

Nicht als Hauslehrer gearbeitet haben nur wenige der Großen: Gottfried Wilhelm Leibniz (Höfling), Gotthold Ephraim Lessing (der Sekretär war, eine ähnliche, allerdings nicht ganz so „private“ Position), Christian Wolff (Prediger, dann Professor), Friedrich Nicolai (Buchhändler und Verleger), Friedrich Schiller (Arzt, dann Schriftsteller).

Am berühmtesten als Hofmeister wurde wohl Friedrich Hölderlin, der die Widersprüche der Position auf die Spitze trieb, indem er die Dame des Hauses, Susette Gontard, liebte und von ihr geliebt wurde - und an ihnen scheiterte.

1/Der Hofmeister war schon als Erzieher der Kinder stark in das Familienleben einbezogen, und das während des ganzen Tages, während der berufsbedingten Abwesenheit des Hausherrn.

2/Er war mit seiner Bildung darüber hinaus als Gesellschafter attraktiv und konnte wohl auch als Berater der Dame des Hauses fungieren, die ohnehin für das Schöne, Gute und Wahre zuständig war, soweit das im jeweiligen bürgerlichen Haushalt eine Rolle spielte. Das galt besonders auf Reisen, ohnehin leicht eine Ausnahme-Situation, und besonders, sofern sie einen Aspekt von Bildungsreise hatten.

3/Als Bildungsbürger hatte er möglicherweise die feinere Empfindsamkeit, das Organ fürs Emotionale, das sich der Wirtschaftsbürger nicht leisten konnte. Der Hofmeister lebte als Mann im weiblich dominierten Bereich des Privaten und war mit einiger Wahrscheinlichkeit weder besonders kriegerisch noch rechenhaft/berechnend.

4/Aber: Der Hofmeister konnte jederzeit als Diener behandelt und herumkommandiert werden. Er war dem Hausherrn ein ernsthafter Konkurrent innerhalb der Familie, gefährlich in seinem Einfluss auf Kinder wie Gemahlin, ihm zugleich aber hoffnungslos unterlegen. Im Zweifel wurde er einfach wieder aus dem Haus geschickt.

Der Hofmeister konnte nicht gewinnen, schon gar nicht, wenn sich eine erwiderte Liebe entspann.[20] Auch die Kinder konnte er vielleicht ein wenig „aufklären", aber wenn es darauf ankam, wurden sie seinem Einfluss wieder entzogen. Klugerweise musste er sein Engagement und seine Emotionen wohltemperiert halten. Nur dann hatte er eine Chance auf das, was ihm bestenfalls gewährt wurde: Anerkennung durch den Hausherrn als jemand, der, obwohl arm und abhängig, über ein Können verfügt, das wichtig, vielleicht sogar unentbehrlich ist.

Hoch wahrscheinlich kam als Widerspruch hinzu, dass die Gebildeten damals mehr an Freiheit, Gleichheit, Brüderlichkeit dachten als die Bankiers, Handelsherrn und Großgrundbesitzer, wenn nicht Aristokraten, die sich einen Hofmeister hielten. Die Standesunterschiede aufzuheben, wird dem Erzieher im Reich des Geistes eher eingefallen sein als dem Hausherrn, der sich in den ständischen Grenzen bewegen und bewähren musste. Wer, wie etwa Hölderlin, von einer Republik der freien Menschen träumte und sich selbst zumutete, zu dieser Freiheit erzieherisch hinführen zu können, (und die Gleichwertigkeit, ja Überlegenheit in der Liebe der Dame des Hauses bestätigt bekam,) musste die Reduktion auf einen Lakaien, die immer drohte und wohl gelegentlich auch geschah, als besonders beschämend erleben. Es ist eine Position der Ohnmacht, in der man mit Empörung und Auflehnung nichts erreichen kann.

Die deutsche Aufklärung und Klassik hatte Erfahrung mit der Position des Privatlehrers und wollte auch programmatisch das Menschengeschlecht erziehen. Prediger und Professoren teilten diese Erfahrung und dieses Motiv.[21] Der Fürstenerzieher Goethe hat die Widersprüche dieser Position besonders stark erlebt und sie, indirekter als Jakob Michael Reinhold Lenz in seinem *Hofmeister* (1774), auch literarisch gestaltet.

Schon die *Leiden des jungen Werthers* (1774) bestehen außer in einer hoffnungslosen Liebe auch darin, dass er sich unbedacht an der Etikette der höfischen Hierarchie vergeht: Er, der junge gebildete, vor allem aber empfindsame Künstler hat sich als Sekretär in den Dienst eines „Gesandten" begeben und muss sich mit der Konkurrenz- und Intrigengesellschaft am Hof eines Grafen von C... zurechtfinden. „Was mich am meisten neckt, sind die fatalen bürgerlichen Verhältnisse. Zwar weiß ich so gut als einer, wie nötig der Unterschied der Stände ist, wie viel Vorteile er mir selbst verschafft: nur soll er mir nicht eben gerade im Wege stehen, wo ich noch ein wenig Freude, einen Schimmer von Glück auf dieser Erde genießen könnte.“ (Werther, Zweites Buch, 73) Einmal bleibt er als „Subalterner“ nach einer Unterredung mit „dem Grafen“, den er verehrt und der ihn schätzt, in einer sich versammelnden Gesellschaft von Höhergestellten, in der er nichts zu suchen hat, und muss möglichst ohne Aufsehen hinauskomplimentiert werden. Darauf setzt der Tratsch ein: „(D)a sähe man's, wo es mit den Übermütigen hinausginge, die sich ihres bißchen Kopfs überhöben und glaubten, sich darum über alle Verhältnisse hinaussetzen zu dürfen, und was des Hundegeschwätzes mehr ist - da möchte man sich ein Messer ins Herz bohren; ...“ (80) Er sieht sich gezwungen, seine Entlassung vom Hof zu erbitten. Der Versuch, sich durch die Aktivitäten des Lebens von der schwierigen Dreiecks-Liebessituation mit Lotte und ihrem Mann Albert abzulenken, ist an den „fatalen bürgerlichen Verhältnissen“ gescheitert. In der Folge verengt sich seine schwermütige Ausweglosigkeit bis zu dem aufsehenerregenden Ausweg, der nach 1774 in Deutschland eine Welle von Nachahme-Selbstmorden auslöste.[22]

Zentral ist das Thema der Anerkennung oder Kränkung des Gebildeten in der Hierarchie des Hofes in Goethes *Torquato Tasso* (1789).[23] Es ist ein Spiel um Ruhm und Neid und Anerkennung: Die Höflinge, der Dichter Tasso und der Diplomat Antonio, wetteifern um die Gunst des Fürsten und seiner Schwester - um die Ehre, die ihren unterschiedlichen Leistungen gebührt. Der Lorbeerkranz des Virgil, mit dem der Dichter von der Prinzessin gekrönt wird, lastet zwar schwer auf ihm, andererseits glaubt er bei dem erfolgreichen Diplomaten Neid darauf wahrzunehmen, als der, bedächtig, sein Drängen auf Freundschaft einbremst, bis man sich besser kenne. Er fordert ihn zum Duell. Antonio setzt noch eine Kränkung drauf und weist es zurück, sich mit dem Jüngeren und im Kampf Unerfahrenen zu schlagen. Leidenschaft und diplomatische Zurückhaltung stehen gegen einander und können sich nicht verstehen. Der Fürst gibt Tasso Stubenarrest. Tasso gibt seinen Degen und den Lorbeerkranz zurück. Der Fürst verpflichtet Antonio als den „Klügeren“, Tasso wieder zu versöhnen. Aber Tasso treibt immer tiefer in sein Misstrauen, unterstellt Motive und will sich auch selbst in der Intrige üben. Die Eskalation der Unterstellungen ist nicht mehr aufzuhalten und endet darin, dass Tasso, nachdem er sich ein zweites Mal zu einem Gefühlsausbruch hinreißen ließ, diesmal zu einem Ausbruch völlig unstandesgemäßer Liebe zur Prinzessin, den Hof verlassen muss, tief gekränkt und tief verwirrt und überall Verschwörung vermutend. In der letzten Szene bleibt ihm als einziger Halt nur der besonnene Antonio: „So klammert sich der Schiffer endlich noch/Am Felsen fest, an dem er scheitern sollte.“

Der Dichter ist dem Hof nicht gewachsen, weil er seine Gefühle nicht so beherrschen kann, wie es der Intrigant gelernt hat und können muss. Er muss enthusiastisch sein, wenn er Dichter sein will. Zugleich kann er gar nicht genug Anerkennung für sein Werk, für sein Talent, und auch noch als Mensch, der Freundschaft und Liebe braucht, bekommen. Die Anerkennung des Fürsten und des Hofes, die schon schwierig genug ist, genügt dazu noch nicht: Es geht auch um die Anerkennung in der Zunft der Dichter und schließlich vor der Ewigkeit der Geschichte. Tasso ist unbeherrscht und maßlos und gerät dadurch in unausweichlichen Widerspruch zu der höfischen Welt der Selbstdisziplin. Seinem Genie steht aber die Förderung zu, die der Hof ihm auch reichlich gibt, materiell wie emotional. Zuletzt scheitert er aber doch an den Standesgrenzen: zu deren Überwindung reicht das Genie nicht aus. Aus der Verstrickung in die Konkurrenz mit dem gewieften Höfling gerät er in die schroffe Zurückweisung seiner Selbstüberhebung durch den Fürsten und seine Schwester. Es wird keine Anerkennung als Gleicher geben und durch diesen Anspruch verspielt er auch noch die Anerkennung als ein Anderer, die er schon hatte.

Die Besonderheit des Verhältnisses der Intellektuellen zur Herrschaft, das die deutsche Aufklärung und Klassik bestimmt, wird schlagend erhellt, wenn man im Vergleich an giftige Satiren des höfischen Lebens wie Laclos' *Liaisons dangereuses* oder de Sades *Justine* und *Juliette* denkt. Dort wird das höfische Leben als korrupt und moralisch verdorben vorgeführt und verhöhnt - hier wird aus der verspielten Anerkennung ein Drama gemacht, das den Dichter und Denker in den Wahnsinn treibt. Den französischen Satiren vergleichbar ist in der deutschen Literatur allenfalls Lessings *Emilia Galotti* (1772), wo der Konflikt des Bürgertums mit der Sittenlosigkeit der aristokratischen Herrschaft damit endet, dass der Bürger Galotti seine Tochter umbringt. Allerdings ist hier die Kritik ebenso an die Bürgerlichen gerichtet: Die Mutter Claudia ist durchaus von der Aussicht einer Verbindung mit dem Prinzen gereizt, und der Vater Odoardo mit seinen Ehrgefühlen bringt nicht etwa den Prinzen oder wenigstens den Höfling Marinelli um, sondern seine schöne Tochter. Auch der Ton ist nicht vergleichbar: Emilia Galotti ist ein Trauerspiel und keine Satire. Die französischen Aufklärer verhöhnten die Aristokratie, die deutschen waren mit ihr tragisch verstrickt.

Auch die Position des Künstlers Conti in *Emilia Galotti* (im Ersten Aufzug, Zweiter bis Fünfter Auftritt) ist bezeichnend: Er selbst betont, „die Kunst geht nach Brot", und lässt den Prinzen sagen, dass sie das nicht solle, nimmt aber dann die übertriebene Bezahlung des Gemäldes von Emilia („Hören Sie, Conti; soviel Sie wollen") an, obwohl er befürchten muss, dass der Prinz „so noch etwas anders belohnen" will „als die Kunst". Von Autonomie der Kunst ist keine Rede, auch nicht in der Beziehung zu den porträtierten Frauen: „Wir malen mit Augen der Liebe ..." Und das sollte auch für den Auftraggeber gelten: „... und Augen der Liebe müßten uns auch nur beurteilen." Es geht nicht um Kunst, sondern um ihren Gegenstand, der so schön wie möglich gesehen werden soll. Der Künstler definiert sich selbst eine abhängige Position.

Diese Beispiele mögen zunächst genügen, um die Besonderheit der deutschen Aufklärung und Klassik im Vergleich zur englischen und französischen Aufklärung zu illustrieren. Das Thema „Anerkennung", wie es bei Hegel dann explizit wurde, als deutsches Spezifikum muss freilich gleich um ein zweites ergänzt werden: Reflexivität. Jedenfalls seit Kant ist eine reflexive Wendung der Erkenntnistheorie (und davon abgeleitet der Moralphilosophie und der Ästhetik) für die deutsche Philosophie bestimmend. Fragen der Erkenntnis werden als solche des Erkenntnisvermögens und der Kategorien von Wahrnehmung behandelt und nicht als solche des Gegenstands und seiner Eignung dafür, wahrgenommen zu werden, wie im Empirismus. Eine „wahre" Beschaffenheit der Welt wird als „Ding an sich" für unerkennbar erklärt. Damit wird der menschliche Verstand, der davon „affiziert" wird und sich im Rahmen seiner Kategorien davon ein Bild macht, zum Gegenstand der philosophischen Forschung. Erkenntnis ist Selbsterkenntnis des wahrnehmenden und denkenden Subjekts. Das kann sich zuletzt auch materiell und gesellschaftlich wenden, indem die Kategorien des Denkens nicht als anthropologisch vorgegeben, sondern als Formen der jeweiligen Herrschaft verstanden werden. Das erkennende Subjekt ist Teil der Welt, in der Erkenntnis stattfindet. Auch diese Denkfigur heißt gesellschaftlich, dass Erkenntnis Selbsterkenntnis der Gesellschaft ist, Reflexion ihrer Verfasstheit in den Intellektuellen, die darauf spezialisiert sind. „Kritik" ist Selbstkritik der Gesellschaft, deren Herrschaftsform reflexiv, durch Untersuchung der Selbstverständlichkeiten des Denkens über Gesellschaft, bewusst gemacht und artikuliert wird. Kritik ist Reflexivität.

Wo die angelsächsische Aufklärung „vernünftige" Herrschaft etablieren hilft und die französische Aufklärung den Angriff auf die Herrschaft führt, entwickelt die deutsche mit ihrer Abhängigkeit von Herrschaft ein besonders subtiles Verfahren, um sie zu erkennen und zu benennen: aus der Reflexion auf die Erkenntnis-Voraussetzungen. Die Wendung auf sich selbst, die sich aus der hoffnungslosen Machtlosigkeit anbietet, ist doch zugleich zum Instrument subtiler Herrschafts-Kenntnis und damit wieder möglicher Herrschaftskritik gemacht worden. Insofern hängen der Wunsch nach Anerkennung und die Errungenschaft der Reflexivität zusammen. Die deutsche Aufklärung und der deutsche Idealismus sind zu einem spezifischen Beitrag zur Geschichte des Denkvermögens instand gesetzt worden durch die Machtlosigkeit der Gebildeten und ihre weiter bestehende Abhängigkeit von der Aristokratie.

Dialektik der Aufklärungen

Es ist heute in der Aufklärungsforschung üblich, von einer Vielzahl von Aufklärungen auszugehen und den Epochenbegriff zu relativieren. (Borgstedt, 2004: 5) Trotzdem ist es dann in den meisten Darstellungen doch so, dass eine nationale „Aufklärung" im Vordergrund steht oder ein Gesamtbild versucht wird, in dem die Belege und Illustrationen aus verschiedenen Ländern bezogen werden, ohne aber systematisch die Unterschiede herauszuarbeiten.[24] Vergleichende Aufklärungsforschung scheint nicht besonders entwickelt zu sein. Selbst dort, wo die verschiedenen nationalen Formen von Aufklärung nebeneinander bearbeitet werden, wie etwa in der kleinen Einführung von Schneiders (1997) oder in dem großen Projekt von Porter and Teich (1981), bleibt schließlich die typisierende Bilanz aus.

Dazu kommt, dass solche Vergleiche als „Schönheitskonkurrenz" mit politischen Zielen betrieben werden können: Zum Beispiel präsentiert Himmelfarb (2004) eine solche Typisierung für die angelsächsische und die französische Aufklärung, indem sie der britischen und besonders der schottischen Aufklärung das Thema der sozialen Tugenden, der Moral des Zusammenlebens, der amerikanischen, davon abgeleitet, das der Organisation von Freiheit, und der französischen Aufklärung das der Rationalität um jeden Preis zuordnet. Daher gebe es nur in der französischen Aufklärung scharfe Religionskritik, während die angelsächsische (reformiert) religiös geblieben sei. Daher habe es auch nur in Frankreich einen revolutionären „Tugendterror" geben können, der sich auf „Vernunft" berief, während Amerika und Großbritannien auf die sozialen Tugenden in der Gesellschaft bauten. Wie das Beispiel zeigt, beruhen vergleichende Typisierungen jeweils auf bestimmten Zuschreibungen dessen, was überhaupt „Aufklärung" ausmacht. Himmelfarb hat das (5ff explizit) erklärte Ziel, die englische gegenüber der französischen zum Paradigma von Aufklärung und damit das Thema der „Tugenden" zum zentralen Thema der Aufklärung überhaupt zu machen. Noch deutlicher wird sie im Epilog, wo sie die USA und ihre Verbindung von Religiosität und Freihandel, von (angeborener oder erlernter) Moral und natürlicher Freiheit der politischen Ökonomie zum eigentlichen Erbe der Aufklärung erhebt. Dass sie, die das Buch ihrem Mann Irving Kristol widmet, damit endet, einen „Compassionate Conservatism" zum logischen Erbe der britisch-amerikanischen Aufklärung zu erklären (234f), macht wenigstens explizit, welche schlicht politischen Implikationen diese Neu-Definition und -Bewertung von „Aufklärung" hat.[25]

Wenn wir uns nicht solchen politischen Instrumentalisierungen aussetzen wollen, brauchen wir eine Rezeptionsgeschichte von „Aufklärung". Sie besteht in erster Linie aus der „Gegenaufklärung" religiöser und konservativer Art, in der versucht wird, Religion, politische Autorität und Moral und Familie wieder stark zu machen, aber umgekehrt auch in Idealisierungen. Indem „Aufklärung“ zur Bezeichnung einer Epoche gemacht wird, entsteht der Eindruck, ihre Motive seien in dieser Zeit hegemonial gewesen. Voltaire erfuhr zwar kurz vor seinem Tod 1778 eine öffentliche Apotheose, aber davor waren seine Stücke verboten, seine Bücher verbrannt, er selbst war geprügelt, eingesperrt und ins Exil getrieben worden. Außer mit der Zensur und der Justiz hatten die Aufklärer mit der Konkurrenz innerhalb ihres neu geschaffenen Standes einer nicht-religiösen öffentlichen Intelligenz zu kämpfen. Seit Darnton (1971) gehört die Unterscheidung von etablierter „Hochaufklärung“ und ihrem „Untergrund“, der sie und ihre Gönner beneidete, kritisierte und verspottete, zu den Selbstverständlichkeiten der Aufklärungsforschung. Dazu besteht Konkurrenz auch zwischen den Prominenten: Man kann mit guten Argumenten anzweifeln, dass etwa Voltaire und Rousseau derselben „Aufklärung“ zugerechnet werden sollen.[26] Und natürlich gab es die Gegenwehr der alten, religiösen Schicht von Predigern und Fürstenberatern (als Beichtväter waren letztere in einer besonders günstigen Situation), die ihr Monopol verteidigten. „Gegen-Aufklärung“ war nicht erst eine nachfolgende Phase der Restauration, sondern begleitete Aufklärung vom Beginn an.

Ein wichtiges Instrument in dieser Auseinandersetzung war die Definition dessen, was diese Bewegung der „Aufklärung“ tatsächlich ist und war. Mit der französischen Revolution und besonders ihrer „Terreur“-Phase entstand eine besondere Denkfigur in diesem Definitions-Kampf: (Tugend-)Terror als „logische“ Folge von aufklärerischem Denken.[27] In den folgenden zweihundert Jahren wurde diese Beziehung vor allem wichtig, wenn es um die Einschätzung späterer Revolutionen ging, also für bürgerliche Republikaner und die monarchische Reaktion in Europa, später für Marxisten und Sozialisten und ihre Gegner. (Vgl. Hobsbawm 1990) Wie Art und Ausmaß dieses Zusammenhangs hingegen „wirklich“ waren, lässt sich nicht einfach entscheiden. Die Geschichte kennt keine Kausalitäten, allenfalls Ermöglichungen und Verhinderungen.

Trotz des (berechtigten) Insistierens der Historiker auf der Individualität des Einzelfalls erscheint es aber möglich, aus den Vergleichen einige Grunddimensionen zu gewinnen, die Varianten von Aufklärung bestimmt haben: Herrschaftskritik in Frankreich, Projektemacherei in Amerika und Großbritannien, Reflexivität und Drang nach Anerkennung in Deutschland.

Selbst wenn man durch die nationalen Unterschiede auf diese Dimensionen aufmerksam gemacht wird, so sind sie doch nicht exklusiv zuzuordnen. Die „technokratische“ Dimension der Projektemacherei gab es als Saint-Simonismus, den man als „Ingenieurs-Aufklärung“ bestimmen könnte, auch in Frankreich sehr ausgeprägt. Ebenso ist der aufgeklärte Absolutismus in Preußen und Österreich höchst technokratisch an der „guten Polizey“ und also an der vernünftigen Einrichtung der staatlichen Infrastruktur, die zugleich Herrschafts-Organisation ist, also etwa des Bildungs- oder des Gesundheitswesens orientiert. Die angelsächsische Konzentration auf Gestaltung des Gemeinwesens hat als Hintergrund Prozesse der Befreiung, Unabhängigkeitskriege, blutige oder glorreiche Revolutionen, die früher und mit mehr Erfolg stattgefunden haben als auf dem Kontinent. Auch in Deutschland ist die Ingenieurs- oder naturwissenschaftliche Aufklärung ein wichtiger Zweig mit auch international bedeutenden Vertretern, möglicherweise eher in der Mathematik als in Physik und Chemie. Man muss also von unterschiedlichen Mischungsverhältnissen der Dimensionen von Aufklärung ausgehen, nicht von ein-eindeutigen nationalen Zuordnungen.

In jeder Dimension kann man eine eigene Dialektik angeben:

- Politische Befreiung schlägt in neue Herrschaft um. Der Tugendterror der französischen Revolution, der Bonapartismus und europäische Imperialismus-Versuch, in dem sie sich vollendete, ebenso die Entwicklung der kommunistischen Revolution in Partei-Diktatur und Stalinismus sind die unabweisbaren und dramatischen Beispiele dafür. Weniger dramatisch, dafür langfristig wirksam sind Techniken der politischen Herrschaft, die innerhalb der Demokratie (oder jedenfalls eines parlamentarischen Systems) Wahlen zu steuern und sonst öffentliche Kontrolle auszuhebeln ermöglichen und die Macht im Staat zur Exekutive verschieben. Dazu gehören die Mechanismen, nach denen einerseits das politische Personal rekrutiert und andererseits der Einfluss von wirtschaftlichen Partikular- und Einzelinteressen ermöglicht wird. Derselbe parlamentarische Rahmen kann in Kombination mit avancierter politischer Technologie sehr unterschiedlich (un)demokratisch ausgestaltet sein. Kulturindustriell gesteuerte Politik organisiert gerade mit populistischen Appellen und Versprechungen Machtlosigkeit der Bevölkerung.
- Projektemacherei zur Verbesserung der Lebensbedingungen schlägt in technokratische Herrschaft um oder ordnet sich völlig dem Geldmachen unter. Die technokratische Aufklärung, betrieben von Gentleman-Wissenschaftlern und Reichen, die das Gemeinwesen verbessern wollen, braucht zumindest Finanzierbarkeit ihrer Projekte, dazu aber Wohlstand und Muße schon als Voraussetzung für die Möglichkeit, solche Ideen überhaupt erst entwickeln zu können. Dieses Verhältnis kann sich so umkehren, dass nur mehr profitable Ideen überhaupt entstehen und realisiert werden können - bis zu dem Extrem, dass der Gebrauchswert der Waren und Dienste völlig uninteressant wird gegenüber der Möglichkeit, damit Einkommen und Gewinn zu machen. Die technokratische Herrschaft entsteht daraus, dass bestimmte Gestaltungen des Lebens in der Gemeinde damit vorgeschrieben und andere ausgeschlossen werden können. Eine bestimmte Organisation des Gesundheitswesens lässt andere, nicht so „vernünftige“ Medizin-Techniken gar nicht zu und erzeugt Druck auf das

disziplinierte Vermeiden von Lebensweisen und Handlungen, die als „ungesund" identifiziert werden. Technokratische Herrschaft bekommt damit oft auch eine moralische Dimension: Nicht vorgesehenes Handeln wird nicht nur durch das technische Arrangement unmöglich gemacht, es wird zusätzlich auch als Leistung der Selbstdisziplin verlangt, dass man sich so benimmt und so lebt, wie es für das Funktionieren der Apparatur günstig bis erforderlich ist.

- Reflexivität und Streben nach Anerkennung vernachlässigen notwendige Einmischungen, versäumen notwendigen Widerstand, lassen quietistisch andere die verachteten wirtschaftlichen und politischen Geschäfte unkontrolliert betreiben. Das deutsche Bildungsideal der „Persönlichkeit" konnte auch zu einem gepflegten Elitismus führen, der sich mit dem „schmutzigen" Geschäft der Politik gar nicht anpatzen wollte. Andererseits hat es gerade in Deutschland eine „Zerstörung der Vernunft" (Lukács 1953) gegeben, in der die Reflexivität nicht so vorangetrieben wurde, dass in der Machtlosigkeit trotzdem und gerade Herrschaftskritik intakt geblieben wäre. Stattdessen wendete sie sich in Psychologismus und Nationalismus (mit völkerpsychologischen bis rassistischen Unterfütterungen), auch Esoterik verbunden mit Herrenmenschentum. Diese Kombination, die in Deutschland Aufklärung sehr leicht besiegen konnte, ist sehr passend als „reaktionäre Modernität" benannt worden. Herf (1984) spricht von der „einmaligen Kombination von industrieller Entwicklung und Schwäche der liberalen Tradition" (10) als dem gesellschaftlichen Hintergrund dafür. Er bestimmt „reaktionäre Modernität" als Gegenbewegung zur Tradition der Aufklärung, die aber zugleich deren technokratische Dimension zum nationalen Wettbewerb um besondere technische Errungenschaften zuspitzte - ein Konservatismus, der sich für das heroisch Neue begeisterte und zugleich einen nationalistischen, romantischen Antikapitalismus pflegte.[28]

Diese Bestimmung des deutschen Spezifikums im 20. Jahrhundert trifft sich mit vielen anderen (Plessner 1935/59; Theweleit 1977; Ringer 1983; Elias 1992) in den Grundzügen. Man sollte sie auf die Besonderheit der deutschen Aufklärung beziehen: Aus der machtlosen Aufklärung, in der sich die Gebildeten mehr oder weniger verbittert um Anerkennung der Herrschenden mühten bis grämten, und ihren machtvollen Gegenbewegungen konnte sich eine Modernität entwickeln, die gut als Ergebnis einer „Dialektik der Aufklärung" zu beschreiben ist.

Dialektiken der Aufklärung

Die verschiedenen Dimensionen der Aufklärung lassen sich abstrakt schon unter einen Begriff bringen: Der Fortschritt der Produktivkraft ist zugleich ein Fortschritt der Herrschaftsmittel, der jegliche Möglichkeit der Befreiung, die dabei entstehen mag, sofort wieder kassiert und im Gegenteil in dieser Auseinandersetzung Herrschaft perfektioniert. Aber konkret ist es sinnvoll, sie getrennt zu beachten: Fragen der wirtschaftlichen und politischen Herrschaft, der Technik und Naturbeherrschung, der Individualität und der Erkenntnis sind zwar eng verflochten, aber nicht in einem großen Befreiungsschlag, wie der Mythos der Revolution es wollte, zu bearbeiten. Horkheimer und Adorno bauen auf die Erkenntnis als Hebel: Denken ist die Spielwiese, auf der Widersprüche sich noch auswirken können. Die letzten Seiten von „Begriff der Aufklärung" in der *Dialektik der Aufklärung* sind voll von Hinweisen darauf:

„Die eigene Fragwürdigkeit konkret zu bezeichnen freilich hat Denken stets wieder ausgereicht. Es ist der Knecht, dem der Herr nicht nach Belieben Einhalt tun kann ...
Die Instrumente der Herrschaft, die alle erfassen sollen, Sprache, Waffen, schließlich Maschinen, müssen sich von allen erfassen lassen. So setzt sich in der Herrschaft das Moment der Rationalität als ein von ihr auch verschiedenes durch. Die Gegenständlichkeit des Mittels, die es universal verfügbar macht, seine 'Objektivität' für alle, impliziert bereits die Kritik von Herrschaft, als deren Mittel Denken erwuchs.
Auf dem Weg von der Mythologie zur Logistik hat Denken das Element der Reflexion auf sich verloren, und die Maschinerie verstümmelt die Menschen heute, selbst wenn sie sie ernährt. In der Gestalt der Maschinen aber bewegt die entfremdete Ratio auf eine Gesellschaft sich zu, die das Denken in seiner Verfestigung als materielle wie intellektuelle Apparatur mit dem befreiten Lebendigen versöhnt und auf die Gesellschaft selbst als sein reales Subjekt bezieht." (60f; Absätze zur Trennung der einzelnen Gedanken von HSt)

„Indem aber Aufklärung gegen jede Hypostasierung der Utopie recht behält und die Herrschaft als Entzweiung ungerührt verkündet, wird der Bruch von Subjekt und Objekt, den sie zu überdecken verwehrt, zum Index der Unwahrheit seiner selbst und der Wahrheit.
Die Verfemung des Aberglaubens hat stets mit dem Fortschritt der Herrschaft zugleich deren Bloßstellung bedeutet." (63; Absatz HSt)

„Ohne sich der Verstrickung, in der es [das Denken] in der Vorgeschichte befangen bleibt, entwinden zu können, reicht es jedoch hin, die Logik des Entweder-Oder, Konsequenz und Antinomie, mit der es von Natur radikal sich emanzipierte, als diese Natur, unversöhnt und sich selbst entfremdet, wiederzuerkennen. Denken, in dessen Zwangsmechanismus Natur sich reflektiert und fortsetzt, reflektiert eben vermöge seiner unaufhaltsamen Konsequenz auch sich selber als ihrer selbst vergessene Natur, als Zwangsmechanismus." (62)

„Aufklärung ist mehr als Aufklärung, Natur, die in ihrer Entfremdung vernehmbar wird. In der Selbsterkenntnis des Geistes als mit sich entzweiter Natur ruft wie in der Vorzeit Natur sich selber an ... Durch die Bescheidung, in der dieser [der Geist] als Herrschaft sich bekennt und in Natur zurücknimmt, zergeht ihm der herrschaftliche Anspruch, der ihn gerade der Natur versklavt" (63).

„Durch solches Eingedenken der Natur im Subjekt, in dessen Vollzug die verkannte Wahrheit aller Kultur beschlossen liegt, ist Aufklärung der Herrschaft überhaupt entgegengesetzt ..." (64)

Zuletzt wird sogar die Möglichkeit von Praxis genannt:

„Seit je war der partikulare Ursprung des Denkens und seine universale Perspektive untrennbar. Heute ist, mit der Verwandlung der Welt in Industrie, die Perspektive des Allgemeinen, die gesellschaftliche Verwirklichung des Denkens so weit offen, daß ihretwegen Denken von den Herrschenden selber als bloße Ideologie verleugnet wird." (61)

„Umwälzende wahre Praxis aber hängt ab von der Unnachgiebigkeit der Theorie gegen die Bewußtlosigkeit, mit der die Gesellschaft das Denken sich verhärten läßt. Nicht die materiellen Voraussetzungen in der Erfüllung, die losgelassene Technik als solche, stellen die Erfüllung in Frage ... Schuld ist ein gesellschaftlicher Verblendungszusammenhang. Der mythische wissenschaftliche Respekt der Völker vor dem Gegebenen, das sie doch immerzu schaffen, wird schließlich selbst zur positiven Tatsache, zur Zwingburg, der gegenüber noch die revolutionäre Phantasie sich als Utopismus vor sich selber schämt und zum fügsamen Vertrauen auf die objektive Tendenz der Geschichte entartet. Als Organ solcher Anpassung, als bloße Konstruktion von Mitteln ist Aufklärung so destruktiv, wie ihre romantischen Feinde es ihr nachsagen. Sie kommt erst zu sich selbst, wenn sie dem letzten Einverständnis mit diesen absagt und das falsche Absolute, das Prinzip der blinden Herrschaft, aufzuheben wagt. Der Geist solcher unnachgiebigen Theorie vermöchte den des erbarmungslosen Fortschritts selber an seinem Ziel umzuwenden!" (65)

Auch Horkheimers *Kritik der instrumentellen Vernunft* endet bekanntlich mit dem markigen Satz:

„Wenn wir unter Aufklärung und geistigem Fortschritt die Befreiung des Menschen vom Aberglauben an böse Kräfte, an Dämonen und Feen, an das blinde Schicksal - kurz, die Emanzipation von Angst - verstehen, dann ist die Denunziation dessen, was gegenwärtig Vernunft heißt, der größte Dienst, den die Vernunft leisten kann." (HGS 6: 186).

Gegenüber den zitierten Passagen in der *Dialektik der Aufklärung* ist das noch bescheiden gesagt.

Das sind keineswegs Beschwörungen, sondern hier wird konkret angegeben, wie man sich die „Aufklärung der Aufklärung" vorstellen kann. Denken ist als Instrument von Herrschaft entstanden und geformt worden, aber es hat auch seine Eigenlogik:

Es muss, gerade wenn es herrschaftlich wirken soll, von allen verwendet werden können und verallgemeinert sich daher. Daher kann es auch zur Selbstkritik des Denkens eingesetzt werden. Diese Selbstkritik kann sich auf die gesellschaftlichen Ursprünge des Denkens verallgemeinern, also Herrschaft als solche benennen.

Darüber hinaus ist Denken zu Reflexivität in dem Sinn imstande, dass es die herrschaftlichen Kategorien erkennt, in denen Naturbeherrschung auch erzwungene Selbstbeherrschung ist. Auch der denkende Mensch ist Teil der Natur, die durch Denken beherrscht wird und im Fortschritt immer perfekter beherrscht werden soll. Solches „Eingedenken der Natur im Subjekt" ist dem Denken reflexiv durchaus möglich.

Schließlich wird noch davon ausgegangen, auch die Verwirklichung des so Gedachten sei durchaus möglich, die Perspektive sei „weit offen". Weil das so ist, wird auch die herrschaftliche Verhinderung strikter und schärfer. Diese grundsätzlich anarchistische Denkfigur taucht in der Kritischen Theorie ja immer wieder auf und ist am populärsten in Marcuses Unterscheidung von notwendiger und zusätzlicher Unterdrückung geworden. Hingegen wird die orthodox marxistische, damals auch noch sozialdemokratische Idee einer langfristigen Wahrscheinlichkeit von Befreiung, auf die man hinarbeiten kann, als „fügsames Vertrauen auf die objektive Tendenz der Geschichte" lächerlich gemacht. In der *Dialektik der Aufklärung* gibt es keinen Arbeiterbewegungs-Optimismus, hingegen viel an Aufmerksamkeit dafür, dass die Alternative „Sozialismus *oder Barbarei*" besteht. Das war freilich in der Zeit des Nationalsozialismus kein sehr fernliegender und im übrigen unter Kennern der Philosophie-Geschichte und besonders der Frühsozialisten (etwa Fourier), Marx/Engels und Luxemburg, ein höchst orthodoxer Gedanke,[29] der nur von den „Real-Sozialisten" immer gern beiseite geschoben wurde. Horkheimer und Adorno hatten kein Vertrauen in die Arbeiterbewegung, schon gar nicht in ihre Organisationen, aber das heißt nicht, dass Nachdenken über Befreiung, dass vor allem Reflexivität, „Aufklärung der Aufklärung" unmöglich geworden wären. Sie sahen schon damals kein gesellschaftliches Subjekt für eine grundsätzliche Umwälzung der Produktionsweise - aber das ist ein Zustand, an den wir uns in der zweiten Hälfte des 20. Jahrhunderts hinreichend gewöhnen konnten. Das macht kritisches, reflexives Nachdenken über Gesellschaft in keiner Weise unmöglich - vielleicht sogar, weil die Zwänge und Versuchungen der machtbewehrten Orthodoxie wegfallen, freier und schärfer. Wie dieses Denken gesellschaftlich wirksam wird, ist nicht vorauszukalkulieren - aber jedenfalls nicht in den machtbewehrten Formen der Entäußerungen von Partei-Intellektuellen oder von Regierungs- und Wirtschafts-Beratung. Sehr wohl aber ist aktive Teilnahme an den intellektuellen Auseinandersetzungen, ist Intellektuellen-Politik möglich.

Insofern kann man sich bei genauer Lektüre fragen, wie die *Dialektik der Aufklärung* eigentlich zu dem Ruf kam, ein pessimistisches Buch zu sein.

"If, indeed, there is a reason for all this, then that's so much worse."

Exkurs I: Die Odyssee als Urgeschichte des bürgerlichen Individuums – Ende des 18. Jahrhunderts

Homer im 18. Jahrhundert

Aus der *Dialektik der Aufklärung* wird keine Passage so häufig zitiert wie die von Odysseus und den Sirenen.[1] Das Bild vom gefesselten Herrn, der den Gesang hört, aber seiner Lockung nicht folgen kann, und den rudernden Knechten, Gefährten genannt, die mit verstopften Ohren arbeiten, ist von hoher Anschaulichkeit und Plausibilität. Es ist das Bild von bürgerlicher Befreiung: Die archaischen Gewalten können mit List, aber um den Preis von hoher Selbstdisziplin und Handlungshemmung von den Herrn auf der Grundlage von proletarischer Arbeit besiegt werden. Es wird gewöhnlich auch als Paradigma von Kunst verstanden: Kunst als Ergebnis von herrschaftlicher Selbstdisziplin, den arbeitenden Massen vorenthalten, Versprechen einer Lust, der leibhaftig nachzujagen tödlich wäre.

Um akzeptieren und verstehen zu können, dass die „Urgeschichte des bürgerlichen Individuums" in einem Epos aus dem siebenten oder achten Jahrhundert vor unserer Zeitrechnung, das auf noch älteren Sagen und Motiven beruht, zu finden sein soll, muss man mehrere Annahmen teilen, die Horkheimer/Adorno in dieser Interpretation voraussetzen. Es geht dabei um den Gebrauch von „Aufklärung" und „bürgerlich" und um die deutsche Rezeption von Homer und der Odyssee.

Erstens: Horkheimer und Adorno behandeln den Prozess der Aufklärung als einen Vorgang von menschheitsgeschichtlichen Dimensionen. Er setzt schon mit der Herausbildung von Religion ein: Indem der Angst des Menschen vor der Natur der Name eines Feld-, Wald- oder Wiesen-Geistes gegeben wurde, konnte sie - externalisiert - schon anders bearbeitet werden, als in Zuständen der namenlosen Panik, von der man hilflos ergriffen wurde.[2] Indem das alles in Geschichten - Mythen - gefasst wurde, war ein nächster Schritt im „aufgeklärten" Umgang mit der Hilflosigkeit und Angst getan. Noch weiter geht die dichterische Gestaltung der Mythen im Epos: Die Geschichten werden zitierbar, variierbar, sie werden einer umfassenden Gestalt untergeordnet, ihr „Sinn“ wird dadurch eventuell verändert. Sie werden auslegbar. Als weitere Stufen der so verstandenen Aufklärung folgen die Philosophie und die (Natur-) Wissenschaft. Die historische Periode der „Aufklärung“ stellt vielleicht einen - allerdings späten - Knotenpunkt in der Philosophie-Geschichte dar, keineswegs aber den Beginn der Emanzipation der Menschheit.[3]

Entsprechend ist auch „bürgerlich“ eine Kategorie, die über die kapitalistische Formation und den mittelalterlichen Stadt-Bürger hinausreicht. Schon in der Vorrede wird die Odyssee als eines der „frühsten repräsentativen Zeugnisse bürgerlich-abendländischer Zivilisation“ (21) bezeichnet. Gleich am Beginn des Odysseus-Exkurses wird das „bürgerlich aufklärerische Element Homers“ (67) angesprochen. Und im Juliette-Kapitel wird als Beleg für „so alt wie das Bürgertum“ Demokrit zitiert. (140) Die „Gesänge Homers“ werden der „Zeit der Grundherrschaft und der festen Plätze“ zugeordnet, einer „bürgerlichen Welt, in welcher der König als Anführer des gewappneten Adels die Unterworfenen am Boden hält, während Ärzte, Wahrsager, Handwerker, Händler den Verkehr besorgen“. (36) Bürgerlich ist in diesem Bild eine mittlere, städtische Schicht zwischen Adel und Arbeitern (die auch Sklaven sein können) und eine Gesellschaftsformation, die eine solche Schicht, spezialisiert auf die Sphäre dessen, was im Kapitalismus „Zirkulation“ heißt, hervorgebracht hat. Das war menschheitsgeschichtlich ziemlich früh und jedenfalls immer dann der Fall, wenn sich etwas wie städtische Agglomerationen bilden konnten.

Zweitens: Horkheimer und Adorno sprechen etwas unentschieden einerseits von der Urgeschichte des bürgerlichen Individuums in der Antike, andererseits in ihrer Gegenwart und also vom kapitalistisch-bürgerlichen Individuum. Insofern kommt die Position etwas ins Schwimmen, von der sie reden: Odysseus ist zweifellos ein aristokratischer Held und König und kein Bürger. Aber Homer ist in Deutschland zwischen 1781 und 1793 durch die Übersetzungen von Johann Heinrich Voß bekannt geworden. Homer ist damit ein wichtiger Teil der deutschen Aufklärung und Klassik. Die Odyssee ist in diesem Sinn „Urgeschichte der Subjektivität“ (78, 101), Urgeschichte des bürgerlichen Individuums, *in der Zeit, in der sie rezipiert wurde*. Sie ist ein Entwicklungsroman dieses Individuums, weil sie so das gebildete Publikum interessierte und daher so gelesen wurde. Odysseus taugt zum Urbild des bürgerlichen Individuums nur dank der Rezeption in der Goethe-Zeit, also mit der Herausbildung des bildungsbürgerlichen Individuums. So wie die Könige im Märchen kann er damit für den bürgerlichen Patriarchen einstehen. Darüber hinaus ist die Seefahrer-Geschichte aber auch die Geschichte einer Selbstfindung und einer Bewährung verschiedenen Versuchungen und Herausforderungen gegenüber.[4] Schon der Ritterroman (man denke exemplarisch an Parzival) war eine solche Darstellung des Erlernens der ritterlichen Tugenden und damit des Gewinnens der

Möglichkeit einer Herren-Position. Bürgerlich sind die Robinsons und andere Seefahrer in derselben Situation, in der sie allerdings nicht mehr exemplarische Tugendhaftigkeit, sondern bürgerliche Individualität zu gewinnen, eine „Persönlichkeit“ und damit zur Herrschaft fähig zu werden haben. Bei Robinson ist kaum verkleidet dargestellt, dass es dabei um Kolonial-Herrschaft geht.

Es ist also nicht unbedingt nötig, in der Interpretation der Odyssee die menschheits- und urgeschichtliche Dimension, die Horkheimer und Adorno hineinlegen, wörtlich zu nehmen. Man kann die Odyssee wie zum Zeitpunkt ihrer Rezeption in Deutschland auch als einen bürgerlichen Entwicklungsroman und insofern als „(Ur)Geschichte der Subjektivität“ lesen.[5] Die Tatsache, dass die Odyssee wie andere Heldensagen im 19. Jahrhundert in Deutschland durch Gustav Schwab (1838/40) und andere in seiner Nachfolge, in England durch Charles Lamb (1808) zu einem Jugendbuch für die gymnasial gebildeten Stände gemacht werden konnte, spricht nachdrücklich dafür, dass sie in der Rezeption so, als lehrreicher und vorbildhafter Bildungsroman verstanden und verwendet wurde.

In diesem Sinn sollen im folgenden die Episoden der Odyssee, die Horkheimer und Adorno für eine Urgeschichte der Subjektivität auswerten, noch einmal interpretiert werden. Die Modifikation schon im Zugang besteht also darin, dass die Odysseus-Geschichte als „Produkt“ des 18./19. Jahrhunderts, des Zeitpunkts ihrer populären Rezeption, genommen wird. Damit wird die Aufmerksamkeit dafür erhöht, dass diese Geschichten viktorianisch verstanden und (um)gedeutet wurden. Sie sind *in der Rezeption* Bestandteil der Mythologie des bürgerlichen Individuums. Das muss nicht bewiesen werden. Allerdings wird damit auf die steile These verzichtet, es gebe eine Urgeschichte des Bürgertums zu rekonstruieren, die bis in die Anfänge der griechischen Geschichte und womöglich noch weiter zurückreiche. Dieses Risiko muss man sich gar nicht antun, um anhand der Odyssee etwas über das bürgerliche Individuum zu erfahren: Völlig unabhängig von ihrer Entstehung wurden diese Geschichten seit dem 18. Jahrhundert so gelesen, dass sie etwas darüber aussagen.

„Furchtbares hat die Menschheit sich antun müssen …“
Die Attraktion der Sirenen und wie sich der Bürger ihr entzieht

Beginnen wir, weil sie auch in der Rezeption der *Dialektik der Aufklärung* so populär wurde, mit der Geschichte von der Vorbeifahrt an den Sirenen.

Es ist im und seit dem 19. Jahrhundert keine Frage, um welche Lust es bei der tödlichen Attraktion durch den Gesang der Sirenen eigentlich geht: Die allgemeine Phantasie ist eine von schönen jungen Frauen, deren Gesang ein erotisch-sexuelles

Abb. 1: 19. Jahrhundert: Sexualisierte Sirenen Leon Belly, 1867

Angebot darstellt. Auf Gemälden des 19. Jahrhunderts, so in dem hier wiedergegebenen von Leon Belly, 1867, sind sie üppige Nackte;[6] bei James Joyce sind die Sirenen zwei attraktive Bardamen, die als „venereal" beschrieben werden, anziehend wie Venus und syphilitisch zugleich; im Odyssee-Film der Coen-Brüder „Oh Brother, Where Art Thou" (2000) sind sie sexuell aktive Waschweiber, mit denen auch gespielt wird; in den üblichen Film- oder TV-Produktionen[7] der „Irrfahrten" sind sie ohnehin Models. Die Männer werden von ihnen angezogen wie die sprichwörtlichen Motten vom Licht – und wie diese verbrennen sie an der heißen Quelle der Attraktion. Nur in der künstlerisch sublimierten Form, so sehen wir das in dieser sexualisierten Version, ist die Lockung zu genießen, ohne mit dem Tod bestraft zu werden.[8]

Diese Phantasie mag ergreifend sein (und einem Punkt in der Entwicklung des europäischen Geschlechterverhältnisses gut entsprechen), sie ist doch historisch verfehlt und eine viktorianische Projektion.

Erstens: In der griechischen Mythologie waren die Sirenen durchaus keine schönen nackten Frauen, keine verführerischen femmes fatales, sondern Hühnervögel mit Frauenkopf, analog der Sphinx mit ihrem Löwenkörper. So findet man sie auf antiken griechischen Vasen dargestellt – Abb. 2. Interessanterweise hat auch Arnold Böcklin in seiner karikierenden Darstellung 1875 diese authentische Gestalt gewählt. Diese Parallele mit der Sphinx wird auch von Horkheimer und Adorno (83) angesprochen: Eigentlich müsste es ihre letzte Stunde gewesen sein, als jemand ihrer Verlockung standhalten konnte, so wie sich die Sphinx zu Tode stürzte, nachdem Ödipus ihr Rätsel gelöst hatte.

Zweitens: Wenn man nur genau dem Text von Homer folgt, versprach ihr Gesang keineswegs sexuelle Lust, sondern *Wissen*:

Abb. 2: Antike: Sirenen als Hühnervögel

Vase, 6. Jahrhundert v. Chr.

Attische rotfigurige Vase, um 470 v. Chr.

Arnold Böcklin, 1875

Denn hier fuhr noch keiner im schwarzen Schiffe vorüber,/Eh er die honigtönende Stimme aus unseren Mündern/Hörte; er kehrt dann heim, erfreut und reicher an Wissen;/Denn wir wissen dir alles, wie viel in Troja, dem weiten,/Die Argeier und Troer mit Willen der Götter gelitten,/Wissen, was immer geschieht auf der vielernährenden Erde.[9]

Es ist Wissen um die eigene Vergangenheit des Helden und es ist Wissen über die Geschehnisse in der Welt. Im Gegensatz zum biblischen Mythos ist es nicht Wissen um Gut und Böse, womit sie verführen. Der Gesang selbst ist akzidentell, er ist nur das Werbemittel, von dem das eigentliche Angebot transportiert wird: Selbst- und Welt-Verständnis. Es geht weder um Kunst noch um Moral. Es geht um zeitlich und räumlich umfassende Erzählungen.

Der Tod, den es bringt, den Sirenen zu nahe zu kommen, ist keine Strafe für Ungehorsam und Überheblichkeit (für den Wunsch, Gott gleich zu sein), wie in der biblischen Erzählung vom Sündenfall. Er ist die akzidentelle Folge von Neugier und unwiderstehlichem Interesse, die den Menschen zu nah an gefährliche Ungeheuer herangehen lässt. Die Umwandlung der a-sexuellen Geschichte von den Gefahren des Wissensdrangs in eine mit Moral und Schuld aufgeladene Femme-fatale-Erzählung, in der sich die bürgerliche Angst vor der sich emanzipierenden Frau als Preis für ihre Attraktion darstellt, ist tiefes 19. Jahrhundert.

Gegenüber Horkheimer und Adorno, die aus den Erfahrungen des Fin de siècle, der deutschen Revolution von 1918/19 und der nachfolgenden „Reaktion" denken, stellt dieser Bezug der Rezeption auf den viktorianischen Schwulst eine deutliche Regression dar. Horkheimer und Adorno haben in der Geschichte von Odysseus und den Sirenen aber auch ihre blinden Flecken, andere als die Rezeption, aber bemerkenswert sind sie auch. Beides wird im folgenden herausgearbeitet.

In der *Dialektik der Aufklärung* kommt die Sirenen-Geschichte zweimal vor: Zuerst im von Horkheimer verfassten Kapitel „Begriff der Aufklärung", dann noch einmal im Odysseus-Kapitel, das Adorno zugeschrieben wird. Die unwiderstehliche Attraktion der Sirenen wird hier durchaus als die ihres Wissens verstanden, sie wird aber als regressiv identifiziert: „Ihre Lockung ist die des sich Verlierens im Vergangenen." (55) Dagegen müsse im Dienst der bürgerlichen Selbsterhaltung Geistesgegenwart und instrumentelle Orientierung an der Zukunft erworben werden. Die Vergangenheit ist nicht mehr so wichtig für das Individuum, das in Todesgefahren seine Identität gehärtet hat.

In der ersten Behandlung der Sirenen-Geschichte wird aus ihr die Herr-Knecht-Dialektik entwickelt. Die Selbstbeherrschung des Herrn/Odysseus wie die Ohnmacht der Knechte/Gefährten beschädigt beide. Hier tritt das unorthodoxe Element der Befreiungstheorie der *Dialektik der Aufklärung* deutlich hervor: Dass der Herr zum reinen Herrschafts-Funktionär und sein Wissen zum Kontroll-Wissen wird, ist vertraut. Aber bei Horkheimer und Adorno machen auch die Knechte keine Erfahrung und dafür werden starke Worte gefunden:

> „Die tauben Ohren, die den fügsamen Proletariern seit dem Mythos blieben, haben vor der Unbewegtheit des Gebieters nichts voraus. Von der Unreife der Beherrschten lebt die Überreife der Gesellschaft. Je komplizierter die gesellschaftliche, ökonomische und wissenschaftliche Apparatur, auf deren Bedienung das Produktionssystem den Leib längst abgestimmt hat, um so verarmter die Erlebnisse, deren er fähig ist. Die Eliminierung der Qualitäten, ihre Umrechnung in Funktionen überträgt sich von der Wissenschaft vermöge der rationalisierten Arbeitsweisen auf die Erfahrungswelt der Völker und nähert sie tendenziell wieder der der Lurche an. Die Regression der Massen heute ist die Unfähigkeit, mit eigenen Ohren Ungehörtes hören, Unergriffenes mit eigenen Händen tasten zu können, die neue Gestalt der Verblendung, die jede besiegte mythische ablöst." (HGS 5: 59)

In der zweiten Behandlung der Sirenen-Geschichte hingegen kommen die „Gefährten" gar nicht vor. Hier geht es um die List des Odysseus, um seinen Trick, den Vertrag zu erfüllen, den die archaischen Mächte einfordern, und doch mit dem Leben davonzukommen, indem er ein Schlupfloch findet: die Fesselung (und die Arbeitsteilung, so muss man hinzufügen). Hier steht die bürgerliche Befreiung, ihr Mittel und ihr Preis im Vordergrund. Der Sieg über die mythischen Mächte gelingt. Ihre Gewalt wird im Fall der Sirenen depotenziert zu Kunst, und zwar zu „erkrankter“ Kunst:

„Seit der glücklich-mißglückten Begegnung des Odysseus mit den Sirenen sind alle Lieder erkrankt, und die gesamte abendländische Musik laboriert an dem Widersinn von Gesang in der Zivilisation, der doch zugleich wieder die bewegende Kraft aller Kunstmusik abgibt.“ (HGS 5: 83)

Das Verhältnis von Wissen und Gesang der Sirenen wird von Horkheimer/Adorno implizit geklärt, indem beide als „regressiv“ behandelt werden. „Der Listige überlebt nur um den Preis seines eigenen Traums ... Er kann eben nie das Ganze haben, er muß immer warten können, Geduld haben ...“ (81) Das „Ganze“ des Wissens wäre in diesem Verständnis das regressive Schwelgen in der eigenen Vergangenheit. Das „Ganze“ des Gesangs wäre die völlige Hingabe an die Leichtigkeit des Sterbens, indem man in ihm aufgeht. Beides vermeidet das bürgerliche Individuum durch von den Knechten unterstützte Selbstdisziplin.

In der Interpretation durch Horkheimer und Adorno wird zweierlei übergangen:

Erstens ist Odysseus gar nicht so listig. Sein Vorauswissen und seine Tricks stammen von Kirke, einer Göttin und Zauberin, von der Odysseus nicht, wie die Gefährten, in ein Schwein verwandelt wird, sondern die er zur Geliebten gewinnt, weil Hermes ihn gewarnt und mit Gegenzaubern ausgestattet hatte. Es sind die Götter verschiedener Rangstufen, die Odysseus erst in die Situationen bringen, aus denen sie ihm dann helfen, sich mit List zu befreien.

Zweitens sind alle die Abenteuer eine Geschichte, die Odysseus selbst beim Gastmahl am Hof der Phäaken vor König Alkinoos und seiner Tochter Nausikaa erzählt. Er will damit den König darin bestärken, ihn - ebenfalls als König - nach Ithaka zurückbringen zu lassen. Odysseus ist tatsächlich dauernd mit dem „Vergangenen“ beschäftigt. Er „verliert“ sich dabei keineswegs, sondern er konstituiert sich in der Erzählung erst selbst als Dulder und Held. Der Herrscher in der Fremde, der Hilfe braucht, setzt dafür die Erzählung seines Lebens und seiner Abenteuer ein.[10] Das Wissen der Sirenen ist, so gesehen, ein recht zwiespältiges Wissen. Man braucht es für eine gute Lebens-Erzählung, aber es ist auch zu viel und damit bedrohlich: Wenn man alles weiß, kann man vielleicht die gute Erzählung diskreditieren, die immer eine Stilisierung sein muss. Odysseus ist von ihrem Versprechen des umfassenden Wissens unwiderstehlich angezogen, weil sie ihm seine eigene Geschichte versprechen und weil er selbst auch ein Geschichtenerzähler ist.

Odysseus, immer noch als der Prototyp des bürgerlichen Individuums genommen, ist der Erzähler seiner selbst.[11] Tatsächlich ist er dauernd und mehrfach damit beschäftigt, seinen Lebenslauf zu rekonstruieren: Am ausführlichsten tut er das beim Gastmahl der Phäaken in den Gesängen neun bis zwölf. Dann, in Ithaka angekommen, erzählt er zuerst, desorientiert, einem jungen Eingeborenen, tatsächlich der so erscheinenden Athene, eine erste Version seiner Herkunft aus Kreta (13: 256-286); anschließend, im vierzehnten Gesang (Vers 192-359), noch unerkannt, hat er für den Sauhirten Eumaios eine längere Geschichte, in der er ebenfalls aus Kreta stammt und abenteuerlich nach Ägypten verschlagen wurde. Auch Penelope erzählt er zunächst, unerkannt, als Fremder eine Geschichte, in der er den Odysseus in Kreta bewirtet haben will (19: 165-202),[12] dazu einiges vom Schicksal des Odysseus, das auf dessen baldige Rückkehr hinführt. (19: 262-307) Ebenso stellt er ganz am Ende, nach dem Mord an den Freiern, noch seinen Vater Laertes „auf die Probe", indem er eine analoge Geschichte vorträgt, in der er „einstmals" den Odysseus gastfreundlich aufgenommen haben will. (24: 258ff) Penelope erzählt er, nachdem sie ihn als Gemahl erkannt und angenommen hat, die Geschichte nochmals, wie er sie den Phäaken vorgetragen hatte. Das wird hier (23: 310-341) nur gerafft zusammengefasst.[13] Er stellt sich (oder den Odysseus, wenn er verstellt über ihn spricht) in diesen biographischen Erzählungen als den Spielball übermächtiger Kräfte dar, der aber auch „Beziehungen" zu den höheren Mächten hat und sich mit ihrer Hilfe entschlossen und unermüdlich zu behaupten versteht. Tatsächlich hat er „höheren Orts" mehr Freunde als Feinde, und er hat auch mehr Glück als Pech. (Das Unglück haben vor allem die Gefährten.)

Kunst, hier die Kunst, eine gute Geschichte zu erzählen, ist nicht nur das Ergebnis von Herrschaft, sie ist auch Teil von ihr. Der Anspruch auf Beachtlichkeit, damit auf Unterstützung, zuletzt auf Rückkehr in die Herrschaftsposition stützt sich auf die Erzählung davon, welche „Verbindungen" man hat und wie man im bisherigen Leben damit umgegangen ist.

Es stimmt schon: Der bürgerliche Held hat sich „Furchtbares" an Selbstdisziplin angetan. Aber er kann auch gut davon erzählen. Die Selbstdisziplin und der darauf gestützte Lebenslauf ist der Stoff von Geschichten. Man verliert sich nicht im Vergangenen. Die Sirenen sind die Meisterinnen des Lobgesangs, der am besten als Nachruf gelingt. Auch deshalb ihre Nähe zum Sterben.

Wenn meine Um-Interpretation der Geschichte von Odysseus und den Sirenen stimmt, dann wird an der Version von Horkheimer/Adorno auffällig, dass und wie sie einen bürgerlichen Helden konstituiert. Der Odysseus von Horkheimer/Adorno ist natürlich der Herrscher, der als solcher kritisch gesehen wird, aber er ist ansonsten der Überwinder der vorbürgerlichen mythischen Mächte. Er erringt in ihrer anerkennenden Darstellung ein Stück Befreiung mit Hilfe von List und Selbstdisziplin. Er ist der Aufklärer. Die Art, wie Aufklärung geschieht, durch List und zur Selbsterhaltung, hat unmittelbar und später ihren Preis, aber zunächst *ist* sie ein Stück Befreiung.

In meiner Version ist Odysseus der Erzähler einer guten *Geschichte* von bürgerlicher Befreiung. Er erzählt diese Geschichte, um von den Phäaken anerkannt und unterstützt zu werden. Er konstituiert sich als Individuum durch einen erzählten Lebenslauf. Er trägt damit zur Konstituierung der Klasse bei, die sich in seiner Erzählung wiedererkennt und ihn als Gleichen und Besonderen aufnimmt. Und es ist ein Lebenslauf weniger von schlauer List als von zuletzt glücklichem Umgang mit den „Oberen", in deren Konflikten er benutzt wird und sich durchschlägt.

Auffällig an der Version von Horkheimer/Adorno ist auch, dass die Gefährten in der Herr-Knecht-Übersetzung der Sirenen-Geschichte so gar keine Rolle spielen. Sie sind Hilfspersonal, das im besten Fall gehorsam die aufgetragene Arbeit tut (so am Beispiel der Sirenen), im ungünstigen die Schwierigkeit erst heraufbeschwört (so im Beispiel des Winde-Schlauchs des Äolos oder der Rinder des Helios), in jedem Fall aber in größeren oder kleineren Zahlen umkommt. Ihr Beitrag zur bürgerlichen Befreiung ist in der Odysseus-Geschichte marginal. Deshalb passt die Odysseus-Geschichte auch so gut in die Befreiungs-Theorie der Kritischen Theorie: In ihr wird vom Proletariat nichts erwartet. Sie ist eine Geschichte der Selbst-Befreiung des Bürgertums. (Das Proletariat wird dafür, wie von Horkheimer in „Egoismus und Freiheitsbewegung" dargestellt, instrumentalisiert und anschließend fallengelassen. So tut es auch Odysseus mit den Gefährten.)

Damit ist die Odysseus-Geschichte die der Selbst-Konstitution einer herrschenden Klasse und die Erzählung dient jeweils dem Nachweis, dass jemand, dem man das nicht gleich ansieht, doch dazugehört und daher Anspruch auf Solidarität hat. Inhaltlich dient dieser sozialen Legitimation der Nachweis, dass man Beziehungen zu den Oberen hat und bei allem Unglück, in das man gerät, auf deren Unterstützung rechnen kann. Selbst das Unglück stammt noch daher, dass man nichtsahnend in die Rivalitäten der Oberen verstrickt wurde. Die Gewalten, mit denen Odysseus zu tun bekommt, sind darüber hinaus archaisch, sie stammen aus einer Zeit, die vor den olympischen Göttern liegt und sind auch von diesen bekämpft und besiegt, aber nicht restlos beseitigt worden. Insofern ist der bürgerliche Held auf der Seite des Fortschritts und der fortschrittlichen Fraktion bei den Oberen. Unter seinesgleichen gewinnt er Ansehen durch die kluge, tapfere und stoische Haltung, in der er sich durch die Wirren der Kämpfe der Oberen bringt.

Fragen der verweigerten Gastfreundschaft und des Kannibalismus

Neben den Sirenen ist die zentrale Episode der Selbstdarstellung des Odysseus die Auseinandersetzung mit dem Kyklopen Polyphem. Die Abenteuer des neunten und zehnten Gesangs, die mit den Kikonen, Kyklopen, Lästrygonen einerseits, den Lotophagen und Äolos andererseits, liegen vor Kirke (sie schließt den zehnten Gesang ab) und ihren Anweisungen, wie mit den Gewalten der Vorzeit umzugehen sei. In diese Schwierigkeiten gerät Odysseus ohne Vorwarnung und unberaten. Nur hier muss sich sein eigener Einfallsreichtum bewähren, während er sich später, bei den Sirenen, Skylla und Charybdis, im Hades nur an das halten muss, was ihm seine kluge Geliebte aufgetragen hat. (Soll niemand sagen, der Anteil der Geliebten an der Personwerdung des Bürgers werde in der Odyssee nicht hinreichend gewürdigt.)

Die Stadt der Kikonen wird von Odysseus und seinen Kriegern umstandslos überfallen und geplündert, ohne dass es nötig wäre, irgend etwas über das Warum und Wie mitzuteilen: „(I)ch zerstörte die Stadt und vertilgte die Männer." (9: 40) Statt aber, wie Odysseus „dringend mahnte", die Beute einzupacken und abzufahren, verweilten die Gefährten, die „großen Toren", „die Frauen und viele Schätze uns nehmend", dazu bei Rinder- und Schafbraten und „sehr viel Wein", bis die überlebenden Kikonen sich zum Gegenangriff gesammelt hatten. Sie waren überlegen und „von jedem Schiff sechs gutgeschiente Gefährten gingen zugrund; wir andern entflohen dem Tod und Verhängnis". (9: 60f) Diese räuberische Ungeheuerlichkeit wird als selbstverständlich völlig lakonisch erzählt und dient als erstes Beispiel für das Leid, das dem Helden widerfuhr, der um die Gefährten zu trauern hat. Die Schlauheit des Odysseus hätte nur darin bestanden, den Raub effizient durchzuführen und sich nicht durch Wohlleben von der Flucht abhalten zu lassen.

Bei den Lästrygonen erleben die Seefahrer das Gegenstück: Vertrauensselig fahren sie in den Hafen ein und erkunden die Stadt, offenbar in der Erwartung, gastfreundlich aufgenommen zu werden. Der König Antiphates aber redete nicht viel, vielmehr „packte er einen der Gefährten und fraß ihn zur Mahlzeit". (10: 116) Anschließend laufen die Lästrygonen, Riesen „so groß wie ein Bergesgipfel" (10: 113), zusammen und werfen Felsbrocken, mit denen sie alle Schiffe zerstören und ihre Mannschaften umbringen. Nur Odysseus, der sein Schiff außerhalb des Hafens festgemacht hatte, kann entkommen. Wieder ist der Kummer um die „lieben Gefährten" groß. Eine Erklärung für das Benehmen der Lästrygonen ist so wenig nötig, wie das der Griechen den Kikonen gegenüber motiviert zu werden brauchte. Zwischen Seefahrern und Land-, also Stadtbewohnern herrscht ein selbstverständliches Verhältnis von fressen und gefressen werden.

Dazwischen liegt die Episode mit den Kyklopen, ebenfalls Giganten, die einzeln und gesetzlos leben: „Und sie haben nicht Ratsversammlungen und nicht Gesetze,/Sondern sie wohnen auf Gipfeln der hohen Berge in hohlen/Grotten; für seine Kinder und seine Frauen setzt jeder/Eigene Ordnungen fest, und sie kümmern sich nicht umeinander." (9: 112ff) Ihre Ökonomie sieht weder vor, dass sie „Gewächse pflanzen mit ihren Händen noch pflügen;/Sondern ohne zu säen und ohne zu pflügen, wächst alles, ..." (9: 108f) Sie haben auch keine Schiffe und lassen natürliche Häfen ungenützt und fetten Boden unkultiviert. Sie sind Hirten und Sammler. Trotz dieses Vorwissens will Odysseus „erkunden, von welcher Art diese Männer/Sind, ob frevelhafte und wilde und gar nicht gerechte/Oder ob fremdenfreundliche, gottesfürchtige Leute". (9: 174ff) Die Erkundung mit den „besten zwölf von meinen Gefährten" sieht zunächst freilich auch wieder wie ein Raubzug aus: Sie finden in der Höhle des abwesenden Kyklopen reichlich Käse und Lämmer und Zicklein, die die Gefährten mitnehmen möchten, um schnell wieder abzufahren. Aber diesmal widersetzt sich Odysseus, „(n)ur, damit ich ihn sähe und Gastgeschenke er gäbe". (9: 229) Wie sich herausstellt, hält Polyphem weder von den Göttern noch von Gastfreundschaft viel, und stellt das unter Beweis, indem er zwei Gefährten tötet, kleinschneidet und zum Nachtmahl frisst, „(f)ressend wie ein im Gebirge sich nährender Löwe, und ließ nichts/Über, nicht Eingeweide, noch Fleisch noch markige Knochen". (9: 292f) Es folgt die bekannte Geschichte mit Rotwein, dem Namen „Niemand", Blendung, Flucht an die Bäuche der Schafe geklammert und Entkommen auf dem wartenden Schiff. Odysseus kann es nicht lassen, aus anscheinend sicherer Entfernung Polyphem erst für die kannibalische Verletzung der Gastfreundschaft zu verfluchen und die Strafe der olympischen Götter auf sein Haupt zu wünschen, und nach dem ersten Steinwurf, der das Schiff nur gerade verfehlte, aus noch größerer Entfernung mitzuteilen, dass „Niemand" tatsächlich „Odysseus, der Städtezerstörer, ... Sohn des Laertes, welcher in Ithaka hat seine Häuser" (9: 503f), sei. Darauf verflucht ihn nun der Kyklop und beschwört seinen Vater Poseidon: „Gib, daß der Städtezerstörer Odysseus nach Hause nicht komme,/.../Ist ihm aber bestimmt, die Seinen zu sehn und zu kommen/In sein wohlgegründetes Haus und das Land seiner Väter,/Kehre er spät und schlimm nach Verlust all seiner Gefährten/Heim auf fremdem Schiff und finde zu Hause noch Leiden." (9: 529ff)

Alle drei Episoden handeln offen von der Raub-Ökonomie der Seefahrer, der das Misstrauen und die Feindschaft der Küstenbewohner entspricht. In der Polyphem-Geschichte wird zum ersten Mal die Norm der Gastfreundschaft angesprochen, die von den Seefahrern aber einseitig erwartet wird: Es ist keine Rede davon, dass sie ihrerseits Gastgeschenke mitbrächten. Sie gehen an Land, um zu jagen und zu stehlen, und hoffen, dafür (oder im günstigen Fall stattdessen) noch beschenkt zu werden. Der Besuch bei den Kyklopen steht zwischen den beiden Extremen, in denen entweder die Seefahrer oder die Küstenbewohner sofort und erbarmungslos zuschlagen: Diesmal wird ausprobiert, ob es eine Verständigung geben kann. Sie misslingt eklatant.

Alle drei Geschichten sind, beim Gastmahl des Alkinoos vorgetragen, ein Kontrast-Programm zu der großartigen Gastfreundschaft, die die Phäaken, besonders Nausikaa und ihr königlicher Vater, dem Schiffbrüchigen geboten haben und die dieser noch ausgeweitet zu nützen beabsichtigt: Sie sollen ihn auch noch reich beschenkt nach Ithaka bringen. In den drei hier behandelten Episoden wird ihnen bestätigt, wie weit sie es in der Zivilisation und Gottgefälligkeit gebracht haben, indem sie das tun. Sie beschwichtigen nicht etwa den gefährlichen seefahrenden „Städtezerstörer", sondern nehmen den hilflosen, nackten Schiffbrüchigen auf und machen ihn wieder zum König. Ihre Gastfreundschaft geht weit über Tausch und Opfer (die bei Horkheimer und Adorno in den Vordergrund der Interpretation gerückt werden) hinaus, sie ist gegenseitige Anerkennung von Königen, Solidarität der Herrschenden, die auf Rivalität und Konkurrenz verzichten um der Selbsterhaltung der Herrschaft willen. In scharfem Kontrast dazu stehen die Geschichten, in denen diese Anerkennung verweigert wird: Odysseus muss seinen Status dem Polyphem zwanghaft und mit hohem Risiko nach der Flucht noch mitteilen. Der gesetzlose Kyklop, so wird nun sichtbar, kann ihn nicht anerkennen, weil diese Gesellschaft von Einsiedlern Herren nicht kennt, weil hier die Hierarchie fehlt.

An der Geschichte des Polyphem fällt die drastische Detailliertheit auf, mit der die Grausamkeiten des Menschenfressens und des Blendens geschildert werden, mit viel spritzendem Hirn und Blut und dem Zischen des verbrannten Auges, in dem der Pfahl noch gedreht wird. Bei den Lästrygonen gibt es als sadistisches Detail, dass die Männer von diesen Giganten aufgespießt werden „gleich Fischen ... zum traurigen Mahle". (10: 124) Es ist eine barbarische Welt, die hier den Blicken geöffnet wird - mitten in einem luxuriösen Gastmahl bei Gesang und Ehrerbietung und in Anwesenheit von errötenden Jungfrauen wie Nausikaa.[14] Mit solchen Schilderungen wird bekanntlich Einschüchterung betrieben: Niemand soll sich hinauswagen in eine Ferne, in der es so zugeht. Man kann sich der erreichten Zivilisation freuen, von der aus man nur mit Schaudern und Schrecken jene andere Welt außerhalb imaginieren wird. Man kann sich der Herrschaft freudig unterwerfen, die Sicherheit vor solchen Greueln gibt. Man wird die Männer erst schätzen, auch bemitleiden, zugleich selbst fürchten müssen, die derartiges aushalten mussten. Es ist viel von Weinen und Seufzen die Rede am Schluss dieser Abenteuer, aber auch während des Erzählens, Jammer über das Los der Gefährten, aber auch des Odysseus selbst, der sie verliert. Die vorherrschende Stimmung des Berichts ist Mitleid, um das geworben wird. Die Heldentaten sind kein Triumph, sondern man ist nur gerade wieder einmal davongekommen. Odysseus beschreibt, wie jeder Kriegsheimkehrer, nicht nur eine vergangene Stufe, sondern die gegenwärtige Möglichkeit von Barbarei „dort draußen", wo nach klassischem Verständnis sich nur Männer bewegen und bewähren sollen. Gewöhnlich können sie nicht vermitteln, was sie erlebt haben, das sie so verstört heimkehren lässt. Odysseus versucht es unter Tränen und Seufzern. Indem die Feinde zu Menschenfressern und Giganten gemacht werden, wird der unaussprechliche Schrecken des Erlebten ins Bild gebracht.

Verführerische Gastfreundschaft

Der verweigerten Gastfreundschaft steht in zwei anderen Fällen die verführerische Gastfreundschaft gegenüber: bei den Lotophagen und bei Äolos, dem Herrn der Winde. Man landet, weil man Wasser braucht und Lebensmittel, Späher werden ausgeschickt, um zu „erkunden,/Was für Männer es seien, die Brot hier äßen im Lande" (9: 89), der „Herold" kommt nicht zurück. Die Geschichte ist in wenigen Versen erzählt: die Männer, die sie antreffen, „sannen nicht auf Verderben/Unsern Gefährten", aber sie gaben ihnen Lotos zu essen und das ließ sie die Aufgabe, die Gefährten und die Heimkehr vergessen. Sie wollten nur einfach da bleiben und weiter Lotos essen. Es wird übersprungen, wie Odysseus sie findet. Sie werden jedenfalls mit Gewalt zurückgeholt und im Schiff festgebunden. Die anderen werden in die Schiffe und an die Arbeit kommandiert und alle verlassen fluchtartig die Küste. Odysseus selbst ist in dieser Episode nie gefährdet, er weiß offenbar, was Lotos ist und wie es wirkt, und hat keinen Wunsch nach diesem Vergessen. Auch die Gefährten sind nur ahnungslos und essen deshalb davon, wollen danach allerdings nicht mehr davon lassen. Es ist der uns heute wohlbekannte Heroin-Mythos, der hier angesprochen wird: einmal versucht, sofort und für immer süchtig. Wie es den gewaltsam zum Cold Turkey gezwungenen Gefährten weiter ging, erfahren wir nicht.

Bei Äolos hingegen ist die Norm der Gastfreundschaft mit beidseitigen Verpflichtungen bestens etabliert: „Einen Monat tat er mir Liebes und fragte nach allem ... und all dies erzählte ich ihm nach der Ordnung" (10: 14, 16). Der Fremde wird freundlich aufgenommen und gut versorgt, seine Gegenleistung ist eine ausführliche Erzählung. Merkwürdig an Äolos ist einzig seine Inzest-Familie – er hat seine sechs Töchter mit seinen sechs Söhnen verheiratet – und die Abgeschlossenheit seiner schwimmenden Insel durch eine unübersteigbare Mauer aus Erz. Aber dieses Motiv, das wie die Lotophagen einen zu großen Innen-Bezug andeutet, bleibt hier blind. Thematisch ist vielmehr sein Abschiedsgeschenk: der

Sack mit den eingefangenen Gegenwinden, ohne dessen Öffnung durch die misstrauischen Gefährten schon in Sichtweite von Ithaka die Odyssee recht früh, nach Kikonen, Lotophagen und Kyklopen zu Ende gewesen wäre. So treiben ihn die losgelassenen Winde zu Äolos zurück, der nunmehr von Gastfreundschaft nichts mehr wissen will: „Pack dich, weil du als ein den Göttern Verhaßter hierherkommst. Sprach's und jagte den heftig Seufzenden fort aus dem Hause." (10: 75f) Wen die Götter fallengelassen haben, der verliert auch den Schutz durch die irdische Obrigkeit. Er ist insofern, in dieser zweiten Begegnung, ein Gegenpart zu den Phäaken, die gerade den Unglücklichen und Gescheiterten aufnehmen - und unterstreicht damit deren Großherzigkeit.

Das an mindestens fünf Beispielen durchexerzierte komplizierte Verhältnis von Seefahrern und Küstenbewohnern konnte im 19. Jahrhundert als Stationen eines Prozesses der Zivilisation gedeutet werden - und dem folgen auch Horkheimer und Adorno. Aus dem rohen und ungeregelten Verhältnis von Raub und Gewalt entstehen die Normen der Gastfreundschaft, in denen Geschenk und Gegengeschenk, Aufnahme und Ziehenlassen balanciert werden müssen. Das Beispiel für entwickelte Zivilisation sind die Phäaken selbst, denen an defizitären Beispielen in der Erzählung vorgeführt wird, wie großartig normentreu sie sind - besonders wenn sie noch den einen Schritt weitergehen und den König von Ithaka auf seine Insel zurückbringen. Ob Odysseus selbst in diesen Erfahrungen auch zivilisierter geworden ist, bleibt unklar - seine später ausgelebte Fähigkeit zu zügelloser Gewalt den Freiern und besonders den Mägden gegenüber spricht nicht unbedingt dafür.

Mit offenen Armen aufgenommen

Odysseus muss den Phäaken zwei Frauen-Geschichten plausibel machen: Er hat ein Jahr mit Kirke gelebt und mehrere, viele Jahre mit Kalypso - und er will trotzdem, dass sie ihn nach Ithaka und zu seiner Frau Penelope zurückbringen.

Wie er ihnen die Kalypso-Affäre dargestellt hat, erfahren wir nicht: An dieser Stelle, als er nach dem Total-Schiffbruch und Verlust aller Gefährten als Strafe für den Raub der Rinder des Helios allein und halb ertrunken auf Ogygia angeschwemmt und von Kalypso aufgenommen und „geliebt und gepflegt" wird, beendet Odysseus seine öffentliche Erzählung mit dem Hinweis, er habe diese Geschichte „gestern schon im Hause" dem König und seiner „vortrefflichen Gattin" berichtet. Und es sei ihm „zuwider,/Das schon deutlich Gesagte ein zweites Mal zu erzählen". (12: 451ff)[15] Wir müssen uns also an Kirke halten.

Die Sache mit Kirke beginnt wie ein weiteres der Landgang-Abenteuer: Erschöpft und erschüttert nach dem Debakel mit den Lästrygonen landet das letzte verbliebene Schiff an einer Insel, wo man sich ausruht, Wasser schöpft und jagt - und dank Jagderfolg „schmausten (wir) unendlich viel Fleisch und tranken den süßen/Wein". (10: 184f) Dann überfällt die Gefährten wieder die Angst vor Giganten und Menschenfressern und unter Klagen und Weinen machen sie sich in zwei getrennten Gruppen auf, die Insel zu erforschen. Die eine gelangt zum Haus der Kirke, wird bewirtet und erleidet das bekannte Schicksal der Verwandlung in Schweine (die weiter weinen). Odysseus zieht alleine los, um die verschwundenen Gefährten zu finden, und begegnet Hermes, der ihn über Kirke und ihre Künste aufklärt und ihm ein Gegengift sowie genaue Handlungsanweisungen gibt. Da er so ihrem Zauber nicht verfällt und sie auch noch mit dem Schwert bedroht, erkennt sie, dass er der Odysseus sein muss, dessen Ankunft ihr derselbe Hermes vorausgesagt hatte, und lädt ihn auf ihr Lager ein: „Auf denn! Stecke das Schwert in die Scheide, und lasse uns beide/Dann unser Lager besteigen, auf daß wir, in Lager und Liebe/Miteinander vereint, uns gegenseitig vertrauen." (10: 333ff) Da er fürchtet, sie könnte ihm, „bin ich entblößt, die Manneskraft" nehmen und ihn „schwach" machen, muss sie ihm erst einen großen Eid schwören, „Göttin, daß du für mich kein anderes Übel dir ausdenkst". (10: 344) Erst danach besteigt er „das überaus schöne Lager der Kirke" und lässt sich anschließend von ihren Dienerinnen mit Wein, Bad, Salböl und „prächtigem Mantel" verwöhnen. Das Essen verweigert er dann aber und ist „übel gelaunt", was Kirke durch die Rückzauberung der Gefährten („... jünger als vorher,/Und sie waren viel schöner anzusehen und größer"; 10: 396) behebt. Auch die beim Schiff zurückgebliebenen Gefährten werden geholt und bewirtet - und wenn sie nicht gestorben sind, ...

In dieser Episode spielen die Gefährten eine auffallende Rolle: Sie sind so verzagt und wehleidig wie nie zuvor, werden auch von Odysseus mit „ihr armen Leidensgefährten" (10: 189) angesprochen und müssen ermutigt werden: „Aber es war nichts ausgerichtet damit, daß sie klagten." (10: 202, 568) Ihre Mutlosigkeit, ihr Jammern, ihr Weinen wird mehrfach und nachdrücklich beschrieben.[16] Am auffälligsten ist der Vergleich der Gefährten mit Kälbern bei der Rückkehr des Odysseus von Kirke: „Da traf ich bei dem schnellen Schiff die werten Gefährten/Jämmerlich klagend an und quellende Tränen vergießend./Wie wenn Kälber im Feldgehege den Kühen der Herde,/Wenn sie zum Stall heimkommen, da sie von der Weide gesättigt,/Alle zugleich entgegenspringen; es halten sie keine/Zäune mehr auf, sondern ständig muhend laufen herum sie/Um ihre Mütter, so stürzten, als sie mit den Augen mich sahen,/Jene weinend heran; ..." (10: 408ff) Dazu gibt es fast eine Meuterei, nämlich durch Eurylochos, der die Gefährten mit der Erinnerung an den Kyklopen zurückhält, zu Kirkes Haus zu gehen: „So auch sperrte sie ein der Kyklop, als ihm ins Gehege/Unsre Gefährten kamen, mit ihnen der dreiste Odysseus;/Denn durch dessen Verblendung gingen auch jene zugrunde."

(10: 435ff) Odysseus überlegt, ihm mit dem scharfen Schwert den Kopf abzuschlagen, und wird nur von den Gefährten davon abgehalten. Schließlich stürzt noch Elpénor, „der noch sehr jung und nicht allzu/Tapfer im Kampf und nicht so recht gefügt in den Sinnen" (10: 552f), „weinschwer" vom Dach zu Tode.

Man könnte sagen: Die Gefährten sind mit ihren Nerven völlig am Ende.

Kirke fasst es so zusammen: „Göttlicher Laertiade, erfindungsreicher Odysseus,/ Weckt nicht mehr die blühende Klage! Ich weiß es ja selber,/Wieviel Schmerzen ihr auf dem fischreichen Meere erlittet,/Wieviel feindliche Männer euch Schaden verübten zu Lande./Aber wohlan, eßt nun von der Speise, und trinkt von dem Weine,/Bis ihr wieder von neuem Lebensmut in der Brust faßt,/So wie anfangs, als ihr das Land eurer Väter, das rauhe/Ithaka, hinter euch ließet; nun seid ihr entkräftet und mutlos./Stets denkt ihr an die schwierige Irrfahrt; heiter ist niemals/ Euer Sinn, da ihr wahrhaftig vieles gelitten." (10: 456-465)

Dabei geht es ihnen so gut wie nie. Dreimal wird die Floskel wiederholt: „(Und durch alle die Tage, so lang, bis das Jahr sich vollendet,)/Saßen wir da und schmausten unendlich viel Fleisch und tranken den süßen/Wein." (184, 468, 477) Sie sind aufs feinste gekleidet und die Dienerinnen umsorgen sie.

Kirke, die gefährliche Zauberin, erweist sich bei genauem Hinsehen als eine ausgesprochen mütterliche, verwöhnende Frau, von der und ihren Dienerinnen die Ithaker, die sich vor Selbstmitleid kaum mehr fassen können, allseitig aufgepäppelt werden, Odysseus voran, versteht sich. Sie regredieren vor ihr zu Jammerlappen. Und eigentlich wird das auch in dem ganzen Jahr, das so schnell vergeht, nicht besser: Sie wollen nicht die neuen Abenteuer, die ihnen Kirke vorhersagt, sie wollen nach Hause - nach Ithaka, das für die Gefährten einen anderen Stellenwert hat als für den Herrscher Odysseus. Sie wollen in die gesicherte knechtische Existenz zurück und nicht mehr an den Heldentaten ihres Herrn beteiligt werden, die nur sie das Leben kosten.

Dass Odysseus bei den Phäaken die Gefährten so schwach darstellt, erhebt ihn im Kontrast als König, der sich deutlich weniger gehen lässt. Er hat jetzt, in der wehleidigen Stimmung, auch den geringeren Drang, nach Ithaka zurückzukehren. Er genießt das Jahr mit Kirke und muss erst von den Gefährten an das Ziel der Reise erinnert werden: „Unbegreiflicher, denke nun endlich ans Land deiner Väter,/Wenn dir durch Götterspruch bestimmt ist, gerettet zu werden/Und in dein hohes Haus und dein Vaterland heimzugelangen." (10: 472ff) Er bittet Kirke, ihn ziehen zu lassen. Sie aber klärt ihn auf, dass er noch einige Abenteuer vor sich hat, dass es nicht gleich nach Hause gehen wird, vielmehr zuerst in den Hades. Und sie erklärt ihm genau, was er zu tun hat.

Auch Kirke, so zeigt sich, sollte wie die Sirenen nicht allzu sexualisiert interpretiert werden. Sie ist zwar nur für einen starken Mann zu haben, für den aber höchst willig, während sie schwache Männer in domestizierte Tiere, darunter Schweine verwandelt. Die oft gehörte und auch von Horkheimer und Adorno (94f) angesprochene Interpretation, Männer in Schweine zu verwandeln, bedeute, deren Triebhaftigkeit zu wecken, ist grundverkehrt: Sie werden damit nicht zu viehischen Triebtätern, sondern zu zahmen Haustieren. Aber vor allem betreibt Kirke ein luxuriöses Erholungsheim für körperlich und nervlich Erschöpfte. Sie erlaubt den schwachen Männern Regression und liebt den einen starken. Aber selbst für ihn stehen im Vordergrund essen und trinken und eine luxuriöse Umgebung, für die schwachen Gefährten ohnehin. Ihr Palast ist kein Freudenhaus, sondern ein Sanatorium.

Indem Odysseus dieses Jahr mit Kirke den Phäaken so darstellt, erreicht er mehrere Zwecke gleichzeitig: In erster Linie baut er sich selbst im Kontrast zu den Gefährten und in der Ausnahme, die Kirke, immerhin eine Göttin, mit ihm macht, zu einer königlichen Figur auf. Er entschärft zugleich das sexuelle Abenteuer, das sich zu einer Affäre ausgewachsen hat, indem er alle die Ausreden impliziert, die bürgerliche Männer immer gebraucht haben: Sie hat mich verzaubert; es war keine Liebe, nur Sex; es war Schicksal, die Götter hatten es uns so bestimmt; es hat sich so ergeben, eigentlich wollte ich sie nur dazu bringen, die Gefährten freizulassen; sie hat mich verwöhnt und dadurch zum Bleiben verführt; ich kann sie jederzeit verlassen, sie erhebt keine Ansprüche; sie ist klug und eigentlich wie eine große Schwester zu mir. Schließlich definiert er damit die bisher durchlebten Abenteuer zu einer Leidensgeschichte und bereitet für die noch folgenden die schwache Rolle der Gefährten vor, die benötigt wird, um ihren Untergang auf ihr eigenes Versagen zurückzuführen, nicht auf das ihres Königs und Anführers.

Anders als Kirke und besonders Kalypso empfängt Penelope, die Gemahlin, die lang und treu auf ihn gewartet hat, den Odysseus keineswegs mit offenen Armen. Sie hat zurecht gemischte Gefühle und gibt sich spröde und misstrauisch. Die Geschichte von Odysseus und Penelope wird völlig zu unrecht als die Geschichte einer großen ehelichen Liebe interpretiert. Penelope, die ursprünglich schon zweite Wahl war, nachdem Odysseus im Kampf um Helena nicht zum Zuge kam, ist die Frau des Königs, die Frau des Patriarchen, die den Thronfolger schon geboren und also ihre eheliche Pflicht erfüllt hat. In dieser Situation ist sie bei Abwesenheit des Königs und solange der Thronfolger nicht erwachsen ist, Regentin - die eigenständigste Machtposition, die für die Frau des Patriarchen möglich ist. Sie verliert diese Position, wenn der König stirbt, denn als seine Witwe muss sie nach angemessener Trauerzeit durch erneute Heirat einen anderen Mann zum Herren über ihr Haus machen; sie verliert sie ohnehin, wenn der König zurückkommt; sie verliert sie auch, wenn der Sohn volljährig wird und mit einer eigenen Frau die

Herrschaft antritt. Die Freier, die Odysseus für tot erklären wollen, bedrängen Penelope nicht als Frau, sondern als Königsmacherin.

Was die erzählte Gegenwart der Odyssee ausmacht, die Telemachie und die Heimkehr des Odysseus, spielt im zwanzigsten Jahr. Über die neunzehn Jahre davor erfahren wir nichts. Wir müssen also wohl annehmen, dass sie für Ithaka eine unauffällige, vielleicht sogar glückliche Zeit waren - ganz ohne König, unter der Regentschaft der Penelope. Die Krise entsteht, als der Sohn alt genug wird, um Herrschaftsansprüche zu stellen.[17] Das muss die anderen Anwärter auf den Platz des Patriarchen alarmiert und sie dazu gebracht haben, Penelope nunmehr ernsthaft zu bedrängen.[18] Telemach muss ausziehen, um sichere Nachricht über Leben oder Tod des Vaters zu bekommen, um diese Nachfolge-Frage zu klären. Mit Liebe und ehelicher Treue als Gefühlszuständen hat das alles wenig zu tun. Es geht um die königliche Herrschaft über die Insel Ithaka, die während der langen Abwesenheit des Odysseus seine Frau Penelope ausübt - zuletzt nicht sehr effektiv, wie der Übermut der Fürsten als Freier zeigt, aber doch, dank einer loyalen Bevölkerung.

Die verbreitete Vorstellung, die Odyssee sei eine Geschichte von ehelicher Liebe und Treue, ist erstens ein Anachronismus und zweitens vom Text nicht gedeckt. Die Affären mit Kirke und Kalypso sind schon eine schwere Probe dafür, konnten aber offenbar in der Rezeption als das durchgehen, was in der bürgerlichen Ehe beim Mann so „Treue" heißt. Aber auch sonst hat Odysseus, so lange er unterwegs ist, deutlich mehr Sehnsucht nach seinem Land als nach seiner Gemahlin. Und dass die Rückkehr gefährlich sein kann, weiß er von Agamemnon, also nähert er sich vorsichtig.[19]

Dass den Heimkehrer nach zwanzig Jahren niemand mehr sicher wiedererkennt, auch die Ehefrau nicht, ist nur zu verständlich. Penelope ist daher ebenso misstrauisch wie er. Sie prüft seine Identität an dem, was dieser Fremde über sie und ihren Haushalt weiß: Sie kennt ein eheliches Geheimnis, das unverrückbare Bett, an dem sie die Identität des fremden Manns prüfen kann. Erst danach nimmt sie ihn an als ihren König und Gemahl und beredet mit ihm als erstes die anstehenden Staatsgeschäfte (23: 260ff), bevor sie zu Bett gehen.[20] Es geht nicht um eine emotionale Beziehung zwischen Mann und Frau, sondern um die Ausübung und Erhaltung der patriarchalen Macht (abgeleitet die Macht der Frau des Patriarchen) - in diesem Rahmen sind die Zurückhaltung und die stillen Gefühle, von denen wir hören, verständlich.

Zwischenspiel im Totenreich

Die Fahrt zum Eingang des Hades - von Abstieg dorthin ist keine Rede, Odysseus lockt die Schatten zu sich heraus - ist ein Abstecher: Sie fahren auf Kirkes Anweisung dorthin, um die Prophezeiung des Teiresias einzuholen, und wieder zu ihr zurück, um weitere Anweisungen zu bekommen. Dann erst beginnt die eigentliche Fahrt.

Die Schatten der Toten anzulocken, gelingt durch ein elaboriertes Opfer mit dem Ergebnis einer Pfütze von Schafsblut, von dem die Toten trinken möchten. (Dieses Vampir-Motiv bleibt unentwickelt, das Blut bewirkt auch keine Veränderung an den Geistern. Bei den später auftretenden wird es auch nicht mehr erwähnt.) Es erscheinen:

der eben verstorbene und noch nicht begrabene Gefährte Elpenor;

die Seele der Mutter, die aber warten muss und erst nach Teiresias drankommt;

„des Thebaners Teiresias Seele,/Haltend ein goldenes Zepter" (11: 90f);

eine lange Reihe von Frauen, „(w)elche der besten Helden Gattinnen waren und Töchter" (11: 227), die dazu gebracht werden, nacheinander vorzutreten: „eine jede/Nannte mir ihr Geschlecht, und ich befragte sie alle." (11: 233f)

An dieser Stelle unterbricht Odysseus die Erzählung und will ins Bett, um am Morgen zeitig mit dem Schiff der Phäaken aufbrechen zu können. Alkinoos überredet ihn, einen Tag länger zu bleiben, „bis die ganze/Gabe zusammengestellt". Odysseus beantwortet das mit der Beteuerung, er würde auch ein Jahr länger bleiben, wenn er dadurch „mit vollerer Hand ins Vaterland" heimgelangen könne. Alkinoos fordert ihn, der ja keiner von denen sei, „die da Lügen erfinden", auf, „wie ein Sänger" weiterzuerzählen: „berichte mir nun und sage die Wahrheit." (11: 370) Die Nacht sei noch lang. Darauf lässt Odysseus erscheinen:

Agamemnon, der von seiner eigenen und der Ermordung seines Gefolges, besonders der Kassandra, durch Ägisthos und Klytämnestra berichtet und sich nach seinem Sohn Orestes erkundigt, der noch nicht im Hades angekommen sei (Odysseus weiß von dessen Verbleib nichts);

Achilleus, der beteuert, er würde lieber „als Tagelöhner den Acker bestellen/Bei einem armen Mann .../Als über alle die Toten ... zu herrschen". (11: 489ff) Ihm kann Odysseus ausführlich über seinen Sohn Neoptolemos und dessen Heldentaten vor Troja nach dem Tod des Achill berichten.

Aias, der dem Odysseus immer noch zürnt und mit ihm auch nicht redet, als er von ihm angesprochen wird;

Minos, Orion, Tityos, Tantalos, Sisyphos, Herakles.

Dann beginnt er sich doch vor den „tausenden Scharen der Toten/Mit unsäglichem Lärm" (11: 632) zu fürchten und flüchtet.

Diese Begegnungen haben recht verschiedene Funktionen:

Am wichtigsten ist Teiresias: Er gibt Anweisungen für die zukünftigen Abenteuer und fasst damit die weitere Geschichte vorweg zusammen – vor allem aber erzählt er ihren Schluss, der am Ende des Epos gar nicht mehr angefügt ist.

Auch noch für die weitere Geschichte wichtig sind die Mutter und Agamemnon: Die Mutter berichtet von den Zuständen in Ithaka. Agamemnon warnt vor den Gefahren der Heimkehr.

Agamemnon leitet zugleich zur Erinnerung an die Ilias über. Dass Odysseus seinerseits dem Achill Neuigkeiten erzählen kann und Aias, immer noch beleidigt, gar nicht mit ihm redet, unterstreicht den Charakter dieser Gespräche als Tratsch bei einem Veteranentreffen der Teilnehmer am Krieg um Troja.

Der Rest ist name dropping und ein schneller Galopp durch verschiedene Mythen, die angespielt werden.

Elpenor fällt aus der Reihe und mahnt die Riten der ordnungsgemäßen Bestattung an, die im nächsten Gesang nach der Rückkehr auf die Insel der Kirke auch gleich als erstes vollzogen werden.

Fragen eines denkenden Gefährten

Dem König Odysseus wird als Fluch des Polyphem (9: 533f) und als Weissagung des Teiresias (11: 114f) als Schicksal zugeteilt: „... und magst du auch selber entrinnen,/Kehrst du spät und schlecht nach Verlust all deiner Gefährten/Heim auf fremdem Schiff und triffst zu Hause noch Unheil." Die toten Gefährten werden, wie im Krieg üblich, nur als „Verlust" abgebucht, aus der Perspektive dessen, der über sie verfügt. Aus ihrer eigenen Perspektive werden sie von Odysseus durch Strapazen und Gefahren geschleppt, die sie nichts angehen, und kommen sukzessive alle um. Schon im ersten Abenteuer bei den Kikonen sterben „von jedem Schiff sechs gutgeschiente Gefährten" (9: 60). Bei den Lotophagen werden drei süchtig; wir erfahren nicht, ob sie sich davon wieder erholen. Von Polyphem werden sechs Gefährten aus dem Schiff des Odysseus gefressen. Bei den Lästrygonen kommen alle Schiffsbesatzungen außer der des einen Schiffs des Odysseus grausam ums Leben.[21] Bei Kirke verunglückt einer, Elpenor. Von der Skylla werden sechs aus dem Schiff gefischt und gefressen. Auf der Fahrt zwischen Thrinakia, der Insel des Helios, und Ithaka, wie sie hoffen, ersaufen alle restlichen im Schiffbruch, während Odysseus als einziger in Ogygia, der Insel der Kalypso, angeschwemmt wird. Das Drama der Odyssee ist das der Gefährten.

Zugleich sind die Gefährten die, von denen das Unheil verschuldet wird: Sie öffnen den Windsack des Äolos und sie schlachten die Rinder des Helios, beides hinter Odysseus' Rücken – das erste Mal nichtsahnend, aber doch aus Misstrauen gegen ihren Anführer, dem sie zutrauen, dass er sich bereichert und sie nicht daran beteiligt; das zweite Mal aber nachdrücklich vorgewarnt und gegen den Schwur, den ihnen Odysseus abgenommen hatte. Dabei sind sie einerseits trotzig („Öffne ich lieber den Mund der Flut und sterbe auf einmal,/Als lang hinzusiechen auf dieser verödeten Insel" - 12: 350f), andererseits hoffen sie, die Götter durch großzügige Opfer umstimmen zu können. Schon bei den Kikonen sind sie für ihre Verluste selbst verantwortlich, weil sie gegen die „dringenden Mahnungen" des Odysseus nicht gleich abzogen, sondern am Strand Schafe und Rinder schlachteten und viel Wein tranken. Bei den Lotophagen nehmen sie gutgläubig alles in den Mund, was ihnen angeboten wird. Bei den Lästrygonen ankern sie leichtsinnig in dem bequemen Hafen, während der vorsichtige Odysseus sein Schiff außerhalb anbindet. Auch Elpenor verunglückt aus Tolpatschigkeit im Suff. Dazwischen sind sie auch noch aufsässig und halten dem Odysseus vor, er habe „dreist" und in „Verblendung" (10: 436f) den Tod der Gefährten in der Höhle des Polyphem verschuldet. Der diesen Vorwurf erhebt, ist Eurylochos,[22] derselbe, der sich später auch damit hervortut, dass er durch Reden an die Gefährten erst die Landung auf der Insel des Helios und dann die Schlachtung der Rinder veranlasst. Im großen und ganzen sind die Gefährten feige, gefräßig, gegenwartsfixiert, dazu noch misstrauisch und aufsässig. Der Überblick fürs Große & Ganze geht ihnen ab. Man kann sich nicht auf sie verlassen. Aus der Sicht ihres Königs und Anführers sind sie wie Kinder, genauer gesagt: eine Bande von pubertären Jung-Machos.

Aus ihrer eigenen Sicht wird das anders aussehen: Odysseus ist kein guter Patriarch, der verlässlich für „seine Leute" sorgen und darauf achten würde, sie möglichst aus Gefahren herauszuhalten. Einzig auf der Insel der Kirke jagt er einmal für sie und verpflegt sie dadurch reichlich, dort veranlasst er Kirke auch, sie zurückzuverwandeln. Gelegentlich ruft er sie zu Versammlungen zusammen, aber dann sind es meist doch nur Befehlsausgaben, in denen er gerade das Nötigste mitteilt und ihnen wesentliche Teile seines Wissens vorenthält.[23] Anders als bei Ödipus erfüllt sich hier das Schicksal nicht dadurch, dass der Held versucht, der Prophezeiung zu entkommen, sondern dadurch, dass er seine unbedarften Gefährten nicht unter Kontrolle halten kann, es auch nicht versteht, sie patriarchal (oder gar gleichberechtigt) zu führen. Wenn wir die Odyssee als Entwicklungsroman lesen sollen, dann ist es die Geschichte einer misslingenden Persönlichkeitsbildung: Odysseus wird nicht weise, er wird nicht abgeklärt, er wird nicht zivilisiert und er erwirbt auch nicht die Fähigkeiten, die ein guter Patriarch braucht. Er erweist sich vielmehr als unfähig zu mehr, als allein und ohne Rücksicht auf alle anderen und bloß physisch zu überleben.

So stellt sich das dem illusionslosen Blick von außen und vor allem von unten, aus der Sicht der „Gefährten" dar. So wird die Geschichte aber nicht erzählt, vielmehr von dem König und Anführer einem anderen König, seiner Frau und ihrer

Tochter und ihrem höchst zivilisierten Hofstaat mit dem Ziel, von diesen als König anerkannt und unterstützt zu werden. Daher müssen die Gefährten abgewertet und an ihrem traurigen Schicksal, in das sie den Herrn noch mit hineinziehen, selbst schuld dargestellt werden. Zugleich wird dieses traurige Schicksal aber vom Herrn als großer „Verlust" und als schreckliches und mitleiderregendes Schicksal, das *er* erleidet, angeeignet. Das bürgerliche Individuum *behauptet*, sich in der klugen und schlauen Bewältigung der Naturmächte und in der Durchsetzung von Normen des guten Benehmens (der Gastfreundschaft) zu bilden und definiert seine kriegerischen Abenteuer so um. Tatsächlich geschieht nichts dergleichen, die Kosten der Auseinandersetzung mit den Naturmächten tragen die „Gefährten", die dafür auch noch selbst verantwortlich gemacht werden. Das bürgerliche Individuum wird mit dieser Behauptung von den anderen Bürgerlichen anerkannt, die genauso den Anteil der Arbeit der anderen verleugnen. Unter sich einigen sie sich auf den Entwicklungsroman und bestätigen einander die Herrschaftsfähigkeit.

Das bittere Ende

Odysseus wird durch seine Leidensgeschichte, wie er sie darstellt, kein besserer Mensch, keine Persönlichkeit, kein weiser Herrscher. Er ist am Schluss so wutfähig und grausam, wie er es nie, besonders im Kampf um Troja nicht war[24] und wie wir es davor unter den großen Helden allenfalls vom Zorn des Achilles nach dem Tod des Patroklos kennen. Achilles bringt zwar Hektor um und schändet seine Leiche, aber das ist harmlos im Vergleich zu der sadistisch betriebenen (und beschriebenen) Massen-Schlächterei, die Odysseus und Telemach unter dem Schutz der Pallas Athene mit gerade zwei Helfern, dem Sau- und dem Rinderhirten, an den Freiern und an der untreuen Dienerschaft, an den fraternisierenden Dienerinnen (22: 457ff) und dem kollaborierenden Ziegenhirten Melantheus (22: 474ff) verüben.[25] Das ist von den Freunden der Aufklärung und anderen Studienrätinnen, die aus der griechischen Vorgeschichte den Hort des Humanismus zu machen versuchten, oft pikiert vermerkt und möglichst übergangen worden.[26] Dieser Massenmord an der Aristokratie des eigenen Landes und der Nachbar-Inseln ist auch extrem unklug, wie sich rasch herausstellt: Es folgt ein Adels-Aufstand gegen den zurückgekehrten König, der auf das Landgut zu seinem Vater Laertes geflohen ist,[27] und ein weiteres Gemetzel, das nur per dea-ex-machina beendet werden kann.

Anders als in den Ritterromanen hat hier der abenteuernde Krieger keineswegs die Tugenden gelernt, die ihn dazu befähigen, nun ein guter Herrscher zu sein. Anders als in den Entwicklungsromanen ist hier der Held nicht dafür reif geworden, ein Patriarch zu werden.

Die Prophezeiung des Teiresias, Odysseus werde nicht bleiben können, werde vielmehr weiterwandern müssen, hat daher ihre Logik: Mit der Wiedereinnahme seiner Herrschaft ist die Irrfahrt noch nicht beendet. Teiresias ordnet an: „Wandere dann über Land, ein handliches Ruder ergreifend,/Bis du zu solchen Leuten gelangst, die vom Meere nichts wissen/Und die keine mit Salz gewürzte Speise verzehren;/Denen auch nicht bekannt die purpurwangigen Schiffe/Noch die handlichen Ruder, die Flügel sind für die Schiffe." (11: 121ff) Erst an einem solchen Ort kann er durch großzügige Opfer den Poseidon versöhnen und in Frieden sterben: „Die Völker um dich her/Werden glücklich sein. Das kündige ich dir untrüglich." (11: 136f) Das Ziel der Irrfahrt ist nicht Ithaka, vielmehr eine landwirtschaftliche Ökonomie ohne Seefahrt. Die Prophezeiung macht darauf aufmerksam, dass Odysseus der Exponent einer räuberischen Seefahrerei ist: Er will Beute machen und er muss von den Küstenregionen und -städten leben, muss dort Wasser und Proviant für seine Schiffe bekommen, erhofft sich darüber hinaus Beute, die ihm zu Hause Ehre einbringen soll. Die zivilisatorische Errungenschaft wären die Gastfreundschaft und großzügige Gastgeschenke - vom Tausch von Geschenken, der Vorform des Handels, ist auffällig nicht die Rede. Die Prophezeiung macht darauf aufmerksam, dass alle Abenteuer der Irrfahrt Auseinandersetzungen um entweder Raub und Eroberung oder um Gastfreundschaft sind, bis hin zu der großen Auseinandersetzung um Ithaka: Die Freier erzwingen und missbrauchen Gastfreundschaft in einer Weise, die auf Eroberung hinausläuft. Die Phäaken sind das leuchtende Gegenbeispiel von großzügigster Gastfreundschaft ohne materielle, aber tatsächlich mit einer besonderen Gegenleistung: Sie bekommen eine lange, aufregende und für sie schmeichelhafte Erzählung.

Die Götter mischen sich in diese Auseinandersetzung um einen nicht räuberischen Umgang unter den Menschen in merkwürdiger Weise ein: Zeus ist, das wird oft genug gesagt, der Gott der Gastfreundschaft. In ihren Regeln ehrt man den olympischen Götterhimmel. Aber die Naturkräfte und ihre Götter, die Winde des Äolos, das Meer des Poseidon und der Tag des Helios, lassen die Fahrt nicht zur Ruhe kommen. Die Ungeheuer der Vorzeit (Giganten, Kyklopen, Skylla, alle die Menschenfresser) einerseits, Lotophagen und pflegende, liebende Frauen, die zum „Verliegen" verführen, andererseits, führen als Küstenbewohner die Auseinandersetzung mit den Seefahrern weiter. Wirklich beendet werden kann die Feindschaft nur in einer Ökonomie, die keine Seefahrt kennt. Damit ließe sich Poseidon versöhnen.

Über Horkheimer und Adorno hinaus

Der Odysseus-Exkurs ist schon im Titel („Odysseus oder Mythos und Aufklärung") als Illustration zum zentralen Thema des ersten Kapitels ausgewiesen. Er beginnt mit Hinweisen zum „bürgerlich aufklärerische(n) Element Homers" (67) und, unter Berufung auf Nietzsche, zum „antimythologischen, aufgeklärten Charakter Homers" oder zur „Verschlungenheit von Aufklärung und Mythos bei Homer". (69)[28] Anschließend wird auf etwa zehn Seiten die Theorie von Opfer, List, Betrug und Selbsterhaltung entfaltet, die speziell aus der Odyssee die Darstellung der Urgeschichte des (bürgerlichen) Individuums machen soll. Schließlich werden Detailinterpretationen einzelner Episoden geboten: die Sirenen (83ff), die Lotosesser (86f), Polyphem (88ff), Kirke (93ff), Penelope (98)[29], der Besuch im Hades (99), der Mord an den Mägden (102f).

Horkheimer und Adorno interpretieren die Odyssee als Stadium in einem menschheitsgeschichtlichen Prozess der Aufklärung, als entscheidende Stufe im Entwicklungsroman der Entstehung des bürgerlichen Individuums: die Überwindung der archaischen Mächte durch das Opfer und die List, die zusammengehören. Das Opfer ist schon ein Handel mit den Göttern und zugleich ein Betrug an ihnen: „Alle menschlichen Opferhandlungen, planmäßig betrieben, betrügen den Gott, dem sie gelten: sie unterstellen ihn dem Primat der menschlichen Zwecke, lösen seine Macht auf, und der Betrug an ihm geht bruchlos über in den, welchen die ungläubigen Priester an der gläubigen Gemeinde vollführen." (74) Im Menschenopfer wird der (unterworfene) Einzelne für die Gemeinschaft getötet. In der List entzieht sich das Opfer der Tötung, das nicht mehr daran glaubt, es könne stellvertretend die Götter, also die Natur versöhnen. Aber die „Abdingung des Opfers durch selbsterhaltende Rationalität ist Tausch nicht weniger, als das Opfer es war. Das identisch beharrende Selbst, das in der Überwindung des Opfers entspringt, ist unmittelbar doch wieder ein hartes, steinern festgehaltenes Opferritual, das der Mensch, indem er dem Naturzustand sein Bewußtsein entgegensetzt, sich selber zelebriert." (77f) In bekannten Merksätzen zusammengefasst: „Die Geschichte der Zivilisation ist die Geschichte der Introversion des Opfers. Mit anderen Worten: die Geschichte der Entsagung." (79) Und: „Die Ratio, welche die Mimesis verdrängt, ist nicht bloß deren Gegenteil. Sie ist selber Mimesis: die ans Tote. ... Das Schema der odysseischen List ist Naturbeherrschung durch solche Angleichung." (81) In der List wird den archaischen Mächten zugleich ihr Recht gelassen und ihnen durch Selbstbeherrschung getrotzt, wie das Beispiel der Vorbeifahrt an den Sirenen an den Mast gefesselt am schönsten illustriert.

Das wäre zunächst eine Erweiterung des konventionellen Verständnisses, in dem die Odyssee in der Aufklärung und deutschen Klassik rezipiert wurde: als Entwicklungsroman wie *Anton Reiser* und *Wilhelm Meister*. Horkheimer und

Adorno betonen dazu den hohen Preis, der dafür gezahlt wurde: Selbstdisziplin, Verhärtung, bürgerliche Kälte. Die Überwindung der Gewalten der Vorzeit mag notwendig sein, Fortschritt ist sie deshalb noch lange nicht. Und das Maß der Gewalttätigkeit wird dadurch nicht notwendig verringert, nur verschoben: Vernichtung findet „zivilisiert" umso effektiver statt. Das heißt umgekehrt nicht, die Herausbildung des bürgerlichen Individuums sei keine Errungenschaft, im Gegenteil. Aber sie ist unter den Bedingungen von Kapitalismus nur zu haben um den Preis des Verzichts und der Selbstdisziplin, die das Ziel der Befreiung - darf man es im Zwischenmenschlichen „freie Assoziation der Produzenten" nennen? - unmöglich machen.

Aber die Geschichte ist noch ein wenig komplizierter:

Erstens ist die Odyssee kein Entwicklungsroman. Odysseus verändert sich nicht. Er wird nicht zivilisierter, er wird nicht persönlich geläutert oder stärker „unverkennbar", mehr eine „Persönlichkeit" als vor der Irrfahrt von zwanzig Jahren. Er wird (mit Hilfe seiner Schutzgöttin Athene) nicht einmal erkennbar älter. Er überwindet verschiedene archaische Mächte, aber dadurch verändert er sich nicht und die Lästrygonen, Kyklopen, Lotosesser undsoweiter bleiben auch, wer und wie sie waren.[30] Die Überwindung der alten Mächte findet nur in der Erzählung über sich selbst, in der Selbstdarstellung des (bürgerlichen Individuums) Odysseus statt. Sie ist ein Mittel, um innerhalb der herrschenden Schicht (aristokratisch oder bürgerlich) gegenseitige Anerkennung und praktische Solidarität zu bewerkstelligen.

Zweitens werden in der Odyssee die Abenteuer eines Herrschers, eines dislozierten Patriarchen erzählt. Odysseus ist noch dazu ein schlechter Patriarch, sowohl während der Irrfahrt als auch und besonders nach der Heimkehr.

Drittens drängt sich in der Geschichte selbst das Thema der Gastfreundschaft in den Vordergrund. Es geht in den Erzählungen um die räuberische Seefahrt und das schwierige Verhältnis zwischen Seefahrern und Küstenbewohnern, das nur über Normen der Gastfreundschaft bewältigt und nur durch Sesshaftwerden bereinigt werden könnte.

1/Die Odyssee ist eine Erzählung vom Erzählen, professionellem und persönlichem. Neben den Vorträgen der Sänger und der langen autobiographischen Erzählung des Odysseus „wie ein Sänger" (und seinen unterschiedlich erfundenen Biographien, die er verstellt dem Schweinehirten Eumaios, dann seiner Frau Penelope und später seinem Vater Laertes vorträgt) besteht die Odyssee aus zahlreichen Erzählungen der handelnden Personen: selbst Zeus, Pallas Athene, Telemach, Menelaos, Helena, Kalypso, Kirke, eine lange Reihe von Personen im Hades, Eumaios, Penelope, Laertes, sie alle berichten gelegentlich von sich selbst oder von anderen. Auch in die beiden Teile, die von einem allwissenden Autor stammen, die Telemachie und die Rückkehr nach Ithaka - der Mittelteil ist die große autobiographische Erzählung des Odysseus -, sind zahlreiche Erzählungen von handelnden Personen eingebaut. Es entsteht ein kunstvolles Geflecht von Rückblenden und gelegentlichen Vorhersagen (Kirke, Teiresias), die in die „Haupt"-geschichte - wie Penelope und Telemach (und Pallas Athene) und später Odysseus das Problem des verschollenen Königs und der damit gegebenen Herrschafts-Unsicherheit lösen - eingelagert sind und sie überwuchern. Das Thema des Erzählens ist dauernd gegenwärtig, schon weil man beim Lesen sehr genau darauf achten muss, wer gerade spricht. Es ist bezeichnend, dass in diversen Nacherzählungen diese komplizierte Struktur aufgelöst und zu einer linearen Abenteuer-Abfolge begradigt wird.

Wenn hier (im Mittelteil) die Entstehung des bürgerlichen Individuums dargestellt wird, dann konstituiert es sich im autobiographischen Erzählen. Es steht damit in Konkurrenz zu den professionellen Erzählern und ist zugleich von ihnen abhängig: Sie sollen seine traurige Erzählung übernehmen und weitertragen und sie so gestalten, dass der Bürger zum Helden wird.

Das komplizierte Verhältnis zwischen autobiographischem und professionellem Erzählen kann an der Odyssee genauer geklärt werden.

1a/professionelles Erzählen

In der Odyssee treten drei professionelle Sänger bei verschiedenen Gelagen auf:

Am Königshof in Ithaka lebt der Sänger Phemios.[31] Den Freiern „sang der Sänger, der weitberühmte; sie saßen/Schweigend und lauschten; er sang der Achäer traurige Heimfahrt,/Die von Troja her ihnen auferlegte Athene." (1: 325ff) Penelope kann das nicht hören und wünscht sich ein anderes Lied,[32] aber die Autonomie des Sängers wird von Telemach in Schutz genommen: „Meine Mutter, was willst du dem werten Sänger verargen,/Uns zu erfreuen mit dem, wozu es ihn treibt; denn die Sänger/Sind nicht schuld, nein, Zeus ist schuldig, der es den mühsam/Lebenden Männern gibt, so wie er es will, einem jeden./Da doch jenen Gesang die Menschen am meisten beloben,/Der als neuester schwebt rings um die Ohren der Hörer." (1: 346ff) Telemach entwickelt hier zentrale Elemente einer Poetik: Die Sänger erfinden ihren Stoff nicht, sondern erzählen, was wirklich war - und das wurde von Zeus gesteuert. Das Publikum hat kein Recht auf Zensur oder Sonderwünsche. Der Sänger singt „wozu es ihn treibt", allerdings unter einem (legitimen) Druck auf Neues, Originelles, wobei offen bleibt, ob im Inhalt oder in der Form.

Ein weiterer, allerdings namenlos bleibender Sänger wirkt am Hof des Menelaos: „Also schmausten sie da im Saal, dem hochüberdachten,/Nachbarn und Sippengefolge des stattlichen Herrn Menelaos,/Voller Freude, und unter ihnen ein göttlicher Sänger/Sang zur tönenden Leier, und zwei akrobatische Tänzer/Drehten sich, als der Gesang begann, inmitten von ihnen.“ (4: 15ff)

Besonders gewürdigt wird der Sänger Demodokos am Hofe des Phäakenkönigs. Als Teil der Festlichkeiten zu Ehren des Fremden, der sich noch nicht als Odysseus vorgestellt hat, trägt Demodokos zuerst die Ilias vor: „Aber nachdem sie sich dann am Trinken erquickt und am Essen,/Trieb die Muse den Sänger, den Ruhm der Männer zu singen/Aus dem Sang, dessen Ruhm den Himmel damals erreichte,/Von des Odysseus Streit mit dem Peleussohne Achilles, ...“ (8: 72ff) Odysseus verbirgt das Haupt und weint. Später trägt Demodokos die Geschichte von Ares, Aphrodite, Hephaistos und dem Homerischen Gelächter der Götter über die gefangenen und vorgeführten Ehebrecher vor. (8: 264-366)[33] Als dritte Erzählung folgt, von Odysseus veranlasst und zum Teil vorgegeben, die vom hölzernen Pferd und der Eroberung Trojas. (8: 499-520)[34] Auch hier weint Odysseus.

Demodokos wird von Odysseus angesprochen und geehrt: „Herold, bringe dies Fleisch dem Demodokos, daß er es esse,/Ich aber mich ihm freundlich erweise, so sehr ich betrübt bin;/Denn den Sängern werden bei allen Menschen der Erde/Achtung und Ehrfurcht zuteil; denn es hat die Muse sie selber/Sangesweisen gelehrt, weil das Volk der Sänger ihr lieb ist.“ (8: 477ff) Und kurz darauf: „Weit vor den Sterblichen allen, Demodokos, muß ich dich preisen./Dich hat die Muse gelehrt, Zeus' Tochter, oder Apollon;/Denn gar schön nach der Ordnung besingst du das Los der Achäer,/Was sie taten und litten und wie die Achäer sich mühten,/So wie selber Erlebtes oder von Zeugen Gehörtes.“ (8: 487ff) Wenig später preist er den Sänger Alkinoos gegenüber: „Ja, es ist wahrlich schön, einem solchen Sänger zu lauschen,/So wie dieser ist, an Stimme den Göttern vergleichbar./Denn es ist, wie ich meine, lieblicher keine Erfüllung,/Als wenn heitere Freude herrscht in der ganzen Gemeinde/Und durch die Häuser hin die Schmausenden lauschen dem Sänger,/Sitzend in Reihen, ...“ (9: 3ff) Dem kontrastiert Odysseus seine eigene Erzählung, die nun einsetzt: „Doch ich berichte dir nun den Leidensweg meiner Heimfahrt,/Den mir Zeus verhängt, seitdem von Troja ich fortging.“ (9: 37f)

Auch hier wird eine Poetik impliziert: Der Gesang hat Odysseus betrübt, aber diese Wirkung soll man dem Sänger nicht vorwerfen, sie ist im Gegenteil Anlass, ihm besondere Hochschätzung zu zeigen. Diese gilt den „Sangesweisen“, die von der Muse stammen, und den Inhalten, die erzählt werden, als wäre er selbst dabeigewesen. Schön ist es freilich, wenn der Gesang zur „heiteren Freude“ in der Gemeinde beiträgt – im Gegensatz offenbar zu authentischen Erzählungen: Der Sänger macht daraus eine Heldenerzählung, aber wenn man sie selbst erlebt hat, kennt man sie als Leidensgeschichte. Die Geschichte wird für ihre faktische Richtigkeit gelobt, aber das Element des Leidens ist im Selbstbericht am stärksten.

1b/autobiographisches Erzählen

Nachdem Odysseus mit den Phäaken gefeiert, zur Erzählung des Demodokos geweint und sich schließlich vorgestellt hat, erzählt er nunmehr selbst lang und ausführlich seine Schicksale. An einer Stelle bewegt Alkinoos ihn zum Weitererzählen, indem er ihn mit einem professionellen Sänger vergleicht: „Nicht, Odysseus, halten wir dich, wenn wir dich betrachten,/Für einen Gauner oder Betrüger, wie deren so viele/Weidet die schwarze Erde, die weitverbreiteten Menschen,/Die da Lügen erfinden, woher es sich keiner versähe./Dir aber sind gestaltet die Worte und edel die Sinne,/Wie ein Sänger hast du mit Kunst die Geschichte berichtet/ Aller Argeier und deine eigenen traurigen Leiden./Aber wohlan, berichte mir nun und sage die Wahrheit. ..." (11: 363) Dem Sänger und dem Autobiographen wird hier einerseits der Lügner gegenübergestellt, andererseits das Ideal des Autobiographen, der „wie ein Sänger" kunstvoll und mit „gestalteten" Worten seine Leiden berichtet. Dass die Wahrheit erzählt wird, ist ohnehin Voraussetzung, sonst handelt es sich um Betrug. Aber sie kunstvoll zu erzählen, wie ein Profi, gibt ihr eine weitere Qualität, die aus dem puren Jammern erst eine Geschichte macht.

Es ist offensichtlich so, dass der Autobiograph über die Inhalte verfügt, der Sänger über die Form. Die Form macht die Inhalte sozialverträglich, macht sie zur Unterhaltung, während der Autobiograph unter ihnen leidet. Der Held leidet auch, wenn der Sänger seine Geschichte gestaltet vorträgt, und er leidet ebenso an seiner eigenen autobiographischen Erzählung. Von einer ähnlichen Mitleids-Reaktion des übrigen Publikums wird jedenfalls nicht berichtet. Für Alkinoos samt Familie und Hofstaat soll die Erzählung unterhaltend, vielleicht erbaulich sein, sie aber nicht in Mitleid zerfließen lassen. Alkinoos beendet die Erzählung des Demodokos, weil einer der Zuhörer - Odysseus - weint: „Hört mich an, der Phäaken Fürsten ihr und Berater,/Aber Demodokos, halte nun ein mit der tönenden Leier;/Denn er singt ja dies hier nicht zu aller Gefallen./Seit wir speisen und seit sich erhob der göttliche Sänger,/Hat der Fremde nicht aufgehört mit traurigem Schluchzen;/Ihm hält wohl ein starker Schmerz die Sinne umfangen./Aber halte nun ein mit dem Lied, damit wir uns freuen/Alle zugleich, Gastgeber und Gast, denn so ist es besser,/... (8: 536ff) Das Lied soll der heiteren Freude dienen. Es soll das traurige Schicksal in eine Erzählung umwandeln, die statt der Traurigkeit Interesse weckt. „Das ist der Götter Werk; sie haben den Menschen Verderben/Zugesponnen, daß es den Künftigen werde zum Liede." (8: 579f) Wie Telemach (s.o.) so zieht auch Alkinoos einen scharfen Trennstrich zwischen dem traurigen Schicksal der Menschen, für das die Götter verantwortlich sind, und dem Lied, das der Sänger kunstfertig daraus macht.

So dient auch die autobiographische Erzählung nicht dazu, Mitleid zu erregen, sondern in der Geformtheit die Trauer zu bewältigen. Jedenfalls wird Odysseus dafür komplimentiert, dass er die Geschichte seiner Leiden „mit Kunst" berichtet und nicht wie ein „Gauner oder Betrüger", der Lügen erfindet - um damit Mitleid zu erregen.[35] Das Verhältnis des Odysseus zu seinen Gastgebern ist ein anderes: Er berichtet eine Leidensgeschichte männlich gefasst und so, dass man aus ihr etwas Wahres über das Wirken der Götter und die Schicksale der Menschen erfährt. Odysseus erzählt voller Selbstmitleid, aber er erregt nicht Mitleid bei den Phäaken, sondern bestätigt ihnen, dass sie ihre Gastfreundschaft nicht an einen Unwürdigen verschwenden. Sie erfahren aus der Erzählung, dass sie einem König helfen können, das für ihn bestimmte Schicksal der Heimkehr tatsächlich zu erfüllen. Vor allem aber ist die Erzählung das Gastgeschenk des Odysseus, seine Gegenleistung für ihre exemplarische Gastfreundschaft.

1c/seinen Namen nennen, erkannt werden

Die Erzählungen des Odysseus, auch die kleinen, als Verstellung fungierenden, dienen zu seiner Identifikation: Er macht sich damit bekannt. Es ist ihm wichtig, sich als großen König, großen Abenteurer und großen Leidenden einzuführen. Neben den Abenteuern und der Lebensgeschichte ist daher auch der Name bedeutsam. Er wird häufig, besonders auch bei den Phäaken, nicht gleich genannt und in einigen Fällen auch verschwiegen und falsch angegeben. Indem sie zuerst nicht wissen, wer dieser auf seine nackte Körperlichkeit reduziert an den Strand gespülte Fremde ist, wird die Gastfreundschaft der Phäaken umso wertvoller, denn sie schielt nicht auf irgendwelche Vorteile und Gegengeschäfte.[36]

Die Bedeutung des Ge- und Erkanntwerdens ist besonders in der Episode im Hades auffällig. Von Teiresias wird als erstes berichtet: „... er kannte mich gleich, ..." (11: 91). Er wird auch gefragt, was für die Seele der Mutter getan werden müsse: „Schweigend sitzt sie nahe beim Blut und wagt ihrem Sohn nicht/Ins Gesicht zu sehn und ihn anzureden mit Worten;/Sag, o Herr, wie könnte sie mich als solchen erkennen?" (11: 142ff) Die Lösung ist, sie muss von dem Opferblut trinken: „Ich aber wartete dort beharrlich, bis meine Mutter/Kam und trank von dem dunklen Blut; sie erkannte sofort mich, ..." (11: 152f) Mit der sich anschließenden Reihe von berühmten Frauen gibt es kein solches Erkennen, sehr wohl aber mit Agamemnon: „Jener erkannte mich gleich, als er mit den Augen mich ansah" (11: 389), und das, ohne Opferblut zu trinken, jedenfalls wird es nicht mehr erwähnt. Ebenso mit Achilles: „Mich erkannte die Seele des fußschnellen Aiakosenkels, ..." (11: 471), und auch Aias, der ihm noch gram ist und deshalb nicht mit ihm spricht, muss ihn dazu wohl erkannt haben. Dann folgen wieder Berühmtheiten, mit denen es kein Erkennen gibt. Das Opfer hat die Funktion, die Toten wieder in Kontakt mit den Lebenden zu bringen, diese wieder, wie es die Menschen tun, zu individualisieren, indem sie die Bekannten (zum Beispiel als Sohn) erkennen.

Odysseus stellt sich zweimal ausführlicher vor: am ausführlichsten (am Beginn des 9. Gesangs) den Phäaken als Übergang vom gemeinsamen Feiern zur Selbst-Erzählung und kurz darauf in der eigenen Erzählung dem Kyklopen in mehreren Anläufen. Von den Phäaken will er schließlich als König von Ithaka erkannt werden und macht ihnen damit ihr Versprechen plausibel, ihn dorthin zurückzubringen. Dem Kyklopen stellt er sich und die Gefährten zuerst als „des Atreussohn Agamemnon/Kriegsvolk" (9: 263f) vor, später, als klar ist, dass es mit der Gastlichkeit nicht weit her ist, nennt er in listiger Voraussicht als seinen „berühmten Namen" die (im Griechischen) Verballhornung zu „Niemand". Das führt zu dem bekannten Wortspiel, dass „niemand" den Kyklopen zu ermorden versuche, so dass auch keine Hilfe nötig ist. Am auffälligsten aber ist der Zwang, unter dem Odysseus sich abschließend unter großer Gefahr für sich und das ganze Schiff dem Kyklopen mit seinem richtigen Namen bekannt machen muss.

In Ithaka hingegen erkennt niemand den Odysseus, nur sein Hund Argos, räudig und verkommen wie er selbst in seiner Bettler-Verkleidung, der gleich darauf stirbt (17: 291-327). Schon die alte Amme kann nicht ihn, sondern seine Narbe identifizieren (19: 467ff). Er wird nicht erkannt, sondern kann seine Identität beweisen: dem Sau- und dem Rinderhirten, nachdem sie schon lang mit ihm zu tun hatten und den Fremden nicht erkannten, durch die Narbe (21: 217ff); den Freiern zwar durch die Fähigkeit, den Bogen zu spannen, an dem sie alle versagt haben, aber sie erkennen ihn trotzdem nicht an und werden von einem für sie Fremden umgebracht; der Penelope durch sein Wissen um das selbstgebaute Bett; dem Vater Laertes wieder durch die Narbe (24: 331ff). Telemach, der wie die Freier aufgrund des Alters keine Möglichkeit hat, Odysseus *wieder*zuerkennen, wird von dem Wunder der Verwandlung des Bettlers in einen Helden durch Athene und durch dessen Argumente überzeugt. (16: 201ff) Im engeren Sinn ist eine Heimkehr nicht möglich, denn das Individuum, das er einmal war, findet seine damaligen Gegenüber nicht mehr, und das Individuum, das jetzt auftritt, kann nicht wiedererkannt werden. Er muss sich hineinkämpfen und -reden.

Es gelingt Odysseus nicht, die Anerkennung als Person und Patriarch in einem Sinn zu bekommen, der es rechtfertigen würde, von Individualität zu reden. Er wird als Herrscher zuletzt nur mit Hilfe einer göttlichen Intervention hingenommen, seine Dienerschaft hat er mit wenigen Ausnahmen ausgerottet, seine Frau akzeptiert ihn ziemlich kühl, einzig der Sohn und Erbe steht ihm treu kämpfend zur Seite. Er wird wohl, wenn Odysseus nach der Weissagung des Teiresias weiterwandert, dieses Erbe übernehmen.

2/Angeeignete Individualität

Wenn man die Odyssee nicht im Sinn des deutschen Idealismus und seiner geschönten Idee von Entwicklung der Person liest, dann verrät sie noch mehr an Widerspruch, als Horkheimer und Adorno explizit machen: Individualität entsteht in der (biographischen) Selbstdarstellung der Bürger vor einander, in der gegenseitigen Bestätigung innerhalb der herrschenden bürgerlichen Klasse. Das Individuum ist eine nur innerhalb der bürgerlichen Oberschicht akzeptable Erzählung. In dieser Verständigung innerhalb der herrschenden Klasse wird ganz leicht vernachlässigt, dass dieses Individuum aus der Arbeit der Unterschicht entsteht. Ebenso geht es nicht ohne unterstützende und klug beratende Frauen, die benützt und verlassen werden. In der bürgerlichen Erzählung vom Individuum wird dieses eigentliche Opfer, der Betrug nicht nur an den archaischen Mächten, sondern an der eigenen zeitgenössischen Gefolgschaft und an den Geliebten, zu einer großen Trauer-Arie umgedichtet, in der sich der Held vor allem für diesen Verlust noch selbst bemitleidet.

Dazu misslingt die Individualisierung, die innerhalb der Selbst-Erzählung stattgefunden hat, in der Realität eklatant. Odysseus findet bei der Heimkehr keine Anerkennung als Patriarch und fällt auf das Stadium des Eroberers zurück – immerhin nicht auf das des „Städtezerstörers", aber den gesamten Jung-Adel eines Landes auszurotten, ist nur einen Schritt davon entfernt. Völlig zurecht wird ihm vom Vater des Antinoos, des ersten unter den Freiern, vorgerechnet: „Freunde, ein starkes Stück ersann dieser Mann den Achäern,/Führte von dannen erst in den Schiffen viele und Edle,/Und er verlor die Schiffe, verlor auch die Leute,/Und nun kommt er und tötet die edelsten der Kephallenen." (14: 426ff) Der Heimkehrer kann als Individuum nach zwanzig Jahren nicht mehr anerkannt werden und der Held, der stattdessen kommt, wäre besser weggeblieben, denn er bringt nur Unglück, kann sein Heldentum zu Hause auch nur durch Untaten beweisen.

Die Odyssee führt damit den Charakter von bürgerlicher Individualität vor, in der aus einem Beziehungsbegriff ein absoluter, ein Eigentum gemacht wird. Individualität gibt es nur, indem man gekannt wird: Individuum ist jemand für andere, weil die ihn so lang und so gut kennen, dass er unverkennbar, einmalig, auch unersetzlich für sie geworden ist. Für alle anderen ist er das nicht, vielmehr ein Fremder, der schnell und oberflächlich in eine Kategorie eingeordnet wird. Die bürgerliche (oder besser: kapitalistische) Verzerrung dieses Sachverhalts besteht in dem absurden Versuch, diesen Status persönlich anzueignen, ein Individuum an sich, für alle und jeden zu sein. Worin diese „absolute Individualität" dann besteht, ist historisch variabel: Die deutsch-idealistische „Persönlichkeit", das „höchste Glück der Erdenkinder", ist die Konzeption einer geduldig und mit harter Lebenserfahrung in einem Bildungsprozess angeeigneten „gereiften" Individualität.[37] Diese bildungsbürgerliche Konzeption steht im Gegensatz zu dem Erfolg und vielleicht dessen Solidität, die wohl auf der wirtschaftsbürgerlichen Seite eine „Persönlichkeit“ ausmachen. Schon in der Romantik und spätestens im fin de siècle war es schon nur mehr die Abweichung, in der etwas wie Eigenständigkeit möglich erschien. In der Psychologie und Psychiatrie wurde auch das wissenschaftlich typisiert und vereinnahmt. Die beiden Weltkriege haben nachdrücklich klargestellt, wie sehr Menschen auf statistische Einheiten zu mehr oder weniger zerstörerischem Einsatz reduziert werden können. Heute gibt es als Ersatz für die unmögliche absolute Individualität das Versprechen von Prominenz („im Fernsehen“ sein[38]). In der Odyssee wird bereits gezeigt, wie illusionär und sozial unglücklich diese Aneignung für alle Beteiligten ist, und wie sehr sie den Relationsbegriff von Individuum zerstört.

Sehr hart zeigt die Odyssee aber auch, dass solche Aneignung auf der Zuarbeit von Knechten und Geliebten beruht und auf ihre Kosten geht. Die Frauen sind immerhin auch Individuen, aber die Knechte haben kaum Namen und der am stärksten individualisierte unter ihnen ist der, der dem Herrn Widerstand leistet, gegen ihn aufbegehrt - und damit das Unglück herbeiführt. Die Männer, auf deren Arbeit der Herr seine heldische Person aufbaut, sind allenfalls ein Problem, ansonsten aber gesichtslos. Dass sie dabei umkommen, wird schon in der Odyssee als „Verlust“ abgeschrieben, ganz im Stil der Kriegsführung des 20. Jahrhunderts.

Ebenso wird die Zuarbeit der Frauen angeeignet. Die Klugheit des listenreichen Odysseus, mit der er die Ungeheuer der Vorzeit überwindet, besteht zu einem guten Teil schlicht darin, dass er sich getreulich an die Anweisungen hält, die ihm seine kluge Geliebte gegeben hat. Die Frauen Kirke und Kalypso werden ansonsten benötigt als Krankenschwestern und Spenderinnen von Haushaltsleistungen und Komfort, die Frau Penelope als patriarchale Statthalterin und Mutter des Erben. Was sie davon haben, ist nur im Fall der Penelope einfach zu sehen: Macht auf Zeit. Für Kirke und Kalypso kann man nur hoffen, dass Odysseus wenigstens ein guter Liebhaber war.

3/Die Normen der Gastfreundschaft

In der Odyssee sind Fragen der Gastfreundschaft ein, wenn nicht das zentrale Thema. Die Seefahrer sind darauf angewiesen. Bezeichnend ist, dass nie selbst Gastgeschenke gebracht werden. Es geht im glücklichen Fall darum, selbst reich beschenkt zu werden. Das eigene Gegengeschenk ist eine gelungene Erzählung. Der Fremde wird gut aufgenommen, weil er Interessantes aus der weiten Welt, aus der er kommt, erzählen kann. Wenn so immerhin Raub und Eroberung wechselseitig verhindert werden, ist die nächste Gefahr, dass man festgehalten werden könnte - durch Lotosessen oder durch weibliche Verführung. Im Fall des Alkinoos, des exemplarisch guten Gastgebers, werden drei Motive der Gastfreundlichkeit genannt: der Fremde könnte ein verkleideter Gott sein (7: 199f), er wäre vielleicht ein geeigneter Schwiegersohn (7: 311ff), die Phäaken sind immer bereit, als Fährleute zu fungieren (8: 31ff). Aber am meisten beeindruckt ihn die Erzählung, die ihn veranlasst, die Gastgeschenke noch einmal zu toppen, über das hinaus, was einzelnen leicht fällt: „Kleider liegen bereit in der schön geglätteten Truhe/Für den Gast und kunstvolles Gold und all die vielen/Andern Geschenke, soviel die phäakischen Ratsherrn brachten. Geben wir noch einen großen Dreifuß ihm und ein Becken,/Jeder; wir fordern Entgelt durch Sammlung in der Gemeinde./Schwer ist's nämlich für *einen*, so unentgeltlich zu schenken." (13: 10ff)

Interessant ist in diesem Zusammenhang das Benehmen der Freier, das als eine Persiflage von Gastfreundschaft verstanden werden kann: Sie erzwingen am Hof der Penelope ein Ausmaß von Gastfreundschaft, das den Besitz der Gastgeberin zerstört. Sie sind die böse Vision von den schmarotzenden Gästen, die man erst vielleicht freundlich aufnimmt und dann nicht mehr los wird. Dieses Kahlfressen wird hier als Erpressung der Penelope eingesetzt, deren Besitz schwindet, je länger sie die Freier hinhält. Die Freier sind damit mindestens so listig wie der listenreiche Odysseus: Sie nützen die Regeln der Gastfreundschaft in aggressiver Weise aus. Ein Teil der Dienerschaft und fast alle jüngeren Mägde laufen zu ihnen über. Hier wird der Gast als Schnorrer und Erpresser vorgeführt.

Diese auffällige Prädominanz des Themas „Gastfreundschaft" bedenkend, wird - wenn man die Odyssee auf Verhältnisse im Bürgertum umlegen will, wie es in der Rezeption im 18./19. Jahrhundert geschah - eine weitere Facette des kunstsinnigen bildungsbürgerlichen Individuums in seinem Verhältnis zu den Reichen sichtbar: Für die Erzählung von der Überwindung der Naturgewalten werden vom Wirtschaftsbürgertum Geschenke und Unterstützung erwartet. Odysseus ist der Held der Erzähler und Schreiber, die dafür anerkannt und alimentiert sein wollen. Aus dem Seeräuber, Plünderer und „Städtezerstörer", als der er anfängt, wird kein Händler, kein Wirtschaftsbürger. Der listenreiche Odysseus ist immer als Intellektueller verstanden worden. Er setzt sich durch Reden und kluge Einfälle durch, nur in - allerdings signifikanten - Ausnahmen, nämlich in der Zerstörung von Troja, die in dem Überfall auf die Stadt der Kikonen nachklingt, und in dem Gemetzel der Heimkehr, durch überlegene Kampf- und Körperkraft. Der zivilisatorische Fortschritt besteht in der Odyssee nicht darin, dass sich Seeräuberei zu Tausch wandelt, sondern dass sie in der Erzählung überwunden und durch gastfreundliche Geschenke abgegolten werden könnte.

Die Theorie der „Introversion des Opfers", mit der Horkheimer und Adorno die Härte der bürgerlichen Individualität erklären, kann und muss noch genauer ausformuliert werden: Das Opfer besteht nicht nur in Selbstbeherrschung und Verhärtung, es besteht in der Aneignung des Opfers, zu dem Gefährten und Frauen gebracht werden und das anschließend tief und scheinheilig beklagt wird. Im Fall der Gefährten, also der arbeitenden Klasse, ist dieses Opfer tatsächlich das des Lebens und jedenfalls das der vorenthaltenen Individualität. Bei den gleichberechtigten oder überlegenen Frauen, mit denen sich der bürgerliche Held schmückt und von deren Klugheit und zuverlässiger Zuarbeit er profitiert, ohne die er verloren wäre, besteht es nur in der Passivität des Wartens und Wieder-gehen-Lassens, in der verlässlichen Ortsverbundenheit, mit der dem wandernden Helden sein Platz freigehalten wird. Das Gegenspiel zur Heimkehr des Odysseus ist die des Agamemnon, dessen Platz während seiner Abwesenheit besetzt wurde. Das ist die Urangst jedes Heimkehrers, in der Literatur und im Film immer wieder durchgespielt.[39] Sie muss nicht gleich in Mord und Totschlag realisiert werden, überflüssig geworden zu sein genügt schon.

Die Odyssee ist, wie auch Horkheimer und Adorno das darstellen, die Urgeschichte des bürgerlichen Individuums als Betrug. Aber der Betrug ist umfassender als sie annehmen: Der behauptete zivilisatorische Forschritt beschränkt sich auf Erzählungen. Wenn es drauf ankommt, rastet die alte Wut- und Gewaltfähigkeit sofort und technologisch verstärkt wieder ein. Die Glaubwürdigkeit der Erzählungen ist ebenfalls beschränkt auf die Oberschicht, die Interesse an einer Anerkennung auf Gegenseitigkeit oder auch nur an einer guten Unterhaltung hat. Die Zuarbeiter werden in diesem Oberschicht-Konsens als „Verluste“ abgeschrieben. Die Zuarbeiterinnen wurden noch nicht bei Homer, aber in der Rezeption im 18./19. Jahrhundert durch Sexualisierung zu Spielgefährtinnen verharmlost und entwertet.

Dazu kommt der Selbstbetrug, der in der Verdinglichung von Individualität besteht. Individualität, die eine Eigenschaft von Beziehungen des gegenseitigen Kennens und Gekanntwerdens ist, wird bürgerlich in einer „absoluten“ Individualität anzueignen versucht. Das geschieht in der prahlerischen wie selbstmitleidigen Erzählung von angeblichen Heldentaten und durchgestandenen Schicksalsschlägen. Zugunsten dieser Helden-, Künstler- oder Krieger-Erzählung werden die realen Beziehungen versäumt. Für eine abstrakte Publikums-Beziehung von Bewunderung und (mehr oder weniger mitleidiger) Anerkennung werden die Beziehungen des wirklichen Lebens zu Erzählungen stilisiert. Um das Material für die guten Geschichten über sich selbst zu gewinnen, muss das bürgerliche Individuum seine Verhältnisse zu anderen Menschen streng nach Muster und Funktion in der Dramaturgie seines Lebens stillstellen. Die verdinglichte Individualität kennt zuletzt nur gegenseitige, ermöglicht aber einseitige Ausnützung, um Material für eine Erzählung zu generieren, die nur innerhalb der Oberschicht überhaupt akzeptabel sein kann. Und selbst dort beruht die Anerkennung vor allem auf gegenseitiger Instrumentalisierung.

Die Odyssee stellt, als Geschichte dieses verdinglichten bürgerlichen Individuums gelesen, sein Scheitern dar: Die reale Beziehungslosigkeit lässt sich zuletzt nicht mehr überbrücken. Was bleibt, ist Misstrauen und gewaltsames Eindringen in eine Situation, in der man längst überflüssig geworden ist. Und es lässt sich nicht verallgemeinern: Die Konkurrenten müssen vernichtet, die ZuarbeiterInnen zu solchen abgewertet, wenn nicht völlig vernachlässigt werden. Wo in einem Netz von Beziehungen alle Beteiligten einander bekannt und daher Individuen wären, erzeugt die bürgerliche Aneignung zu einer verdinglichten Individualität „hervorragender Persönlichkeiten" Konkurrenz und Ausscheidungskämpfe. Sie werden im Zweifel auch mit archaischen Mitteln geführt.

Dazu kommt die materielle Grundlage, die in der Odyssee als der Besitz von Haus und Hof einerseits, als geraubte oder als Geschenk großzügig überlassene Beute aus den bewaffneten Seefahrten dargestellt wird. In dieser ökonomischen Hinsicht stellt die Odyssee explizit den Übergang von der nomadischen Raub-Wirtschaft zu einer sesshaften Form des Wirtschaftens dar, in der man nicht mehr den bewaffneten Überfall fürchten muss. Nicht im Inhalt der Erzählung, aber im Arbeitsbündnis, das dargestellt und angeboten wird, ist aber eine ganz andere Ökonomie implizit: Tausch einer guten Geschichte, in der die Bedeutung des Gastes sichtbar und bestätigt wird, gegen Bewirtung und Gastgeschenke. Man kann es auch so sagen: Unterstützung innerhalb der Oberschicht, wenn der Gast seine Zugehörigkeit glaubhaft machen kann. Die Besitzenden geben denen aus ihrer Schicht etwas ab, die gerade nichts haben, aber sich durch eine Lebensgeschichte als „Individuum" nach den Maßstäben dieser Schicht ausweisen können. In dieser Darstellung ist (bürgerliche) „Individualität" das funktionale Äquivalent für Eigentum und Besitz, wenn man über diese gerade nicht verfügt. Sie dient dazu, die Eigentumslosigkeit so zu erklären, dass man trotzdem kein Sklave, kein Bettler, kein Diener oder sonst abhängig und unfrei ist und daher die Solidarität der Herrschenden verdient hat. Es ist die Situation des Bildungsbürgers, der Anerkennung von den Reichen einfordert, weil er ein „Individuum" ist. Individualität ist nicht nur das, womit sich die Bürger gegen die Aristokratie, sondern innerhalb des Bürgertums die Gebildeten gegen die Reichen zu behaupten versuchen. Sie zu verallgemeinern, etwa auch nur auf die „eigenen" Frauen, geschweige denn „nach unten", stand jedenfalls in der verdinglichten bürgerlichen Form nie auf dem Programm.

Die Dialektik der Aufklärung ist am Beispiel des Individuums, wenn man die Odyssee als die Darstellung seiner „Urgeschichte" lesen will, noch viel trostloser, als die Kritiker der *Dialektik der Aufklärung* ihr vorwerfen. Diese Errungenschaft verleugnet den Anteil der Knechte und der Frauen, denen sie beiden ohnehin vorenthalten wird, und ihres Opfers an der Möglichkeit, es gegen die alten Mächte zu erkämpfen. Diese Errungenschaft besteht in einer selbstmitleidigen Erzählung, die nur innerhalb der Oberschicht abgenommen wird. Und sie dient dazu, als bildungsbürgerliche Individualität von den wirtschaftsbürgerlichen Geschenken alimentiert zu werden.

Die Selbstaufklärung der Aufklärung, die diese Konstruktion reflektieren wollte, hätte als erstes zu erläutern, dass Individualität ein Relationsbegriff ist, dass man, wie auch die Odyssee zeigt, zu einem Individuum wird, indem man sich bekannt macht, zum Beispiel in einer ausführlichen Erzählung des eigenen Lebens und der Beziehungen, zum Beispiel zu Gefährten und zu Geliebten, die dieses Leben ausgemacht haben. Dann versteht es sich auch, dass man kein Individuum ist, dass man nicht mehr gekannt wird, wo man lange abwesend war, ganz unabhängig von Rechtstiteln wie Ehemann und König, in die man zurück möchte. Vielleicht wird die unbändige, grausame Wut des Odysseus gegenüber seinen aristokratischen Rivalen und seiner Dienerschaft dann erklärbar als die Raserei der Hilflosigkeit in dieser Situation: Die Individualität, um die er all die Mühen, all den Betrug und all die rücksichtslosen Aneignungen dessen, was Gefährten und Frauen für ihn getan haben, auf sich genommen hat, nämlich die Individualität eines Herrn, wird ihm vorenthalten.

"'Cogito, ergo sum' is all very well for you, but what about me?"

Exkurs II: Herr und Knecht in der französischen und in der deutschen Aufklärung – Diderot und Hegel

Nach der Commedia dell'Arte sind die wahrscheinlich bekanntesten literarischen Herr-Knecht-Paare Diderots *Jacques, le fataliste*, und sein Herr und Beaumarchais' *Figaro* und sein Graf. Der deutsche Beitrag zu diesem Genre lag vor allem in den Opern, in denen Mozart den Figaro und dazu den Leporello, den Diener Don Giovannis, unsterblich gemacht hat. Außer in dieser musikalischen Verarbeitung wurde in Deutschland das Thema philosophisch gefasst: in der Herr-Knecht-Geschichte in Hegels *Phänomenologie des Geistes* (1807). Schon dass in Frankreich das Thema humoristisch, in Deutschland menschheits-historisch als Teil der Entwicklungsgeschichte des Geistes behandelt wurde, ist ein Unterschied im Zugang, der eine Differenz in den Vorstellungen von Befreiung vermuten lässt. Mindestens seit Don Quixote und Sancho Pansa wurde in der Figur des praktisch inkompetenten Herrn, der auf seinen realitätstüchtigen Diener angewiesen ist, Respektlosigkeit den Herrschenden gegenüber gepflegt. Im 18. Jahrhundert ließ sich so die Aristokratie als untergehende Klasse darstellen.

Ein Unterschied darin, wie die nationalen Aufklärungen mit dem Herr-Knecht-Thema umgingen, verweist daher auf eine Differenz im Nachdenken über Befreiung. Dieser Differenz soll an den genannten Beispielen im Detail nachgespürt werden.

Jacques, le fataliste: *ein Roman vom Geschichten-Erzählen*

Seit den *Canterbury Tales* werden Romanfiguren auf eine Reise geschickt, um vor allem genügend Langeweile zu haben, die durch Geschichten-Erzählen vertrieben werden muss. So auch Jakob und sein Herr. Jakob, der Knecht, wird zur tragenden Figur gemacht, indem die „Erzählung seiner Liebe" (10) als Gegenstand des Romans angekündigt wird. Diese Erzählung von Jakobs Liebe kommt freilich recht langsam voran, sie wird oft schon nach wenigen Sätzen wieder unterbrochen, von Jakob selbst oder von anderen, und sie wird nicht von ihm, sondern vom allwissenden Dichter erst in den beiden letzten Absätzen des Buchs mit einem höchst gewollten Komödien-Schluss zu Ende gebracht: Jakob heiratet seine Denise und bleibt fatalistisch gegenüber der Möglichkeit, dass gleich zwei seiner Herren es vielleicht mit ihr treiben:

„Steht es dort oben geschrieben, daß du ein Hörnerträger werden sollst, so wirst du es werden, du magst es anfangen, wie du willst; steht es hingegen nicht dort oben geschrieben, daß du ein Hörnerträger werden sollst, so mögen sie es anfangen, wie sie wollen, du wirst doch keiner ... Also kannst du ruhig schlafen, Freund ... Und er schläft." (309)

So endet der Roman im nur etwas anders begründeten Gleichmut des Candide.

„Es steht dort oben geschrieben", das ist auch der philosophische Orgelpunkt des Buchs und diese Maxime wird ebenfalls Jakob zugeordnet:

„... sein Hauptmann habe gesagt, alles, was uns hienieden Gutes und Böses begegne, stehe dort oben geschrieben ..." (9)

Diese fatalistische Phrase hat etwa den Stellenwert wie die Rede von der Besten aller Welten im *Candide* und wird mit der Menge der Wiederholungen immer mehr zum Kalauer, den man auf alles und jedes anwenden kann. Gemäß der ironischen Grundhaltung des Romans hindert diese Parole Jakob keineswegs daran, sehr energisch und kompetent in der Welt zu handeln, während sein Herr, der viel von Freiheit daherredet, sich nicht nur treiben lässt, sondern in seinen wenigen Aktionen ungeschickt ist und manipuliert und hereingelegt wird.

Die ausführlichen und geschlossenen, auch inhaltlich signifikanten Geschichten werden nicht von Jakob erzählt, sondern von der Wirtin vom Großen Hirsch (die Geschichte der Madame de Pommeraye und des Marquis d'Arcis, 116-177, mit nur geringfügigen Einschüben und Unterbrechungen), vom Marquis d'Arcis (Geschichte vom Mönch Richard und vom Abt Hudson, 198-211, ununterbrochen) und vom Herrn (die Geschichte seiner eigenen finanziellen, freundschaftlichen und erotischen Ungeschicklichkeiten, 243-281, mit wenig Unterbrechungen). Von Jakob gibt es zusätzlich einige kurze Erzählungen, in denen er seine Vorgeschichte, inklusive der Vorgeschichte seines Liebens mitteilt.

Die Geschichte des Herrn schließt sich dann doch mit der Geschichte der Reise zusammen. Die war nur anfangs ereignisreich gewesen: Jakob stellt in einem Wirthaus eine Gruppe Gauner für die Nacht ruhig, Jakob und sein Herr haben Geldbeutel und Uhr vergessen und Jakob muss sie wiedergewinnen, das Pferd des Herrn wird gestohlen, das als Ersatz gekaufte entpuppt sich als Pferd des Scharfrichters, das Jakob gegen seinen Willen zu allen Hinrichtungsstätten und zuletzt in das Haus des Henkers trägt. Dann wird die Situation zugunsten der großen Teil-Erzählungen beruhigt: Man erzählt im Wirtshaus und während einer ereignislosen Reise. Zuletzt zeigt sich, dass die Reise zu dem Ort führt, wo das Kind wohnt, das dem Herrn untergeschoben wurde und für das er seit Geburt zahlt. Es ist jetzt zehn und soll zu einem Handwerker in die Lehre gegeben werden. (294, 301) Aus dem Haus tritt der falsche Freund des Herrn, der Chevalier de Saint-Ouin, und wird vom Herrn im Kampf erstochen. Alle laufen auseinander und treffen sich zuletzt in Desglands Schloss zu dem schon berichteten Ende.

Modalitäten der Erzählung

Die Erzählung findet in vier Formen statt. Die häufigste und wichtigste ist 1/der direkte Dialog, gewöhnlich „Herr:" - „Jakob:", nur gelegentlich sprechen auch andere Personen in dieser Form. Zu dieser „objektivierten" Wiedergabe kommen drei weitere Formen, in denen sich der allwissende und allmächtige Dichter zu Wort meldet. Noch vom Dialog abgeleitet ist die 2/Wiedergabe von Dialogen in direkter oder indirekter Rede durch den Dichter, der dabei im Hintergrund bleibt. Schon „subjektiver" sind 3/erzählende Passagen des Dichters oder einzelner Figuren als seiner Vertreter, die freilich auffallend nicht zu Rollen-Prosa geraten: Dass die Geschichte von den Mönchen vom Marquis d'Arcis erzählt wird, ist rein zufällig und bringt keine eigene Perspektive und keinen eigenen Ton mit sich. Das gilt ähnlich auch für die Erzählung durch die Wirtin, die immerhin gelegentlich ihren weiblichen Standpunkt hervorstreicht und für häufigere, Wirtinnen-spezifische Unterbrechungen (Anforderungen an sie, Wein einschenken) gut ist. Ansonsten aber benehmen sie sich wie allwissende Erzähler. Die Geschichten, die Jakob und der Herr erzählen, lesen wir allerdings sehr wohl positionsspezifisch. Am stärksten subjektiv sind 4/direkte Gespräche zwischen dem Dichter und seinem fiktiven Leser. Es gibt immer wieder und häufig genug direkte Anreden des „lieben Lesers", Antworten auf angenommene Fragen, die er gestellt hat, Mitteilungen an ihn über ganz andere Wendungen, die die Geschichte auch nehmen könnte, Eingriffe, die der souveräne Dichter gerade erwägt oder unterlässt. Es bleibt kein Zweifel daran, dass hier ein Dichter mit einiger Freiheit und Willkür waltet - was er tut, ist durchaus nicht irgendwo „oben geschrieben", vielmehr exakt hier und an dieser Stelle, und es könnte auch ganz anders aussehen.

In diesen verschiedenen Darstellungsformen wird ein kompliziert verschachteltes Gerüst von Erzählungen aufgebaut.

Der äußerste Rahmen ist der souveräne Dichter, der uns alle diese Geschichten vorstellt. Er meldet sich gleich einleitend:

> „Wie waren sie zueinander gekommen? - Von ungefähr, wie das gewöhnlich der Fall ist. - Wie hießen sie? - Was kann euch daran liegen? - Wo kamen sie her? - Aus dem nächstgelegenen Orte. - Wo wollten sie hin? - Weiß man je, wohin man will? ..." (9)

Und er meldet sich immer wieder in verschiedenen Interventionen in den Ablauf sowie in poetologischen Exkursen.

Der zweite Rahmen ist die Reise von Jacques und seinem Herrn. Der dritte Rahmen ist die immer wieder unterbrochene Geschichte von Jakobs Liebe.

In diese drei Ebenen werden zahlreiche Kurz- und Kürzestgeschichten eingebaut. Dazu kommen die drei bis vier oben genannten längeren Geschichten. Schließlich gibt es philosophische Einschübe, die verschiedene fiktive Autoren haben, und direkte Auseinandersetzungen zwischen Jakob und seinem Herrn, die das Herr-Knecht-Thema vorführen.

„ ... nun, Jakob, deine Liebesgeschichte"

Jakobs Liebesgeschichte beginnt mit einer Knieverletzung in einer Schlacht (9). Er wird abtransportiert und bei einer Wirtsfamilie einquartiert, wo ihn mehrere Wundärzte heimsuchen (21ff). Der Wirt will den unnützen Gast möglichst schnell wieder loswerden. Jakob beobachtet durch eine Ritze in der Wand, wie der Wirt und die Wirtin es im Nebenzimmer treiben. (26ff) (Daran schließt sich ein philosophischer Einschub darüber, dass die Armen so viele Kinder zeugen.) Er wird von einem Chirurgus behandelt und von ihm auch in Pflege übernommen. (42ff) Die Verhandlung über die Kosten dieser Pflege (87ff) erweist Jakob als hilflos gegenüber den Aufrundungen, die der Arzt bei jeder Summe macht. (Der Herr, der schon bei der Wirtin diese Erwartung hatte, vermutet, dass jetzt endlich die Liebesgeschichte mit der Frau oder mit einer der Töchter des Arztes beginnen könnte. Aber nichts dergleichen.) Jakob macht einen hinkenden Ausflug ins Nachbardorf, hilft großzügig einer unbekannten Frau mit Geld aus, die einen Ölkrug zerschlagen hatte, wird auf dem Rückweg überfallen und um sein letztes Geld gebracht und erwartet, dass er ohne Geld auch nicht länger in Pflege gehalten würde. (90ff) Da hört man einen Wagen vor der Haustür halten. (100) Er soll auf das Schloss gebracht werden. (106) Er wird in dem Schloss aufgenommen, weil er Hanne, die dort Laufmädchen ist, bei ihrem Ungeschick mit dem Ölkrug so großzügig geholfen hat. (180ff) Der Herr des Schlosses ist ein Herr Desgland, den wiederum Jakobs Herr gut kennt. Daher kennt der Herr auch Denise, die Tochter von Hanne, um die sich alle von Desglands Bekannten, auch er selbst, vergebens bemüht hätten. Diese Denise, die Jakobs große Liebe werden soll, wird mit seiner Pflege beauftragt. Erst viele lange Geschichten später (296ff) erfahren wir von Jakobs Dessous-Geschenken an Denise, von gegenseitiger Zuneigung und dem Verzicht darauf, von ihr „glücklich gemacht" zu werden, weil sie sich davor fürchtet und als Beweis seiner Liebe. (305f) Der Schluss wurde schon mitgeteilt.

Zu Jakobs Liebe gehört auch eine Vorgeschichte (217-237), wie er seine Jungfernschaft verlor, und das gleich mehrmals. Das erste Mal an eine Justine, die

Bettgefährtin seines Freundes Bigre, die sich eines Tages versteckt halten muss und deshalb mit Jakob das Bett teilt, wobei es geschieht. Das zweite und dritte Mal an eine Madam Susanne und eine Frau Margarete, deren Männern er, zum allgemeinen Gaudium, seine völlige sexuelle Unschuld und Ahnungslosigkeit vorgespielt hatte. Genau das reizt die Frauen, sie wollen ihm beibringen, was er angeblich nicht weiß - und tun das auch. Daran schließt sich noch eine Episode, in der der kleine, bucklige, stotternde Vikar des Dorfes, der in Susanne verliebt ist, zusehen muss, wie sie es mit Jakob treibt, um anschließend noch von deren Ehemann erwischt und davongejagt zu werden. Danach ging Jakob zu den Soldaten und zog sich die Knieverletzung zu, mit der alles anfing ...

Jakobs Liebesgeschichte ist eine, in der die Frauen ihn haben wollen, auch von ihm dazu gebracht werden, ihn haben zu wollen. Ein wenig Spiel und Vorspiegelung darf da schon sein, aber im Grundsatz sind es consenting adults, die da zusammenkommen und beide zu dem Ihren kommen. Es gehört zu den Pflichten des Manns, der Frau dabei zu helfen, den Schein der Wohlanständigkeit zu bewahren. Männer helfen Frauen, sogar fremden, und sie lachen gutartig über ihre Missgeschicke (wie über die Frau, die vom Pferd fällt, wobei man ihren nackten Hintern sieht - eine sonst völlig blind-motivische Kurz-Episode, 11f). In der Geschichte seiner großen Liebe kann Jakob warten. (Der Herr hingegen vermutet in jeder Weibsperson, die auftritt, sofort Jakobs Opfer.) Er kann sie umwerben und warten, bis sie ihn haben will. Wie er selbst weiß, ist es mit der Treue nicht so weit her, aber das macht nichts, das kann man fatalistisch hinnehmen ...

Jakob hatte das in einer „alten Fabel, die ich in unserem Dorf erzählen hörte", schon zusammengefasst: Das Messer und die Scheide machen einander Vorwürfe, dass sie auch schon andere Scheiden gewählt oder andere Messer aufgenommen hätten. Der Streit wird wie folgt geschlichtet: „Du Scheide und du Messer, ihr tatet beide wohl daran, die Messer und Scheiden zu wechseln, weil dieser Wechsel euch behagt; aber ihr tatet sehr unrecht daran, euch zu versprechen, daß ihr nie wechseln wolltet ..." Sie seien von Gott für den Wechsel gemacht, es sei töricht, dem abschwören zu wollen. Dazu sagt der Herr: Deine Fabel ist nicht sehr moralisch; aber sie ist drollig. (124f)

Die sexuellen Intrigen der Herren-Klasse

Die Liebesgeschichte des Herrn ist auch mit einer Männerfreundschaft verbunden. Er und sein angeblicher Freund, der Chevalier de Saint-Ouin, verehren beide eine Mamsell Agathe. Plötzlich setzen ihm ihre Eltern ein Ultimatum: Er soll sich innerhalb von vierzehn Tagen über seine Absichten erklären oder seine Besuche bei ihr einstellen. (256ff) Der Herr entschließt sich zu der zweiten Variante:

„Ich liebe sie, und zwar recht herzlich; aber ich habe Verwandte, einen Rang, einen Namen, Aussichten, und ich kann mich unmöglich entschließen, alle diese Vorteile in der Bude eines Krämermädchens zu vergraben.“ (257)

Der Chevalier berichtet weiter, wie Agathe um den Herrn weint. Eines Tages gesteht er ihm, dass er, der Chevalier, die ganze Zeit „im Genuss ihrer Gunstbezeigungen“ (265) gewesen sei und sei, während sie den Herrn abwies. Er bietet zur Buße an, dem Herrn eine Nacht bei Agathe zu verschaffen. (269f) Er könne sich an seiner statt bei ihr einschleichen, sie werde in der Nacht den Unterschied nicht bemerken. Während der Herr bei Agathe liegt und es gerade zum dritten Mal tun will, stürzt die Familie mit einem Polizei-Kommissar ins Zimmer. Der Herr soll gezwungen werden, Agathe zu heiraten. Das kann er zwar vermeiden, aber er wird verurteilt, für eine Geldbuße und die Kosten des Kindbetts und der Erziehung des Kindes aufzukommen, das Agathe sieben Monate später zur Welt bringt und das dem Chevalier sehr ähnlich sieht. Der Kommissar steckt ihm auch, dass es der Chevalier war, der für das Ertappen des Paars im Bett gesorgt hatte.

Ähnlich instrumentell geht es in der Geschichte der Witwe Pommeraye zu, die von der Wirtin erzählt wird. Diese ehrbare Witwe entschließt sich nach langer Werbung, den Marquis d'Arcis „glücklich zu machen“, und das wäre auch so geblieben, hätte er nicht die Zuneigung zu ihr verloren. (116ff) Und hätte sie nicht das Geständnis, dass es so ist, aus ihm herausgelockt durch ein gespieltes Geständnis ihrerseits, auf das er erleichtert einstieg. So trennten sie sich, blieben äußerlich Freunde, aber sie war verbittert. Aus Wut und gekränktem Stolz spinnt sie eine komplizierte Intrige, um ihn in eine ehemalige Hure verliebt zu machen, um diese Frau, die sich seinen Avancen und Angeboten scheinbar keusch verweigert, schließlich sogar zu heiraten. Durch die Aufdeckung nach der Hochzeit soll er zerschmettert werden. Der Marquis aber vergibt der Frau, sie halten sich drei Jahre von Paris fern und werden ein glückliches Ehepaar.

Noch besser verstehen sich, ausweislich anderer Geschichten, auf solche sexuellen Intrigen nur die hohen Geistlichen mit ihrer Doppelmoral.

Betrugs-Manöver

Es geht den Herren nicht nur um sexuelle Ausnützung, es geht auch um Geld. Am übelsten wird Jakobs Herrn mitgespielt. Der erste Teil seiner Erzählung ist die Geschichte, wie er als junger Mann durch ein komplizierte Intrige, angeführt von seinem falschen Freund, dem Chevalier de Saint-Ouin, um sein Geld gebracht wurde. Er bekommt einen Kredit von knapp 1.000 Livres für einen Wechsel über fast 20.000 – gerettet wird er schließlich durch sein beträchtliches Erbe. (243-254)

Dagegen steht ein kurzer Einschub zwischen dem Wirt und seinem Gevatter, der ihm Geld schuldet und nicht zurückzahlen kann. (108-111) Der Gevatter kündigt an, er müsse seine Tochter nach Paris in Dienst geben, sein Sohn werde zu den Soldaten gehen, er selbst werde betteln. „Der Wirt sagt leise zu seiner Frau: Laß ihn nicht gehen, halte ihn doch. Die Tochter nach Paris! der Junge zu den Soldaten! er an der Kirchentür! ich könnte das nicht aushalten." (109) Der Gevatter bekommt, was er braucht.

Zu erinnern ist auch an die impulsive finanzielle Großzügigkeit Jakobs.

Jakob und sein Herr klären ihr Verhältnis

Als der Herr erfährt, dass Jakob Denise liebte, die ihn, den Herrn, abgewiesen hatte, ergibt sich folgender Dialog:

Herr: ... Die Spitzbübin! einem Jakob den Vorzug zu geben!

Jakob: Ein Jakob, mein Herr, ist so gut ein Mensch, wie ein anderer.

Herr: Jakob, du betrügst dich; ein Jakob ist nicht so gut ein Mensch, wie ein anderer.

Jakob: Manchmal ist er sogar mehr wert, als ein anderer.

Herr: Jakob, du vergißt dich! Fahre in der Geschichte deiner Liebe fort, und erinnere dich, daß du nichts anderes bist, und ewig nichts anders sein wirst, als Jakob.

Jakob: Wenn in der Kneipe, wo wir die Gauner antrafen, Jakob nicht ein bißchen besser gewesen wäre, als sein Herr ...

Herr: Jakob, du bist ein Grobian! du mißbrauchst meine Güte ... (184f)

Jakob betont die gleiche Würde und den gleichen Wert aller Menschen. Als der Herr dem die „natürlichen" Standesunterschiede entgegenhält, legt Jakob ein meritokratisches Argument nach: In einer früher beschriebenen Situation hatte er durch Gewaltdrohung eine Lage bereinigt, der der Herr hilflos gegenüberstand. Diese Erinnerung empfindet der Herr als roh. Mit dem Standesargument tut sich der Herr leicht: Er wiederholt es einfach, es ist ihm selbstverständlich. Dass Jakob sich in einer Gewaltsituation als tüchtiger erwiesen haben soll, bringt ihn allerdings in Schwierigkeiten: Das hätte nicht passieren dürfen, dass er auf seinem eigenen Krieger-Feld weniger realitätstüchtig war als sein Knecht.

Es wird in dieser kurzen Passage also die menschenrechtliche Gleichheit und die größere Realitätstüchtigkeit des Dieners im Herr-Knecht-Verhältnis zunächst einmal benannt. Jenseits des verbalen Abtausches behauptet der Herr seine Überlegenheit: Dass Jakob überhaupt so reden darf, beruht auf der Güte des Herrn, der im übrigen seiner Standes-Überlegenheit völlig selbstverständlich sicher ist.

Etwas später heißt es:

Herr: Du weißt nicht, was es heißt, wenn ein Oberer seinen Untergebenen Freund nennt.

Jakob: Aber ich wußte, daß alles, was Sie befahlen, nur in den Wind geredet war, wenn Jakob es nicht konfirmierte und unterschrieb; ...

Herr: Und ich, ich sage Jakob, du gehst hinunter, in der Minute hinunter, weil ich es dir befehle!

Jakob: Herr, belieben Sie mir etwas anders zu befehlen, wenn Sie wollen, daß ich Ihnen gehorchen soll. (185f)

In dieser Passage dreht Jakob das Machtverhältnis um: Dass der Herr befehlen kann, beruht auf der Zustimmung des Knechts, wenn er nicht zustimmt, ist der Befehl „in den Wind geredet", wenn der Befehl erfolgreich sein soll, muss er der Folgebereitschaft des Knechts angepasst sein.

In einer nächsten Passage wird das ein Stück „theoretisiert":

Jakob: ... Denn dieses alles ward dort oben niedergeschrieben, ohne daß sie ein Wort davon wußten, und in eben dem Augenblick dort oben unterzeichnet und besiegelt, wo die Natur Jakob'en und seinen Herrn hervorbrachte. Es ward dort oben beschlossen, daß Sie den Titel führen und ich im Besitz der Sache sein sollte ... (189)

Die Herren führen „den Titel", sie werden als Herrn anerkannt, auch so angeredet und sonst geehrt, aber der Knecht ist „im Besitz der Sache", was wohl heißt: Er bestimmt, was tatsächlich getan wird. So lange beide das richtig sehen und handhaben, bleibt das Verhältnis stabil: Der Herr behält seine Standeswürde, die ihm der Knecht leicht zugestehen kann, wenn sie nicht gegen seinen Willen ausgespielt wird.

Die nächste Passage zeigt noch einmal, dass es dafür auch eine materielle Grundlage gibt:

Herr: Aber unter diesen Umständen wäre dein Los ja besser, als das meinige!

Jakob: Wer streitet Ihnen das ab?

Herr: Und ich täte am besten, deinen Platz einzunehmen und dich an den meinigen zu stellen!

Jakob: Wissen Sie, was dann geschehen würde? Sie würden auch den Titel verlieren und die Sache doch nicht besitzen ... (190)

Die Personen könnten nicht einfach die Positionen wechseln, denn der Herr verfügt nicht über die Fähigkeiten, die „im Besitz der Sache" und für ihn nötig sind. Es wird zwar nicht ausgeführt, welche das sind, aber der Herr hat sie nicht. Umgekehrt wird nichts von irgendwelchen Fähigkeiten erwähnt, die nötig wären, um die Position des Herrn einzunehmen: Sie beruht rein auf Anerkennung durch den Knecht, die man bekommt, indem man von ihm nichts Unbilliges verlangt, mehr ist nicht nötig. Alles was der Herr kann, ist auf seine Uhr sehen, eine Prise Schnupftabak nehmen und sich von Jakob erzählen lassen. Am deutlichsten spricht das der Dichter selbst früh im Roman aus, als Jakob und der Herr sich vorübergehend trennen und für ihn und die Leser die Wahl ansteht, welchem der beiden man nun folgen solle. Dem Herrn?

„Wolltet ihr aber ... seinem Herrn Gesellschaft leisten, so würde das wohl recht höflich und artig von euch sein; aber ihr würdet im höchsten Grade Langeweile haben. Ihr kennt diesen Schlag Menschen noch nicht: er hat wenig Ideen im Kopf; und sagt er ja zuweilen etwas Gescheites, so kommt es von Wiedererinnerung oder Eingebung. Er hat Augen, wie ihr und ich, aber man weiß die meiste Zeit nicht, ob er sieht; er schläft nicht, und wacht ebenso wenig: er lebt so in den Tag hinein; das ist seine gewöhnliche Verrichtung." (33)

Das Leben Jakobs ist interessanter.

Zuletzt wird das Verhältnis, wie es zum beidseitigen Nutzen gepflegt werden sollte, klar und krass ausgesprochen:

... Lassen Sie uns bleiben, was wir sind! Wir befinden uns ja alle beide so recht wohl, und wollen den Überrest unsers Lebens dazu anwenden, ein Sprichwort zu spielen.

Herr: Welches Sprichwort?

Jakob: Der Diener führt seinen Herrn am Strickchen! ... (190)

Ganz un-hegelianisch klingt das so, als bräuchte der Herr die Anerkennung des Knechts oder zumindest seine Mithilfe bei der Darstellung seines Standesprivilegs. Der Herr wie der Knecht wissen, dass sie beide menschlich gleich und dass der Knecht in manchen Dingen des Lebens überlegen ist. Aber es liegt ihnen beiden daran, den Standesunterschied weiterzuspielen. Daher tut der Knecht die Dienste, die von ihm verlangt werden, in der gebotenen Form, sofern sie das nicht überschreiten, was er bereit ist zu tun. Die Abhängigkeit des Herrn vom Knecht ist größer als die Abhängigkeit des Knechts vom Herrn.

In einer späteren Fabel gibt es eine interessante Selbstkritik des Dieners: Herr und Knecht sehen einen Bauern auf dem Feld, der auf ein vor ihm liegendes kräftiges und junges Pferd einprügelt, um es zum Ziehen des Pfluges zu bewegen. Das Pferd bleibt stoisch liegen. Jakob interpretiert das so:

Jakob: Ich ahnde, daß dieses dumme, stolze, träge Pferd ein Städter ist, der, stolz auf seinen vorigen Reitpferdstand, den Pflug verachtet. Kurz, um Ihnen alles in einem Wort zu sagen: es ist Ihr Pferd, das Bild Ihres Jakob, den sie hier vor sich sehen, und das Bild so vieler anderer feiger Tropfen, wie er, die das Land verlassen haben, um in der Stadt Livree zu tragen, und die ihr Brot lieber auf den Gassen betteln oder vor Hunger umkommen, als wieder zum Ackerbau, dem nützlichsten und ehrenvollsten aller Gewerbe, zurückkehren zu wollen. (286)

Proletarier ist Jakob nicht, seine Überlegenheit beruht nicht auf überlegener Arbeitsfähigkeit, sondern auf etwas wie dörflicher Lebensklugheit, die sich nicht zuletzt in seinem Fatalismus ausdrückt.

Die Moral der Herren und die der einfachen Leute

Die einfachen Leute haben keine Ehre - und das ist ihre Stärke.

Die Ehre nämlich treibt die Herrn und ihre Frauen zu all den Intrigen und Konkurrenzen, in denen sie vor allem Verletzungen dieser Ehre zu rächen und den anderen die Ehre abzuschneiden haben. Das verdirbt vor allem die Geschlechterbeziehungen. Es gibt eine scharfe Unterscheidung von ehrenwerten und ehrlosen Frauen - nicht nach Zahl, sondern nach Wahllosigkeit der Liebhaber, die sie „glücklich machen". Das wird am Beispiel der Liebhaberin Desglands deutlich gemacht: Sie ist eine „liebenswürdige Witwe", die Zeit ihres Lebens zahllose Liebhaber hatte. Aber selbst ihr Ehemann, als er noch lebte,

> „verzieh ihr die Menge ihrer Buhlschaften in Rücksicht auf die feine Wahl, mit der sie dabei zu Werke ging. Nie nahm sie die Huldigung eines Dummkopfs oder eines Bösewichts an. Ihre Gunstbezeigungen waren immer der Lohn des Talents und der Rechtschaffenheit. Wenn man von einem Menschen sagte, er wäre ihr Liebhaber gewesen oder er wäre es noch, so war das ebenso viel, als ob man gesagt hätte, er sei ein Mann von Verdiensten ... Die Damen fürchteten ihren Umgang mit ihren Männern ebenso sehr, wie sie ihren Umgang mit ihren Kindern wünschten." (275)

Es gibt also gelegentlich die ehrbare Courtisane, aber gemeinhin verdirbt sexuelle Zugänglichkeit die Ehre der Frauen.

Die Männer wiederum betreiben diese sexuelle Zugänglichkeit mit allen Mitteln und genießen ihre Abenteuer rund um sie. Aber auf eine solche Frau hereinzufallen und sie zu heiraten, macht sie zum Tölpel und zum Gespött und verdirbt ihre Ehre. Darauf beruht die Intrige der Frau von Pommeraye. Die Geschichte zeigt zugleich, dass der Ehrverlust abgewendet werden kann, dass Freundlichkeit zwischen dem Mann und der Frau sehr wohl zu einer guten Ehe führen kann, in der das Spiel der aufgesetzten Ehrbegriffe überwunden wird (was nach außen Zeit braucht, etwa drei Jahre fern von Paris). In der Klasse der Herren und ihrer Frauen kommen sonst freundliche, nicht-instrumentelle Beziehungen zwischen den Geschlechtern praktisch nicht vor.

Auch mit Freundschaften sieht es nicht gut aus. Die stärkste Freundschaftsgeschichte ist die zwischen dem Herrn und dem Chevalier de Saint-Ouin, die Geschichte einer auf allen Ebenen falschen Freundschaft, in der der Herr finanziell, sexuell und in der Ehre bös und raffiniert hereingelegt wird. Sie endet daher auch mit Mord und Totschlag. Die Freundschaft zwischen Offizieren kann schon darin bestehen, dass man sich gegenseitig Beförderungen ermöglicht, aber das schließt nicht aus, dass solche Freunde an anderen Tagen sich „trotzig ansehen", „sich mein Herr" nennen, „einander harte Reden" geben, vom Leder ziehen und sich raufen. (69) In der Geistlichkeit gibt es ohnehin nur die allgemeine Unmoral und ebenso allgemeine Konkurrenz. Von Freundschaften zwischen hochgestellten Frauen hört man gar nichts.

Die einfachen Leute sind gewiss auch keine Edelmenschen. Aber es gibt zwischen ihnen spontane Akte der Hilfsbereitschaft ebenso wie grausame Verspottungen. Statt der Ehre gibt es eine Art von Rechtschaffenheit, von der alle wissen, dass sich dahinter einiges abspielen kann, das nicht ganz dazupasst. Diese Rechtschaffenheit kann nicht verteidigt werden wie die Ehre, aber alle arbeiten daran mit, sie nicht unnötig öffentlich in Frage zu stellen. Es gibt, wie die Geschichte vom Wirt und seinem Gevatter zeigt, familiäre Solidaritätsverpflichtungen.

In der Geschichte vom Schnorrer für die Armen, der eine Ohrfeige, die er bekommt, dazu benützt, um den Täter erst recht zu einer Spende aufzufordern, wird die Moral der einfachen Leute gegen die Ehre gestellt. Der Hauptmann würde in der Situation sofort den Degen ziehen und den anderen abstechen. Der Schnorrer aber? „Was er tat, nachdem er die Ohrfeige bekommen hatte? Er nahm eine lachende Miene an, und sagte: Herr Aubertot, das war für mich; aber meine Armen?“ (65) Jakob betont die Unterschiede in der Moral und in der Ehre: „Jeder legt die Beleidigung und Wohltaten auf seine Weise aus; und vielleicht fällen wir, in zwei verschiedenen Augenblicken unseres Lebens, nicht ein gleiches Urteil davon.“ (66) Die Ehre der Herrn ist absolut, die (A-)Moral der gemeinen Leute ist höchst relativ.

Das ist es, was den Knecht realitätstüchtiger macht.

Der Knecht als Erzähler und umgekehrt

Eine der wichtigsten Leistungen Jakobs für den Herrn besteht darin, ihm Geschichten zu erzählen. Jakob führt die Position vor, die auch der Dichter hat: Er lebt nicht zuletzt davon, den fantasielosen Leuten, die selbst nie etwas Erzählenswertes erleben, mit Geschichten die faule Zeit zu vertreiben. Zwischen den beiden gibt es einen entscheidenden Unterschied: Für Jakob ist alles „dort oben geschrieben“, der Dichter ist souverän. Jakob erzählt eine Geschichte aus der „Wirklichkeit“, nämlich aus seinem eigenen Leben, und muss sich dabei dauernd unterbrechen lassen. Der Dichter erfindet frei oder wählt zumindest frei aus und interveniert selbst, wann er will, und weist vorlaute Fragen und Wünsche des angenommenen Lesers demonstrativ zurück. Jakob und der Dichter sind die zwei Seiten des Erzähl-Knechts: Dem Herrn/Lese-Publikum überlegen und zugleich von ihm abhängig.

Die gegenseitige Abhängigkeit wiederholt sich. Souverän ist der Leser, denn er kann das Buch weglegen oder es gar nicht in die Hand nehmen. Aber er ist vom Dichter abhängig, weil der die Geschichte bestimmt und sie seinerseits unterbrechen und umlenken kann. Souverän ist der Dichter auch gegenüber seinen Figuren: Für Jakob ist alles „dort oben geschrieben“, weil es der Dichter geschrieben hat und weil Jakob seine Figur ist.

In Woody Allens Film *The Purple Rose of Cairo* (1985) steigt die Film-Figur Tom Baxter von der Leinwand ins Leben herab und versucht, sich dort mit seinem Wissen, das aus einem Hollywood-Film der 1930er Jahre stammt, zurechtzufinden. Im Vergleich zu allerlei Problemen mit Geld und Autofahren lässt sich der ihm unbekannte Begriff „Gott" leicht klären. Nach der Erläuterung, Gott sei allmächtig und habe das alles geschaffen, weiß er Bescheid: Es handelt sich um den Regisseur.

Aber zwischen den verschiedenen Ebenen der Realisierung der Geschichte ändern sich die Machtverhältnisse und der gerade noch (gegenüber seinen Figuren) allmächtige Dichter wird zum Erzähl-Knecht seines Publikums. 1780 ist es die schreibende Klasse, die sich in der Rolle des aufmüpfigen Jakob wiedererkennen kann. Sie erkennt ihre Position genau: nicht produktiv wie der Bauer, sondern bereit, sich von den faulen Reichtümern der Herrn alimentieren zu lassen und sich zu verdingen, „damit die Spießer etwas Kühnes lesen". Interessant ist aber, dass diese Klasse sich nicht mit den Herren identifiziert, keineswegs in deren Position aufrücken will, sondern sich gegenüber deren Dekadenz zu Champions der gemeinen Leute aufschwingt, moralisch und intellektuell. Die abtretenden Intellektuellen, die Pfaffen, sind ohnehin nur korrupt und intrigant, genau wie die Herren. Die neue schreibende Klasse aber ist damit beschäftigt, das von den Herren bezogene Salär zu deren Vorführung und zu ihrer Demoralisierung durch ihre Erzählungen zu verwenden.

Die Dialektik von Herr und Knecht spielt zunächst einmal zwischen den Aristokraten des Absolutismus und ihren respektlosen Dienern, den neuen weltlichen Intellektuellen, die zugleich der Aristokratie das Grab schaufeln: den Aufklärern.

Hegel: Das Drama des Dienens

In Deutschland kommt die Aufklärung „schwerer" daher als in den fast übermütigen Formen, in denen der französische Jakob seinen Herrn für machtlos erklärt hat.[1] Das Verhältnis zwischen den Herrschenden und den von ihnen Abhängigen muss hier in die sperrige Form einer Dialektik gepackt werden, die zwischen verschiedenen Formen von Selbstbewusstsein spielt. Zugleich ist Hegel in „Herrschaft und Knechtschaft", einem kurzen Abschnitt in seiner *Phänomenologie des Geistes* (1807), eine Metapher und eine Erzählung von großer Kraft gelungen, die ein aus der Wirklichkeit und einer langen literarischen Tradition geläufiges Sozial-Verhältnis in seiner Dynamik philosophisch verfremdet darstellt. Auch ohne die Vermittlung und Übersetzung durch seinen Schüler und Kritiker Karl Marx sind diese wenigen Seiten in der *Phänomenologie des Geistes* für die Philosophie zu einer immer wieder paraphrasierten und interpretierten Erzählung geworden, der an Anschaulichkeit und Bekanntheit wohl nur Platos Höhlengleichnis überlegen ist. Es ist auch in der Philosophie so, dass gelungene Metaphern und darauf aufbauende Erzählungen die Phantasie stärker ergreifen und damit bessere Denk-Grundlagen sind als abstrakte Begriffe und Ableitungen.

Freilich ist die Hegelsche Erzählung abstrakt genug und dazu in einer vertrackten Begrifflichkeit abgefasst. Die Heldin von Herrschaft und Knechtschaft nennt sich „Selbstbewusstsein", unser Wissen darum, dass wir (etwas) wissen, und hat die fatale Eigenschaft, in vielerlei Formen aufzutreten. Die Konflikte und Wandlungen zwischen ihnen sind der Inhalt der Erzählung. Die zwei entscheidenden Formen von Selbstbewusstsein sind a/das *absolute* und b/das mit den Dingen der Welt und mit dem Leben verbundene, nennen wir es das *wirkliche*[2] Selbstbewusstsein. Das „absolute" Selbstbewusstsein wird in Hegels Text fast in einer Definition bestimmt:

„Das Selbstbewußtsein ist zunächst einfaches Fürsichsein, sichselbstgleich durch das Ausschließen alles *andern aus sich*; sein Wesen und absoluter Gegenstand ist ihm *Ich*; ..." (147f)

Das „wirkliche" Selbstbewusstsein wird nur negativ beschrieben:

„Die *Darstellung* seiner aber als der reinen Abstraktion des Selbstbewußtseins besteht darin, sich als reine Negation seiner gegenständlichen Weise zu zeigen, oder es zu zeigen, an kein bestimmtes *Dasein* geknüpft, an die allgemeine Einzelheit des Daseins überhaupt nicht, nicht an das Leben geknüpft zu sein." (148)

Wenn wir die Verneinungen wegnehmen, erfahren wir von einem Selbstbewusstsein, das an die Gegenstände der Welt, darunter an die eigene Leiblichkeit, das eigene Leben geknüpft ist. Diese beiden stehen in einer Spannung und müssen „sich selbst und einander durch den Kampf auf Leben und Tod *bewähren*" (149).

Die für einen Vorzugsschüler, Theologen und Philosophen, langjährigen Privatlehrer, jetzt endlich Professor - und insgesamt Schreibtischmenschen erstaunliche Metapher vom Kampf auf Leben und Tod meint die Probe darauf, wie sehr das Selbstbewusstsein mit dem leiblichen Sein und der äußeren Welt verbunden bleibt, oder aber imstande ist, sich als Ich absolut zu setzen.[3] Wichtig ist daran vor allem die Erfahrung der Todesangst:

„In dieser Erfahrung wird es dem Selbstbewußtsein, daß ihm das Leben so wesentlich als das reine Selbstbewußtsein ist." (150) Das knechtische Bewusstsein „hat nämlich nicht um dieses oder jenes, noch für diesen oder jenen Augenblick Angst gehabt, sondern um sein ganzes Wesen; denn es hat die Furcht des Todes, des absoluten Herrn, empfunden. Es ist darin innerlich aufgelöst worden, hat durchaus in sich selbst erzittert, und alles Fixe hat in ihm gebebt. Diese reine allgemeine Bewegung, das absolute Flüssigwerden alles Bestehens ist aber das einfache Wesen des Selbstbewußtseins, die absolute Negativität, *das reine Fürsichsein*, das hiemit *an* diesem Bewußtsein ist." (153)

Offenbar ist in diesem Kampf auch die andere Erfahrung möglich:

„Und es ist allein das Daransetzen des Lebens, wodurch die Freiheit, wodurch es bewährt wird, daß dem Selbstbewußtsein nicht das *Sein*, nicht die *unmittelbare* Weise, wie es auftritt, nicht sein Versenktsein in die Ausbreitung des Lebens das Wesen, - sondern daß an ihm nichts vorhanden, was für es nicht verschwindendes Moment wäre, daß es nur reines *Fürsichsein* ist." (149)

Die Freiheit ist Unabhängigkeit des Selbstbewusstseins von der Leiblichkeit und von den Dingen des Lebens - eine altehrwürdige Vorstellung der christlichen Hingabe und Askese, die sich hier in eine säkulare Form übersetzt. Nur indem man das Leben riskiert, kann man diese Erfahrung machen - eigentlich eine Tautologie, die hier aber zugespitzt wird auf das Riskieren des Lebens im Kampf. Die asketische Vorstellung, die man bei dem Theologie-Studenten eher erwarten könnte, hätte eher Verzicht auf die Begierden, Abtöten der Triebe, Demut und Meditation impliziert. Möglich wäre auch die Ekstase der Mystiker, der Liebenden und der Berauschten als Erfahrung des Abhebens von den Dingen des Lebens in einem erweiterten, aber „selbständigen", rein auf sich selbst bezogenen Selbstbewusstseins. Hegel wählt stattdessen die aristokratisch-kriegerische Version: Riskieren des Lebens im Kampf ohne Rücksicht auf eigene Schmerzen, Verletzungen und die vielfältigen Möglichkeiten, selbst umzukommen. Die einerseits bescheidene Freiheit des Selbstbewusstseins, eine Freiheit des Wissens, also des Bildungsbürgers an seinem Schreibtisch, wird andererseits mit kraftmeierisch-aristokratischen Mitteln erreicht.[4]

Entscheidend ist die Verbindung dieser Auseinandersetzungen der verschiedenen Formen von Selbstbewusstsein mit der Frage der Anerkennung:

„Das Selbstbewußtsein ist *an* und *für sich*, indem, und dadurch, daß es für ein Anderes an und für sich ist; d.h. es ist nur als ein Anerkanntes." (145)

Damit beginnt dieses Kapitel überhaupt. Wenig später wird der Sachverhalt so zusammengefasst:

„Sie *anerkennen* sich als *gegenseitig sich anerkennend*." (147)

Das Selbstbewusstsein will zwar absolut sein, aber es ist nicht solipsistisch: Es versteht sich als Exemplar einer Gattung und kann sich in den anderen Exemplaren wiedererkennen, will auch von ihnen als zugehörig und gleich erkannt werden. Es will nicht als Ding, als Gegenstand, als Materie gesehen werden, sondern als ein weiteres Selbstbewusstsein. Hier gewinnt der Kampf auf Leben und Tod nochmals Bedeutung: Man will nicht tote Materie sein. Nur in diesem Kampf kann herausgefunden werden, ob der andere nicht doch tote Materie ist. Nur so kann festgestellt werden, ob der andere überhaupt anerkennungsfähig ist. Wenn der Kampf mit dem Tod eines der Kontrahenten endet, ist die Frage der Anerkennung erledigt. Ein Patt ist offenbar nicht vorgesehen. Bleibt als möglicher Ausgang, nach dem Anerkennung weiter verhandelt werden kann, nur die Unterwerfung eines der beiden. Wie es Taylor (1975: 210), auch durchaus „naturalistisch“, übersetzt: „Ehe es zum Töten kommt, gibt eine Seite auf, erkennt die Abhängigkeit vom Leben und wird vom Gegner unterworfen. Der Sieger verschont den Besiegten, um ihn zu seinem Sklaven zu machen.“

Hier setzt das Drama des Siegers ein: Die Anerkennung durch einen, den er selbst nicht anerkennt, ist wertlos. „Anders ausgedrückt, die Herrschaft ist eine existentielle Sackgasse.“ (Kojève 1947: 154) Der Unterworfene, der Knecht hingegen hat noch eine andere Möglichkeit, Anerkennung als Selbstbewusstsein unabhängig von der Anerkennung durch den Herrn zu gewinnen: Arbeit. Der Herr bringt ihn zwar dazu, erst einmal überhaupt zu arbeiten, er bringt ihn auch zur Disziplin des Arbeitens, aber dann entsteht das Selbstbewusstsein unabhängig von ihm, in der Auseinandersetzung mit den Gegenständen in ihrer Selbständigkeit, die sich als formierbar erweisen und in denen man sich, sobald sie „formiert“ sind, selbst wiedererkennen und damit anerkannt finden kann. Ob es dann schließlich auch noch zu einer Anerkennung durch den Herrn kommt, ist jedenfalls in dieser Passage der *Phänomenologie des Geistes* nicht angesprochen, ist nicht Problem. Erst in den weiteren Stufen des Bewusstseins taucht der Herr dann wieder auf: Im „unglücklichen Bewußtsein“ etwa „ist die Verdopplung, welche früher an zwei Einzelne, an den Herrn und den Knecht, sich verteilte, in Eines eingekehrt“ (163). Die Freiheit des Selbstbewusstseins, das der Knecht entwickelt, bleibt zunächst Gedankenfreiheit, führt aber in der Folge dazu, dass auch die Freiheit des Herrn in dieses Selbstbewusstsein aufgenommen wird. „Wir wiederholen hier den Schritt, der uns von äußerer Unterwerfung zu einer Identifikation mit der Vernunft führt, doch auf eine verinnerlichte Weise“ (Taylor 1975: 219). Eine Anerkennung durch den Herrn ist nicht mehr notwendig, sondern Selbstbewusstsein, Vernunft, Geist entfalten sich, wenn er die Entwicklung einmal angestoßen hat, ohne ihn. Hier ist also in der Tat angedeutet, dass „Versöhnung“ durch „Aneignung“ zu ersetzen ist. Das ist sogar die einzige Möglichkeit. Eine „Versöhnung“ des Knechts mit dem Herrn ist nicht vorgesehen.

Hegel betont abschließend nochmals, dass Furcht, Dienen und Bilden notwendige Bedingungen dafür sind, um Arbeit und Selbstbewusstsein durch Arbeit in Gang zu setzen. Arbeit entsteht nicht oder bleibt belanglos ohne die Erfahrung des drohenden Todes und der Angst vor ihm, ohne die „Zucht des Dienens und Gehorsams“, die der resultierenden Aktivität die Ziele vorgibt und sie anleitet, so kann man wohl hinzusetzen, und das Entstehen eines Produkts, in dem diese Aktivität und das Selbstbewusstsein sich verwirklicht. Auch Arbeit wird in die Metapher des Kampfes auf Leben und Tod hineingezogen: Arbeit ist Bewältigung der „Furcht des Todes“.

„Denn in dem Bilden des Dinges wird ihm die eigene Negativität, sein Fürsichsein, nur dadurch zum Gegenstande, daß es die entgegengesetzte seiende *Form* aufhebt. Aber dies gegenständliche *Negative* ist gerade das fremde Wesen, vor welchem es gezittert hat. Nun aber zerstört es dies fremde Negative, setzt sich als ein solches in das Element des Bleibens und wird hierdurch *für sich selbst* ein *Fürsichseiendes*." (154)

Man kann sich fragen, an welche Arbeit in einer so hoch aufgeladenen Bedeutung wohl gedacht sein mag. Kann es hier um das Einschlagen eines Nagels, selbst das Bauen eines Hauses gehen? Kann ich mich selbst wiedererkennen in dem Graben, den ich mit der Schaufel ausgehoben habe? Und warum verhilft es nicht zu Selbstbewusstsein, wenn ich in meinem Garten einen Baum pflanze, wohl aber, wenn ich auf Befehl und diszipliniert den Obstgarten des Herrn anlege und pflege? Hegel kann nicht an solche handwerklichen Arbeiten gedacht haben, als er schrieb: „Durch die Arbeit kommt es [das Bewußtsein] aber zu sich selbst." (153) Die Furcht ist notwendig, damit man sich aus der Beziehung zu den Gegenständen lösen will, damit man nicht an der Endlichkeit leiden muss. In der Arbeit entsteht Bleibendes durch die Bildung, „Formierung" des Gegenstands. Das Dienen ist notwendig, damit das so entstehende Selbstbewusstsein sich an den Herrn zurückvermittelt. Es geht nicht um Selbständigkeit, Unabhängigkeit von dem Herrn, man steht immer noch im Kampf um Anerkennung. Der ist zwar einerseits verloren, aber in der selbständigen Arbeit ohne diesen Kampf gewonnener „eitler eigner Sinn" (154) oder „Eigensinn" (155) genügt nicht, das wäre eine „Freiheit, welche noch innerhalb der Knechtschaft stehenbleibt" (155). Herr und Knecht bleiben in ihrer Verklammerung.

Die Arbeit, die dem allen am ehesten entspricht, ist die Arbeit, die Hegel am besten gekannt hat: die des Hofmeisters, der im Auftrag des Herrn dessen Kinder „bildet". In ihrer „Formierung" entsteht Bleibendes, in dem der Erzieher sich wiedererkennen kann. Das ist auch eine Arbeit, die es nur in dieser Abhängigkeit, durch Eintritt in die Familie und in den Haushalt gibt. Zugleich kann Selbstbewusstsein als Wissen um das eigene Wissen und als Anerkennung auf Gegenseitigkeit in der Beziehung zwischen dem Erzieher und den Kindern entstehen: Der Hofmeister steht in den pubertären Konflikten auf der Seite der sich emanzipierenden Jugendlichen, denen er oft genug die Mittel der Literatur und sonst feinen Bildung zur Verfügung gestellt haben wird, mit denen sie sich von den wirtschaftsbürgerlichen Vätern absetzen. Der Konflikt zwischen dem Selbstbewusstsein, das sich in der Arbeit des Erziehens, also in Abarbeitung an den Dingen der Welt bildet, und dem absoluten Selbstbewusstsein des Gelehrten, der der Hofmeister auch ist (jedenfalls im Fall Hegels war), wird in der Dialektik von Herrschaft und Knechtschaft ebenso abgebildet wie der Konflikt zwischen dem Hofmeister als Diener mit seinem Anspruch auf Anerkennung als Gebildeter mit dem Herrn des Hauses, der ihn anstellt und feuert und zugleich von ihm die Arbeit des an Bildung Überlegenen braucht.

Es gibt zwei Vor-Fassungen der Herr-Knecht-Geschichte in den beiden Vorlesungs-Manuskripten, die als *Jenenser Realphilosophie* dokumentiert sind. Dort ist zwar noch nicht von Herr und Knecht die Rede, aber das Modell taucht genau im Zusammenhang mit Erziehung auf. Erziehung ist das Paradigma von Anerkennung: Das Kind ist das Selbstbewusstsein der Liebe der Eltern. („In ihm schauen sie die Liebe an." II: 204)

„Aber diese gewordene Einheit ist selbst ein Bewußtsein, in welchem das Bewußtsein der Eltern im Kinde wird; oder die Eltern müssen es *erziehen*." (I: 223)

Die Erziehung macht genau die Komplikation der Arbeit, die auch bei Herr-Knecht auftritt: Sie ist Arbeit an einem Selbstbewusstsein als Gegenüber. Dazu tritt in diesem Zusammenhang des Erziehens die Metapher des Todes auf: Das werdende Kind ist der Tod der Eltern. (I: 223; II: 204) Die Eltern „sind das verschwindende Werden, der sich aufhebende Ursprung". (II: 204) Erziehung ist kein Kampf auf Leben und Tod, aber ein Vorgang der Anerkennung mit derselben Konsequenz. Es ist offensichtlich, dass Hegel das Modell der Anerkennung am Paradigma der Familie und der Kindererziehung gewonnen hat. In der *Phänomenologie*, nur ein Jahr nach der zweiten Vorlesung, hat er dieses Modell auf Herr und Knecht erweitert. Damit haben wir es mit der Erziehung durch einen dazwischentretenden Diener oder (aus der Sicht des Herrn) mit abhängiger Erziehungsarbeit zu tun.

Die Probleme zwischen Herr und Knecht ebenso wie die Möglichkeiten der Befreiung, die Hegel in diesem Verhältnis zeichnet, lassen sich an der Beziehung etwa des Pferdebesitzers zu dem Schmied, der dem Pferd die Hufeisen aufschlägt, oder des Hausbesitzers zu dem Tischler, der ihm eine Garnitur Stühle abliefert, nicht wiederfinden. Selbst der persönliche Bedienstete, der Kammerdiener oder der Reisebegleiter und -organisator (von Sancho Pansa bis Jacques), hat eine zwar komplizierte (und interessante), aber nicht so widersprüchliche Beziehung zum Herrn wie der Hofmeister, der den Herrn nur mittelbar bedient. Wenn man nach einem Modell in der wirklichen Wirklichkeit sucht, spielt die Herr-Knecht-Dialektik zwischen dem Aristokraten oder Wirtschaftsbürger und seinem Hofmeister.

Die Übertragung des Modells auf die Arbeit des Proletariers und ihr Verhältnis zum Kapital durch Marx ergab eine interessante Analogie, insofern auch hier die unlösbare Verklammerung besteht, die der Handwerker nicht kennt. Auch hier gibt es die Probleme der Enteignung des Wissensanteils an der Arbeit, auf dem unter anderem das Selbstbewusstsein des Arbeiters beruht. Der Proletarier ist zwar kein Knecht und Diener, aber seine Situation hat Analogien zu der des Hofmeisters.

Arbeit und Anerkennung

Honneth (1992) hat ausführlich gezeigt, wie stark und im Vergleich „materialistisch“ das Modell der Anerkennung die frühen Versuche Hegels, vor der *Phänomenologie des Geistes* (1807), bestimmt hatte. Dort hat er in der deutsch-idealistischen Zuspitzung daraus die Entwicklungsgeschichte der Selbstbeziehung des Geistes gemacht. Honneths Idee war es, nachdem die Prämissen des deutschen Idealismus nicht mehr plausibel sind, Hegels ursprüngliche Konzeption zu aktualisieren. Liebe, Recht und Solidarität als Formen der Anerkennung können in ihren heutigen Erscheinungen und Verhinderungen untersucht werden.

Auch Habermas bezog seine Idee des kommunikativen Handelns aus derselben Quelle. In „Arbeit und Interaktion“ (1967) betont er aus der *Jenenser Realphilosophie*:

> „Die Kategorien Sprache, Werkzeug und Familie bezeichnen drei gleichwertige Muster dialektischer Beziehungen: die symbolische Darstellung, der Arbeitsprozeß und die Interaktion auf der Grundlage der Reziprozität vermitteln Subjekt und Objekt je auf ihre Weise.“ (9f)[5]

Die Eigenständigkeit eines Bereichs der Anerkennung wird noch besonders unterstrichen durch das Modell der Liebe, die Ergebnis eines Kampfes um Anerkennung ist:

> „Erst das Resultat dieser Bewegung tilgt die Gewalt und stellt die Zwanglosigkeit des dialogischen Sich-Erkennens-im-Anderen her: Liebe als Versöhnung.“ (Habermas 1967: 17)

Die beiden Modelle vermittelt Hegel über den Vertrag, der sich auf die Arbeitsprodukte bezieht: In ihm werde der Tausch der Arbeitsprodukte und zugleich der jeweils andere als einer, der als Vertragspartner anerkannt ist, institutionalisiert.

> „So wird das Verhältnis gegenseitiger Anerkennung, auf dem Interaktion beruht, auf dem Wege über die Institutionalisierung der im Austausch von Arbeitsprodukten gesetzten Gegenseitigkeit als solches normiert.“ (Habermas 1967: 35)

Habermas erwähnt dann nur mehr fast beiläufig, dass das Problem in der *Phänomenologie* im Abschnitt über Herr und Knecht nochmals auftaucht, dass aber schon dort „die eigentümliche Dialektik von Arbeit und Interaktion den Stellenwert eingebüßt“ hätte (36). Es interessieren ihn jetzt nicht mehr die Modifikationen, die das Modell durch den Einbau in das Verhältnis von Herr und Knecht erfährt, sondern die Gründe für das Verschwinden der getrennten Behandlung von Arbeit und Interaktion.

Er findet sie in der Identitätsthese:

> „Die idealistische Aufhebung des Unterschieds zwischen Objekten als Gegenständen und als Gegenspielern macht ... die Gleichschaltung der heterogenen Muster möglich: wenn mit Natur als einem verborgenen Subjekt in der Rolle des Anderen Interaktion möglich

ist, decken sich die Prozesse von Entäußerung und Aneignung formell mit denen der Entfremdung und Versöhnung." (39)

Umgekehrt wird Marx vorgeworfen, dass er in seiner materialistischen Wendung des Hegelschen Ansatzes das Problem des Zusammenhangs von Arbeit und Interaktion aufgelöst habe, indem er „unter dem unspezifischen Titel der gesellschaftlichen Praxis eins auf das andere reduziert, nämlich kommunikatives Handeln auf instrumentales zurückführt" (45). Habermas besteht demgegenüber darauf, dass der Unterschied zwischen den beiden zumindest als Problem festzuhalten sei:

„Die *Befreiung von Hunger und Mühsal* konvergiert nicht notwendig mit der *Befreiung von Knechtschaft und Erniedrigung*, denn ein entwicklungsautomatischer Zusammenhang zwischen Arbeit und Interaktion besteht nicht." (46)

Folgerichtig hat Habermas in seinen weiteren Schriften Interaktion, gegenseitige Anerkennung (jedenfalls zunächst einmal) losgelöst untersucht, was ihn schließlich zu einer „Theorie des kommunikativen Handelns" gebracht hat.

Das Problem, das sich Habermas wie Honneth machen, entsteht nur aus einem Begriff von Arbeit, der auf rein instrumentelles Handeln zugespitzt wurde. Die scharfe Grenze zwischen Arbeit und Interaktion wird gezogen, indem strategisches, Zweck-Mittel-Handeln und verständigungsorientiertes, kommunikatives Handeln ausschließend gegenübergestellt werden. In letzterem geschehe notwendig Anerkennung. In der Arbeit geschehe nichts dergleichen. Die Dialektik der Befreiung, wie von Hegel und Marx konzipiert, ist damit aufgehoben. Anerkennung verselbständigt sich und muss außerhalb von Arbeit gesucht werden.

Aber schon in derselben *Jenenser Realphilosophie* beschreibt Hegel, dass Arbeit mit List zu tun hat.

„Hier tritt der Trieb ganz aus der Arbeit zurück. Er läßt die Natur sich abreiben, sieht ruhig zu und regiert nur mit leichter Mühe das Ganze: *List*. Die *breite* Seite der Gewalt wird von der Spitze der List angegriffen." (II: 199)

Arbeit ist eben nicht umstandslose Beherrschung der Natur, sondern ihre listige Benützung, was auch heißt: Das Arbeitsprodukt ist nur zum Teil Selbstentäußerung, zum anderen Teil unvorhergesehenes Ergebnis einer Auseinandersetzung. Insofern kann man auch ohne identitätsphilosophische Vorannahmen von einer „Anerkennung" sprechen, die in der Arbeit geschieht. Das gilt insbesondere, wenn es um geistige oder zwischenmenschliche Arbeit geht. Wenn wir annehmen, dass Hegels Paradigma von Arbeit die Tätigkeit des Hofmeisters war, dann fällt in ihr Arbeit und Interaktion untrennbar zusammen. Auch die drei getrennten Kategorien Sprache, Werkzeug und Familie verschränken sich in dieser Tätigkeit zu einem Komplex von Beziehungsarbeit, innerhalb dessen verschiedene Anerkennungen und ihre Verweigerung höchst instabil durcheinanderlaufen.

Auch wenn uns die Position heute fremd ist, so ist das doch kein ungeeignetes Paradigma von Arbeit, denn es verhindert jedenfalls eine Reduktion von Arbeit auf stures Befolgen von Regeln der Ziel-Mittel-Relation, mit anderen Worten: es verhindert eine übertriebene Annahme der Stupidität von Arbeit, eine zu weitgehende Vorstellung davon, wie getrennt Hand- und Kopfarbeit seien. Das Ideal des taylorisierten Arbeiters: kräftig, ausdauernd, gehorsam und ohne eigenes Denken, ist ein Ideal, das Kopfarbeiter entworfen haben, ein Ideal der Enteignung der Wissenskomponente von Arbeit durch die Maschinen und die Organisation, die Kopfarbeiter entwerfen. Reale Arbeit, selbst am Fließband, braucht immer Mitdenken, das, wenn man es durch strikte Disziplin reduziert, sich auf die kleine Subversion, nicht zuletzt auf das Regulieren des Akkords und der Bandgeschwindigkeit zusammenziehen wird. Schon die Human-Relations-Schule hat das tayloristische Ideal widerlegt, in der Gruppenarbeit und gar erst in der Ideologie des Wissens-Management wird anerkannt, dass man die Wissenskomponente der Arbeit keineswegs verleugnen oder unterdrücken, vielmehr für die Produktion nützlich machen und abschöpfen soll. Arbeit ist Interaktion und Interaktion ist Arbeit.

Diderots Jacques und Hegels Knecht

Die Geschichten scheinen sich zu ähneln: Dem Knecht gehört die Zukunft und die Wirklichkeit. Der Herr ist auf ihn angewiesen. Wenn man genau hinsieht, ist in beiden Fällen der Knecht der Bildungsbürger in seinem Verhältnis zu seinem aristokratischen oder wirtschafts-großbürgerlichen Dienstherrn (der bürgerliche versucht, einen aristokratischen Haushalt nachzustellen).

Aber dann, welche Unterschiede: Diderot macht sich als freier Schriftsteller über die untergehende Aristokratie lustig, indem er ihre Torheit, Heuchelei, Ungeschicklichkeit, das Alberne ihrer Intrigenwirtschaft und die Nutzlosigkeit all dieser Anstrengungen in einem Gewirr von komischen Geschichten und Erzählungen vorführt. Hegel als Hauslehrer und nun endlich Professor entwirft ein menschheitsgeschichtliches Drama von einem heroisch unabhängigen, wenn auch aussichtslos einsamen Herren, einem Kampf auf Leben und Tod und einem diszipliniert arbeitenden Knecht, der dadurch zu eigenem Selbstbewusstsein kommt, aber mit dem Herrn verklammert bleibt. (Wie wir wissen, folgt der Gewinnung von Selbstbewusstsein die Phase des „unglücklichen Bewusstseins" der Zerrissenheit zwischen den beiden Formen von Selbstbewusstsein, die Herr und Knecht verkörpern. Bis zum absoluten Geist ist es noch ein langer Weg und man weiß nicht, ob ihn jemand zu Ende gehen wollte.)

Diderots Jacques weiß, dass der Herr von ihm abhängig ist, und versucht seine Ruhe zu bewahren, während er dessen Demoralisierung und langsamen Untergang mit kaltem Herzen und spitzer Zunge begleitet. Hegels Knecht kämpft um Anerkennung.

Leicht ungeduldige Nachbemerkung zum Lob des aufgeklärten A-Moralismus

Alle Welt ist darauf aus, eine Moral zu verkünden und im Fall der Philosophie, sie auch noch zu begründen. Das oben (**S. XY**) erwähnte Buch von Gertrude Himmelfarb ist nur ein starkes Beispiel dafür, dass man auch dort, wo man nach dem Titel empirisch-historische Einsichten erwartet, stattdessen mit einer Moral belästigt und abgespeist wird. Die Aufklärung wird von den Schulmeisterinnen für ihre Beiträge zur Konstruktion von Tugendlehren des Sozialen gepriesen. Für den deutschen Gymnasiallehrer, der auf Goethe und Kant abonniert war, galt das besonders.

Aber auch die Geschichte der Kritischen Theorie ist von Moralphilosophie geschlagen: Im Exkurs II der *Dialektik der Aufklärung* wird es als die Moral-Dimension der Aufklärung dargelegt, sie lasse keine Moral intakt, so dass vor, genauer gesagt nach ihrer Kritik nur die blanke faktische Herrschaft übrigbleibe. Und die Habermas-Schule hat ohnehin aus der Kritischen Theorie eine Moralphilosophie gemacht - nachdem sie Horkheimer/Adorno dafür kritisiert hatte, dass sie keine solche hinterlassen hätten.

Gerade an *Jacques, le fataliste* aber - und das ist nur ein Beispiel von vielen - erfreut in der Lektüre die A-Moralität der Geschichten und der Figuren. Die große, aufgeblasene Moral der Kirche und die diversen „Ehren" der guten Gesellschaft werden belächelt und lächerlich gemacht, oder besser: als abblätternde Fassaden vorgeführt. Damit geht aber keineswegs alles an gesellschaftlicher Bindung den Bach hinunter, eher im Gegenteil: Damit werden vernünftige Beziehungen zwischen den Menschen erst möglich. Jacques und die anderen Leute aus seiner sozialen Gegend gehen zwar nicht ohne Bosheit und Schadenfreude miteinander um, aber es geschehen immer wieder auch Akte der gegenseitigen Hilfe, aus Gutmütigkeit, Großzügigkeit oder weil sich die Interessen gerade ergänzen. Man kann sich nicht darauf verlassen, aber im Großen und Ganzen kommt man gemeinsam und hinreichend solidarisch über die Runden, weil man einander vielfältig braucht und weil es auch keine starken Gründe gibt, nicht (in Maßen) freundlich zu sein. Das ist kein System irgendeiner Moral, aber so viel an leben und leben lassen, dass alle unter schwierigen Verhältnissen halbwegs durchkommen.

Wenn es eine Moral der französischen Aufklärung gibt, dann ist es dieser aufgeklärte A-Moralismus. Sein Ausgangspunkt ist der 1. November 1755, das Erdbeben von Lissabon, das diese reiche Hafen- und Handelsstadt zerstörte und etwa 30.000 Menschen tötete (es gibt Schätzungen, die bis 60.000 reichen). Als die

Nachricht Paris, London und andere Zentren erreichte, gab es natürlich die Prediger und Pfaffen, die das aus Gottes Zorn über die Sünden der Menschen erklärten. Aber anders als bei früheren Anlässen dieser Art gab es diesmal weltliche Konkurrenz: In ganz Europa entstanden literarische Auseinandersetzungen über Gott und die Natur, einiges in Gedichtform - und keines davon war folgenreicher als Voltaires „Poème sur le désastre de Lisbonne", dem vier Jahre später, 1759, sein berühmtester Roman, der *Candide* folgte. Voltaire sah in dieser Katastrophe einen weiteren Nachweis dafür, dass man mit einem all-gütigen Gott besser nicht rechnen soll, und weitergehend, dass die Natur den menschlichen Wünschen und Versuchen, die Welt „vernünftig" und „moralisch" einzurichten, zutiefst gleichgültig gegenübersteht. Das gilt, wie der *Candide* oder auch Diderots Romane zeigen, auch für die Gesellschaft: Sie ist den moralischen Ansprüchen wie den Wünschen der Menschen gegenüber gleichgültig. Jeglicher Optimismus von „was ist, ist vernünftig" oder der „besten aller möglichen Welten" ist nicht mehr als ein trauriger Witz. Nach 1755 hatte die Aufklärung in Frankreich eine dunkle, ironische Seite.

Anders in Deutschland, wo die Moral der Pflicht gegenüber Staat und Gesellschaft entwickelt wurde - bis zu dem Punkt, dass *nur* ein Handeln moralisch ist, das aus dem Antrieb der Pflicht geschieht. Wenn dasselbe Handeln aus irgendwelchen anderen Gründen zustande kommt, ist es nicht moralisch. Das heißt umgekehrt, wie es Hegel ausdrückt, dass der Geist seine höchste Verkörperung im Recht und im Staat findet und dass der Mensch nur in deren Anerkennung seine Existenz und seine Würde hat. Die deutsch-aufgeklärte Pflicht-Moral ist, wie Horkheimer und Adorno am Beispiel Kant (HGS 5: 104ff) herausarbeiten, nur ein anderer Ausdruck dafür, dass der Mensch sich dem Staat und dem Recht zu unterwerfen hat. Sie ist der Formalismus der akzeptierten, man kann auch sagen: anerkannten Herrschafts-Unterworfenheit.

Diese Pflicht-Moral bietet in der Tat keinen Schutz vor diktatorischer Herrschaft und auch keinen vor der Teilnahme an Vernichtungskriegen und Völkermorden. Ihre Grundlage ist die Macht-Balance, ein Gleichgewicht des angedrohten Schreckens. Wie Horkheimer und Adorno in der *Dialektik der Aufklärung* schreiben:

„Von der Kontrolle durch die eigene Klasse befreit, die den Geschäftsmann des neunzehnten Jahrhunderts bei der kantischen Achtung und Wechselliebe hielt, braucht der Faschismus, der seinen Völkern die moralischen Gefühle durch eiserne Disziplin erspart, keine Disziplin mehr zu wahren. Entgegen dem kategorischen Imperativ und in desto tieferem Einklang mit der reinen Vernunft behandelt er die Menschen als Dinge, Zentren von Verhaltensweisen ... Vorher waren nur die Armen und die Wilden den entfesselten kapitalistischen Elementen ausgesetzt. Die totalitäre Ordnung aber setzt kalkulierendes Denken ganz in seine Rechte ein und hält sich an die Wissenschaft als solche. Ihr Kanon ist die eigene blutige Leistungsfähigkeit. Die Hand der Philosophie hatte es an die Wand geschrieben, von Kants *Kritik* bis zu Nietzsches *Genealogie der Moral* ..." (HGS 5: 109)

Aber die Pflicht-Moral von Kant und Hegel ist nicht die einzige Moral der Aufklärung. In Frankreich wurde in Pamphleten und Schmähschriften des Untergrunds der Aufklärung, aber auch in den Romanen und Erzählungen der Hoch-Aufklärung die Unmoral der Herrschenden vorgeführt und damit die Herrschaft „demoralisiert". In de Laclos' *Liaisons dangereuses* wird gezeigt, wie die leerlaufende Freude an der Intrige (selbst-)zerstörerisch wirkt. In Beaumarchais' *Figaro* zeigt sich darüber hinaus, dass die Frauen und Diener mit denselben Mitteln die Herren schlagen können. Im *Candide* und in *Jacques, le fataliste* steht dazu im Vordergrund, wie man in der Gleichgültigkeit des herrschaftlich-brutalen Getriebes von Gesellschaft und Welt überleben und seinen Verstand bewahren kann. Immer ist die entscheidende Dimension dieser ironischen Erzählungen, dass damit Herrschaft als unfähig und unmoralisch vorgeführt wird.

Diese Dimension hat auch der von Horkheimer und Adorno als weiteres Beispiel verwendete de Sade. Dessen *Juliette*, früh „verdorben" und bald zu jeder moralischen Ungeheuerlichkeit bereit und imstande, ist die Schwester und das Gegenbild *Justines*, der Unschuld, die „unschuldig" und moralisch zu bleiben versucht und dadurch in die schrecklichsten Situationen kommt. Zuletzt wird Justine vom Feuerstrahl des Himmels, der sonst die Sünder zu treffen pflegt, erschlagen. Die verbrecherische Juliette hingegen lebt nicht nur besser, alles in allem, sondern genießt am Ende Wohlstand und Anerkennung. De Sade führt eine verkommene herrschende Schicht von Adeligen und Klerus bis hinauf zum Papst vor, völlig instrumentelle Beziehungen zwischen den Menschen, vor allem auch zwischen den Geschlechtern, besonders aber die Unabhängigkeit der gesellschaftlichen und göttlichen Belohnungen und Bestrafungen von den Verdiensten, die große moralische Gleichgültigkeit Gottes und der Welt. Diese Gefängnis-Phantasien eines abgestürzten Adeligen benützen die Pornographie, um die Herrschaft und ihre Moral zu verhöhnen.

Freilich ist nicht zu übersehen, dass bei beiden, de Sade wie Nietzsche, dem weiteren Beispiel, das Horkheimer und Adorno hier verwenden, die ironische Grundhaltung verbunden war mit der von Herrenmenschentum, besonders im Geschlechterverhältnis. Nur: Weder der jahrelang Eingesperrte noch der schwerkranke Professor schreibt aus der Situation eines Herrn. Wir bekommen bei diesen beiden die Phantasien von verdrückten, frustrierten Männern vorgesetzt, die ein Ressentiment gegen Frauen abzuarbeiten haben. Umgekehrt: Wahrscheinlich ist nichts so gut geeignet, eine ironische Haltung auch zur Herrschaft zu befördern, wie ein problematisches Verhältnis zu Sexualität und Liebe. Das kann zurückschlagen und kraftmeierisch überspielt werden. Aber im glücklichen Fall bleibt die Hellsichtigkeit für Fragen der Herrschaft.

Gerade durch den selbstbewussten Anspruch der Aufklärung, die Einrichtung der Welt am Maßstab der Vernünftigkeit zu messen, wird sichtbar, dass sie es eben nicht ist und dass sich das auch nicht ganz leicht und schnell und gewiss nicht durch die Philosophen bereinigen lassen wird. Die Aufklärung hat sehr viel von der grundlegenden „Ironie des Schicksals" verstanden. Gezeigt wird die Tatsache, dass sich Natur und Gesellschaft nicht beherrschen lassen, dass sie ihren eigenen a-moralischen Gesetzlichkeiten folgen und sich um den gewünschten Zusammenhang zwischen Moral und Glück in keiner Weise kümmern können.

Das Missverhältnis zwischen Absichten und Ergebnissen ist ein hervorstechendes Thema der Literatur der Aufklärung. Natur und Gesellschaft folgen ihren eigenen Bahnen und verhöhnen die planende menschliche Vernunft und ihre guten wie bösen Absichten. Voltaires nicht so bekannte Geschichte von *Cosi-Sancta* (1747) kann als weiteres Beispiel dienen:

Eine junge Frau, Cosi-Sancta, bekommt die Prophezeiung, ihre Tugend werde viel Unheil anrichten, aber eines Tages werde sie heiliggesprochen werden, weil sie dreimal die Ehe gebrochen hätte. Der erste Teil dieser Weissagung verwirklicht sich in ihrer Ehe mit einem alten Mann, Capito, und der Zuneigung eines jungen Manns, Ribaldos, zu ihr. Cosi-Sancta nämlich gehorcht dem, was sie als ihre eheliche Pflicht versteht, und unterdrückt ihre Zuneigung zu dem Jungen. Dementsprechend fühlt sie sich unschuldig gegenüber seinem Werben. „Wenn Cosi-Sancta sich mit ihrem Verehrer einig gewesen wäre, so hätten die notwendigen Maßnahmen getroffen werden können, daß ihr Mann keinen Verdacht schöpfte. Da sie aber gegen ihre Neigung ankämpfte und sich nichts vorzuwerfen hatte, kümmerte sie sich um alles andere als darum, den Schein zu wahren, und ihr Mann hielt sie daraufhin für sehr schuldig." Capito lässt Ribaldos von seinen Knechten erschlagen. Der zweite Teil der Erzählung setzt damit ein, dass Capito für dieses Verbrechen hingerichtet werden soll. Der Gerichtsherr ist aber bereit, Capito gegen eine Nacht mit seiner Frau laufen zu lassen. Cosi-Sancta rettet ihren Mann. Auf dieselbe Art rettet sie bei der nächsten Gelegenheit ihren Bruder vor Straßenräubern und dann ihren Sohn, indem sie den Arzt so „vergütet". Auf ihrem Grabstein steht zuletzt geschrieben: Ein kleiner Fehltritt bringt viel Gutes.

Zwangs- und Doppelmoral wird verschieden verhöhnt: in der Diskrepanz zwischen Absicht des Handelns und seinem Ergebnis, zwischen Handeln zu einem Zeitpunkt und zu einem nächsten, zwischen Handeln von Männern und von Frauen. Moral wird ad absurdum geführt. Kontrastiert wird hier „Geschlechts-Ehre", und zwar bei Mann wie Frau auf dem Allein-Nutzungs-Anspruch des Ehemanns beruhend, mit den unverhältnismäßigen Folgeproblemen, die ihre Verteidigung heraufbeschwört. Die Sexualmoral wird aufgelöst in einem Verständnis von „Liebe als Passion", die durch Liebe als eheliche Pflicht einerseits ungerechtfertigt unterdrückt, andererseits aber auch einfach sozial inkompetent wird. Der Ehebruch ist hier weniger eine Frage der Moral als eine der Umsicht. Die Implikation ist auch, dass, wie immer er zustande kommt, damit niemandem etwas Schreckliches getan wird, weder den unmittelbar, noch den sonst Beteiligten. Man kann es sich ersparen, ihn moralisch aufzuladen.

In den vorausgesetzten Selbstverständlichkeiten hinter solchen Geschichten findet sich die nicht ausgeführte und schon gar nicht realisierte Moral der Aufklärung als aufgeklärter A-Moralismus, jene diskreditierte „Humanität", die in jeder Begegnung einfach eine zwischen zwei Menschen in ihrer Verletzlichkeit und zuletzt Hoffnungslosigkeit sehen möchte, die möglichst unbeeinträchtigt oder sogar gut über die nächsten Runden kommen wollen - und das ohne Rücksicht auf Ehre, Glauben oder gar die hehren Ziele von Staat und Menschheit, die man ihnen als „Sinn" andient. Das scheint eine höchst flexible und partikulare Moral zu sein, voll von Ausnahmen und Unstimmigkeiten, der gegenüber alle Orientierung an „Prinzipien" zu Unsinnigkeiten, wenn nicht gar „Dramen" führt, die im Sinn der Aufklärung auf „Vorurteilen" beruhen und mit Illusionslosigkeit und sozialer Kompetenz vermieden werden sollten und könnten.

Die Dialektik der aufgeklärten Moral, so scheint es, besteht historisch weniger darin, dass tatsächlich alle Moral aufgelöst wurde und der blanke Zynismus übrigblieb. Nur ließ sich die aufgeklärte Minimal- und Situations-Moral auch in der Philosophie wieder überlagern von der Pflicht-Moral, zumal in Deutschland, aber auch im Tugendterror der französischen Revolution. Die lässt sich gut in allerlei Großunternehmungen mit katastrophischem Ausgang für mindestens eine Seite einbauen. Für den besten Teil der Aufklärung typisch ist hingegen Einsicht in die Ironie der Verhältnisse, Bescheidenheit gegenüber einer nicht ganz berechenbaren (inneren wie äußeren) Natur, Spott über jene, die meinen, es bestehe Übereinstimmung zwischen Natur, Gesellschaft und den Wünschen der Menschen. Diese Haltung ist untergegangen, als Fraktionen des Bürgertums den Eindruck hatten, die Welt sei tatsächlich beherrschbar.

"I'd like to believe we're redefining the way future generations will waste their time."

Erweiterte Kulturindustrie
Massenbetrug und Vergnügen

I: Massenbetrug und Vergnügen[1]

Die Verharmlosung eines Begriffs

Als ich vor einigen Jahren an der New York University unterrichtete, gab es an der dortigen Business School eine internationale Konferenz zu „Culture Industry". Das hat mich interessiert. Es stellte sich heraus, dass die Veranstalter und die meisten Teilnehmer von zwei, was man damals gern als Charakterisierung verwendete: „toten, weißen, europäischen, männlichen" Philosophen namens Max Horkheimer und Theodor W. Adorno, einem Buch namens *Dialektik der Aufklärung* und dem darin enthaltenen Kapitel „Kulturindustrie. Aufklärung als Massenbetrug" noch nie gehört hatten. Sie hatten vielmehr den Begriff für sich neu erfunden und waren ganz fasziniert von Überlegungen zur Betriebswirtschaft von Theatertruppen oder von Versuchen, die Ökonomie von Mode-Verläufen in mathematischen Modellen abzubilden.

In der Soziologie, besonders der angelsächsischen, geht es nicht viel anders zu: Die Rede von „den Kulturindustrien" (Plural) ist selbstverständlich geworden, selbst als Buchtitel. Kulturindustrie wird gleichgesetzt mit „die Medien". In der Epigonen-Generation der Cultural Studies nach ihrem Ende (markiert durch das Abtreten und Verstummen von Stuart Hall, der selbst schon zweite Generation nach Raymond Williams und Richard Hoggart war) wird eine unverstandene Kritische Theorie und ihre verfälschte Konzeption von Kulturindustrie als *das* Beispiel dafür geführt, wie man die Autonomie des Publikums gegenüber soap operas, Werbung und Kriegspropaganda unterschätzen kann. Man kann zum Trost dazusagen, dass aus denselben Cultural Studies auch der zutreffende Begriff zur Kritik dieser Haltung als „Kultur-Populismus" stammt (McGuigan, 1992).

Jede bessere Fachhochschule leistet sich einen Studiengang „Kulturmanagement" und auch unser Schwerpunkt „Kulturindustrie" an der Frankfurter Universität wird gerne studiert, wenn man in die PR und Werbung möchte, oder im Journalismus und an Betriebszeitungen zur Pflege der corporate identity und natürlich in der Politikberatung und in der politischen Propaganda arbeiten möchte. Die Analyse von Kulturindustrie wird als Mediensoziologie missverstanden und gilt als einer von den glamourösen Arbeitsbereichen, die in der „Wissensgesellschaft" zu den attraktiven Zukünften gehören.

Die britischen Autoren Scott Lash und John Urry haben relativ früh (1992) in ihrem Buch zur „Wissensökonomie": *Economies of Signs & Space*, in einer Überlegung sehr schön dieses neue Verständnis von Kulturindustrie selbstverständlich vorausgesetzt: Sie sprechen davon, es könne - und das ist als Kritik an Horkheimer/Adorno gemeint - keine Rede davon sein, dass Kulturproduktion immer mehr Ähnlichkeit mit anderer Warenproduktion annehme. Das Umgekehrte sei der Fall: Die „Kulturindustrien" hätten immer schon besonders „innovations-intensiv" und „design-intensiv" produziert, und das setze sich gerade bei allen anderen Waren auch durch. Alle Waren nähmen jetzt (also damals, vor zehn Jahren) einen immer größeren Wissensanteil auf. Dienstleistungen in der Wirtschaft (also vornehmlich Beratung) und Kulturproduktion hätten gemeinsam, dass sie weniger der Herstellung (manufacture) als der Anpreisung (advertising) dienten und damit vor allem eine finanzielle Funktion bekämen. Das war in den frühen 90ern, also vor dem Platzen der „new economy" Spekulations-Blase, als „Wissensökonomie" als Kasino-Kapitalismus besonders plausibel erschien.

In einem neueren Buch mit dem schönen Titel *The Cultural Industries* (Hesmondhalgh, 2002) wird argumentiert, schon aufgrund der Vielfalt und Verschiedenheit der „Kulturindustrien" zwischen Radio, Zeitungen, Büchern und Schallplatten könne man nicht von einer „Kulturindustrie" (im Singular) sprechen. Ähnlich hatte übrigens aus dem Kontext des Instituts für Sozialforschung auch Rainer Erd (1989) argumentiert. Die Kommodifikation von Kultur wird in diesem Typ von Argument als ein Charakteristikum behauptet, das (zumindest auch) faszinierende neue Möglichkeiten eröffnet habe. Kultur als Ware sei nicht nur nichts Schlimmes, sondern im Gegenteil eine Bereicherung.

Oft genug wird in diesen immer ähnlich argumentierten Abschieden von der Kritischen Theorie explizit gesagt, dass man mit diesem altväterlichen Kulturpessimismus nicht leben könne und wolle. Gemeinsam ist ihnen ein verengter Begriff von Kulturindustrie, in dem es tatsächlich um die *Unterhaltungsindustrien* geht. Das ist bezeichnend für diesen Revisionismus: Kultur wird mit Unterhaltung (mit dem führenden Medium Fernsehen) gleichgesetzt.

Für eine einigermaßen vernünftige Diskussion ist es entscheidend, den Unterschied festzuhalten: Die Unterhaltungsindustrien sind nur ein Bereich, und nicht der folgenreichste, in dem sich Kulturindustrie, die intellektuelle Produktion und Konsumtion, anders gesagt: Kopfarbeit, unter den Imperativen von Warenförmigkeit und Verwaltung, ausdrückt. Kulturindustrie ist ein viel weiterer Begriff als Medien, Kunst und Unterhaltung. Man kann ihn nicht verstehen, wenn man ihn darauf reduziert.

Die Entdeckung von „Kulturindustrie"

„Kulturindustrie" ist ein Begriff, der als Überschrift eines Kapitels in Horkheimer/Adornos *Dialektik der Aufklärung* bekannt wurde: Kulturindustrie - Aufklärung als Massenbetrug. Die Sache - intellektuelle Produktion nach Imperativen der Warenförmigkeit - war von beiden Autoren schon in früheren Arbeiten analysiert worden: an Wagners Musikdramen, an Jazz-Musik, am Fanatismus in der bürgerlichen Politik, an Hindemiths „Neo-Klassizismus".[2] Das Wort setzte sich erst jetzt, im US Exil, durch. (Die US-Erfahrung bestätigte also nur, was die beiden schon aus Europa und seiner Entwicklung zum Faschismus kannten.) „Kulturindustrie" wurde ab diesem Zeitpunkt als ein „Markenbegriff" der Kritischen Theorie gehandhabt, aber nicht mehr weiter bearbeitet und entwickelt.

Das Wort „Kulturindustrie" wurde in das gleichnamige Kapitel der *Dialektik der Aufklärung* erst in der Überarbeitung eingefügt. Adorno berichtet:

> „In unseren Entwürfen war von Massenkultur die Rede. Wir ersetzten den Ausdruck durch 'Kulturindustrie', um von vornherein die Deutung auszuschalten, die den Anwälten der Sache genehm ist: daß es sich um etwas wie spontan aus den Massen selbst aufsteigende Kultur handele, um die gegenwärtige Gestalt von Volkskunst. ... Das Wort Massenmedien, das für die Kulturindustrie sich eingeschliffen hat, verschiebt bereits den Akzent ins Harmlose." (Résumé über Kulturindustrie, 1963, AGS 10.1: 337f.)

In den Entwürfen war das Kulturindustrie-Kapitel noch mit „Das Schema der Massenkultur" überschrieben. Unter diesem Titel ist dann der „zweite Teil" des Kulturindustrie-Kapitels auch bekannt geworden - Teil der vorher unveröffentlichten Schriften aus dem Nachlass von Adorno, nicht mehr überarbeitet, auch von Horkheimer nicht mehr bearbeitet. Bekanntlich endete das Kulturindustrie-Kapitel mit „fortzusetzen" und „Das Schema der Massenkultur" ist diese Fortsetzung. Den Begriff „Kulturindustrie" gibt es dort nicht - aus den von Adorno genannten Gründen.

Am Begriff „Kulturindustrie" fällt auf, dass Horkheimer und Adorno die späteren Veränderungen der Sache Kulturindustrie nicht mehr wahrnehmen. Aus Horkheimers Denken verschwindet der Begriff wieder und Adorno verwendet ihn zwar, entwickelt ihn aber nicht mehr, reflektiert kaum historische Ausprägungen und benützt ihn auch nicht konsequent: In der *Ästhetischen Theorie* (1970) weist das Register keine 40 Eintragungen dazu aus. Vielmehr werden die Denkfiguren, die in den 20er Jahren seine Analysen des Jazz geprägt haben, auch in den 60er Jahren wieder verwendet, wenn er etwa über die Beatles sagt, ihre Musik sei der „eigenen objektiven Gestalt nach etwas Zurückgebliebenes". (Adorno/Haselberg 1965: 493) Dass autonome Kunst im Gegensatz zu Kulturindustrie sich durch einen Fortschritt der Produktivkräfte auszeichnet, ist ein zentrales Argument in der *Dialektik der Aufklärung*. Im Denken Adornos ist Kulturindustrie ein a-historisches Phänomen: Sie bleibt über 50 Jahre unverändert - Zeitlose Mode.

Warenförmigkeit

Kulturindustrie ist intellektuelle Produktion nach den Imperativen von Warenförmigkeit. Mit Kulturindustrie sind nicht Produktionsstätten gemeint. Und es ist auch nicht einfach Kritik daran, dass Kultur auch verkauft wird. Horkheimer und Adorno unterscheiden genau zwischen Kunst, die auch verkauft wird, das aber in der Produktion reflektiert (Beethoven verwenden sie als Beispiel), und Künsten, die von vornherein nach Kriterien der Verkäuflichkeit produziert werden.

An *Klischees und Stereotypen*, die zugleich als Neuheiten angepriesen werden, wird am häufigsten vorgeführt, dass sie den Kriterien der Warenförmigkeit entsprechen. Aber auch *Verstöße gegen Konventionen* werden gern verziehen, weil „sie als berechnete Unarten die Geltung des Systems um so eifriger bekräftigen", wie Horkheimer und Adorno an Orson Welles zeigen (HGS 5: 153). Wagners „Phantasmagorie"[3] wird von Adorno als Ware interpretiert. Hier dominiere der Ausstellungscharakter, das Phänomenale. Feuerzauber schlage um in den Prototyp zukünftiger Lichtreklame. Aber Adorno geht noch weiter: Wagners Phantasmagorien tendierten zum Traum, weil Arbeit aus ihnen verbannt sei. Sie präsentieren sich als sich selbst Produzierendes, als absolute und zeitlose Erscheinung. Gesellschaftliche Arbeit wird zum Wunder.

Viele neuere Beispiele lassen sich finden: Großformatige, abstrakte Kunst entsteht zu dem Zeitpunkt, als Schalter- und Empfangshallen dekoriert werden müssen. Die Protagonisten in *Eiskalte Engel* (1998, Regie: Roger Kumble), einem weiteren Remake von *Gefährliche Liebschaften* (1959, Regie: Roger Vadim; 1989, Regie: Stephen Fears), sind so jung wie das Kino-Publikum, mit dem man, seit der Verbreitung des Fernsehens, noch Kassenschlager machen kann. Es ist zwar albern und unglaubwürdig, Jugendliche in Liebesangelegenheiten zynisch sein lassen zu wollen, aber die Einschaltquote hat trotzdem gestimmt. Man konnte den Film als „Porno für Kinder" verstehen. Dass die Bundesliga an drei Tagen der Woche (und nicht nur an Samstagen) spielen muss, ist eine Errungenschaft des Privatfernsehens, das die Zuschauer mehrmals an die Werbe-Industrie verkaufen will. Menge und Inhalte von wissenschaftlichen Veröffentlichungen bezeugen nicht unbedingt einen Erkenntnisfortschritt. Sie sind Konkurrenzen, Publikationszwängen aus Karrieregründen und einem Kampf um Aufmerksamkeit geschuldet. Gesellschaftsdiagnosen („Risiko"-, „Erlebnis"-, „Informations"-, „Wissensgesellschaft") sind unter diesen Bedingungen besonders beliebt. Uswusf.

Warenförmigkeit, und das ist der Merksatz, ist nichts, was intellektuellen Produkten von außen angetan wird. Vielmehr verändert sie die Sache, ist das zentrale Bestimmungsstück der intellektuellen Produktion im Kapitalismus.

Verwaltungsförmigkeit

Mit Kapitalismus und Warenförmigkeit als Vergesellschaftungsform korrespondiert eine Staats- und Bürokratieform. Bei Max Weber kann man das nachlesen. Mit der Expansion des Tauschverhältnisses erweitert sich auch Verwaltungsdenken: Nicht mehr nur staatliche und kommunale Verwaltungsapparaturen folgen dieser Logik. Denken in Äquivalenten ist der Verwaltungsrationalität verwandt und weitet sich tendenziell auf das gesamte Leben aus: „verwaltete Welt" nennen das Adorno und Horkheimer.

Verwaltung misst das Verwaltete an Normen, die der Sache nicht eigen sind. Bildung (im emphatischen Sinn) wird ersetzt durch Berechtigungsscheine, Bildungspatente, formal gleiche Abschlüsse, die den Rang von „objektiven Kategorien" erhalten, die Status und Prestige signalisieren. Der Asylsachbearbeiter ist ebenso wenig daran interessiert, die Individuen um ihrer selbst willen zu verstehen wie der Kulturbeauftragte. Vielmehr geht es um Planung und Kalkulation, um schematisierte Verfahren und standardisierte Vorgänge.

Kunst und Kultur wurde und wird staatlich und kommunal gefördert, ist dann nur indirekt der Marktlogik unterworfen. Die Debatten um die „Verhüllung" des Reichstagsgebäudes von Christo und Jeanne-Claude und Hans Haackes Installation im Reichstag „Der deutschen Bevölkerung" zeigen, dass den Künstlern dabei einiges an Autonomie zugestanden wird. Aber die Verhandlungen sind kompliziert und langwierig. Wenn Bundestags-Abgeordnete entscheiden, tun sie das nicht als Kunst-Experten. Welche Kunst sich zur Selbstdarstellung des Staates eignet, ist die (implizite) Streit-Frage. Künstler kennen diesen Mechanismus und arbeiten auch damit: Sie provozieren die Konservativen, um, vermittelt durch deren populistische Propaganda, die Aufmerksamkeit der liberalen Öffentlichkeit zu erreichen.

Bei Festivals ist sehr offensichtlich, dass Kultur nach touristischen Direktiven geplant (und angeeignet) wird. Die Tauglichkeit für Stadt-Marketing und Standort-

Konkurrenzen zwischen Städten ist insgesamt wesentlicher Teil von Kulturpolitik und -verwaltung. Jede (Klein-)Stadt, die auf sich hält, leistet sich ein Museum für Moderne Kunst und zwängt zeitgenössische Kunst, die zu einem nicht unerheblichen Teil aus Aktionen besteht, in Ausstellungs-Formate. Genug der Beispiele.

Der Verwaltungsform können sich Künstler und andere Fraktionen der gebildeten Klasse ebenso wenig entziehen wie der Warenform. Mit „verwalteter Welt" wird nicht nur ein Teil der intellektuellen Produktionsmittel beschrieben. Vielmehr geht es um die permanente Verfügung über Individuen, die darauf trainiert werden, sich selbst zu instrumentalisieren, sich selbst in Kategorien von Verwertbarkeit zu definieren - oder ausgeschlossen, im Extrem umgebracht zu werden. Faschismus ist der Modellfall für Verwaltungsdenken - dieses kein harmloses Spiel, vielmehr fortgeschrittene Herrschaftstechnik. In Kriegs-, Vernichtungs- und Ausschließungs-Propaganda wird Verwaltungsdenken zur Ideologieproduktion mit Menschenopfern. Wie Reklame (als Prototyp von Warenförmigkeit) in Befehl und Propaganda übergeht, so ist Verwaltungsform - Denken in vorgegebenen Kategorien, die Rede von „Massen" und Gemeinwohl bis hin zum „Volkskörper" - Voraussetzung für jede Art von Propaganda (und die warenförmige Logik von Einschaltquoten und Zielgruppen).

Die gebildete Klasse ist nicht nur diesen Produktionsbedingungen unterworfen, sie betreibt „verwaltete Welt" aktiv: in den entsprechenden Berufspositionen in Verwaltung und Politik ohnehin, aber auch in Wissenschaft und Journalismus. Hier wird das Vokabular ausgearbeitet und gesellschaftlich verfügbar gemacht. Dazu gehören rassistisches und biologistisches Denken, Definitionen von „Kriminellen" und „Wahnsinnigen", „Sozialschmarotzern" und „Überflüssigen", „Modernisierungs- und Globalisierungsverlierern", aber auch die positiven Bestimmungen wie „Zivilisation" (im Gegensatz zur „Barbarei"), „Leistungsträger", „Elite", insgesamt die ausschließenden und vorteilhaften Zugehörigkeiten und (Selbst-)Bezichtigungen.

Keine Bürokratie ohne Kapitalismus und kein Kapitalismus ohne Bürokratie: Mit Waren- und Verwaltungsform als Bestimmungsstücken von Kulturindustrie wird reflektiert, dass diese Herrschaftsform der permanenten Reproduktion und Absicherung bedarf. Es reicht nicht aus, sie ökonomisch und politisch einmal durchzusetzen, sie muss auch kulturell verankert werden.

Zwischenbilanz

Wir können ein paar verbreitete Fehl-Bestimmungen von „Kulturindustrie" zurückweisen:

1/Kulturindustrie ist nicht nur eine Medientheorie
Es ist ein verbreitetes Missverständnis, „Kulturindustrie", das seien „die Medien". Darunter werden üblicherweise TV, Kino, Magazine, Pop-Musik, in letzter Zeit auch Computer und Internet und ähnliches zusammengefasst. Schon dieser Medienbegriff muss erweitert werden: Die Festivalisierung der Innenstädte gehört ebenso dazu wie die Museen, die sich von wissenschaftlichen Sammlereinrichtungen in Ausstellungshallen und ein Massenmedium verändert haben. Vorlesung, Vortrag und Dichterlesung haben eine lange Tradition. Mit Gewinn kann die Straße als Medium analysiert werden: für politische und künstlerische Aktivitäten (Demo, Theater, Musik, Malerei auf Bürgersteigen). Die Straße ist auch ein Forum für Selbstdarstellung: Skater, Einrad-Fahrer führen ihre Künste vor, Straßencafés und -feste sind soziale Veranstaltungen, in denen es nicht zuletzt um Sehen und Gesehenwerden geht. Kulturindustrie umfasst aber zudem mehr als die Medien. Mit Kulturindustrie haben wir es bei jeder veröffentlichten kulturellen Äußerung zu tun, selbstverständlich auch in Wissenschaft, Politik und Beratung, Design, Planung und Konstruktion.

2/Kulturindustrie ist nicht der Gegensatz zu ewiger Kunst
Kunst, bürgerliche Kunst, ist natürlich im Herrschaftszusammenhang entstanden und hat sich in ihm entwickelt: bürgerlich vor allem als (Selbst)darstellung des bürgerlichen Individuums und seiner Konstitutionsprobleme, seiner Requisiten (Familie, Natur) und seiner Politik (Revolution, Befreiung, Republik, Tragik und schuldhafte Verstrickung), aber natürlich auch seiner Sinnsuche (nicht zuletzt mit Hilfe von Kunst/Religion) und seiner (gehobenen) Unterhaltung. Kunst ist so eine Form der Darstellung von bürgerlicher Herrschaft - und ihr Widerspruch. Nach ihren eigenen Gesetzen, indem sie alle Möglichkeiten des Gestaltens mit ihrem jeweiligen Material (Instrumenten, Tönen, Strukturen; Farben, Linien, Genres; Sprache und Formen, usw.) durcharbeiten will, widersetzt sie sich der reinen Vernutzung. Nicht jedes Gemälde macht sich gleich gut als Dekor in der Schalterhalle, nicht jede Musik als Abschluss einer Versammlung. In der Parole von „l'art pour l'art" selbstbewusst geworden, erzeugt der Eigensinn von Kunst eine eigene Welt, eine Gegenwelt, eine Ahnung des anderen, des Möglichen. In Kulturindustrie wird dieser Bereich von Befreiung eingezogen, wird Kultur restlos funktionalisiert.

3/Kulturindustrie ist nicht die Ablehnung von Unterhaltung

Die Kritik an Kulturindustrie ist auch keine am Amüsement, sondern (unter anderem) daran, dass sie Unterhaltung nicht konsequent genug betreibt.

Dass es nicht Kunst ist, die kritisch, während Populärkultur und die dazugehörige Unterhaltung affirmativ sei, lässt sich mit einer Reihe von Text-Passagen im Kulturindustrie-Kapitel veranschaulichen. Absurdität, glücklichen Unsinn und die körperliche Kunst im Zirkus verwendet Adorno als Beispiele für das „Bessere", das Kulturindustrie bietet. Konsequente Unterhaltung bestehe in einem entspannten „sich Überlassen an bunte Assoziationen und glücklichen Unsinn". Diese Unterhaltung der Unterhaltung wegen, den „wahren Luxus", wenn man so will, zerstöre Kulturindustrie aber fortwährend, indem sie allen Produkten „das Surrogat eines zusammenhängenden Sinns" beigibt, der freilich nur dazu diene, das Auftreten der Stars zu rechtfertigen. Darauf bezieht sich Adornos Kritik am Amüsement: Es ist *schlechte* Unterhaltung.

4/Kulturindustrie ist nicht die Beschimpfung der verachteten „Massen von Rezipienten"

Mit „Warenförmigkeit" wird die Kulturindustrialisierung von Kunst kritisiert, somit die Intellektuellen, die zugunsten der Verkäuflichkeit ihrer Produkte ihre Autonomie (freiwillig) aufgeben. Die Theorie der Kulturindustrie ist keine Publikums-, sondern eine Intellektuellenbeschimpfung.

Die Zuschauer sind nicht passive und bewusstlose Opfer, sie sind in diesem Spiel keine hilf- und ahnungslosen Schachfiguren. Zumindest wissen sie über Kulturindustrie Bescheid. Es bleibt ihnen nur wenig Möglichkeit, nach dieser Einsicht zu handeln. Also spielen sie ironisch und halb im Ernst mit.

5/Kulturindustrie ist nicht die Produktionsform der Wissensökonomie

Kulturindustrie ist mehr als eine Produktionsform bestimmter - eben kultureller - Inhalte. Die selbstverständliche betriebswirtschaftliche Rede von „der Kulturindustrie" (mit Artikel) und „den Kulturindustrien" (im Plural) meint heute einfach Management und Finanzierung von Theater, Film, Museum, Werbung und Sport im TV. Und das ist nur eines der Missverständnisse, die die Diskussionen in Wissenschaft und Feuilleton über die Kulturindustrie-Theorie bestimmen. Die Kritik („Sie nennen sich selbst Industrien...", heißt es in der *Dialektik der Aufklärung*) an der gesellschaftlichen Wissensproduktion wird umdefiniert und affirmativ: „Die Kulturindustrie" wird zum Apparat, mit dem Propaganda für die „Wissensgesellschaft" gemacht wird.

Und wir können festhalten, was Kulturindustrie im Gegensatz dazu tatsächlich ist: intellektuelle Produktion und Konsumtion unter den Imperativen von Warenförmigkeit und der zugehörigen Verwaltungsförmigkeit. Kulturindustrie ist also kein *Bereich* von Gesellschaft, sondern eine *Form*, der intellektuelle Produktion aller Art unterworfen wird.

Ich will das im folgenden an einer Reihe von Beispielen vorführen.

Drei exemplarische Analysen

Beispiel 1: *Herrschaftsdarstellung in der Architektur*[4]
Neuere Gefängnisbauten in den USA, wo in den letzten Jahrzehnten ein enormes Gefängnisbauprogramm verwirklicht wurde (die Kapazitäten wurden in den 80er Jahren mehr als verdoppelt), erkennt man nicht mehr als solche. Sie sehen aus wie Verwaltungsbauten, Shopping-Malls oder Hallenbäder, sie stehen auch nicht mehr unbedingt außerhalb der Städte isoliert, sie sind in lebendigen Farben gehalten und erinnern uns nicht mehr daran, dass da drinnen etwas einigermaßen Düsteres passiert: Dass da schwierige und unangenehme Menschen zusammengesperrt und einander ohne Ausweichmöglichkeiten ausgesetzt sind. Mit Strafen von drakonischer Länge, Zwangsarbeit und gelegentlich noch extra Demütigungen werden diese Menschen besonderen Härten und Notlagen ausgesetzt. Ihre Chancen werden von Staats wegen und im Namen des Volkes ruiniert. Die Gebäude, in denen das geschieht, sind farbig und ansprechend. Staatliche Herrschaft verbirgt sich hinter postmoderner Beliebigkeit.

Ein anderes Beispiel bietet der jüngste Wiederaufbau in Berlin, besonders um den Potsdamer Platz und im Regierungsviertel. Natürlich ist das Herrschafts-Selbstdarstellung. Sie wird uns vorgeführt als Aneignung eines Stadtzentrums durch mächtige Wirtschaftskonzerne und in Form von Überwältigungs-Architektur. Die Diskussionen über die neuen Bauten in Berlin sind dagegen vom Bemühen geprägt, überall Demokratie zu sehen. Die schon im Ausschreibungstext genannte Vorgabe, eine „kritische Rekonstruktion der Geschichte“ solle da entstehen, wird auch in den Pracht-Bildbänden noch verwendet, mit denen man, immerhin ein Jahrzehnt später, das abgeschlossene Projekt auch den Nicht-Berlinern nahe bringt.

Das neue Berlin als Hauptstadt eines in Europa mit leichter Beklemmung betrachteten Groß-Deutschland sollte nach dem Willen der Planer bescheiden und demokratisch, der traurigen und schrecklichen Vergangenheit bewusst ausfallen. Herausgekommen ist Pracht und Prunk, nachdem die Planung von den Konzernen selbst übernommen wurde. Die Berliner sprechen inzwischen von „Potz-Daimler“ Platz. Wir haben auch hier wieder das Phänomen, dass die Shopping-Mall und der Vergnügungs-Park das Grundmuster abgeben, in dem hier Verwaltungsbauten (diesmal der Wirtschaft) und Luxus-Wohnungen integriert sind. Das Sony-Center verkörpert das alles in einem. Die herrschende Klasse in Deutschland baut monumental und redet bescheiden. Sie hat auch hierzulande ihre Scham verloren, lässt sich aber von den internationalen Konkurrenten „klein" halten, für die man zugleich „groß" tut. Das „neue Berlin" ist ein Kompromiss: *bescheidenes Großtun*.

Dazu fügen sich die allgegenwärtigen Verweise auf Manhattan: Bei spitzwinkeligen Häusern kann man das Flatiron Building nicht aus dem Kopf bekommen, das jetzt fertiggestellte Beisheim-Gebäude erinnert im Stil penetrant an eine verkleinerte Nachahmung des Rockefeller Center. Wir melden Aspirationen auf das europäische New York an, so wie sich schon Frankfurt megaloman „Mainhattan" nannte.

An der Gestaltung des Platzes vor dem Reichstag und des Kanzleramts wird beides, bescheidenes Großtun und der Amerika-Bezug, noch einmal durchgespielt. Die Anlage erinnert an Washingtons Grünfläche vor dem Capitol. Das Kanzleramt nimmt den Platz des Weißen Hauses ein. Nur stimmen die Proportionen nicht. In Washington dominiert das Parlament alles, das Weiße Haus tritt fast bescheiden in den Hintergrund. Hier drängt sich das Kanzleramt in den Vordergrund, zu groß, zu protzig, zu auffallend. Der Reichstag, mit seiner preußisch-imperialen Architektur ohnehin schwer zu einem Sinnbild der Demokratie zu machen, das kann auch die Glas-Kuppel bei allem Bemühen nicht retten, wird in die Defensive gebracht.

Herrschafts-Darstellung ist heute, so kann man schließen, unsicher und widersprüchlich, sie versteckt sich in Shopping-Malls und Erlebnis-Parks – und sie bezieht uns in einer touristischen Rolle ein. Sie ist noch immer Beeindruckungs-Architektur, sie macht uns immer noch klein, aber sie schließt uns nicht aus. Auch die Herrschaftsarchitektur hat ihren Ernst verloren. Gebäude, die die Kapitalmacht darstellen, also Verwaltungszentren und Bankentürme, aber auch die baulichen Darstellungen des Staates, sind amüsant geworden. Natürlich sind sie immer noch auffällig grandios und anspruchsvoll, sie bringen uns in eine Position, in der wir zu ihnen aufblicken müssen – aber sie haben auch diese Spiegelfassaden, die uns blenden und in denen wir den Himmel sehen können, sie haben diese unpassenden Kronen an der Spitze, sie tragen verspielte Nischen und Säulen, scharfe Kanten und glänzende Materialien.

Das ist nicht die Herrschaft, die wir kennen. Die Regierungsgebäude (und die Gefängnisse) und neuerdings auch die Gebäude des Kapitals stellen eine Herrschaft dar, die von den Imperativen der Kulturindustrie geprägt ist. Ein unpersönliches, ortloses Kapital materialisiert sich in Verwaltungsgebäuden, die durch sensationelle Gestaltungen zur Attraktion werden. Die Verwaltungstempel werden in ein Tourismus-Zentrum eingebaut. Dem Betrachter wird nicht Respekt abverlangt, indem man ihn per Bannmeile auf Distanz hält. Vielmehr ist er als Bewunderer, nicht aber als Teilnehmer eingeplant. Er bleibt unbeteiligt. Zuletzt geht den Souverän als den Touristen, der nur vorbeiläuft, die Herrschaft, die in seinem Namen geübt wird, nichts an.

Architektur entsteht nach Verwaltungs-Logik und sie drückt Verwaltungs-Logik aus. Sie definiert damit die Herrschaft der Waren und integriert den Souverän als Käufer und touristischen Flaneur. Natürlich kann er sich dem entziehen und vor dem Kanzleramt oder im Sony-Center die Faust erheben. Aber gewöhnlich tut er das nicht, sondern genießt noch die Verantwortungslosigkeit, die ihm angemutet wird.

Beispiel 2: *Kulturindustrielle Politik und die Verachtung des Souveräns*
Mit dieser Analyse von Herrschafts-Architektur haben wir schon in einem Aspekt dargestellt, wie kulturindustrielle Politik heute uns, den Souverän, definiert: als außenstehend, wie eine Kundschaft umworben, nicht weiter und intensiver beteiligt. Das gehört aber zu einem umfassenderen Muster von Populismus, der wesentlich kulturindustrielle Politik ist. Max Horkheimer hat dieses Muster in der Geschichte der bürgerlichen Befreiungsbewegung seit Cola di Rienzo (Mitte des 14.) über Girolamo Savonarola (Ende des 15.) und den Revolutionär Maximilien Robespierre (Anfang des 19. Jahrhunderts) bis zu den faschistischen Massenbewegungen im 20. Jahrhundert analysiert. (Egoismus und Freiheitsbewegung, 1936, HGS 4) Es ist immer wieder das Muster der Verpflichtung der Anhängerschaft auf das Große & Ganze unter Verzicht auf die eigenen Interessen mit Hilfe von Demagogie und aufgestacheltem Fanatismus. Populismus dieser Art ist danach eine Dimension von bürgerlicher Politik, die das Volk als „Rammbock“ (gegen Patriziat, später Aristokratie) braucht, es aber nicht zu seinem Recht kommen lassen kann. Daher muss ihm Verzicht beigebracht werden. Diese Art von Politik ist heute perfektioniert.

Dank großartiger politischer Erfindungen ist es der Berufspolitik gelungen, sich von den von ihnen Vertretenen weitgehend unabhängig zu machen. International reisende und sich verdingende Wahlkampf-Spezialisten tun ihr Bestes, um die Wahl statt einer Abstimmung über die Politiker-Leistungen in den letzten vier Jahren zu einem Votum über die Güte, und das heißt: Unterhaltsamkeit des Wahlkampfs werden zu lassen. Politik muss in erster Linie Aufmerksamkeit, also Einschaltziffern finden. Daher müssen sich politische Ereignisse nach den Bedürfnissen der Medien ausrichten, die über sie berichten sollen. Politik organisiert nach Köpfen statt nach Interessen, und das mit allen Mitteln des Erringens von Aufmerksamkeit, Zustimmung und Abstimmung. Es ist populistische Politik, und das in allen Parteien. An den früheren Arbeiter-Parteien ist das, weil relativ neu, besonders auffällig.

Durch diese Form der Politik, die dem Volk nach dem Mund redet, aber es nicht ernst nimmt, wird aus der Vertretung der Interessen bestimmter Positionen durch ihre politischen Abgeordneten das Einkaufen der Stimmen dieser Leute durch Berufspolitiker. Demokratische Politik als kulturelle Aktivität hat einen starken Aspekt von Warenförmigkeit bekommen. Sie hat damit nicht nur ihren demokratischen Charakter als Vertretung der Leute verloren, sie ist gerade indem sie das verspricht, was Mehrheiten (in Umfragen, mit ihrer eigenen Problematik) zu wünschen scheinen, zur Volksverachtung geworden. Die Wählerschaft muss aufmerksam gemacht, gewonnen, überzeugt, informiert werden, weil man tatsächlich Politik an ihren Interessen vorbei macht. PR-Arbeiter, Umfrage-Forscher und sonstige Politikberater, alles Wissensarbeiter unter den Bedingungen von Kulturindustrie, erledigen das gekonnt.

Betonte Populisten wie Berlusconi sind am ehesten bereit, das Volk, das sich auf der Straße bemerkbar machen will, auch niederknüppeln zu lassen. Die Inszenierung von Genua 2001, die auf Spektakel und zur Not, wenn nicht vor allem, auch auf ein Bürgerkriegs-Spektakel angelegt war, hat es deutlich gezeigt.

Beispiel 3: *Sozialwissenschaftliche Zeitdiagnose als Party-Spiel*
Sozialwissenschaftliche Zeitdiagnosen haben in den letzten zwanzig Jahren erstens Konjunktur, zweitens eine zunehmend kürzere Zerfallszeit (die Industrie-Gesellschaft hielt etwa hundert Jahre, die Erlebnis-Gesellschaft gerade zehn) und drittens jedenfalls im Deutschen bevorzugt die Form einer „XY-Gesellschaft" - von Risiko- über Multioptionen- bis Erlebnis-Gesellschaft. Diese Form fällt auf, weil sie im Englischen wenig auftritt - und weil sie an eine kommerzielle PR-Masche erinnert, die in etwa derselben Zeit um sich gegriffen hat: Einkaufszentren bezeichnen sich gern als „XY-Land" oder „YX-Welt" - Teppichland, Fliesenwelt, Bauwelt, Weihnachtsland, in Wien gibt es an der Simmeringer Hauptstraße, die zum Zentralfriedhof führt, ein „Grabsteinland". Das erinnert an die Freizeit-Parks, mit denen das wohl begonnen hat: Disneyland und Legoland, und tatsächlich ist es ja auch die Strategie, den „Erlebnis-Einkauf" mit dem Besuch eines Freizeit-Parks zumindest assoziativ zu verbinden. Die Soziologie und die Sachbuch-Verlage haben diese Werbe-Strategie übernommen.

Die Form der Benennung suggeriert - wie auch bei Teppich- oder Fliesenland - den Eintritt in ein geschlossenes Terrain, auf dem alles geboten wird, was man braucht, eine Komplett-Versorgung der besonderen Art, zugespitzt um ein Thema, von dem alles organisiert wird. Bei Disney ist es der Kosmos der in seiner Fabrik erfundenen Figuren, in der Risiko-Gesellschaft wird alles von unbeherrschbaren Unsicherheiten bestimmt. (Immerhin ist uns bisher eine Bezeichnung nach dem patriarchalen Schöpfer der entsprechenden „Welt", analog zu Disneyland, erspart geblieben: keine Beck- oder Glotz-Gesellschaft, dazu reicht die Prominenz doch nicht. Auch scheint der von ihnen geschaffene Kosmos nicht umfassend genug zu sein. Eine Dieter-Bohlen-Welt oder ein Beate-Uhse-Land eines Tages wäre hingegen nicht auszuschließen.) Durch die Form der Benennung wird ein Anspruch auf umfassende Charakterisierung aufgestellt: „Risiko" ist in der „Risikogesellschaft" keine Einzeldimension, die hier und da in der Gesellschaft auch durchschlägt, sondern die bestimmende zentrale Dimension, das eine entscheidende Merkmal der Gesellschaft.

Suggeriert wird auch eine komplett neue Gesellschaft: Der Wandel zur „Risikogesellschaft" fügt nicht eine Eigenheit zu dem hinzu, was bisher war, sondern wälzt alles um, nichts bleibt, wie es war - so wie die auf den Hüften getragenen Jeans ganz neu und etwas nie Dagewesenes sind und ein komplett neues Lebensgefühl vermitteln, eine Revolution im gesamten life-style. Als „gelernte Konsumenten" warten wir mit mildem Interesse darauf, mit welcher Revolution der Mode uns die Werbe-Strategen nächstes Jahr amüsieren werden. Die Abfolge der „XY-Gesellschaften" ist ähnlich ein Wechsel der Moden oder der Probleme und in kein umfassenderes historisches Modell etwa der Entwicklung von Produktionsweisen eingebettet. Daher lässt sich weder die Größenordnung der diagnostizierten Veränderung abschätzen, noch lässt sich zwischen den Diagnosen entscheiden, ob sie ein wichtiges oder ein zentrales Merkmal der Veränderung benennen - noch ganz abgesehen von der Schwierigkeit zu entscheiden, ob es sich überhaupt um eine nennenswerte Veränderung handelt. Die Gesellschaftsdiagnosen benehmen sich wie Mode-Phänomene, die auf willkürlichen Einfällen beruhen und die sich in der Konkurrenz durchsetzen müssen, einen besseren Grund für ihr Akzeptiertwerden gibt es nicht. Sie sind alle „gleich gültig" und beweisen sich nicht durch „Wahrheit", sondern durch journalistische und politische Brauchbarkeit. Welche sich durchsetzt, liegt eher an Griffigkeit und plakativem Namen als an Treffsicherheit. (Deshalb war z.B. Peter Gross' „Multioptions-Gesellschaft" PR-mäßig schlecht gewählt und wurde auch nicht sehr populär.)

Eine bestimmte Form von Wissenschaft, ein methodischer Zugang zur Analyse von Gesellschaft ist also kulturindustriell bestimmt entstanden. Dass das so gedacht und beschrieben werden soll und kann, liegt an Imperativen des Marktes: Soziologen konkurrieren auf dem Sachbuch-Markt, der sich seit nicht viel mehr als dreißig, vielleicht vierzig Jahren (beginnend mit „Rowohlts deutscher Enzyklopädie" und der „edition suhrkamp") zunehmend aus dem begrenzten Markt für Wissenschaft ausdifferenziert und sich zwischen Monographie und Lehrbuch geschoben hat. Hier geht es um Wissenschaft zur Unterhaltung, womit das Innovations-Kriterium von Wissenschaft eine neue Bedeutung bekommt: Sensation und marketing-gag. Bekanntheit auch innerhalb der Wissenschaft wird längst darüber ausgehandelt. Am Beispiel Beck, dessen „Individualisierung“ zehn Jahre der deutschsprachigen Soziologie samt einigen DGS-Kongressen dominiert hat, war das gut zu beobachten. Wissenschaftlicher Rang wird von den Journalisten von FAZ und „Zeit“ gemacht, nicht von der Redaktion der „Kölner Zeitschrift“ und ihrem peer-review. Das kann man unterschiedlich beurteilen, aber jedenfalls prägt es die Form von Wissenschaftlichkeit.

Vom gekonnten Umgang mit Kulturindustrie

Kulturindustrie ist bunt und schön, wir wollen alle dabeisein - das stimmt schon und das ist auch recht so. Niemand braucht uns Vorschriften zu machen, wie wir unsere kicks bekommen, womit wir uns vergnügen und was uns zum Abschlaffen verhelfen soll. Es gehört zur Fehl-Wahrnehmung der Kritischen Theorie und besonders Adornos, dass sie als normativ, wenn nicht als „Anweisung zum richtigen Leben nach Auschwitz“ verstanden wurden und werden, als „Aphorismen zur Lebensweisheit“ nach der Katastrophe. Die Tatsache, dass seit Habermas eine Moralphilosophie als legitime Weiterführung der Kritischen Theorie behauptet wurde (auch wenn zugleich alle Grundannahmen revidiert wurden), hat nichts zum Abbau dieses Missverständnisses beigetragen, aber viel zum Füttern der seltsamen Hassgefühle, die gelegentlich Adorno gegenüber zum Ausbruch kommen, auch heute noch.

Das alles ist höchst unangebracht. Adornos Theorie ist nicht normativ. Sie ist Gesellschaftskritik auf viel raffiniertere Weise als Habermas uns nahelegt. Sie kritisiert - außer dort, wo gar keine besondere Kunst der Kritik nötig ist, wie etwa beim Insistieren auf dem Eingedenken des europäischen und deutschen Völkermordes - indem sie auf die Versprechungen wie die Versagungen der bürgerlichen Gesellschaft hinweist und die Rückfälle der Intellektuellen aufzeigt. Sie macht uns keine Vorschriften, sie warnt uns. Sie will uns nicht, wie manche meinen, die Laune verderben, sie weist uns auf das hin, was hinter unserem Rücken geschieht, während wir uns auf trips begeben, die noch dazu viel zu oft schlechte trips sind.

Es hat einmal, in den 50er und frühen 60er Jahren des vorigen Jahrhunderts, eine historisch einmalige Situation gegeben, in der Kulturindustrie subversiv war: Als wir amerikanische Lässigkeit der Haltung und Kleidung und die antiautoritäre Traurigkeit des Blues in Form von Elvis Presley, Rolling Stones und Bob Dylan der autoritären europäischen, besonders deutschen Kultur entgegenhalten und uns mit dieser kleinen Übersetzhilfe für eine kurze Zeit von ihr befreien konnten, bevor wir von ihrer Kommerzialisierung eingemacht wurden. Das zu verallgemeinern, wäre leichtfertig. Spätere Jugendkulturen haben eine ganz andere Situation vorgefunden, der Moment der Befreiung ist längst vorbei.

Die Anforderungen der Kritischen Theorie sind intellektuell, nicht moralisch: Wie gewinnt man die Reflexivität, mit der man auch aus dem Schund, der überwiegend angeboten wird, auch noch sein Vergnügen ziehen kann? Und wie produziert man als Intellektueller in einer Form, in der man Kritik und Ironie ohne Schaum vor dem Mund und ohne Moralismus transportieren kann? Wie schafft man es, sich an der Herrschaft, in die man hineingezogen wird, nicht mehr zu beteiligen als unvermeidlich ist, also ohne freiwillige Vorleistungen? Die großen Erwartungen an die Kulturindustrie sind überflüssig. Der moralische Zeigefinger ist es ebenso.

II: Warum es uns freut, dass Professor Adorno Jazz-Musik nicht ausstehen konnte

Zwei Geschichten zur Einleitung

Vor vielen Jahren gab es in einer Musikkneipe im Frankfurter Nordend eine Veranstaltung über Adornos Theorie des Jazz. Als eines der Materialien wurde eine Passage aus einem Rundfunkgespräch zwischen Adorno und Peter von Haselberg von 1965 vorgespielt, in der Adorno über die Beatles spricht. Adorno sagte ungefähr folgendes:

„Was gegen die Beatles zu sagen ist, ist ... ganz einfach das: Was diese Leute bieten, womit überhaupt Kulturindustrie, die dirigistische Massenkultur uns überschwemmt, ist seiner objektiven Gestalt nach etwas Zurückgebliebenes. Man kann zeigen, daß die Ausdrucksmittel, die hier verwandt und konserviert werden, in Wirklichkeit allesamt nur heruntergekommene Ausdrucksmittel der Tradition sind, die den Umkreis des Festgelegten in gar keiner Weise überschreiten und die das an Ausdruck, was sie sich zutrauen und wovon die faszinierten Hörer behaupten, daß es das Fascinosum sei, objektiv durch eben die Abgebrauchtheit all dieser Elemente gar nicht mehr haben.“[5]

In dem Lokal wurde diese Passage, in der stilisierten Sprechweise des Professors vorgetragen, mit ausgelassenem und höhnischem Gelächter quittiert. Ich schämte mich.

In dem Roman *Hitler in Hollywood* von Jürgen Alberts (Göttingen: Steidl, 1997), der im deutschen intellektuellen Exil in Los Angeles etwa 1944 spielt, wird in einer Passage Adorno einem Hollywood-Produzenten so vorgestellt:

„'Er mag keinen Jazz, er mag keine amerikanischen Filme, er ist ein Gegner des späten Kapitalismus, er mag keinen Döblin, er mag keinen Fallada, er ist ein Gegner der Jungfrau Maria, aber ... er ist ein brillanter Kopf. Ihr könnt ihn über die Deutschen ausfragen, und er wird euch sagen, wie sie wirklich sind. Er kennt die preußische Autoritätssucht, weiß, was Hierarchie und Kommando ist, hat deutsches Wesen analysiert und kann darüber beredt Auskunft geben.' - 'Ist er denn auch gegen Hitler?' wollte Trevor McCann wissen. - 'Selbstredend!' antwortete Kupfer, der verstohlen auf die Uhr sah. Adorno schien sich zu verspäten. - 'Und *für* was ist dieser ... wie war noch mal sein Name?' schaltete sich Joe Pop ein. - 'Für die Dialektik', antwortete Kupfer, 'was immer das sein mag.'" (258)

„Er mag keinen Jazz", das charakterisiert den Philosophen als altmodisch, wenn nicht lächerlich, in den USA darüber hinaus als Sonderling, der unbegreiflicherweise die allgegenwärtige Tanzmusik so ernst nimmt, dass er sie ablehnt, und in manchen Kontexten sogar als Rassisten. „Jazz blieb für ihn die Quelle dauernden Schreckens", das macht aus dem Musikphilosophen mit seinen hohen Ansprüchen einen Banausen, den wir hier einmal bei einer offenkundigen Ignoranz erwischt haben. Und darüber sind wir alle ganz beruhigt, wenn nicht sogar erfreut. Die Frage hat sich verschoben: Wir sind nicht mehr erstaunt über Adornos Unverständnis, sondern wir freuen uns über die Möglichkeit, Adorno für irrelevant erklären zu können. Wir sind erfreut, so meine ich, weil wir angesichts dieser Fehlleistung die hohen Ansprüche, die Adornos Kritische Theorie stellt, zurückweisen und vernachlässigen können.

Die Entstehung der Jazz-Theorie[6]

Adorno hat seine „Dechiffrierung des Jazz" innerhalb weniger Monate im Jahr 1936 in Oxford geschafft, wohin er 1934 vor den Nazis geflüchtet war. Im Januar 1936 traf er Horkheimer in Amsterdam und besprach mit ihm das Projekt einer „Jazzuntersuchung". Kurz darauf konnte er ein „Jazz-Exposé" vorlegen, einen Forschungsplan von über 20 Seiten, dessen Anhang III: Verifizierungsthesen, der allein fast die Hälfte ausmacht, die Rohfassung dessen ist, was bereits Mitte Mai als Manuskript von „Über Jazz" an Horkheimer geschickt werden kann. Es geht sofort in die Druckerei. Mitte Juni gibt es bereits die Fahnenkorrekturen, in denen sich Adorno mit Streich-Zumutungen der Redaktion auseinandersetzen muss. Im Herbst wird das Heft der Zeitschrift für Sozialforschung mit Adornos Aufsatz bereits ausgeliefert. Aus der geplanten empirischen Untersuchung, die im Exposé (samt Fragebogen-Entwürfen) angetragen wird, ist nichts geworden. Horkheimer fand andere Arbeiten vordringlicher für das Institut. Auch aus einer Sammelveröffentlichung „Die Kunst des Massenkonsums", deren Plan Adorno 1937 vorlegte, und die neben „Über Jazz" Benjamins „Kunstwerk"-Aufsatz und Beiträge von Horkheimer, Kracauer, Löwenthal, Giedion und Bloch enthalten sollte, ist leider nichts geworden.

Adorno hat den Aufsatz übrigens unter dem Pseudonym „Hektor Rottweiler" veröffentlicht. Diesen Namen hat er für Publikationen während der Nazi-Zeit gelegentlich verwendet. Er benützt den „Rottweiler" als den typischen deutschen

Fleischerhund, der typischerweise Hektor heißt und so deutsch und gefährlich aussieht, dass hinter einem solchen Namen niemand einen Juden vermuten werde.

So schnell konnte Adorno nur sein, weil die Dinge vorgedacht waren, weil Horkheimers Anstoß, wie er selbst (Brief vom 26.1.1936) schreibt, nur „längst angesammelte Massen von Brennstoff ... entzündet" habe.

Vorangegangen war Adornos kleiner Aufsatz „Abschied vom Jazz", der 1933 in der Zeitschrift „Europäische Revue" erschienen war. In dieser Notiz nimmt er das Nazi-Verbot, im Rundfunk „Negerjazz" zu übertragen, zum Ausgangspunkt und Anlass für die Einschätzung, dass die Jazz-Musik ohnehin in Selbstauflösung begriffen und am Ende sei. Sie betreibe ihre eigene Auflösung „in Militärmärsche und allerlei Folklore". Dafür findet Adorno krasse Worte:

> „Es ist nicht großstädtische Entartung, wurzellose Exotik, gewiß nicht, wie Arglose meinen, die Bizzarrerie aufpeitschender oder greller Asphaltharmonien, die im Jazz sich darstellt und mit ihm verschwindet ... Was vielmehr den Jazz aushöhlte, ist seine eigene Stupidität. Mit ihm wird nicht der musikalische Einfluß der Negerrasse auf die nördliche ausgemerzt; auch kein Kulturbolschewismus, sondern ein Stück schlechtes Kunstgewerbe." (GS 18: 795f)

Zum Beleg werden in kurzer Form schon hier die wichtigsten Argumente angesprochen, mit denen Adorno auch später und ausführlicher den Jazz kritisiert hat: seine Schein-Gewagtheit und Schein-Freiheit, exemplarisch im Verhältnis von Synkope und Grundrhythmus dargestellt, die immer nur so tun, aber vor der Konsequenz erschreckt in die Sicherheit der Norm zurückprellen. Dieser Schein werde tatsächlich durch genormte Formeln hergestellt, die noch dazu nicht einmal originell seien, sondern „eine verwesende Moderne von vorgestern" konservierten. Mit seiner Stereotypie, die sich auf die Dauer nicht verbergen lasse, sei der Jazz langweilig geworden und werde, so prophezeit Adorno, auch keine Verteidiger finden. Untergegangen wäre er ohnehin, dass ihn die Nazis jetzt auch noch verbieten, sei eigentlich überflüssig. Womöglich enthalte dieser Untergang des Jazz, der lärmenden Ablenkung, sogar eine Chance:

> „Hinterlassen hat der Jazz ein Vakuum. Keine neue Gebrauchsmusik ist da, ihn abzulösen, und keine wird sich bequem lancieren lassen. Dies Vakuum aber ist nicht das schlechteste. In ihm drückt sich wortlos, wie die Entfremdung von Kunst und Gesellschaft, so eine Gesamtverfassung der Wirklichkeit aus, die auszudrücken Worte fehlen. Mag dies Vakuum bewußtlos sein, es ist doch kein falsches Bewußtsein. Vielleicht, daß es im Schweigen laut wird." (GS 18: 799)

Übrigens hat Adorno in derselben Zeitschrift „Europäische Revue" nur zwei Hefte später eine „Notiz über Wagner" veröffentlicht, in der das spiegelbildliche Argument geführt wird: Obwohl die Nazis mit Wagner viel anfangen können, gibt es in dieser Musik doch einiges an Errungenschaften. Da ist einerseits das „wogende Orchester mit den tragenden Hörnerharmonien, den chromatisch gedehnten

Mittelstimmen, den Geigenekstasen und Holzbläserdrohungen", der „Wagner ... der Fanfarendreiklänge" und der „Wagner der romantischen Kraftgeste" - da ist andererseits der „Artist Wagner", der „ins Geheimnis des chromatischen Handwerks" geriet und dessen „Musik mit Einsamkeit, Geheimnis und selbst Schein die gesellschaftliche Struktur real bezeugte und in ihrer Dynamik zugleich über sie hinaus, auf das Mögliche, Zukünftige hindeutete". (GS 18: 205ff) Wagner ist also einerseits ein früher Exponent von kulturindustriellem Komponieren, also von Musik, die nur aus Effekten besteht und auf Überwältigung des Publikums kalkuliert ist, er hat aber andererseits Gültiges ausgedrückt und musikalische Fortschritte errungen, die beide den Nazis entgehen und die man deshalb nicht aufgeben soll.

Wenn man beide Aufsätze zusammennimmt, plädiert Adorno also dafür, sich die Maßstäbe für Musik nicht - positiv oder negativ - von den Nazis und ihrer Kulturpolitik vorgeben zu lassen, sondern bei den eigenen, analytisch begründeten Maßstäben zu bleiben. Er plädiert für Unabhängigkeit des Urteils von politischen Parteinahmen und den davon ausgelösten Automatismen. Man darf sich den Nazis nicht ausliefern - auch nicht negativ.

Aber schon dieser „Abschied vom Jazz" steht in einer Tradition, die weiter zurückreicht. Ihren Abschied vom Jazz hatten in den frühen 30er Jahren viele Komponisten (darunter Kurt Weill) genommen und zu Protokoll gegeben, und er war nötig, weil sie in den 20ern von Jazz viel erwartet hatten. Nicht nur waren mit den amerikanischen Soldaten des I. Weltkriegs und mit einem ersten Schub von Fordismus-Übernahme Swing und Hot-Jazz zur europäischen Tanzmusik geworden, nicht nur hatte Ernst Krenek mit seiner Jazz-Oper „Jonny spielt auf" 1927 Furore und Skandal (und ein gutes Einkommen) gemacht, es wurde auch heftig diskutiert, was die europäische Komponisten-Musik vom Jazz zu lernen habe. Frankfurt war der avantgardistische Ort, an dem Jazz 1928 in den Kanon der Musiker-Ausbildung aufgenommen wurde. Die Einrichtung der Jazz-Klasse am Hoch'schen Konservatorium und der Wirbel, den schon ihre Ankündigung auslöste, sind Adorno sicher nicht entgangen.

Der Leiter der Jazz-Klasse am Hoch'schen Konservatorium war Mátyás Seiber, Budapester und Kodály-Schüler. Die Qualifikation dafür erwarb er als Cellist eines Schiffs-Orchesters und durch die damit entstehenden Berührungen mit nord- und südamerikanischer Musik. 1933 wurde er von den Nazis entlassen, ab 1935 lebte er in England. 1936 hat er Adorno als „Jazz-Experte" gegen Honorar zugearbeitet und eine Zusammenstellung von Beobachtungen in der Musikindustrie verfasst, die Adorno sehr bestätigt hat.

In Seibers eigenen Publikationen zum Jazz ist eine deutliche und zunehmende Distanz zu dieser Art von Musik zu spüren. Solche Abschiede vom Jazz wurden damals notwendig, weil manche Komponisten und Musikschriftsteller vom Jazz so viel erwartet hatten, bis hin zu einem Neubeginn der Musikentwicklung, zumindest aber eine „Auffrischung“ und „Vitalisierung“ der alt gewordenen europäischen Musik. Mit Wörtern wie „Ursprünglichkeit“, „Jugendfrische“, „Überbrückung des Gegensatzes von ernster und unterhaltender Musik“ bis hin zu „Befreiung“, „orgiastisch“ oder „motorisch-erotischer Ausdruck beider Geschlechter“ wurde nicht gespart. Man kann sich gut vorstellen, wie Adorno unter dieser merkwürdig enthusiastischen Literatur gelitten hat.

Wir haben also eine Linie von mindestens zehn Jahren, in denen Adorno immer wieder einmal mit den Phantasien der Komponisten und Musikschriftsteller über Jazz zu tun hatte. Und natürlich hat er auch einiges an Jazz gehört, vermutlich besonders in Berlin. Das war die damals verfügbare Swing-Musik der großen Orchester und die „Hot“ genannte Musik kleinerer Ensembles wie der damals bekannten „Weintraub Syncopators“. Im englischen Exil hatte er noch einmal besonders Gelegenheit, Jazz zu hören, so wie man ihn damals verstand.

Die Dimensionen der Jazz-Theorie

Man kann Adornos Jazz-Theorie auf zwei Haupt-Dimensionen zusammenfassen: Schein-Freiheit und Oberflächen-Sexualisierung. Schein-Freiheit findet sich besonders im Verhältnis von Grundrhythmus und Synkope sowie in der Improvisation, Oberflächen-Sexualisierung in den Tänzen und damit wieder im Rhythmus (er hätte die Texte hinzufügen können).

Grundrhythmus und Synkope beschreibt Adorno in einem Gegensatz-Verhältnis: Die Synkope versucht auszubrechen, der Grundrhythmus schlägt diese Abweichung nieder. Dazu wird die Synkope als Zu-früh-Kommen bestimmt. Damit wird im Jazz rhythmisch das Drama von Individuum und gesellschaftlicher Norm vorgeführt und der Sieg der Norm zelebriert. Das sind beides Bestimmungen, die sich in der genannten Musikliteratur zum Jazz immer wieder finden, die also nicht spezifisch für Adorno sind. Er fügt nur die gesellschaftliche Deutung hinzu. Die Deutung der Synkope als Zu-früh-Kommen verweist auf den Tango, wo der Vorschlag auf 1 besonders prominent ist, und also darauf, dass zwischen den verschiedenen Formen von exotischer Tanzmusik kein großer Unterschied gemacht wurde. Andernfalls wäre dieses einseitige Verständnis einer rhythmischen Verschiebung und Interferenz, die man ebenso gut als Zu-spät-Kommen beschreiben könnte, nicht zu verstehen. Ohnehin ist mit „Synkope“ nicht beschrieben, was rhythmisch im Jazz und besonders in den Phänomenen „swing“ und „drive“ geschieht. Aber selbst diese Vokabeln standen damals noch nicht zur Verfügung, also hat man sich mit der „Synkope“ aus der europäischen Tradition beholfen.

Oberflächen-Sexualisierung sieht Adorno in der angedrehten „Verruchtheit", der betonten Körperlichkeit, der rhythmischen Symbolik dieser Musik, bestätigt durch die „Schieber"-Tänze, die damals aufkamen, Tanz mit vollem Körper- und Schenkel-Kontakt der Tanzpartner. Er sieht darin eine hervorgekehrte, demonstrative sexuelle Freiheit, analog, so würde ich hinzusetzen, zu der von pubertierenden Jugendlichen, die umso großmäuliger Zoten reißen und sexuelle Anspielungen machen, je mehr Angst sie vor der Erfahrung haben, die ihnen abgeht. Psychoanalytisch gesprochen, und Adorno hat in seiner Jazz-Theorie viel Psychoanalyse bemüht, ist der manifeste Inhalt Sexualität und der latente die Angst vor ihr und ihre Unterdrückung. Für Adorno sind es die gesamten 20er Jahre, die mit ihrem Freiheits-Getue, dem gar keine Freiheit entsprach, nur „der Reaktion" die Vorwände für ihre Unterdrückung lieferten.

Psychoanalytisch zusammengefasst, wird in beiden Elementen oberflächlich Freiheit gefeiert, im latenten Inhalt aber Unterwerfung zelebriert. Das wendet sich politisch, wenn man zusätzlich Jazz als die Musik „unterdrückter Völker" sieht. Jazz war damals in Deutschland die Musik von „Negern und Ostjuden". Damit vollzieht sich die Dynamik, die Adorno zwischen Individuum und Gesellschaft identifiziert, auch zwischen diskriminierten Minderheiten und ihren Verfolgern: Sie zelebrieren ihre eigene Unterwerfung.

An dieser Stelle ist ein drittes Element hinzuzufügen, das Adorno im Klang des Jazz und seiner Instrumente wahrnimmt: Jämmerlichkeit. Als Beispiel dient ihm besonders das Saxophon, ein Zwitter zwischen Holz- und Blech-Blasinstrument, das sich besonders für „verschmierte" Töne eignet, die im Jazz auch noch gepflegt werden. Das auffällige Klang-Element am Jazz, die klare Abweichung von dem europäischen Ideal von „schönen" und „gut getroffenen" Tönen, macht auf Adorno den Eindruck von Jammern.

Damit lässt sich die politische Analyse noch einen Schritt weitertreiben, bis zu dem Satz „Jazz und Pogrom gehören zusammen": Das Drama der Unterwerfung enthält jetzt auch noch die Klage der Unterworfenen, die mit allgemeiner Heiterkeit und Ausgelassenheit beantwortet wird und sich selbst schon so verkleidet. Im Wagner-Buch, an dem Adorno gleichzeitig gearbeitet hat, wird das Märchen vom Juden im Dorn zitiert:

> „Wie er (der Jude) nun mitten in den Dornen steckte, plagte der Mutwille den guten Knecht, daß er seine Fiedel abnahm und anfing zu geigen. Gleich fing auch der Jude an, die Beine zu heben und in die Höhe zu springen; und je mehr der Knecht strich, desto besser ging der Tanz." (Fragmente über Wagner, 1939, *Zeitschrift für Sozialforschung* 8: 9)

Das ist für Adorno das Muster von Wagners antisemitischem Humor und eben das sieht er auch in dem verwirklicht, was er „Jazz" nennt. Wo Wagner mit seiner Musik den Juden schmerzvoll tanzen lässt, ist es im Jazz allerdings noch schlimmer: Hier werden die Melodie-Instrumente, die für Adorno jämmerlich quietschen und jaulen, mit den Juden gleichgesetzt, die sich lächerlich machen, gejagt von der großen Trommel, die ihre Ausbruchsversuche niederschlägt. Im Jazz wird das Drama der Ohnmacht vorgeführt, die sich, indem sie ihren Schmerz auszudrücken versucht, auch noch dem Gelächter aussetzt - und es wird von den Opfern selbst vorgeführt.

Was immer sonst die Situation Adornos zwischen 1934 und 1937, als er über Jazz (und „Über Jazz") schrieb, bestimmt haben mag, im Vordergrund stand, dass er gerade aus seinem Kulturkreis, einer relativ komfortablen finanziellen wie gesellschaftlichen Situation und einer hoffnungsvoll beginnenden Karriere vertrieben worden war. Zum Schrecken über den Sieg der politischen Gegner und die darauf folgenden Diskriminierungen muss die persönliche Beleidigung gekommen sein. Adorno und sein Vater waren „Bürger", der Vater eher anglophil, wie es dem „bürgerlichen Kaufmann" entsprach, Adorno selbst als bürgerlicher Intellektueller und Künstler - nun wurden sie gewaltsam als „Juden" identifiziert und als solche entmächtigt, zu Außenseitern und verächtlich gemacht. Adorno hat versucht, sich so klug wie möglich den realen Benachteiligungen zu entziehen, wo er das nicht konnte, sie für unbedeutend zu erklären und zu kompensieren, und die Beleidigung durch besonders betonte Bindung an die Oberschicht und die Annahme, dass der Spuk nicht lange dauern könne, zu konterkarieren.

Adorno hat im Exil in England mit großer Stärke sein Programm weiterverfolgt, sich die Themen nicht von der abscheulichen politischen Situation und dem, was sie ihm antat, aufdrängen lassen. Die beiden Themen mit den noch direktesten aktuellen Bezügen waren Wagner und der Jazz. Adorno hat sich also veranlasst gesehen, über Antisemitismus als Moment der bürgerlichen Ideologie zu arbeiten, und er hat das auf seinem Gebiet, dem der Musik, getan. Indirekt behandelt er dabei die Situation des Exils und das zugehörige Gefühl der Ohnmacht.

In Adornos „Über Jazz", so wird unter diesem Aspekt deutlich, wird von der ausgesetzten Ohnmacht des allein gelassenen Juden gehandelt, hier geht es um die Erniedrigung des Machtlosen, der nicht einmal im Kampf untergeht, sondern hilflos gezwungen wird, sich auch noch lächerlich zu machen. Ist die Annahme zu weit hergeholt, dass Adorno sich damit gegen das wendet, wozu er auch Grund hätte: über das Unrecht zu klagen, das ihm angetan wurde? In einer Gesellschaft ohne Mitleid - und nur in der kann geschehen, was den Juden geschah - wird jeder Appell an Mitleid jämmerlich. Die Verurteilung des Jazz ist die Verurteilung der Klage der Unterdrückten: Der Herrschaft ist die „andrängende Produktivkraft" entgegenzusetzen, die Überlegenheit, von der wirkliches Anderssein und wirksame Auflehnung möglich gemacht wird, nicht der Vorweis eigener Verletzlichkeit, von dem nur weitere, übermütige, lachende, sadistische Unterdrückung provoziert wird.

Die Bedeutung der Jazz-Theorie

Adorno hat gewiss keine überzeitlich gültige Theorie des Jazz vorgelegt. Seine Interpretation hat als grundlegenden Fehler, dass sie das rhythmische Geschehen im Jazz falsch kategorisiert. Im Jazz-Rhythmus werden Phänomene der Spannung, der Interferenz und der Überlagerung hergestellt, die mit „Synkopierung“ nicht erfasst sind. Daher gibt es das von Adorno interpretierte Verhältnis von Grundrhythmus und Ausbruchsversuch nicht. Dieser Teil der musikalischen Analyse fällt also einfach aus. Selbst in der Diagnose der Oberflächen-Sexualisierung vergreift er sich: Die Erotik des Jazz ist Autoerotik, nicht genitale Sexualität. Seine Tänze sind offen, mit einer Tendenz zum Einzeltanz. Die Texte des Blues lassen häufig starke, unabhängige Frauen sprechen. Selbst die Zote distanziert in diesem Kontext.

Aber das macht die politische Analyse nicht ungültig. Die umstandslose Bestimmung von Rock, Pop und Jazz als rebellisch und befreiend, wie es seit den 60er Jahren geschieht, ist sicher voreilig. Die Cultural Studies, die zum Teil noch dem Männlichkeitswahn und Rassismus erst von rechtsradikalen Arbeiter-Jugendlichen, später dann von Hip-Hop, Emanzipatives abgewinnen können, hängen einem Kultur-Populismus an, der noch weniger Grundlage hat als Adornos Deutungen. Die Jugendkulturen wie ihre jeweilige Musik haben ein wenig mit Widerstand, aber viel mit Kulturindustrie zu tun, in der sich jugendliche Auflehnung vermarkten lässt, nicht zuletzt von den Jugendlichen selbst. Inzwischen geschieht Widerstand in der Pop-Musik ohnehin nicht mehr, vielmehr wird uns gleich mit vorgeführt, wie Stars gemacht und ausgewählt und nach kurzer Zeit wieder fallengelassen werden - in Formaten wie „DSDS - Deutschland sucht den Superstar“ (in Österreich heißt das „Starmania“) wird Warenförmigkeit der Musik und aller ihrer Eigenschaften vorgeführt und selbst zum Gegenstand von Unterhaltung. Die Jugendkulturen und ihre Musik sind Einübungen von Integration in ein unsicheres Erwerbsleben, und das kann man auch im Vokabular von Unterwerfung und, wenn es denn sein muss, Kastration beschreiben.

Ein wenig anders ist es mit Blues und Jazz, einer weitgehend erwachsenen Musik. Auch sie hat immer im Rahmen von Kulturindustrie stattgefunden und sich mehr oder weniger warenförmig zugerichtet. Aber beide, Blues wie Jazz, haben immer diese Warenförmigkeit selbstbewusst reflektiert und gebrochen und in ihr Momente von Befreiung gefunden. Diese Momente von Befreiung liegen sehr wohl in den Elementen des Jazz, die Adorno unterschätzen musste, weil er Jazz als eine Abart von europäischer Musik verstand: im improvisierenden Zusammenspiel und damit in der Autonomie der Musiker.

Es gibt im Jazz ein Arbeitsbündnis, das auf der gemeinsamen Erfahrung von Unterdrückung und Einsamkeit beruht: das des Ironisierens von musikalischen und Gefühls-Clichés, von denen man sich nicht vormacht, dass man sie nicht teilen würde. Seither ist das Problem nicht mehr der kommerzielle „Ausverkauf" eines Künstlers, sondern wie sich mitten im Kommerziellen vielleicht doch noch eine Beziehung zu Kunstwelt und Publikum herstellen lässt, in der man als „Künstler" anerkannt wird.

Die Schnulzen, die zum Beispiel Billie Holiday singt, leugnen weder, dass Sehnsucht und Liebesschmerz eher ephemere Ereignisse sind, die mit erwartbarer Regelmäßigkeit auftreten, noch auch, dass sie trotzdem den Menschen ganz schön umtreiben können. Dass sie überhaupt zum Gegenstand von Musik gemacht werden, ist eigentlich übertrieben und Kundenfang, aber die Art der Verarbeitung unter den Jazz-Normen von Individualität des Ausdrucks und Neuheit der improvisatorischen Umformung nimmt die Clichés ernst, macht sie ironisch reflektierbar und geht über sie hinaus.

Als zuhörend Beteiligte werden wir zu Anerkennung der Kunst und der Künstlerin hingerissen von dem Bruch in der Stimme, der einen Menschen erkennen lässt statt der anatomischen Abnormität, die im europäischen Leistungsdenken als sängerisches Können auftritt; von dem „Zurückhängen" der Sängerin im Rhythmus, das uns mitschwingen und zugleich zögern lässt und also ein Stück „Nachdenklichkeit" in die Motorik einführt; von den ausgesparten und abstrahierten Melodien, in denen mit geringer Modifikation aus Liedchen, die nicht der Rede wert wären, Varianten von einiger Ausdruckskraft entstanden sind; von dem Spiel der Linien zwischen Sängerin und Tenorsaxophon (oft auch Trompete oder Klavier), wie es besonders zwischen Billie Holiday und Lester Young regelmäßig gelungen ist und ein „Zusammenspiel in Freiheit" ahnen lässt.

Zurück zur Ausgangsfrage: Die oft hämische Freude darüber, dass Adorno Jazz-Musik nicht ausstehen konnte - und sie falsch verstand, ist voreilig und hat einen ziemlich unangenehmen Beigeschmack. Wir können seine Fehlleistung als Ausgangspunkt nehmen, um den ernsten Hintergrund zu erkennen, den sie hatte: die Situation des Exils und die Entschlossenheit, dieser sozialen Ausschließung nicht mit Klagen, sondern mit überlegenem Können zu begegnen. Das ist zugleich ein Programm für Befreiung oder zumindest Abwehr dessen, was Adorno „die Reaktion" nannte: nicht durch Männlichkeits-Getue, Aktivismus und andere Kraftmeierei, schon gar nicht durch Klagen und Jammern, sondern durch Kritik und Arbeit an der Sache.

Das muss im Rahmen von Kulturindustrie geschehen, aus der man nicht austreten kann. Momente von Befreiung können daher nur in ironischer Reflexion und nur punktuell gewonnen werden. Was Adorno unterschätzt hat, ist das gekonnte, improvisierende Zusammenspiel, das Neues entstehen lassen kann. Er war doch mehr ein Solist.

"He wrote that brilliant book about that big social trend that never actually happened."

Grenzen der Kritischen Theorie
Theoriegeschichte als Familienroman, als Abfolge der Brüche und Revisionen und als Verarbeitung der Erfahrungen von Gesellschaft

Die Geschichte der Kritischen Theorie wird fast ausschließlich im Format des Familienromans erzählt. Der Preis dafür ist (unfreiwillige) Komik. Eine besondere Blüte des Genres bietet die derzeitige Eintragung zu „Axel Honneth" in Wikipedia: Honneth wird dort als (nach Habermas) „einer der wichtigsten lebenden Vertreter der 'Frankfurter Schule'" vorgestellt. Diese Dinos sind doch noch nicht ganz ausgestorben.

Der Familienroman der Theorie ist gewiss kulturindustriell ansprechend und verkäuflich, wissenschaftlich ist er Unfug. Hier wird stattdessen ein Verständnis von Theoriegeschichte vorgeschlagen und auf die Kritische Theorie angewendet, in dem Theorie ein Instrument zur Verarbeitung von sozialen Erfahrungen ist. Kritische Theorie ist dann in ihrer Zeit das Beispiel für die oppositionelle, widerständige Verarbeitung von Herrschaftserfahrungen im Medium der Gesellschaftstheorie. Zu fragen ist nicht nach ihrem „Erbe" in der kulturindustriellen Prominenz, sondern nach der Abfolge von Formen der Widerständigkeit in der Theorie.

Der Familienroman der Kritischen Theorie

Erst in den letzten Jahren hat das allmählich aufgehört, dass Gespräche über Kritische Theorie, wenigstens in Frankfurt, mit der Beteuerung mindestens eines der Beteiligten begannen, er oder sie (meistens er) habe selbst bei Adorno studiert. Auf genaue Nachfrage erfuhr man zwar meistens nur, dass die betreffende

Person auch einmal in dem überfüllten Hörsaal saß und kein Wort verstand, aber schon das schien zu genügen, um Zugehörigkeit reklamieren zu können. Inzwischen hat sich die Funktion von „ich habe ja selbst bei Adorno studiert" verändert: Jetzt ist sie nur mehr Hinweis auf ein ziemlich reifes Alter.

Das damit signalisierte Verhältnis zur Theorie ist doch recht bemerkenswert: Es wird Zugehörigkeit zur Familie behauptet. Und es wird unterstellt, durch solche persönliche Bekanntschaft habe man besondere Kenntnisse der Theorie. Wer nicht dabei war, weiß zumindest nicht in derselben Weise über die Theorie Bescheid wie das Familienmitglied. Dementsprechend wird die Geschichte der Kritischen Theorie als Familienroman geschrieben: Wie der Patriarch eine Familie um sich scharte und was aus dieser Gruppe im Lauf der Jahre wurde; wie das Erbe weitergegeben und verteilt wurde.[1]

Das Schicksal der Gruppe ist auch farbig genug, um es so darstellen zu können. In anderen, besonders zeitgenössischen Fällen gäbe es da nach der Abfolge der Forschungsprojekte und Veröffentlichungen nichts zu berichten als eventuell einen Ruf an eine andere Universität, das Auslaufen der Mitarbeiter-Verträge und die mehr oder weniger mühsamen Karrieren der „SchülerInnen". Man könnte das allenfalls durch ein paar Intrigengeschichten aus den diversen Berufungsverfahren und den Kämpfen mit der Universitäts-Bürokratie oder aus den Vereinsmeiereien der Deutschen Gesellschaft für Soziologie und ihrer Sektionen anreichern: Das lässt sich außerhalb von Akademiker-Karrieren-Tratsch nicht als nennenswerte „Schulen" darstellen, in ihm allenfalls als „Seilschaften".

Die Bruchlinie der patriarchalen Familie ist bekanntlich die Nachfolge-Frage: Wer übernimmt das Erbe und wer muss in die Welt hinausziehen? Oder gibt es gar Realteilung? Oder schlagen die Nachfolger das Erbe aus und gehen eigene Wege? Spätestens an diesem Punkt wird auch die Frage der Arrondierung und Sicherung des Erbes und der Identität des Familienbetriebs kritisch: Bleibt der Name des Patriarchen, ergänzt durch „& Söhne" oder, schon schwächer, „s Nachfolger" (interessant ist auch die Variante „s Witwe"), auf dem Geschäftsschild oder taucht da ein neuer Name auf? Geht dabei, egal unter welchem Namen, wenigstens dasselbe Geschäft weiter? Oder wird ausverkauft und da, wo früher die stadtbekannte Werkstatt war, breitet sich jetzt ein schnöder Supermarkt aus?

In den Geschichten der Kritischen Theorie ist daher die Phase nach 1969, nach dem Tod Adornos, besonders definitionsbedürftig. Bis dahin gibt es eine Gründungsgeschichte, die durch das Exil kompliziert, aber nicht wirklich unterbrochen wird, und die Geschichte einer ersten Nachfolger-Kooptation, die in dem Doppelkopf Horkheimer/Adorno geklärt und in der gemeinsamen Autorenschaft der *Dialektik der Aufklärung* unbefragbar gefestigt wird. Es ist nur logisch, dass Adorno das Institut und die jetzt so genannte „Frankfurter Schule" weiterführt, nachdem

Horkheimer sich gemeinsam mit Pollock in die Schweiz zurückgezogen hatte. Da 1969 auch noch als Höhepunkt und Anfang vom Ende der Studentenbewegung in den Fundus der bedeutungsschweren Geschichts-Symbole eingegangen ist, bricht an dieser Stelle auch eine entscheidende Phase des Familienromans der Kritischen Theorie an. Er wird ab jetzt von verschiedenen Nachfolge-Prätendenten verschieden erzählt, aber durchgesetzt hat sich als kanonische Version, dass Jürgen Habermas das Erbe übernahm und es bis heute getreulich verwaltet hat.

Die erste und bahnbrechende Geschichte der Kritischen Theorie, die von Martin Jay (1973), wurde als Geschichte „des Instituts", also als Firmengeschichte geschrieben. Auch in diesem Format und zu diesem Zeitpunkt kannte Jay, der sein Buch „keinesfalls als 'Hofbericht' verstanden wissen" (15) wollte, bereits die „jüngere Generation der Frankfurter Schule" (17). Besonders wirksam ist die Zuschreibung einer Erbschaft in dem Buch von Wiggershaus (1986) erfolgt, bis heute der Standard-Familienroman der Frankfurter Schule. Dort kommt Habermas zweimal in Kapitelüberschriften vor, darunter in der des letzten Kapitels parallel zu „Adornos Vermächtnis".[2] Die Dramaturgie der Darstellung ist so, dass die Kritische Theorie folgerichtig in die von Habermas mündet. Noch stärker lässt Dubiel (1988) schon im Untertitel die Kritische Theorie von Horkheimer bis Habermas reichen; nach den Seitenzahlen in dieser Darstellung macht Habermas ein Viertel der Kritischen Theorie aus. Besonders schön, nämlich optisch, wird die herrschende Version der Genealogie auf dem Cover von Albrecht et al. (1999) durch eine Bilder-Leiste dargestellt, in der wir absteigend Horkheimer - Adorno - Marcuse - Habermas präsentiert bekommen. Heute ist die Redeweise von einer „zweiten Generation der Kritischen Theorie" geläufig - und damit ist meist ausschließlich Habermas gemeint.[3]

Detlev Claussen charakterisiert im Rückblick (2004) die „Theoriepolitik" der Habermas-Schule als einen „durchschlagenden Erfolg": Es sei „weltweit der Eindruck erweckt" worden, „in Frankfurt am Main gäbe es eine Kontinuität Kritischer Theorie von Adorno über Habermas bis zu Axel Honneth - nun also schon der 'dritten Generation'. Dieser Eindruck befriedigt eine alltagsreligiöse Familienvorstellung potenzieller Vererbbarkeit auch geistiger Produkte ..." (274). Das Geheimnis dieses Erfolgs sei der Rückzug nach Starnberg gewesen, mit dem Habermas sich den Ansprüchen und Aufregungen der Zeit des Zerfalls der Studentenbewegung entzogen und sich zugleich stärker auf die USA orientiert habe: „Seine neue Lehrtätigkeit im Frankfurt der achtziger Jahre basiert auf der wissenschaftlich erfolgreich durchlebten Forschungsdekade weit vom Schuss in Starnberg und der Eroberung des akademischen Marktes in den USA." (276f) Dass damit keine Fortsetzung der Kritischen Theorie stattfand, sondern der Bruch mit ihr, hat Habermas selbst hinreichend klar bei verschiedenen Gelegenheiten ausgeführt.

Er „... hat in den achtziger Jahren ein substanziell anderes Projekt etabliert, dem er das label 'jüngere Kritische Theorie' hat aufkleben lassen." Damit ließ sich „ein wissenschaftsgeschichtliches Wunder vollbringen: Paradigmenwechsel, ohne den weltberühmten Namen Kritische Theorie einzubüßen" (283f).

Eine andere Version des Familienromans wird in Hannover gepflegt (wo auch der eben zitierte Detlev Claussen lehrt), nämlich die vom (erzwungenen?) Exodus eines Häufleins von wirklich Getreuen an einen abgelegenen Ort, wo man aber günstige Bedingungen und Hochschätzung vorfand.[4] Tatsächlich kann man ein gutes inhaltliches Argument führen, dass Negt, besonders in seinen Arbeiten gemeinsam mit Alexander Kluge, viel näher an den Grundannahmen der Kritischen Theorie in der Version von Horkheimer und Adorno blieb als Habermas. Andererseits ist sein Engagement in der Gewerkschaft und die Orientierung seines Denkens an einer Arbeiterbewegung, die es auch damals schon nicht mehr gab, mit dem klaren „Abschied vom Proletariat", den Horkheimer und Adorno schon viel früher vollzogen hatten, völlig unvereinbar.[5]

Interessant ist die geringe Rolle, die das Institut für Sozialforschung in den Mythen der Nachfolge-Kämpfe spielt. Dort wurde in den 1970er Jahren unter der Leitung von Gerhard Brandt und besonders Ludwig von Friedeburg (nachdem sein Abstecher nach Wiesbaden als Kultusminister beendet war) über viele Jahre ein umfangreiches arbeits-, industrie- und gewerkschafts-soziologisches Forschungsprogramm durchgeführt, zu Zeiten auch mit einer starken feministischen Komponente. In das vorherrschende Verständnis von Geschichte der Kritischen Theorie ist diese Arbeit fast nicht eingegangen. In der kanonischen Geschichtsschreibung kommt es gar nicht vor. Dabei müsste zumindest Friedeburg in der Logik des Familienromans einen zentralen Nachfolge-Platz haben. Offenbar hat er sich nicht darum bemüht: Er war bei aller praktischen wie theoretischen Loyalität zur Kritischen Theorie und zum Institut für Sozialforschung viel zu eigenständig, um sich in die Aura des Nachlass-Verwalters hineinreklamieren zu lassen. Wenn sich die kanonische Geschichtsschreibung weiter durchsetzt, wird mit der Übernahme der Institutsleitung durch Axel Honneth, der im Familienroman der Habermas-Erblinie zugerechnet wird, die Ära Friedeburg als Zwischenspiel dargestellt werden.

Wenn schon von Instituten, die in der Geschichtsschreibung verschwunden sind, die Rede ist, sollte auch das Starnberger *Max-Planck-Institut zur Erforschung der Lebensbedingungen der technisch-wissenschaftlichen Welt* nicht unerwähnt bleiben, das Habermas (gemeinsam mit Weizsäcker) von 1971 bis 1982 geleitet hat.[6] Sein Programm ist, wie man dem Vorwort entnehmen kann, in „Legitimationsprobleme im Spätkapitalismus" (1973) dargestellt, aber tatsächlich haben die MitarbeiterInnen dort eigene Projekte bearbeitet, von denen sich nur ein Teil auf dieses Programm beziehen lässt. Tatsächlich hat auch Habermas nicht in erster

Linie daran gearbeitet, sondern in dieser Zeit seine *Theorie des kommunikativen Handelns* geschrieben, wovon im kanonischen Mythos alles andere, das dort geschehen ist, retrospektiv überlagert wird. Die Forschungsarbeit, die in Starnberg geleistet wurde, ist für die einzelnen Mitarbeiter, die sie getan haben, in der Folge sicher wichtig geblieben, aber in die Habermas-Erblinie des Familienromans wurde sie nicht integriert. Der etwas unrühmliche Rücktritt von Habermas, den er selbst damals mit den anstehenden Arbeitsgerichts-Prozessen von Mitarbeitern der Weizsäcker-Abteilung begründete und mehrfach mit „Debakel" charakterisierte (*Die Zeit* 8.5.1981), samt Universitäts-Querelen, in denen sich die Uni München damit blamierte, dass sie Habermas eine Honorar-Professur verweigerte, wird nicht gerade zum Erinnerungswert dieser Phase seiner Karriere beigetragen haben.

Die Darstellung von Theoriegeschichte als Familienroman ist ohnehin ein recht eigenwilliges und nur aus dem kulturindustriellen Biographismus plausibles Modell. Dazu hat es leicht erkennbar eine wichtige Funktion in der Rechtfertigung von Nachfolge- und Zugehörigkeits-Ansprüchen und in den Konflikten um sie.

Ein wichtiger Teil der Familienroman-Darstellung ist das bekannte Dynastie-Problem: Betreiben der Sohn und der Enkel das Geschäft wirklich im Sinn des alten Patriarchen? Oder steht zwar noch der alte Name auf dem Geschäftsschild, aber die „Ware", wie die feinen Schuhe oder die Präzisionsmessgeräte jetzt in der Versandabteilung genannt werden, und die Art ihrer Produktion haben sich längst geändert: Ein Teil der Herstellung wurde mit Hilfe importierter Maschinen vollautomatisiert, andere Teile wurden nach Korea und neuerdings China ausgelagert, ein Teil der Ware wird sogar komplett zugekauft, die Rohstoffe stammen jetzt aus Belarus und Kasachstan und auch der Abnehmerkreis hat längst die alte Nachbarschaft verlassen, der Export in die USA ist entscheidend wichtig geworden. Kürzlich gab es das Angebot einer internationalen Investorengruppe, den ganzen Laden zu kaufen. Aber auf dem Schild über der Tür der Zentrale steht immer noch der Name des Patriarchen, der für handwerkliche Qualität bürgt und auch in der Werbung so eingesetzt wird.

Nicht einmal beim handwerklichen Gewerbebetrieb entspricht die Geschichte des Produkts einem Familienroman, sofern man nicht an mythische Qualitäten von Blut, Genen und Weitergabe des Namens glaubt. Die Realität der Geschichte von sozialwissenschaftlichen Theorien wird davon schon gar nicht getroffen – auch die der Kritischen Theorie nicht. Auch hier liegt hinter dem Familienroman eine Geschichte der Brüche und Revisionen.

Erste Zwischenbemerkung über verschiedene Darstellungen von Theoriegeschichte

In der jüngeren Verfallsgeschichte der Sozialwissenschaften ist die Darstellung ihrer Tradition nach „Klassikern" üblich geworden. Die Geschichte besteht aus einer Reihe von „großen Männern", der die Feministinnen mit großer Anstrengung ein paar ebensolche Frauen hinzufügen. Es beginnt in Frankreich mit Comte, in England mit Spencer, für Deutschland muss man doch Marx erwähnen, aber richtig in der Soziologie ist man erst mit dem Dreigestirn Durkheim, Weber und Simmel, aus den USA wird die Chicago School (wegen ihrer interessanten stadtsoziologischen Empirie) und George Herbert Mead hinzugefügt. Damit kann man schon zu der struktur-funktionalistischen Engführung bei Parsons übergehen und landet glücklich bei den zeitgenössischen Klassikern Bourdieu, Luhmann und Habermas. Je nach Umfang der Vorlesung und des Buchs werden dazwischen noch weitere Figuren eingefügt. Die Darstellung beginnt jeweils mit der Biographie und den wichtigsten Werken, geht über in die Zusammenfassung der Grundgedanken und endet in einer Würdigung der historischen Bedeutung. Besonderes Forscherglück besteht darin, einen neuen, bisher zu wenig beachteten „Klassiker" zu entdecken und zu lancieren.

Für diese Art des Umgangs mit der Tradition ist eine „Schule" natürlich ein gefundenes Fressen. Über das Biographische hinaus lässt sich damit eine Geschichte von Freundschaft und Verrat, Allianzen und Mesalliancen, Karrieren und Misserfolgen, Einflüssen und großen Ideen aufbauen – ein richtiger Familienroman eben. Freud und sein Kreis ist besonders ergiebig, auch der Heidelberger Salon von Marianne und Max Weber lässt sich so aufbereiten, und natürlich die „Frankfurter Schule".

Eine zweite Form der Darstellung geht ideen- und geistesgeschichtlich vor. Das Stichwort ist „Ansatz" – die Theoriegeschichte ist eine Abfolge von „Ansätzen". Im einfachsten Fall verbindet sich das leicht mit den „großen Männern", von denen jeder einen „Ansatz" vertritt, zu dem sich auch andere bekennen, der eine Vorgeschichte und Nachwirkungen hat und der die Klassiker verbinden kann, indem sie kontrastierende oder Modifikationen und Kombinationen verschiedener „Ansätze" haben. In komplizierteren Fällen verselbständigt sich das aber und reift zu einem -ismus mit einem Eigenleben unabhängig von den jeweiligen Adepten. „Anarchismus" scheint eine Neigung zu solcher Ablösung zu haben, vielleicht auch „Funktionalismus". Man kann dann die Entwicklung eines solchen -ismus durch die Jahrhunderte (möglichst bei den Vorsokratikern beginnend) als eigene Geschichte schreiben. Günstig ist ein Gegenpart: etwa Idealismus versus Materialismus.

Das bewegt sich alles solid im Bereich der mehr oder weniger guten Unterhaltung. Meistens *sind* diese Formen der Darstellung unterhaltend, weil sich unsere

Emotionen an den Mustern der patriarchalen Großfamilie samt Geschwisterhorde orientieren: Familienkonstellationen und ihre Verwicklungen, Konkurrenzen, Eifersüchteleien, Verbindungen und Trennungen, Sicherheit im Schoß einer Gruppe und Auflehnung gegen die Unterdrückung, die das bedeutet, Ausritte in eine abenteuerliche Ferne und Rückkehr in eine neuerliche Nähe, zur Mündigkeit heranwachsen und es zu etwas bringen im Leben, das und ähnliches wärmt uns das Herz. Theoriegeschichte, die wenigstens Anklänge an solche Elemente zu bieten hat, leuchtet daher ein. Und sie lässt sich ja auch immer so darstellen: Schließlich wird auch Theorie von Menschen gemacht.

Eine besonders sinnvolle und weiterführende Darstellung der Geschichte des Nachdenkens über Staat und Gesellschaft ist das freilich noch nicht. Dieses Nachdenken, das sich zuerst in Philosophie systematisiert und schließlich in den vielen Disziplinen der Sozialwissenschaften ausdifferenziert hat, ist vielmehr der Versuch von Dilettanten, die sich das leisten können, oder von darauf spezialisierten Fachleuten, mit ihren Erfahrungen von Gesellschaft fertig zu werden. Sie schaffen das, indem sie aus dem Fundus der Tradition oder zeitgenössischen Quellen Denkmodelle mit diesen Erfahrungen verbinden und so einerseits „verstehen", was sie erleben, und andererseits Bilder der Gesellschaft aufbauen, die die so verstandenen Erfahrungen in einen größeren Kontext bringen: Es entsteht Gesellschaftstheorie. Und die entsteht nicht zu mehr oder weniger Vergnügen von Leserinnen und mehr oder weniger Nutzen von Sachbuch-Verlagen, sondern als pure Notwendigkeit: um zu verstehen, was uns von der „ärgerlichen Tatsache der Gesellschaft", also herrschaftlich angetan wird. Daher ist das Wissen, das so entsteht, immer positional: Wissen der Herrschaft oder Wissen der Opposition dagegen, Ordnungs- oder Befreiungstheorie.

Wenn Gesellschaftstheorie so verstanden wird, ist sie nicht das Ergebnis von Denkanstrengungen und Geistesblitzen einzelner Personen, sondern sie beruht auf Wissen, das in bestimmten gesellschaftlichen Positionen entstehen kann, dort zunächst zu dem gehört, was „man weiß", was „selbstverständlich" ist, im glücklichen Fall aber reflektiert wird als für diese Position und ihre Erfahrungen typisch und spezifisch. Es gibt zwei Varianten, in denen Theoriegeschichte, so verstanden, dargestellt wird: die Wissenssoziologie, in der das Wissen der Intellektuellen auf ihre besondere Position (zum Beispiel als „freischwebend" bei Karl Mannheim oder als Akademiker bei Bourdieu) zurückgeführt wird; und die Ideologiekritik, in der das einzelnen Personen zuschreibbare, möglichst aber auch das allgemein verbreitete, „herrschende" Wissen aus gesellschaftlichen Konflikten und den Absichten und Erfahrungen dabei entsteht. Diese zwei Darstellungsweisen schließen sich nicht aus, ergänzen sich vielmehr und sind beide nötig.

Die Geschichte ist damit im ersten Fall die Geschichte der Intellektuellen und ihrer Produktionsmittel: der Fürstenberater, der Universitäten, der Zeitungen und des Buchmarktes, der Forschungsinstitute, der Genres (vom utopischen Roman zum Parteiprogramm, vom Forschungsbericht zum TV-Feature, vom Kammerspiel zum Hollywood-Schinken), in denen Wissen über Staat und Gesellschaft gewonnen und verbreitet wird. In einem größeren Rahmen wird daraus die Geschichte der Intellektuellen-Positionen überhaupt: von den Priestern, Wahrsagern und fahrenden Sängern über die selbstdenkenden Fürsten, Gentlemen und Millionäre bis zu den beamteten Professoren, den Lohnschreibern oder den Bohemiens. Das ist auch die Geschichte davon, wie diese Intellektuellen finanziert werden und von wem, und wie sich damit ihre Arbeit zu der von handarbeitenden Leuten verhält, die Geschichte der Trennung von Hand- und Kopfarbeit.

Im zweiten Fall geht es um das Verhältnis dieser Intellektuellen und anderer Leute, die einerseits lesen und sonst Wissen aufnehmen, andererseits aber in ihren Handlungen sich auch an einem Wissen über Staat und Gesellschaft orientieren und es ausdrücken, zu den sozialen Bewegungen und ihren Kämpfen. Das ist ein schwieriges Verhältnis, insofern die Gebildeten selbst aus der herrschenden Klasse stammen oder ihre Positionen (historisch vielleicht die eines Beichtvaters, heute etwa die des Beraters) selbst Herrschafts-Positionen sind – und die sozialen Kämpfe sich zwischen unten und oben abspielen. Es wird auch nicht wesentlich einfa-

Schaubild 1: Formen der Darstellung von Theoriegeschichte

		statisch	dynamisch
1/konventionell: „Klassiker“	a/„große Männer“ (und Frauen)	„das Denken Max Webers“, Bourdieu, etc.	biographisch: „der frühe – späte Marx“
	b/Schulen, Kreise	die Frankfurter Schule; Freud und sein Zirkel	„die ältere – neuere Kritische Theorie“
2/Ideen-, Geistesgeschichte		-ismen Paradigmen „Ansätze“	Entwicklung des jeweiligen -ismus; Abfolge der zugerechneten „Klassiker“
3/Geschichte von gesellschaftlichen Erfahrungen und ihrer Verarbeitung	a/positionales Wissen (Wissenssoziologie)	die Intellektuellen; die Produktionsmittel des Wissens	Veränderungen des Verhältnisses von Hand- und Kopfarbeit
	b/Wissen aus sozialen Bewegungen und Konflikten	bürgerliche Bewegung; Arbeiterbewegung; Frauenbewegung; antikoloniale Bewegungen	Wissen als ein Aspekt der „Geschichte der Klassenkämpfe“

cher, wenn sich die Konflikte innerhalb einer Klasse, etwa zwischen Wirtschafts- und Bildungsbürgern zuspitzen. Dazu kommt die interessante Differenzierung der Gesellschaft im Fordismus des 20. Jahrhunderts, in der gerade für die Gebildeten ein breiter Fächer von Positionen der delegierten Herrschaft (Management, Werbung, Rationalisierung, Verwaltung aller Art) geschaffen wurde.

Wissen löst sich in dieser Betrachtung von denen, die es aufschreiben oder sonst überliefern. Interessanter ist, was (in unterschiedlichen Positionen unterschiedlich) „jeder weiß", was selbstverständlich ist. Die explizite, spezialisierte Theorie-Produktion wird dann als Ausdruck und elaborierte Version eines Wissens verstanden, das aber denselben Selbstverständlichkeiten aufsitzt, die auch die teilen, die (in vergleichbaren sozialen Positionen) nicht schreiben.

In Schaubild 1 ist das schematisch noch einmal zusammengefasst.

Die herrschende Geschichtsschreibung der Kritischen Theorie sitzt solid im konventionellen „Klassiker"-Modell fest - besonders solid, weil hier nicht nur biographisch, sondern sogar gruppen-biographisch dargestellt werden kann. Die Geschichte der Kritischen Theorie eignet sich dazu, als Familienroman geschrieben zu werden, eine kulturindustrielle Versuchung, der nicht nur der Sachbuch-, sondern auch der wissenschaftliche Markt nicht widerstehen kann. Dieses Format des Familienromans interveniert hier noch mit der Darstellung als Geschichte von Ideen, indem vorherrschend so getan wird, als hätten sich die Ideen der Kritischen Theorie nur innerhalb der Gruppe, im unmittelbaren Kontakt von Meister zu Lehrling, Professor zu Assistent, Patriarch zu gesalbtem Nachfolger vererben können. Damit wird verwischt, welch große Verbreitung die Ideen der Kritischen Theorie seit den 1960ern hatten und wie sie selbst mit gesellschaftlichen Erfahrungen korrespondierten, die von vielen geteilt und in jeweils eigenen Formen verarbeitet wurden.

Die simpelste Korrektur dieses eingefressenen Verständnisses von Familienroman besteht darin, zumindest die Brüche und Revisionen zur Kenntnis zu nehmen, die in der Geschichte dieser Theorie stattfanden. Das soll im nächsten Abschnitt knapp zusammengefasst werden. Wichtiger aber ist es - und das macht den Kern dieses Kapitels aus -, Kritische Theorie als Ergebnis von gesellschaftlichen Erfahrungen und ihrer (widerständigen) Verarbeitung zu rekonstruieren. Dazu werden zunächst die sehr eigenen Selbstverständlichkeiten dargestellt, gewonnen aus Erfahrungen der Jahrhundertwende und der Revolutionen im Anschluss an den I. Weltkrieg, an denen sich das Denken von Horkheimer und Adorno orientierte. Weiterführungen der Kritischen Theorie besonders nach 1969 gingen von ganz anderen Selbstverständlichkeiten der Gesellschaftserfahrung aus, die sich nach der Studentenbewegung und noch einmal im Übergang von der fordistischen zur neoliberalen Produktionsweise (seit den 1980/90ern) weiter verschoben. Die Geschichte der Kritischen Theorie lässt sich insgesamt nur angemessen verstehen, wenn man sie so als Geschichte der gesellschaftlichen Erfahrungen und Selbstverständlichkeiten rekonstruiert - ganz besonders aber gilt das für die Zeit nach 1969. Für diese Rekonstruktion kann ich hier nur den Ansatz, die Umrisse von Ergebnissen, Hinweise auf Materialien, ein Forschungsprogramm eben anbieten. Die detaillierten Untersuchungen, wie sie Demirovic (1999a) für die zweite Phase der Kritischen Theorie in der Bundesrepublik bis 1969 durchgeführt hat, wären für die anschließende Zeit noch vielfältiger und an noch schwerer zugänglichem Material zu leisten. Hier kann nicht mehr getan werden, als die Notwendigkeit solcher Untersuchungen zu betonen und ihre Möglichkeiten zu skizzieren. Dazu werden aus der eigenen Erfahrung der Zeit einige Grundlinien der so verstandenen Entwicklung dargestellt.

Als schematischer Überblick sind in den folgenden Schaubildern 2 bis 4 die wichtigsten Daten aufgelistet, die für die drei Darstellungen einer Geschichte der Kritischen Theorie als Familienroman, als Geschichte von Grundannahmen und Revisionen und als Geschichte von gesellschaftlichen Erfahrungen und ihrer Verarbeitung relevant sind. Dazu werden drei Phasen dieser Geschichte unterschieden, deren Abgrenzung im nächsten Abschnitt aus den entscheidenden Revisionen begründet wird. Diese Schaubilder können als Materialien zu einer umfassenden Geschichte der Kritischen Theorie gelesen werden. Nach Jahreszahlen und äußeren Ereignissen finden sich in den beiden linken Spalten die Daten der konventionellen Darstellungen, in der rechten die für eine Geschichte der Kritischen Theorie, die erst zu schreiben wäre und deren Umrisse hier angedeutet werden.

Revisionen, versäumte Weiterführungen und Neuanfänge

In den Darstellungen der Geschichte der Kritischen Theorie als Familienroman herrscht große Kontinuität: Wenn ein Erbschaftsanspruch zu legitimieren ist, darf es keine Brüche in der Linie geben. Wenn man genau hinsieht, ist freilich schon die frühe Geschichte des Instituts für Sozialforschung nicht so kontinuierlich. Der erste große Bruch, der zum Verschwinden gebracht wird, indem man die Geschichte erst damit beginnen lässt, war schon die Berufung Horkheimers zum Leiter. Gegenüber der ursprünglichen Intention und der Tätigkeit des Instituts unter seinem ersten Leiter, dem Austro-Marxisten Carl Grünberg, hat Horkheimer eine radikale Akademisierung von Theorie und Tätigkeit bewirkt. Der Bezugspunkt Arbeiterbewegung oder gar kommunistische Partei wurde dezidiert ausgetauscht gegen den Bezugspunkt Geschichte des abendländischen Denkens über Gesellschaft und Befreiung. Marx wurde in die Linie von Kant zu Hegel und von dort auch zu Schopenhauer, Nietzsche und Freud gestellt. Dazu kam die bürger-

Schaubild 2: Daten zur Geschichte der Kritischen Theorie, dargestellt als Familienroman, als Abfolge der Revisionen und als Verarbeitung der Erfahrungen von Gesellschaft

Phase 1: Gründungsjahre und Exil des Instituts für Sozialforschung unter der Leitung durch Max Horkheimer

	Äußere Ereignisse	Familienroman	Grundannahmen, Revisionen	Erfahrungen
1924	Gründung des Instituts für Sozialforschung an der Universität Frankfurt durch Felix Weil (Stiftung) Viktoria-Allee 17 Bibliothek, Lesesaal, Archiv	Leiter Carl Grünberg Assistenten: Friedrich Pollock, Henryk Grossmann „Archiv für die Geschichte des Sozialismus und der Arbeiterbewegung“ („Grünbergs Archiv“)	Forschung zu Marxismus und Arbeiterbewegung; in Verbindung mit den Parteien und wissenschaftlichen Einrichtungen der Arbeiterbewegung	bürgerliche Intellektuelle in (angestrebter) Koalition mit der Arbeiterschaft; Gesellschaftstheorie als intellektuelle Begleitung und Reflexion der Arbeiterbewegung - Optimismus für Zukunft des Sozialismus
1928	Grünberg arbeitsunfähig			
1930/31		Max Horkheimer Institutsleiter Mitarbeiter: Friedrich Pollock Henryk Grossmann Leo Löwenthal durch persönliche Bekanntschaft verbunden: Theodor Wiesengrund-Adorno 1931 in Frankfurt habilitiert) Walter Benjamin (1925 in Frankfurt nicht habilitiert) Siegfried Kracauer 1932 Mitarbeiter: Herbert Marcuse Grünbergs Archiv“ ersetzt durch „Zeitschrift für Sozialforschung“	interdisziplinär organisierte Sozialforschung unter Führung von Sozialphilosophie; nicht Marxismus, sondern Aufklärung als Bezugspunkt; Marx als bedeutender Philosoph in der Reihe: Kant, Hegel, Schopenhauer, Marx, Nietzsche, Freud	bürgerliche Befreiung (von der Aristokratie) ist zugleich Herrschaft (über das Proletariat), daher ist schon die bürgerliche Vernunft (Aufklärung) nicht verwirklicht (in Herrschaft verkehrt) worden - deren Potentiale müssen erst in einer anders organisierten Wissenschaft entwickelt werden - Kritische Theorie

			Akademisierung, Abbruch von Partei-Kontakten; (langsamer) „Abschied vom Proletariat“	letztes Drittel des 19. Jahrhunderts als Krise des liberalen Kapitalismus - bürgerliche Intellektuelle zunehmend politisch isoliert: * Wirtschaftskrisen, Konkurse, daher staatliche Regulation der Wirtschaft notwendig; * Liberalismus bedrängt von Arbeiterbewegung, nationalistischen Bewegungen, politischem Antisemitismus; * Entstehung von Konzernen, Monopolen, Kartellen - kleinere Kapitale und damit unternehmerische Autonomie in Bedrängnis; * Erfahrung von Kriegswirtschaft, „Staatskapitalismus“;
	„Frankfurter Psycho-analytisches Institut“ im selben Gebäude: Karl Landauer, Frieda Fromm-Reichmann. Erich Fromm (1930 Goethe-Preis der Stadt Frankfurt an Sigmund Freud)	„Studien über Autorität und Familie“ (1936) Fromm, „Arbeiter und Angestellte am Vorabend des Dritten Reiches“	„Individualität“ als zentrale bürgerliche Errungenschaft: Erforschung ihrer (familiären) Grundlagen und Gefährdungen; „autoritäre Persönlichkeit“, faschistisches Potential	Krise des bürgerlichen Individuums um die Jahrhundertwende: * durch (unvollständige) Emanzipation (Juden, Frauen); * durch Verlust von wirtschaftlicher Autonomie; * durch gesellschaftliche Typisierung und Kategorisierung (Diskriminierung); * durch „autoritäres“ Aufgehen in Bewegungen
			nach der „versäumten Revolution“ setzt sich „Reaktion“ durch, politisch wie kulturell	von der Revolution 1917 (Russland) bis 1919 (Deutschland) wurde mehr erwartet als Verallgemeinerung des Parlamentarismus, mehr als eine repräsentative Demokratie; Freiheit als Autonomie und universelle

	Äußere Ereignisse	Familienroman	Grundannahmen, Revisionen	Erfahrungen
				Teilhabe – historisches Modell ist die Rätedemokratie, anarchistische Selbstorganisation
			Vereinnahmung durch Kulturindustrie / Verhindern von Erfahrung	Erfahrung von beginnendem Fordismus: * Herausbildung von Angestellten und Managern (Übergang vom Eigentümer- zum Manager-Kapitalismus); * Wissenschaftliche Betriebs- und Arbeitsorganisation; * Freizeit, Vergnügungsindustrie; Warenförmigkeit in der Kunst
1933	Institut durch die Nationalsozialisten geschlossen	Exil zunächst in Genf (Zweigstelle), Paris, Oxford, schließlich in New York (Adorno erst 1938, Benjamin Selbstmord auf der Flucht 1940)		
1934	Institut für Sozialforschung in New York, Gast der Columbia University (429 West 117 St.)	„Dialektik-Projekt“: Horkheimers Aufsätze in der ZfS; Interpretation des Faschismus: Franz Neumann („Behemoth“), Otto Kirchheimer, Friedrich Pollock; in der Musik: Adorno „Über Jazz“ (Hektor Rottweiler, 1936), „Fragmente über Wagner“ (1939); Adorno Mitarbeit am „Princeton Radio Research Project“ unter der Leitung von Paul Lazarsfeld		Interpretation des Faschismus: wirtschaftlich (Staatskapitalismus), politisch (Racket-Theorie), sozialpsychologisch (autoritäre Persönlichkeit, Kritik der „humanistischen“ Revision der Psychoanalyse), kulturell (Kulturindustrie)
ab 1939	Institut personell reduziert	Trennung von Fromm, Neumann, Kirchheimer, Marcuse	Übergang zur außenfinanzierten Projektforschung durch Mitarbeiter; autonome (durch	

			Stiftung selbstfinanzierte) wissenschaftliche Arbeit nur für Institutsleiter möglich	
1941	Horkheimer in Kalifornien, Adorno folgte Ende des Jahres Kontakt u.a. mit Mann („Doktor Faustus“), Schönberg, Brecht, Eissler („Komposition für den Film“)	Arbeit an der „Dialektik der Aufklärung“ (1944/47) Horkheimer, „Eclipse of Reason“ (1947) (deutsch: “Zur Kritik der instrumentellen Vernunft“, 1967)	Befreiung schlägt in Herrschaft um, Vernunft in neuen Mythos; Entwicklung der Herrschaft zu umso größerer Härte, je aufhebbarer sie wird; das gilt (mit unterschiedlichen Mitteln) ebenso für Europa wie für die USA (McCarthy); Theorie der Kulturindustrie (deren Anfänge in den 1920ern und in Europa liegen) ausformuliert: Erfahrung wird durch entfremdete Arbeit und ihr entsprechende Unterhaltung wirksam verhindert; das gilt ebenso für intellektuelle Produktion, Theorie und Kunst	Faschismus, Shoah und Weltkrieg als Bestätigung und Übersteigerung des zeitdiagnostisch für möglich Gehaltenen – Exzess von instrumenteller Vernunft; entwickelter Fordismus in den USA; New Deal zu Antikommunismus (McCarthy), entwickelte Kulturindustrie; liberale, egalitäre Umgangsformen, Individualismus der freien Konkurrenz, zugleich anti-individualistische Angepasstheit
		Forschungsprojekte über Antisemitismus: „Studies in Prejudice“; „The Authoritarian Personality“ (1950)		„autoritäre Persönlichkeit“, Antisemitismus und Aberglaube in den USA Warenförmigkeit als Prinzip von Vergesellschaftung und Herrschaftsform
ab 1947	langsame Rückkehr nach Frankfurt			

liche Wissenschaft, also die spezialisierten Einzel-Wissenschaften von Ökonomie bis Psychologie, wieder ins Spiel. Ihre Ergebnisse sollten nur sozialphilosophisch reflektiert und integriert werden. Mit Horkheimer, also seit 1931, hat das Institut aller unmittelbaren und schon gar aller parteipolitischen Praxis abgeschworen und eine neue, akademische Richtung eingeschlagen.

Einen nächsten Bruch gab es in Amerika mit der Übernahme dessen, was wir heute Drittmittel-Aufträge nennen. Damit hat das Institut tendenziell die Autonomie in seiner Themenstellung verloren und sich dem bürokratischen Forschungsbetrieb mit Projektanträgen, Ablaufplanungen und Zwischen- wie Endberichten sowie auf die Projekt-Laufzeit befristeten Mitarbeiterverträgen, die bekanntlich für Theoriearbeit nicht gerade zuträglich sind, unterworfen. Die Ursache dafür war äußerlich, nämlich das Schrumpfen des Stiftungsvermögens. Die Wirkung war zunächst, dass das ursprüngliche Programm der interdisziplinären Forschung aufgegeben wurde. Stattdessen machten sich die beiden noch autonom finanzierbaren Instituts-Mitglieder Horkheimer und Adorno unabhängig von Einzelforschungen an das Theorie-Projekt der *Dialektik der Aufklärung*.[7] Damit ist das Muster etabliert, das auch die weitere Arbeitsorganisation der Kritischen Theorie bestimmt hat: Es wird Projektforschung organisiert, aber die wichtigen Veröffentlichungen schreiben die (der) Institutsleiter neben dieser Arbeit und unabhängig davon. Damit ist auch, wie im Vorwort zur *Dialektik der Aufklärung* unmissverständlich mitgeteilt wird, das ursprüngliche Projekt der interdisziplinären Sozialforschung unter Anleitung der Sozialphilosophie verabschiedet. Das heißt auch, dass die Wiederbegründung des Instituts für Sozialforschung in der BRD tatsächlich eine Neugründung war: Es handelt sich ab 1951 in Organisation und Finanzierung um ein Institut für Projektforschung nach dem Zuschnitt dessen, was Horkheimer und Adorno in USA kennengelernt hatten - nur mit etwas höheren Ansprüchen.

Empirische Sozialforschung wird, wie Adorno in „Zur gegenwärtigen Stellung der empirischen Sozialforschung in Deutschland" (1952, GS 8: 478-493) ausführt, als Antidot gegen die deutsche Tradition der geisteswissenschaftlichen Soziologie verstanden.[8] Kritische Theorie wirkt auf diesen Betrieb der empirischen Sozialforschung durch den Anspruch von Reflexivität, die dafür zu sorgen hat, dass man nicht bei der Feststellung dessen stehen bleibt, was ist, sondern nach den Herrschaftsverhältnissen fragt, die das hervorbringen, was empirische Forschung dann als das feststellt, was ist. Das schließt auch die Entwicklung von Methoden ein, die über das Schema hinausgehen, das die Befragungsindustrie zu bieten hat.

Ausgesprochene Kontinuität kann man hingegen gerade bei Adorno in den Grundlagen seiner Theorie-Arbeit sehen. Er hat das Dialektik-Projekt, das mit Horkheimers großen Aufsätzen in der *Zeitschrift für Sozialforschung* begann und seine erste Formulierung in der *Dialektik der Aufklärung* fand, mit der *Negativen Dialektik* weitergeführt.[9] Er hat in der *Ästhetischen Theorie* die Reflexion der kunsttheoretischen Arbeiten geleistet, die ihn sein ganzes Leben beschäftigt und begleitet haben.[10] Ein Ausdruck dieser Kontinuität ist auch, dass Adorno zahlreiche seiner Aufsätze aus der Zeit vor der BRD wiederveröffentlicht hat. Nach diesem selben Kriterium hat Horkheimer für sich einen Bruch zur Zeit in der BRD gesehen. Er hat seine früheren Arbeiten lange unter Verschluss gehalten und sie schließlich nur mit historisch relativierenden Klauseln im Vorwort und damit als Dokumentation freigegeben. Für einen Neu-Anfang, auf den man daraus schließen könnte, hat seine Produktivität aber auch nicht mehr gereicht. Selbst das Alterswerk einer intellektuellen Autobiographie, die er in mehreren Anläufen versuchte, konnte er nicht mehr vollenden. Dieser eklatante Unterschied im intellektuellen Schicksal zwischen Adorno und Horkheimer in der BRD, der mit dem Altersunterschied gewiss nicht hinreichend erklärt ist, bedürfte erst noch der genauen Interpretation. Er betrifft freilich nicht die Theorie selbst, in der die führende Rolle in der BRD auf Adorno überging. Die hohe Übereinstimmung zwischen Horkheimer und Adorno, die besonders Adorno immer wieder beschwor, ist für die 1960er trotzdem mit einem Fragezeichen zu versehen.

Brüche und Revisionen prägen erst recht die Weiterführungen in den 1970ern, die im Familienroman als solche gelten: die Arbeiten der Habermas-Schule, des Instituts für Sozialforschung und der Gruppe um Negt in Hannover. Alle drei haben das Paradigma der Kritischen Theorie unterschiedlich radikal verlassen.

Die Revision, die Habermas vollzog, wurde schon dargestellt. (Vgl. S. 11f, 36ff) Hier wurden alle Grundannahmen des Paradigmas verlassen und ein eigenständiges Theorie-Gebäude aufgezogen, das mit Strukturfunktionalismus und Systemtheorie angereichert ist. Im Paradigma der Kritischen Theorie blieb Arbeit und die Möglichkeit von Erfahrung im theoretischen Zentrum. Habermas hat Interaktion und Kommunikation dazu gemacht.

Auch am Institut für Sozialforschung wurde programmatisch mit der Kritischen Theorie gebrochen. Kritische Theorie im Stil Adornos konnte natürlich nach seinem Tod nicht linear fortgesetzt werden, auch nicht die - ohnehin nicht sehr eindeutige - Forschungstradition, die sich unter seiner Leitung am Institut für Sozialforschung entwickelt hatte. Beides sollte aber auch gar nicht fortgesetzt werden: Den Mitarbeitern, die jetzt den Ton angaben, war das alles ohnehin nicht „materialistisch" genug. Alfred Sohn-Rethel, der neu gewählte Theorie-Stern, an dem man sich orientieren wollte, war, so kann man den Ausführungen von Brandt (1981) entnehmen, interessant als Theoretiker eines Widerspruchs zwischen Marktökonomie (Warenwert) und Zeitökonomie (Produktionskosten) und in der Trennung von geistiger und körperlicher Arbeit. Besonders dieses zweite Motiv deutet

Schaubild 3: Daten zur Geschichte der Kritischen Theorie, dargestellt als Familienroman, als Abfolge der Revisionen und als Verarbeitung der Erfahrungen von Gesellschaft

Phase 2: Das Institut für Sozialforschung in der Bundesrepublik: „Frankfurter Schule", bestimmt von den Arbeiten Adornos

	Äußere Ereignisse	Familienroman	Grundannahmen, Revisionen	Erfahrungen
1949	Horkheimer wird in Frankfurt wieder auf seine Professur berufen, das Institut wird an anderer Stelle wieder aufgebaut; auch Adorno kommt zurück, erst als Vertretung, ordentliche Professur erst 1956	deutsche Studies in Prejudice - Gruppenexperiment (1955) Student und Politik (1961) Betriebsklima (1955, 1963)	Projektforschung und empirische Arbeit in Deutschland eingeführt; „Theoriepolitik" gegen die Philosophie und Soziologie, die im Faschismus mitgemacht hatte, besonders Heidegger einerseits, Schelsky u.a. andererseits; Theoriearbeit personell und inhaltlich getrennt von Projektforschung	Nachkriegs-Elend NS-Kontinuitäten Sozialdemokratisches Frankfurt / Hessen unter US-Aufsicht, „re-education" „Kalter Krieg" „eine Gesellschaft, in der sich Auschwitz nicht wiederholen kann" Befördern demokratischer Zustände
1951	Horkheimer Rektor der Universität Frankfurt	Adorno, Minima Moralia (1951), Prismen. Kulturkritik und Gesellschaft (1955) Marcuse, Eros and Civilization (1955) 1955 Ludwig von Friedeburg kommt ans Institut, 1956 Jürgen Habermas	praktischer Reformismus (auch in der Ausrichtung der empirischen Forschung) auf der Grundlage eines konsequenten Theorie-Pessimismus: aufklärerischer Umgang mit den faschistischen Potentialen ist möglich; Industriearbeit erfordert zunehmend gebildete, selbständige Arbeiterschaft, mehr Planung, daher Kooperation Arbeiter - Gebildete; Politik ist möglich; dagegen: „verwaltete Welt"	Rekonstruktion von Fordismus, „Amerikanisierung", „Wirtschaftswunder", Wohlfahrtsstaat
1956	Veranstaltung zu Freud (100)	Freud in der Gegenwart (1957)		
1959	Horkheimer emeritiert, lässt sich in der Schweiz (Montagnola) nieder			Adorno als öffentlicher Intellektueller: gesellschaftliche Entwicklungen wurden in der Kontinuität zur ersten Hälfte des 20. Jahrhunderts interpretiert

	Äußere Ereignisse	Familienroman	Grundannahmen, Revisionen	Erfahrungen
1960	Sigmund-Freud-Institut eröffnet: Leitung Alexander Mitscherlich	Medizin ohne Menschlichkeit (1949), Auf dem Weg zur vaterlosen Gesellschaft (1963); mit Margarete M. Die Unfähigkeit zu trauern (1967)		(die Unmöglichkeit von) Individualität in der verwalteten Welt
		Habermas, Strukturwandel der Öffentlichkeit (1961), Habilitation bei Abendroth in Marburg, Professur in Heidelberg, 1964 in Frankfurt		Arbeitskräfteknappheit, daher Lohnsteigerungen, „Konsumgesellschaft“, „Freizeitgesellschaft“, „der kurze Traum immerwährender Prosperität“
1961	Ausschluss des SDS als Studentenorganisation der SPD	Abendroth, Habermas Mitgründer der SDS-Förderergesellschaft		„konzertierte Aktion“; Korporatismus, Sozialpartnerschaft
1963	Adorno Vorsitzender der DGS			
		Marcuse, One-Dimensional Man (1964) Adorno, Jargon der Eigentlichkeit (1964), Negative Dialektik (1966), Adorno u.a., Der Positivismusstreit in der deutschen Soziologie (1969) (Tübinger Tagung Adorno/ Popper 1961, Habermas Theorie und Praxis, 1963)	Auseinandersetzungen mit Philosophie (Heidegger) und Soziologie (empiristischer und theoretisch/ begrifflicher „Positivismus“)	1958 „Zentralstelle der Landesjustizverwaltungen zur Aufklärung von NS-Verbrechen“ (Ludwigsburg) eingerichtet; 1961/62 Eichmann-Prozess in Jerusalem; 1963-65 Auschwitz-Prozess in Frankfurt
1967	Kongress „Hochschule und Demokratie“ in Hannover, eine Woche nach der Erschießung des Studenten Benno Ohnesorg durch einen Polizisten in Berlin (2. Juni)	Referat Habermas „Bedingungen und Organisation des Widerstands“ - Diskussionsbemerkung „linker Faschismus“; Studenten auch von Marcuse und besonders Adorno enttäuscht		Jugend- und Studentenbewegungen (die „Kulturrevolution“ der 1960er - von der Soziologie thematisiert als „Wertewandel“)
1968	Jahrestagung der DGS in Frankfurt	„Spätkapitalismus oder Industriegesellschaft?“		
1969	Besetzung des Instituts durch Studenten - polizeiliche Räumung			
	plötzlicher Tod Adornos	Adorno, Ästhetische Theorie (1970)		

Möglichkeiten einer Solidarisierung von Arbeiterschaft und gebildeter Schicht an. Das erste Motiv führte zu Untersuchungen über den Arbeitstag und den Leistungslohn und über die gewerkschaftlichen Strategien im Kampf um Lohn und die Länge der Arbeitszeit. Die Reihe der Untersuchungen führt dazu, dass die Widerspruchs-Potentiale immer niedriger gehängt werden und stattdessen das Stichwort „reelle Subsumtion“ (der Arbeitskraft unter Kapital-Imperative) dominant wird. Die Empirie lässt Widerspruch-Erwartungen und Revolutions-Hoffnungen verblassen und führt zurück zum Nachweis allgemeiner herrschaftlicher Vereinnahmung.

In den aktuell und historisch ansetzenden Studien zur betrieblichen Rationalisierung wird das damals noch unterstrichen. Das trifft sich auch mit den Studien zur Gewerkschaft, in denen sich zeigt, dass diese „massiven Zwängen ausgesetzt ist, gesamtgesellschaftliche Steuerungsaufgaben zu übernehmen“ (Brandt, 1981: 50). Auch die Interessenvertretung ist also korporatistisch vereinnahmt oder zumindest in ihrer Wirksamkeit begrenzt. Dabei gehe es um die „Absicherung fachlicher Qualifikationen“ und also doch wieder um „Grenzen abstrakter Arbeit“, um Widerstand, den die lebendige Arbeit ihrer Subsumtion zumindest in letzter Instanz entgegensetzt.

Neue Hoffnung auf Widerstands-Potentiale erweckt zunächst der „Bereich der Frauenarbeit“. Hier tut sich zugleich ein Forschungsfeld auf, das die Industriesoziologie mit der Geschlechterforschung in Kontakt bringt. Die Arbeiten zur Klärung der Organisation des „weiblichen Arbeitsvermögens“[11] am Beispiel der Dienstmädchen, weiblicher Büroangestellter, sozialer Arbeit, von Teilzeitarbeit und im Lehrerinnen-Beruf gehen wahrscheinlich am ehesten über Zeit-Spezifisches und damit Zeitdiagnostisches hinaus. Hier wird deutlich sichtbar, dass das männlich bestimmte Normal-Arbeitsverhältnis so „normal“ gar nicht ist, vielmehr eine Norm aufstellt, die an den tatsächlichen Bedürfnissen eines großen Teils der Arbeitskraft vorbeigeht und zugleich dazu dient, Männer-Privilegien in der betrieblichen Arbeit zu befestigen. Das Verhältnis von Hausarbeit und beruflicher Arbeit rückt in den Vordergrund, und zwar nicht mehr nur als Verhältnis von gegenseitiger Behinderung, sondern als Frage nach den Prioritäten. Das Arbeitsprogramm zur Frauenarbeit löste sich schließlich wohl durch den Erfolg der Protagonistinnen auf, die an andere Orte berufen wurden.

Wie das Institut für Sozialforschung bleiben auch Negt und Kluge bei der zentralen Bedeutung der Kategorie Arbeit. Wenn sie (Negt und Kluge, 1972) zuerst auch und durchaus in Absetzung zu Habermas' *Strukturwandel der Öffentlichkeit* (1962) über die Kategorie der Öffentlichkeit nachdenken, so ist es die Öffentlichkeit des proletarischen Arbeitens und Lebens, eine unterdrückte Gegenöffentlichkeit zur bürgerlichen, die selbstverständlich als Herrschaft analysiert wird und nicht als Forum von demokratischer Politik. Aus dem Interesse, nicht nur die Unausweichlichkeit der Verstrickung in Herrschaft, die Aneignung der „proletarischen Erfahrung" durch Kapitalverwertungsinteressen darzustellen, sondern die Widersprüche und Widerstände herauszuarbeiten, ergibt sich die Notwendigkeit, die Geschichte des Arbeitsvermögens zu schreiben oder wenigstens ihren Spuren nachzugehen (Negt und Kluge, 1981). Dabei finden sich so interessante Kategorien wie Hausarbeit, Frauenarbeit als Menschenproduktion, Intelligenzarbeit, Beziehungsarbeit, Krieg als Arbeit, Orientierungsarbeit - und dazu wird den Spezifika der historischen Entwicklung des Arbeitsvermögens in Deutschland nachgegangen.

Nun ist *Geschichte und Eigensinn* ein Arbeitsbuch, das Mitdenken anregt, aber kaum systematische Begriffs- und Theorie-Klärungen bringt. Es ist schon in der Form nicht auf theoretische Formulierungen angelegt. Spätere Bücher Negts sind das sehr wohl: *Lebendige Arbeit, enteignete Zeit* (1984), spätestens aber die darauf beruhende voluminöse Abhandlung *Arbeit und menschliche Würde* (2001) wären die Bücher gewesen, in denen man sich die begriffliche und theoretische Fixierung des erweiterten Arbeitsbegriffs und seiner Implikationen erwarten konnte. Die Begriffe, die Negt anbietet, sind die „Welt des Gemeinwesens" (2001: 91ff), die Welt, in der „sich die Menschen wirklich aufhalten", im Gegensatz zu den Welten der Börse und des Freihandels, die abstrakt sind. Dazwischen liegt noch die „Welt der Völkerwanderung", also der Mobilität, nur zum Teil aus dem „Hochgefühl von Dynamik und Freiheit" (88), vielmehr zum Gutteil erzwungen. Parallel dazu wird die Unterscheidung zwischen einer „ersten" und einer „zweiten Ökonomie" geführt: „Die zweite Ökonomie, von der ich annehme, daß deren Vernunft einzig und allein imstande ist, wirtschaftliches Handeln wiederum auf die Gesellschaft und das Gemeinwohl zu orientieren, bedarf einer ganz anderen Öffentlichkeit und eines erweiterten Begriffs von kreativer Arbeit. Lebendige Arbeit aus den Machtmanipulationen der ersten Ökonomie herauszulösen - das ist der wesentliche Zweck eines ökonomischen Umdenkens unserer Gesellschaft." (305f) Diese zweite Ökonomie wird auch beschrieben als die „Ökonomie des Ganzen Hauses", durchaus in Anschluss an Otto Brunner, zugleich aber verallgemeinert zu dem, „was für die gedeihliche Gesamtstruktur einer Gesellschaft von Bedeutung ist: das Wohl und Wehe des Gemeinwesens, politische Kultur, ohne die ein innergesellschaftlicher Friedenszustand nicht existieren kann, Moral und Verantwortung, ausreichende Gerechtigkeit ..." (310)[12] Dazu kommt die Terminologie der „lebendigen Arbeit" von Hegel und Marx.

Es wird dafür plädiert, die „Kulturbedeutung von Arbeit" ernst zu nehmen (499), es wird für die Wichtigkeit von „Übersetzungs- und Orientierungsarbeit" geworben und für die Anerkennung der dafür nötigen „Schlüsselqualifikationen": übergreifend „exemplarisches Erfahrungslernen", ihm zugeordnet Identitätskompetenz, technologische Kompetenz, Gerechtigkeitskompetenz, ökologische Kompetenz und historische Kompetenz. (525-538) Aus der Besinnung darauf „könnte eine große Zahl neuer, menschenwürdiger Arbeitsplätze entstehen: kulturelle Arbeitsplätze, Arbeitsplätze des Lernens und Erziehens, Arbeitsplätze in der Betreuung von Jugendlichen, Arbeitsplätze, die der Reintegration von straffällig gewordenen Menschen dienen, ganz abgesehen von jenen, die sich um Obdachlose kümmern, um sie in die Gesellschaft zurückzuführen". (664)

Dass in diesem konkretesten Beispiel, das sich finden lässt, immer noch von „Arbeitsplätzen", also in der Form von Lohnarbeit und inhaltlich von konventioneller Sozialarbeit die Rede ist, bezeichnet die Grenzen des erweiterten Arbeitsbegriffs ebenso wie die Reihung der beiden Ökonomien: Die kapitalistische Ökonomie der Waren und Spekulationsgewinne ist immer noch die *erste*, die Ökonomie des wirklichen Lebens die *zweite*, nicht umgekehrt. Die Betonung bleibt implizit wie explizit auf Lohnarbeit; Arbeitszeit-Verkürzung[13] ist schon die kühnste Idee, die Negt vorstellt: „Eine Umwichtung von Arbeit, die überwiegend auf Güterproduktion gerichtet ist, zu vielfältigen Arbeitsformen, die ihren Sinn in der politischen und kulturellen Regulierung der gesellschaftlichen Angelegenheiten haben, ..." (2001: 470).[14] Ganz vorsichtig hat Negt sich der damals von Offe und Gorz propagierten Idee von einer „Art Grundgehalt" für alle Bürger angeschlossen, auch das wieder zur Freisetzung für „politische Gemeinwesenarbeit und für sonstige schöpferische Tätigkeiten" (1984: 215f; 2001: 463), Hausarbeit wird nicht erwähnt. Es ist, als hätte Negt später die Implikationen der von ihm selbst gemeinsam mit Alexander Kluge zusammengestellten Materialien gar nicht mehr realisieren mögen. Erklärbar ist das nur durch seine Verankerung in der Facharbeiterbewegung und ihren Organisationen, zumal der Gewerkschaft. Die Radikalität von *Geschichte und Eigensinn* hat Negt allein nie wieder erreicht.[15]

Wenn wir also die Geschichte der Kritischen Theorie in den 1970ern nach dem kulturindustriellen Programm des Familienromans betrachten, können wir nur eine innere Auflösung der Firma konstatieren. Die Niederlassung in Starnberg, die in der Folge am wirksamsten das Erbe für sich reklamierte, stellte unter dem alten Firmennamen ein ganz anderes Produkt her. Die alte Werkstatt, das Institut für Sozialforschung in Frankfurt, wurde von einer Gruppe übernommen, die zunächst programmatisch das Erbe ausschlug, als Ergebnis ihrer Arbeiten aber allmählich wieder zu ihm zurückfand - was aber lange von außen nicht so wahrgenommen wurde. In dem abgewanderten Zweigbetrieb (in Hannover) wurde ebenfalls behauptet, man verwalte das Erbe, und zwar orthodoxer als andere, aber tatsächlich wurde in der anderen Richtung, nämlich zurück zur Arbeiterbewegung, davon abgewichen.

Man kann sich auf die Familienbande einfach nicht verlassen.

Zweite Zwischenbemerkung zur Logik der Aktualisierung

In der Einleitung zum Kommentar zu Adornos *Negative Dialektik* beschreiben die Herausgeber Honneth und Menke (2006) die Aufgabe so: „Die Form des philosophischen Kommentars bezieht sich auf einen Primärtext, der - zumeist durch seinen historischen Abstand - schwer- oder gar unverständlich geworden ist und dessen wesentliche Gehalte nun durch einen zweiten oder Sekundärtext, eben den Kommentar, in anderer, leichter zugänglicher Weise dargelegt werden sollen." (4) Darauf folgt, wie bei einem Adorno-Kommentar zu erwarten, dieser Vorgabe entsprechend der Hinweis auf die Unmöglichkeit, eine Theorie zu paraphrasieren, deren Autor sich immer dagegen verwahrt hat, referiert zu werden und referierbar zu sein. Damit verbunden wird der Begriff des Klassischen so bestimmt: „'Klassisch' ist ein vergangenes Werk, das über die Zeit hinweg Aktualität beanspruchen kann. Dabei besteht die Aktualität des Klassischen darin, einer orientierungslosen, aber orientierungsbedürftigen Gegenwart als 'Leitbild' zu dienen." (5) Dass ein Autor „ohne Leitbild" also auch nicht aktualisiert werden kann, folgt daraus unmittelbar. Um nach diesen Prämissen das Unternehmen nicht gleich abbrechen zu müssen, wird ein „paradoxer" Ausweg gefunden: „Die Aktualität von Adornos Philosophie liegt also vielleicht darin, daß man sie auch heute noch dazu verwenden kann, um den scheinbar festgefügten 'frame of reference' philosophischer Debatten in Frage zu stellen. Das macht die *Negative Dialektik* zu einem Klassiker nur in einem paradoxen Sinn: zu einem antiklassischen Klassiker." (6)

Tatsächlich wird hier ein Scheinproblem dadurch aufgebaut, dass die Aufgabe des Kommentars als vereinfachende Paraphrase und die der Aktualisierung als „gilt noch immer" (und das noch dazu als „Leitbild" zur Orientierung der Orientierungslosen) missverstanden wird. Aufgabe eines Kommentar ist es aber, die vorausgesetzten und daher nicht mitgeteilten Selbstverständlichkeiten, die man kennen muss, um den Text verstehen zu können, verfügbar zu machen. Die Aufgabe von Aktualisierung ist es, die gesellschaftlichen Erfahrungen herauszuarbeiten, die den Text orientieren, und zwar seine Fragestellung ebenso wie die Denkmodelle, mit denen er arbeitet. Damit gewinnen wir die Möglichkeit, unsere Erfahrung von Gesellschaft im Kontrast zu klären und damit unsere Fragestellungen und Denkmodelle zu reflektieren. Dass diese Erfahrungen immer noch dieselben sind, mag vorkommen, ist aber ein Spezialfall. Aktualität hängt davon nicht ab.

Schaubild 4: Daten zur Geschichte der Kritischen Theorie, dargestellt als Familienroman, als Abfolge der Revisionen und als Verarbeitung der Erfahrungen von Gesellschaft

Phase 3: Zersplitterung, Weiterentwicklung und Revision der Kritischen Theorie ab den 1970ern

	Äußere Ereignisse	Familienroman	Grundannahmen, Revisionen	Erfahrungen
1969	Friedeburg wird hessischer Kultusminister (bis 1974); Claus Offe, Albrecht Wellmer (Assistenten bei Habermas) gehen nach USA	Institut für Sozialforschung unter der Leitung von Gerhard Brandt, Ludwig von Friedeburg spezialisiert auf Industriesoziologie und Gewerkschaftsforschung	Orientierung an Arbeiterbewegung: Positive Wendung I: Industrie- und Gewerkschaftssoziologie am IfS; Analyse des Arbeitsvermögens durch Negt/Kluge (1981)	„Wissensgesellschaft I“: Solidarisierung gebildete Arbeiter – emanzipatorische Planung
1970ff	Oskar Negt (seit 1962 Assistent bei Habermas); Regina Becker-Schmidt (Mitarb. am IfS seit 1963) Professoren in Hannover		Kritische Theorie in der pädagogischen Praxis: Positive Wendung II: emanzipatorische Bildung und Gegenöffentlichkeit sind möglich	„alternative“ Bildungsarbeit in (Vor-)Schule, Lehrerausbildung, Gewerkschaft/Volksbildung, Journalismus
1971	Habermas (mit Weizsäcker) Direktor am Max-Planck-Institut zur Erforschung der Lebensbedingungen der wissenschaftlich-technischen Welt in Starnberg	in Starnberg arbeiteten u.a. Rainer Döbert, Klaus Eder, Max Miller, Gertrud Nunner-Winkler, Claus Offe, Albrecht Wellmer	Orientierung an sozialpartnerschaftlicher Demokratie	nach-faschistische Rekonstruktion von Demokratie und Kapitalismus; antifaschistischer Konsens; Klassenkompromiss
1970ff	öffentliche Debatten	1970: Habermas-Gehlen-Debatte; 1971: Habermas-Luhmann-Debatte; 1977: Habermas-Sontheimer-Debatte; 1986ff: „Historikerstreit“	Beharren auf der Position des „öffentlichen Intellektuellen“: Positive Wendung III: politische Interventionen als öffentlicher Intellektueller	konservative Initiativen, die diskursiv bekämpft werden können
			Orientierung an „Alternativkultur“ und „Neuen Sozialen Bewegungen“: Neue Felder der Kritik I: feministische Kritik der Herrschaft (Patriarchat), der Arbeit (Lohn-/Hausarbeit), der Wissenschaft	Patriarchat ohne wirtschaftl. Basis; Frauen in Bildung und Lohnarbeit einbezogen; sexuelle Emanzipation (Entscheidung über Kind)

1971ff	Gründung des Fachbereichs Gesellschaftswissenschaften an der J.W.Goethe-Universität Frankfurt	Zusammenführung von Soziologie aus der philosophischen und der wirtschaftswissenschaftlichen Fakultät, Politikwissenschaft und Lehrerbildung	Neue Felder der Kritik II: Staatstheorie - auf den Gebieten: Planung, Recht, Demokratie; Sozialpolitik, Disziplinierung, Ausschließung; Ökologie	Fordismus/Korporatismus - Neoliberalismus/Populismus; „Wissensgesellschaft" - „Beraterkapitalismus"
1977	„Deutscher Herbst"; „Buback-Nachruf/Mescalero-Affäre", Peter Brückner (Hannover) suspendiert		Orientierung an „Kultur": Neue Felder der Kritik III: Kritische Theorie des Subjekts - Psychoanalyse, Kulturanalyse (Mitscherlich, Brückner, Horn, Lorenzer, Richter)	Anwendungen einer soziologischen und politikwissenschaftlichen Psychoanalyse auf zeitgenössische Probleme; Individualität als Widerständigkeit; autoritäre Persönlichkeit, Narzissmus
1981	das Institut in Starnberg wird nach der Emeritierung Weizsäckers geschlossen	Habermas, *Theorie des kommunikativen Handelns*; Oskar Negt und Alexander Kluge, *Geschichte und Eigensinn*	Positive Wendung IV: Theorie des kommunikativen Handelns; Argumentieren setzt Anerkennen des anderen als vernünftig voraus	„Kolonialisierung der Lebenswelt" durch Gesetzgebung und Verwaltung als bedrohliche Möglichkeit
1983	Habermas erhält Professur für Philosophie in Frankfurt; Assistent Axel Honneth (ab 1991 Professuren in Konstanz, Berlin, Frankfurt)	Vorlesungsreihe *Der philosophische Diskurs der Moderne* (1984)		
1986		Alfred Lorenzer, *Kulturanalyse*	Neue Felder der Kritik IV: Kulturindustrie, Ästhetik, Ideologiekritik	Erfahrung der reflexiv gewordenen Kulturindustrie, des „Kulturpopulismus"; „repressive Toleranz"
1994	Habermas emeritiert			
2001		Institutsleitung Axel Honneth		

Phase 4: Historisierung oder Aktualisierung der Kritischen Theorie?

2003	Adorno 100	diverse Biographien veröffentlicht, Adorno-Denkmal, Adorno-Konferenzen u.a. in Frankfurt	? ? ?	neoliberale Umgestaltung, „Arbeitskraft-Unternehmertum", soziale Ausschließung, erweiterte Kulturindustrie

Sozialwissenschaftliche Theorien sind im günstigen Fall zutreffende Artikulationen der zentralen Erfahrungen einer Gesellschaftsformation in ihrem jeweils historischen Zustand, die sich durch die begriffliche Fassung eignen, befreiendes oder stabilisierendes Handeln zu orientieren. Sie benennen also weder „ewige Gesetzmäßigkeiten" des Funktionierens von Gesellschaft (bekanntlich ist selbst dieser Gegenstand erst historisch ausdifferenziert worden: im Feudalismus gab es keinen Begriff von „Gesellschaft"), noch tragen sie kleine oder größere Bausteine zu einem kumulativen Korpus von Wissen bei, aus dem sich irgendwann das ganze Bild zusammenschließen wird. Das heißt aber auch wieder nicht, dass sie deshalb in dem aufgehen, was als „Zeitdiagnose" eine Spezialität von soziologischer Arbeit ist. Soziologische Konzepte, Modelle und Theorien sind in dem Maß verallgemeinerungsfähig, in dem sie aus einzelnen und kumulierten Erfahrungen die gesellschaftlichen Strukturen und Abläufe, Widersprüche und Konflikte erschließen, von denen diese Erfahrungen generiert wurden. Je komplexer und grundlegender, je weiter und genauer die Oberfläche beschreibend und zugleich die zugrundeliegenden Widerspruchs-Strukturen identifizierend das gelingt, umso „haltbarer" werden die gewonnenen Begriffe und Modelle sein.[16]

Sozialwissenschaftliche Theorien haben ihre Kritik-, Korrektur- und Ergänzungsbedürftigkeit darin, dass sie oft bis gewöhnlich einseitig die Erfahrungen, die in einer bestimmten Position gemacht werden, zum Zentrum ihres Modells und seiner Begrifflichkeit machen. Gewöhnlich ist das die Position der Verfasser, seit der Akademisierung der Soziologie also die Sicht, die Universitätsprofessoren auf die Gesellschaft haben. Empirische Forschung hätte die Aufgabe, solche Einseitigkeit der Sichtweise zu relativieren, andere Erfahrungen und Perspektiven verfügbar und die Gegensätze und Konflikte sichtbar zu machen, die sich aus der Verschiedenheit bis unverträglichen Opposition der Interessen ergibt, die in den unterschiedlichen Positionen einer Gesellschaftsformation entstehen. In diesem Rahmen gibt es etwas wie kumulatives Arbeiten: Es können, von einer Theorie ausgehend, weitere Informationen und Erfahrungen mobilisiert werden, die die Positionalität der Formulierung und damit ihre Begrenzung klären und zugleich das Bild erweitern.

Damit ist schon angedeutet, dass sozialwissenschaftliche Theorie-Arbeit nicht nach dem naturwissenschaftlichen Modell darin aufgeht, Hypothesen abzuleiten und diese empirisch zu überprüfen. In den Sozialwissenschaften, die als „dritte Kultur" zwischen Geistes- und Naturwissenschaften stehen, hat Empirie vor allem und im günstigen Fall die Funktion, die Beschreibung der Oberfläche zu erweitern, das Material für die Struktur- und Widerspruchs-Interpretation angemessen kompliziert zu machen. Empirie ist besonders hilfreich, wenn sie die oben genannte Einseitigkeit der Perspektiven zu relativieren und zu erweitern imstande ist.[17]

Ansonsten und vor allem aber besteht Theorie-Arbeit in „Aktualisierungen", d.h. im Rückschluss auf die historischen und positionalen Erfahrungen, die Begriffen und Modellen zugrunde liegen, und von dort auf die gesellschaftlichen Strukturen, die im nächsten Schritt darauf untersucht werden, wie und wie sehr sie sich verändert haben und wie die entsprechenden Begriffe und Modelle daher heute zu gebrauchen und modifiziert einzusetzen sein werden. Das ist ein iterativer Vorgang, der tatsächlich komplizierter ist als hier dargestellt, weil man gewöhnlich von Theorie-Entwicklungen ausgeht, an deren Anfang und (vorläufigem) Ende man jeweils auf Produktionsweisen und Positionen in ihnen schließen muss, für die sie jeweils „gültig" sein können. Die so erschlossenen Struktur-Veränderungen wird man dann an weiteren Indikatoren überprüfen. Auch der umgekehrte Fall ist nicht selten: Man hat Beschreibungen einer Strukturveränderung vorliegen und sucht nach den erwartbaren Theorie-Veränderungen, die ihr entsprechen könnten.

Man kann das Verfahren auch damit charakterisieren, dass wir wie in den Geisteswissenschaften, besonders der Philosophie, an der Rekonstruktion der Begriffs- und Theorie-Entwicklung angesichts jeweils neuer Erfahrungen arbeiten. Allerdings haben die Sozialwissenschaften zusätzlich die Aufgabe, unsere neuen Erfahrungen als Resultat gesellschaftlicher Zustände zu verstehen und diese soziale Wirklichkeit aktiv und umfassend zu erforschen. Das naturwissenschaftliche Selbstmissverständnis, das in den Sozialwissenschaften besonders von der Experimentalpsychologie gepflegt wird, ist nur um den Preis der Ausklammerung von Selbstbewusstsein und Akteursperspektive durchzuhalten, wie es konsequent im Behaviorismus versucht wurde.[18] Dem sozialwissenschaftlichen Verständnis erschließt sich diese missbräuchliche Anwendung als Funktion – und zugleich Beförderung – eines entfremdeten, instrumentellen zwischenmenschlichen Umgangs, dessen gesellschaftliche Grundlagen in genau beschreibbaren Herrschaftsbeziehungen leicht zu benennen sind. In den Sozialwissenschaften geht es um Erkenntnisgewinn als Naivitätsverlust.

Wie immer die reflexiven Denkwege im einzelnen verlaufen, das Hauptproblem der sozialwissenschaftlichen Analyse ist bekanntlich, dass wir Selbstverständlichkeiten, (auch von uns selbst als kompetenten Gesellschaftsmitgliedern) stillschweigend Vorausgesetztes bewusst verfügbar machen müssen. In der Aktualisierung müssen wir historisch Selbstverständliches rekonstruieren und es mit dem aktuell Selbstverständlichen abgleichen. Deshalb machen uns schroffe, offensichtliche Veränderungen, gesellschaftliche „Krisen" und „Umbrüche", das wissenschaftliche Leben leichter, weil sie auch das Selbstverständliche in Frage stellen. Andererseits ist immer wieder zu beobachten, wie lange wir brauchen, um angesichts gewöhnlich kontinuierlicher Veränderungen, die irgendwann in einen wahrnehmbar neuen Zustand umschlagen, zu erkennen, wie sich dieser „auf den Begriff bringen" lässt.

Und notwendig sind wir rückblickend gescheiter, reflexionsfähiger für unsere eigenen wie für die Erkenntnisse anderer.

Kritische Theorie als Ausdruck der Erfahrungen von Gesellschaft

Theorien verarbeiten nicht nur, vielleicht nicht einmal in erster Linie die *zeitgenössischen* Erfahrungen. Sie arbeiten zunächst mit dem, was selbstverständlich ist. Am sichersten selbstverständlich ist uns, in was wir „hineingewachsen" sind, die Erfahrungen der Kindheit, und dazu gehört das, was uns Erwachsene damals „mitgegeben" haben. Insofern wird das in einer Zeit Selbstverständliche nach seiner Herkunft weit zurückliegen können.

Für die Kritische Theorie an ihrem Ausgangspunkt gilt das sehr auffallend, für Horkheimer wie für Adorno. Wenn wir als diesen Ausgangspunkt die Übernahme der Leitung des Instituts durch Horkheimer nehmen, dann hätte sich Kritische Theorie gerade noch in der Weimarer Republik, dann im Faschismus, im US-Exil und in der beginnenden BRD und ihrem „Wirtschaftswunder" abgespielt. Zeitgenössisch müsste sie also die Verarbeitung der Erfahrungen von Fordismus, seiner Krisen und der verschieden rabiaten „Lösungen" sein, die dafür gefunden wurden. Das ist sie auch. Aber eine entscheidende Erfahrung für Horkheimer, das kann man seinen literarischen Ergüssen „Aus der Pubertät" (HGS 1) leicht entnehmen, war die Revolution von 1918/19. Dort findet sich mehrfach (besonders eindrücklich in der Novelle „Jochai", HGS 1: 266f) ausgedrückt, dass sich der berechtigte Zorn der revoltierenden Arbeiter gegen „den reichen Juden" richtet, dass er aber ganz schnell in antisemitische Hetzjagd auch auf den intellektuellen Juden umschlagen kann. Proletarische Aufstände und Antisemitismus verbinden sich leicht. Horkheimer hatte die Räterepublik und ihr Ende als junger Mann in München erlebt. Seine zweite Erfahrung war daher offenbar, dass die Revolution niedergemacht wurde, dass sie misslang und versäumt wurde. Adorno, der zu dem Zeitpunkt fast noch ein (allerdings frühreifes) Kind war, verwendet ähnlich schon in seinen ersten musiksoziologischen Arbeiten das Bild einer Revolte, die damals misslang und seither von einem stetigen Aufstieg der „Reaktion" gefolgt wird. Für ihn war das damals zugleich oder in erster Linie die expressionistische Revolution Schönbergs in der Zeit vor 1914, in der er seine radikalsten Werke geschrieben hätte. Auch in der musikalischen Komposition sah Adorno seit damals nur Rückschritt hinter diese Errungenschaften.[19]

Es ist also ein interessantes und ungewöhnliches Grundmodell, aus dem die Kritische Theorie dachte: Wie ist Befreiung möglich, nachdem die Revolution endgültig versäumt wurde? Befreiungstheorien denken sonst auf die zukünftige

Revolution hin: Wie lassen sich die Bedingungen dafür herstellen, dass sie geschieht? Marxisten und besonders Sozialdemokraten wollten dafür gewöhnlich erst noch ein Stück Entwicklung des Kapitalismus abwarten, bis er reif dafür ist, gestürzt zu werden. Anarchisten sahen die Entwicklung als wirtschaftlich längst weit genug fortgeschritten, nur der Staat halte ihn noch herrschaftlich aufrecht. Kritische Theorie ist ziemlich einmalig darin, dass sie diese Selbstverständlichkeit des Anarchismus teilt, aber dazu annimmt, der Zeitpunkt für den Umsturz sei versäumt worden und das sei nicht mehr nachzuholen. Die Kritische Theorie sah sich von Anfang an in der Alternative „Sozialismus oder Barbarei" als bereits in der fortschreitenden Barbarei angekommen. Der Faschismus hat Horkheimer und Adorno nicht als eine ganz neue Erscheinung überrascht, sie sahen längst etwas von der Art heraufkommen.

Adorno lebte noch in einer anderen Weise eher in den Selbstverständlichkeiten des Fin de siècle als der Zeit nach dem I. Weltkrieg: Er sah das liberale Bürgertum, bedrängt von den Bewegungen des Proletariats, des Nationalismus und Antisemitismus, bei der zerfallenden Monarchie Schutz suchen, wie es im Wien der Jahrhundertwende der Fall gewesen war.[20] Die entmachtete Aristokratie blieb ihm ein Bild von Nicht-Bürgerlichkeit. Die Abneigung gegen Bewegungs-Politik und Populismus, die sich später in seinen Schwierigkeiten mit der Studentenbewegung zeigte, hat ihre Grundlage nicht erst im Faschismus. Damit verbunden ist auch das bedrängte bürgerliche Subjekt, nicht nur wirtschaftlich verunsichert, sondern dazu in seinem Selbstbewusstsein durch die Niederlage seines Individualismus in den Massenbewegungen bedroht. Selbstverständlich war ihm damit die absolute Bedeutung von Individualität und ihre nicht aufhaltbare Zerstörung, endgültig im I. Weltkrieg.

Kritische Theorie ist in der ersten Phase von europäischem Fordismus entstanden und hat auch diese Erfahrungen von Massenproduktion und Massenkonsum verarbeitet, besonders offensichtlich in der Theorie von Kulturindustrie. Aber die Erfahrungen dieser Produktionsweise wurden auf der Grundlage von Selbstverständlichkeiten wahrgenommen, die vor dem Fordismus lagen. Horkheimer und Adorno sind nicht in die (wie immer krisenhafte) fordistische Gesellschaft „hineingewachsen", sie haben sie vielmehr als Kontrast zu dem erfahren, was ihnen selbstverständlich war. Daher war sie ihnen auffällig und konnte verfremdet dargestellt werden. In „Jene zwanziger Jahre" (1962, AGS 10.2: 499-506) hat Adorno rückblickend beschrieben, wie in der Konsum-Ausgelassenheit schon der Faschismus vorbereitet wurde. In den USA sahen sie unter diesem Ausgangspunkt ein Modell dafür, wie die Tendenzen, die sie aus der Weimarer Zeit kannten, sich entwickeln konnten, wenn die „Reaktion" des Nationalsozialismus vermieden wurde. Faschismus war in der im „Monopolkapitalismus" zunehmend nötigen Unterdrückung nicht die einzige und notwendige Form, die raffiniertere und zugleich menschenfreundlichere Form des New Deal und der entwickelten Kulturindustrie konnte es auch sein. (Faschismus ist also mit Kapitalismus verbunden, aber nicht als Notwendigkeit, nur als Möglichkeit.)

Die Zeit in der BRD, tatsächlich ja nach dem Wiederaufbau eine erneute Phase von Fordismus, diesmal im Westen mit nachhaltiger Amerikanisierung und einer soliden „Konsumgesellschaft", musste Horkheimer und Adorno wie eine Wiederholung jener ersten Erfahrung, vielleicht unter günstigeren Vorzeichen oder auch nur bei (angesichts Stalinismus) verringerten Ansprüchen, aber immer noch und jetzt besonders in einem Zustand der Barbarei, „nach dem Untergang" erscheinen. Die weit zurückliegenden Vor-Erfahrungen und die im erwachsenen Leben erfahrenen Bestätigungen dafür ließen sich stimmig mit den neuen Erfahrungen von Gesellschaft verbinden. Auch die Grundlage für die kritische Haltung zu dieser Gesellschaft blieb erhalten: Daher wurde auch keine billige Konsum- oder sonstige Kulturkritik daraus. (Sie wurde nur gelegentlich von eiligen oder vorentschiedenen Lesern so einzuordnen versucht.) Es versteht sich, dass die „Reaktion" jetzt, nach der Shoah, deutlicher zu identifizieren war als die autoritären und rassistischen Haltungen, die aus dem Nationalsozialismus herüberragten.

Kritische Theorie, wie von Horkheimer und Adorno repräsentiert, war die Verarbeitung von Erfahrungen von Fordismus aus den Selbstverständlichkeiten des Fin de siècle und seiner spezifischen Krise von Bürgerlichkeit und der zerstörten Revolutionshoffnungen von 1918/19. Dadurch entstand eine Perspektive (nach der versäumten Revolution, nach der Katastrophe) von besonderer Schärfe – und Originalität, die zusammen mit der, an der Kant-Hegel-Marx-Nietzsche-Tradition geschult, aufs Höchste gesteigerten Reflexivität, Fordismus bedrohlich aussehen ließ. In der Weimarer Zeit wie erst recht nach der Shoah war das ein Modell, mit dem sich Realität aufschlüsseln ließ.

Man kann schon an dieser Stelle einfügen, dass die (um 1930 geborene) Generation der „Erben" der Kritischen Theorie in andere Selbstverständlichkeiten „hineingewachsen" sein muss: einen autoritären Staat und die Angst vor ihm, eine Befreiung und die Möglichkeit eines erfolgreichen Neu-Beginns, mit Demokratie und Fortschritt als hohen Gütern. Wenn man Habermas als Beispiel nimmt, dann spricht aus seinem Denken die Entschlossenheit, rationalistisch und auf geklärter Moral-Grundlage einen Neubeginn zu unternehmen, in dem alle ähnlich der Vernunft Zugänglichen zusammenarbeiten und dazu ihre Konflikte rational und mit gegenseitigem Respekt austragen würden. Derselbe Fordismus, den Horkheimer und Adorno als Wiederauflage dessen sehen mussten, was die Vor-Nazi-Zeit ausgemacht hatte, war für die „Flakhelfer-Generation" ein Neubeginn, sicher auch gefährdet und daher gegen regressive Angriffe zu verteidigen, aber doch unzweifelhaft der Beginn einer Zukunft.

Die Generation der Studentenbewegung hingegen sah schon wieder einen versäumten Neubeginn (die Zeit nach 1945 als „Restauration“ von Kapitalismus), schon wieder eine verspielte Revolution, schon wieder eine große Möglichkeit, die nicht genutzt wurde. In dieser stillschweigenden Voraussetzung traf sie sich besser mit Horkheimer und Adorno als mit Habermas. Freilich kam dazu der Komplex der arrogierten Opfer-Position und des „nachholenden Widerstands“,[21] der die besondere Dringlichkeit von Protest und Auflehnung und die manchmal recht reduzierte Behutsamkeit in der Wahl der Mittel erklärt. Hier liegen auch die Missverständnisse und Gegensätze, die zum Bruch zwischen Horkheimer und Adorno und der Studentenbewegung führten. Die labile Unentschiedenheit der 1970er zwischen sozialdemokratischem Aufbruch und der Einschätzung, alle radikaleren Veränderungen würden niedergehalten, zwischen einer ausgedehnten Subkultur der „Alternativen“, in der ein „anderes Leben“ versucht wurde, dem „langen Marsch durch die Institutionen“ (der ja auch nicht ohne Erfolge war) und dem sich ausbreitenden (mehr zornigen und ironischen als depressiven) Gefühl einer Niederlage spiegelt diese doppelte Grundlage des selbstverständlich Vorausgesetzten. Auch für die Generation von „1968“ sind Wohlstand, Fortschritt, Befreiung möglich, wenn man den Widerstand der übriggebliebenen Autoritären überwinden kann.

Die Dynamik der Generationen ist auch eine Dynamik von unterschiedlichen Selbstverständlichkeiten in den Modellen von Gesellschaft und Politik, die mehr oder weniger zufällig zusammenpassen oder sich „schlagen“ können. Dabei reicht „das Selbstverständliche“ weiter zurück als die persönlichen Erfahrungen gehen, es tradiert sich am wirksamsten in dem an stillschweigend Vorausgesetztem, in das eine Generation „hineinwächst“. Die allgemeinsten, die „kulturellen Arbeitsbündnisse“,[22] stellen Anwendungen vergangener Modelle auf die zeitgenössische Wirklichkeit dar. Die Passform, die dabei resultiert, beruht, wenn nicht auf Zufall, dann auf der Reichhaltigkeit und Allgemeinheit der Modelle.

Die Studentenbewegung und ihre Zerfallsprodukte

Wenn Kritische Theorie die Artikulation der widerständigen Reaktion auf Herrschaftserfahrungen ist, dann ist es auch für die Zeit nach 1969 nicht die erste Frage, wer Adorno in seiner Prominenz-Position in der kulturindustriellen Öffentlichkeit nachfolgte. Die Frage ist vielmehr, in welchen Formen und mit welchen Inhalten sich Widerständigkeit theoretisch ausdrückte. Um diese Formen zu sortieren, geht man am besten von der Studentenbewegung und ihren Zerfallsprodukten aus. Nicht dass die Jugend- und Studentenbewegung der 1960/70er zum Zentrum der Geschichte der Nachkriegszeit gemacht werden soll, aber diese

Kulturrevolution, die die gesamte hochindustrialisierte Welt erfasste (auch den damals so genannten Ostblock und den fernen Osten), indizierte doch Möglichkeiten der Entwicklung von Gesellschaft, die bestanden und zu nützen versucht wurden.[23] Fordismus befand sich auf dem Höhepunkt seines Funktionierens, es konnte der „Traum immerwährender Prosperität" und der damit gegebenen Möglichkeiten einer befreiten Gesellschaft geträumt werden. Der Zerfall der Bewegung nach 1968, der zufällig mit dem Tod Adornos 1969 und damit einem tiefen Einschnitt in der Geschichte der Kritischen Theorie übereinstimmt, hat verschiedene Strömungen des „Bewegungs-Wissens" sichtbar werden lassen, die auch wissenschaftlich wirksam wurden. Man kann sie als Hinweise darauf verwenden, welche Aspekte der Wirklichkeit und ihrer Möglichkeiten bestanden oder zumindest angenommen wurden.

Auch in der Nachfolge der Kritischen Theorie gab es „positive Wendungen", in denen Reformmöglichkeiten aufgenommen wurden. In anderen Strömungen wurden neue Felder der Kritik entwickelt. In beiden Fällen ist es interessant zu untersuchen, wie das jeweils mit dem Paradigma der Kritischen Theorie vereinbar blieb oder doch heute, im Rückblick so ausgewertet werden kann. Nachdem, wie oben gezeigt, die Nachfolge der Kritischen Theorie unsicher ist, es sei denn, man akzeptierte die Unterstellungen des Familienromans, gibt der Ausgangspunkt Studentenbewegung die Möglichkeit, alle relevanten Strömungen und die Erfahrungen von Gesellschaft, die in ihnen verarbeitet wurden, erkennen und ordnen zu können.

Die weiteren Schicksale der Kritischen Theorie in den 1970ern und danach sind, sogar noch stärker als die der Soziologie insgesamt, von dem Knotenpunkt der Jugend- und Studentenbewegung der 1960/70er Jahre bestimmt worden. Diese Kulturrevolution in der gesamten fordistischen Produktionsweise, die im Osten (siehe vor allem den „Prager Frühling" 1968) gewaltsam unterdrückt wurde, hat im Westen gut sichtbar ihre Anfänge bereits in den schwieriger gewordenen Generationenverhältnissen in den 1950ern. Sie ist auf der abstraktesten Ebene zu verstehen als langwierige und krisenhafte Anpassung der Gesellschaft an die Gegebenheiten und Anforderungen von Fordismus auf seinem Höhepunkt, in der die junge Generation die Führung übernahm. Sie fand sich schneller in der „Konsumgesellschaft" mit ihrer „instrumentellen Arbeitsmoral" zurecht als die Älteren. Die Jungen konnten mit der Freizeit und der Lässigkeit, mit den Konsumangeboten und der Mobilität, mit der Körperlichkeit und den Zukunftshoffnungen einfach mehr anfangen als die ältere Generation, die zu viel in Disziplin und Verzicht investiert hatte, um sie nicht von den Jüngeren genauso zu verlangen. Es war eine umfassende Verschiebung in der „Arbeitsmoral" - von „leben, um zu arbeiten" zu „arbeiten, um (in der Freizeit) zu leben" -, die sich als Konflikt der Generationen manifestierte und einseitig nur so interpretiert wurde.[24]

Es begann in der Unterschicht mit „Halbstarken" und „Fußball-Rowdies" und in der gebildeten Schicht mit einem trivialisierten „Existentialismus". Es setzte sich fort mit den Erfahrungen des „Trampens" und der Jugendkultur von Musik, Tanz und Groß-Konzerten, die „Beats", „Gammler" und „Hippies" hervorbrachten. Die manchmal exzessive Feindseligkeit zwischen den Generationen sollte nicht darüber täuschen, dass die Jugendlichen mit ihren Mitteln ebenso konsumierten wie die Erwachsenen: Diese fuhren nach Italien auf Badeurlaub, die Jugendlichen trampten durch Europa; die Motorisierung erreichte in verschiedenen Versionen beide; jugendspezifisch waren die Formen der Musik und der sonstigen Unterhaltung und die Moden von Bekleidung und Haartracht, aber mehr für Kulturindustrielles ausgegeben haben auch die Erwachsenen. Die „sexuelle Revolution" ist möglicherweise den Verheirateten mehr zugute gekommen als den Jugendlichen. Das gilt auch für die unmittelbar politischen Aspekte dieser Kulturrevolution: Die antiautoritär Bewegten rebellierten nicht so sehr gegen ihre eigenen Väter und Mütter, stammten vielmehr überwiegend aus „liberalen" Elternhäusern und wehrten sich, so eingestimmt, gegen den Autoritarismus von Lehrern und anderen Vorgesetzten. Die Hinweise darauf, dass damals und über fast zwei Jahrzehnte eine Veränderung der ganzen Gesellschaft geschah, die von der Produktionsweise ausging, und nicht ein Umsturz, der von der jungen Generation bewirkt worden wäre - ohnehin eine auch in sich ziemlich unplausible Vorstellung -, sind also zahlreich.

Zu diesen Vorvätern, mit denen sich die Jugendbewegten zumindest in ihren Phantasien verbünden konnten, gehörten Philosophen wie Sartre und Camus, Bertrand Russell oder eben Adorno und Marcuse, die, aus ganz anderen, weit zurückreichenden Wurzeln gespeist, Herrschaftskritik und Befreiungstheorie weiter pflegten und vorantrieben. Dass das in den Ländern, die Nationalsozialismus und Faschismus als Teil des historischen Erbes zu verarbeiten hatten, zugleich damals Vertriebene oder Angehörige der Résistance waren und sein mussten, verstand sich. Die Politisierung der Jugendbewegung durch die Studenten bediente sich freilich der Theorie-Versatzstücke nach Belieben und höchst selektiv - und vielfach aufgrund von Hörensagen. Wie so oft erfolgte auch hier die Rezeption eher des Gestus, in dem Fall von Widerstand und Herrschaftskritik, als spezifischer Inhalte oder Gedankengebäude.[25]

Dass besonders Adorno sich gegen diese Vereinnahmung sperrte, ist nicht zuletzt in seinen Vorträgen „Kritik" und „Resignation" (beide von 1969, GS 10.2) und in seinen *SZ*- und *Spiegel*-Interviews von 1969 (GS 20.2) hinreichend dokumentiert und begründet und muss daher hier nicht weiter ausgebreitet werden. Adorno hielt speziell den Aktionismus der Bewegung, der ihn dann ja auch persönlich traf, für einen Fehler. Die Kader-Gruppen und Partei-Aufbau-Organisationen, die ab 1969 in diversen Varianten blühten und gerade die autoritärsten Formen der

Arbeiterbewegung und die auch noch als Farce nachstellten, wären ihm besonders absurd vorgekommen, vom „bewaffneten Kampf" gar nicht zu reden.

Für das, was nach 1969 und Adornos plötzlichem Tod aus der Kritischen Theorie und aus der Soziologie geworden ist, sind freilich die Themen und Denkmotive, die in der Jugend- und Studentenbewegung entstanden oder besonders konturiert wurden, bestimmend gewesen. In den 1970ern war die Studentenbewegung besonders von internen Auseinandersetzungen geplagt und durch „Terrorismus-Bekämpfung" und sonstige politische Unternehmungen, um die Bewegung zu Ende zu bringen, unter Außendruck. Das äußerte sich in verschiedenen Formen der Verfolgung von „Sympathisanten" und juristisch im „Radikalenerlass", dem „Berufsverbot" für Leute, denen man linksradikale Zugehörigkeit nachsagen konnte, im öffentlichen Dienst. (Das betraf vor allem die Lehrer.)

Unter diesen inneren wie äußeren Belastungen löste sich die Bewegung in vier Richtungen auf: Es verblieb und stabilisierte sich der *antiautoritäre* Kern mit seiner subkulturellen Infrastruktur, bestehend aus WGs, selbstverwalteten Betrieben, Lokalen und Treffpunkten, sowie einer Organisation, die wir heute als Netzwerk bezeichnen würden, aus der heraus thematisch neue Bewegungen entstanden – vor allem Frauenbewegung, Ökologie- und Friedensbewegung, Bürgerinitiativen als Verallgemeinerung über die Grenzen der Subkultur hinaus. Es entstanden *autoritäre* Organisationsformen in K-Gruppen, Partei-Aufbau-Organisationen und im bewaffneten Kampf. Es konsolidierte sich die starke *reformistische* Fraktion, die im „langen Marsch durch die Institutionen" Verwaltung und Justiz, Sozialarbeit, Psychiatrie und Strafvollzug, Fabrikarbeit und Gewerkschaft, besonders aber Schule und Universität von innen heraus, durch aktive Teilnahme verändern wollten. Frauenpolitik war in allen diesen Bereichen möglich. Damit eng verbunden war die *opportunistische* Reaktion, die übliche und normale Haltung von Gesellschaftsmitgliedern zu den Möglichkeiten, die geboten und politisch hergestellt werden: Man sucht nach einer günstigen Nische für die eigenen Fähigkeiten und Bedürfnisse.[26] Dass es damals opportun war, zumindest reformistisch zu denken und möglichst zu handeln, zeigt „linke" Hegemonie an, die parteipolitisch trotz allem (von SDS-Ausschluss bis Radikalenerlass) den Sozialdemokraten zugute kam und zur Gründung der „Grünen" führte, um dieser parteipolitischen Alternativlosigkeit zu entkommen. In Schaubild 5 sind diese Reaktionsformen und die Denkmotive dargestellt, die in der Studentenbewegung entwickelt und so unterschiedlich verarbeitet wurden.

Die verschiedenen Richtungen, von denen Widerständigkeit artikuliert und insofern die Nachfolge der Kritischen Theorie angetreten wurde, organisierten sich einerseits um Themen und Denkmotive dieser Bewegungen. Darin bestand zwi-

Schaubild 5: Ausdifferenzierung/Auflösung der Jugend- und Studentenbewegung in den 1970ern

	Form	Ziel	Themen	Theorien	neue Denkmotive
antiautoritär	Subkulturbildung Neue Soziale Bewegungen Grüne: Fundis	anders leben wollen – Infrastruktur dafür erkämpfen/verteidigen	neues Verhältnis der Geschlechter; Kommunen, WGs; selbstverwaltete Betriebe; Kinderläden, freie Schulen; Häuser-/Stadtteil-Kampf, Bürgerinitiativen; Atom-Bombe, AKW, Ökologie; Frieden	feministische Theorie; genossenschaftliche Modelle; Alternativ-Ökonomie, -Technik; antiautoritäre Erziehung; Autonomie – Individuum; Demokratietheorie, Staatstheorie; Ökologie-Szenarien; Friedensforschung	Hausarbeit vs. Lohnarbeit, Patriarchat vs. Warenförmigkeit; Kommune vs. Revolution, Vorwegnahme des anderen Lebens; Transformation von Demokratie – Sicherheitsstaat, autoritärer Populismus; Ökologie; Frieden = keine Unterdrückung, Gewaltdiskurs, Widerstand
autoritär	Avantgarde-Parteien (K-Gruppen); bewaffneter Kampf	die Herrschaft stürzen (und sie übernehmen?) wollen	anti-imperialistische Kämpfe als Verpflichtung und Vorbild (teilweise Kooperation)	Theorien der Revolution und des bewaffneten Kampfs, Theorien des Arbeiterkampfs	Wissenschaft abgelehnt, eventuell kritisiert
reformistisch	langer Marsch durch die (verschiedenen) Institutionen Grüne: Realos	einen Platz in der Gesellschaft finden, an dem sich diese umgestalten lässt; aktive Partizipation	Frauenquoten, Lohn für Hausarbeit; neue Arbeitsformen, Gewerkschaft; Erziehung, Bildung; Planung, Verwaltung; Psychologie, Sozialarbeit Psychiatrie, Gefängnis	geschlechtsspezifische Arbeitsteilung; Autonomie, Gruppenarbeit; Bildungstheorie; Verwaltungswissenschaft; Psycho-Wissenschaften; totale Institution, Kontrolle, Ausschließung	Denkmotive selektiv in Wissenschaftsbetrieb eingebracht: Frauen- und Geschlechterforschung; Psychoanalyse; Industriearbeit/Organisation; Risikogesellschaft; Staatstheorie, Verwaltung, Planung, Ausschließung; Theorie des kommunikativen Handelns/Öffentlichkeit/Demokratie
Opportunistisch		einen günstigen/privilegierten Platz in der Gesellschaft finden			

schen Antiautoritären und Reformisten weitgehende Übereinstimmung. Andererseits unterschieden sich in dieser Orientierung (mehr an der antiautoritären Subkultur und ihren Unternehmungen oder mehr an den reformistischen Angeboten) auch die Theorien, die eingesetzt wurden: solche aus dem Bereich des „westlichen Marxismus" - von Luxemburg und Gramsci bis Poulantzas, darunter auch Horkheimer und Adorno (später wurde auch Foucault eingemeindet) - und des Neo-Anarchismus (Murray Bookchin, Ivan Illich, Paul Goodman) oder eher solche aus dem Bereich der herkömmlichen Soziologie. Die autoritären Richtungen und Gruppen haben sich wissenschaftlich vielleicht in Seminar-Marxismus bis Marxologie ausgewirkt, indirekt wohl auch ein Interesse an Arbeiterbewegung, Krisen- und Revolutions-Theorie gestützt, in erster Linie aber den Universitätsbetrieb verachtet und abgelehnt, allenfalls kritisierend und störend in ihn eingegriffen, um Studenten für die eigenen Kapital-Kurse abzuwerben. In der opportunistischen Reaktion konstituierte sich das mehr oder weniger aktiv teilnehmende Publikum, aber auch ein Bereich von „Übersetzern" und „Multiplikatoren".

Mediale Prominenz und der Alltag der Widerständigkeit

Die Geschichte der Kritischen Theorie wird gern (so wie Theorie-Geschichte überwiegend) als Geschichte prominenter Theoretiker geschrieben. Aber ab den 1970ern ist überdeutlich, dass Widerständigkeit und Herrschaftskritik sich an den Universitäten in einer lebendigen studentischen Subkultur und in verschiedenen Fachbereichen, zahlreichen Forschungsrichtungen und einer großen Zahl von professoralen wie Mittelbau-Proponenten organisierten. Die beiden Jahrzehnte der Alternativ-Kultur und der Neuen Sozialen Bewegungen, auch des „linken Terrorismus", brachten eine Diffusion der Haltung und verschiedener Aspekte der Kritischen Theorie in fast alle Universitäten mit sich, die zu dokumentieren die Prominenz-Maschinen der Medien überfordert waren.

Weiterentwicklungen von Kritischer Theorie fanden in allen Formen statt: als direkte Beschäftigung mit der sozialphilosophischen Traditionslinie Kant, Hegel, Marx, Nietzsche, Lukács bis Gramsci und anderen Dissidenten der Marxschen Tradition; als Aufnahme von Motiven der Kritischen Theorie in Disziplinen von Sozialpsychologie bis Staatstheorie, aber auch in Pädagogik, Germanistik, Musikwissenschaft, Sozialgeschichte oder Theologie, sogar in der Rechtswissenschaft;[27] am wenigsten als unmittelbare Auseinandersetzung mit Horkheimer, Adorno oder Marcuse, die noch nicht historisiert waren. Natürlich waren die 1970/80er auch die Jahrzehnte des roll-back an den Universitäten, als diverse Studentenbewegungs-Geschädigte mit Berufsverbot und sonst erweiterter Terrorismus-Bekämpfung, aber auch mit Publikationen und vor allem universitäts-internen Machenschaften sich

Genugtuung verschafften und ihre Wissenschaften neu-alt etablieren konnten. Die Auseinandersetzungen an den Universitäten um Verfahrensregeln, Personalentscheidungen, Lehrformen und Inhalte waren oft heftig und gelegentlich bitter. Wahrscheinlich konnten sich einzelne Universitäten schon Kritische-Theorie-frei halten, aber an den meisten gab es wohl zumindest einzelne Vertreter und studentische Interessen und Arbeitsgruppen.

Die Studentenbewegung - man soll sich da von der Bezeichnung nicht irreführen lassen - war in entscheidenden Anteilen eine „Mittelbau-Bewegung". Sie konnte sich überhaupt nur zu wirksamer Kritik der Universität entfalten, weil an ihr Personen teilnahmen, die nicht nur möglichst schnell ihr Studium abschließen und die Universität verlassen wollten - sonst die Schwäche von studentischen Aktionen. Damals wurde Wissenschaft besonders ernst genommen: Sie sollte besser gemacht werden und sie sollte so verbessert an den Universitäten stattfinden. Im Gegensatz zu dem, was uns heute als selbstverständliches Reformziel vorgestellt wird, sollten Wissenschaft und akademische Bildung nicht einfach Berufsqualifikationen sein, sie sollten einer besseren Gesellschaft dienen. Professoren aus der Studentenbewegungs-Generation wie Klaus Heinrich (1989: 9) oder Ekkehard Krippendorf (1996: 435) erinnern sich an eine „Liebesbeziehung", die sie und ihresgleichen damals mit der Universität gehabt hätten - eine Metapher, die heute nur mehr befremdet. „1968", das kulturindustrielle Symbol der Studentenbewegung, war an den Universitäten eher der Beginn als das Ende der Bewegung.[28] Die Universität war in den Jahren und Jahrzehnten, die folgten, mit einer Subkultur von Wohngemeinschaften und Alternativ-Betrieben verbunden, in der Frauen-, Ökologie-, Friedens- und städtische Bewegungen ihre Infrastruktur hatten. Auch wenn über die zunehmende „Theorie-Feindlichkeit" der Bewegungen geklagt wurde, so blieb doch lange eine (bis in die Wahlergebnisse der Grünen nachvollziehbare) enge Beziehung zwischen Bewegungen und Universitäten bestehen.[29]

Für unser Interesse an den Weiterentwicklungen von Kritischer Theorie heißt das, ein breites Spektrum von Theorie-Aktivitäten zu beachten, die an vielen Orten der Republik stattfanden. In diesem Netz von breit gestreuten wissenschaftlichen Arbeiten, die Kritische Theorie ausmachten, waren die stärksten Verdichtungs-Punkte schon durch die personelle Stärke, aber auch in der Konzentration von Ereignissen, der Stärke der Subkultur und damit der Dichte der Diskussionen und Veröffentlichungen Berlin und Frankfurt.[30] Dazu kamen etwa Marburg, Gießen, Hannover, Bremen, Wuppertal, Oldenburg und zahlreiche weitere Orte, an denen die „Verdichtung" vielleicht nur bestimmte Bereiche oder Disziplinen der Sozialwissenschaften (etwa Bildungssoziologie oder die Rechtswissenschaften oder die Sozialgeschichte) betraf oder sich schneller wieder auflöste als an anderen. Der Stellenwert von Starnberg als ein solcher Verdichtungspunkt in den 1970ern wäre an der Funktion in diesem Netz (etwa als „Durchlauferhitzer“ für spätere ProfessorInnen an verschiedenen Orten) zu bestimmen.

Wenn man sich endlich von dem skurrilen Bild des Familienromans verabschiedet, dann ist die Geschichte der Kritischen Theorie als Analyse dieses Netzwerks bisher ungeschrieben. Es wäre in einer breiten Recherche von lokalen Geschichten überhaupt erst einmal zu dokumentieren. Deutlich ist aber, dass die Wissenschafts-Geschichtsschreibung im Zeitalter einer enorm vervielfältigten Intellektualität und intellektuellen Produktion unter kulturindustriellen Bedingungen nicht mehr mit dem Modell der „großen Männer (und Frauen)“ hantieren kann - das im übrigen schon für die Aufklärung falsch oder zumindest unvollständig war.[31] Es ist ein eigener, nicht unwichtiger Teil des Forschungsprogramms, die Geschichte der Kritischen Theorie in dieser Weise zu rekonstruieren.[32] Es muss hier bei solcher Programmatik, bei der Betonung einer Perspektive bleiben, unter der weiterzuarbeiten wäre. Die folgenden Hinweise besonders auf den Verdichtungspunkt Frankfurt sind Beiträge zu einer so verstandenen Geschichte der Kritischen Theorie aus der Sicht eines spezifisch Beteiligten.

Die Universität Frankfurt mit ihren Fachbereichen Gesellschaftswissenschaften, Erziehungswissenschaft, Philosophie, Literaturwissenschaften, dem Institut für Sozialforschung und dem Kultusminister Ludwig von Friedeburg mit der Reform der Universität, der Schule und der Lehrerausbildung war ein besonderer Verdichtungspunkt von Kritischer Theorie. Schon von der personellen Größe der Gesellschaftswissenschaften her konnte allenfalls Berlin mithalten. Dass die späteren „Stars“ Habermas und Negt abgewandert waren,[33] muss dieser Verdichtung eher zuträglich gewesen sein: Es entstand eine Vielfalt von Versuchen, in spezifischen Feldern Beiträge zu einem Gesamtprojekt „Kritische Theorie“ zu leisten, das niemand monopolisieren konnte.[34] Das wiederum gab der Studentenschaft Möglichkeiten der Auswahl und Gestaltung des Studiums ohne personelle Fixierungen. Der Einfluss und die Autonomie des Mittelbaus und der Studierenden blieben hoch. Die Verbindung zur Alternativ-Kultur und damit zu den Bewegungen war stark. Jenseits von kulturindustrieller Prominenz konnten sich vielfältige Theorie-Aktivitäten entfalten, die verschiedene Bezugspunkte in den sozialen Bewegungen und einen gemeinsamen Hintergrund in den Denkmodellen und -motiven der Kritischen Theorie hatten. Die (in einem weiten Sinn) sozialwissenschaftlichen Fachbereiche der Universität Frankfurt bildeten zusammen ein Spektrum der Weiterführungen von Kritischer Theorie, das exemplarisch die Möglichkeiten vorstellt, die unter den damaligen Randbedingungen bestanden, als da waren: eine funktionierende fordistische Produktionsweise, die ihren Höhepunkt gerade erst überschritten hatte, Reformbereitschaft in der Politik wie in großen Teilen der Bevölkerung, zugleich starke Krisenzeichen wie der „Ölschock“ von 1973, die Terrorismus-Auseinandersetzungen mit dem Höhepunkt 1977, das allmähliche Erstarken der Konservativen und der ebensolche Niedergang der Alternativ-Kultur.

Die Symptome der sich allmählich abzeichnenden Krise des Fordismus wurden in dieser breiten Subkultur der Kritischen Theorie wesentlich sensibler wahrgenommen als in den später prominent gewordenen Theorie-Ansätzen. Selbst feministische Ideen, Ausdruck von gesellschaftlichen Veränderungen in Geschlechterverhältnis und Frauenarbeit, die bereits in den 1960ern deutlich zu sehen waren, fanden bei Habermas und Negt (ohne Kluge) keinen Platz. An der Universität Frankfurt waren sie lang zunächst im Mittelbau und als Forschungsgruppe am Institut für Sozialforschung, dann in der ersten Professur für Frauenforschung präsent, an anderen Universitäten ähnlich und unabhängig vom institutionellen Erfolg in den verschiedenen Disziplinen und Forschungsrichtungen. Die Kritik der durch Verwaltung und Planung unterlaufenen Demokratie, für die Habermas das Verhältnis von System und Lebenswelt konzipierte, war staatstheoretisch schon längst als Kritik am „Modell Deutschland" und des „Korporatismus", der schleichenden Aushöhlung des Grundgesetzes und des „Sicherheitsstaates" in der Staatstheorie und in der Kritischen Rechtsforschung geführt worden. Man kann im Gegenteil sagen, dass die Konzeption des Ideals von „herrschaftsfreier Kommunikation" genau der sozialpartnerschaftlichen Politik entspricht, die ab 1980 gemeinsam mit Fordismus und Korporatismus allmählich abgeschafft wurde.

Die Sozialwissenschaften, die in Verbindung mit den verschiedenen „Sozialen Bewegungen" der 1970/80er blieben, hatten dadurch auch Zugang zu den sich anbahnenden gesellschaftlichen Veränderungen und vermieden damit etwas von dem Akademismus von Ansätzen, die in der konservativen Öffentlichkeit als „kritisch" prominent und sogar respektabel waren. Die wichtigen Weiterentwicklungen von Kritischer Theorie fanden weit verbreitet an den Universitäten der Republik mit einer Verdichtung in Frankfurt und unterhalb der Prominenz-Schwelle, aber wirksam auch in der Verbreitung der Haltung und der Grundgedanken an viele Generationen von Studierenden statt.

Positive Wendungen und neue Felder der Kritik

Man kann heute, im Rückblick und neu belehrt von der penetranten Propaganda der „Wissensgesellschaft", viel genauer sehen, eine wie wichtige Dimension der Kämpfe damals die Position der Gebildeten in der Gesellschaft war. Die in der Bildungsreform der 1960/70er vergrößerte gebildete Schicht eröffnete sich in anspruchvoller gewordenen Berufen des Planens und Verwaltens einerseits, des Lehrens und (Aus-)Bildens andererseits nicht nur Tätigkeiten, sondern auch Bedeutung.[35] Sie tat das damals in dem, was man „Wissensgesellschaft I" nennen kann, mit dem Anspruch und der Erwartung auf eine Koalition mit der Arbeiterschaft und besonders mit den hochqualifizierten Arbeitern und Technikern aller Art. Zweitens wurden neue Arten der Bildung und Ausbildung konzipiert. Drittens und viertens wurde um die Gestaltung von Öffentlichkeit und um die Position der Gebildeten, der Journalisten als Profis von „Aufklärung" wie der Philosophen als Wissenschaftler und damit oberste Instanz einerseits, als Intellektuelle und damit Dilettanten der Öffentlichkeitsarbeit andererseits, in ihr gekämpft. (Diese intellektuellen Tätigkeiten sind als „Positive Wendung I-IV" in Schaubild 4 unter „Revisionen" verzeichnet.)

Solche „positiven Wendungen" werden der Kritischen Theorie gegenüber immer wieder eingefordert und vorgeschlagen, populär wie wissenschaftlich. Kritische Theorie, die die Katastrophen des 20. Jahrhunderts nicht verharmlost, sondern zum Mittelpunkt der Theorie macht, wird als unerträglich „pessimistisch" wahrgenommen. Was jeder simple Funktionalismus besser und die Systemtheorie besonders gut zeigen kann: dass gesellschaftlich die Kräfte so zusammenspielen, dass die identische Reproduktion der Zustände, also die Blockierung von Veränderungen am wahrscheinlichsten ist, wird ausgerechnet der Kritischen Theorie vorgehalten, die immerhin einen Begriff von Widerspruch hat und (im Gegensatz zu den genannten ordnungstheoretischen Zugängen) eine Befreiungstheorie ist.[36] Dass in den 1970er Jahren das Bedürfnis nach „positiven Wendungen" besonders groß war, kann man immerhin der Reformsituation zuschreiben, die in und nach der Studentenbewegung tatsächlich zu bestehen schien. Als Schwäche der Kritischen Theorie kann man sehen, dass sie keine starken Annahmen darüber hat, dass und wie selbst nach einer Menschheitskatastrophe Gesellschaft weitergehen und vielleicht sogar verbessert werden kann. An dieser Möglichkeit haben Horkheimer und Adorno in Deutschland aktiv mitgearbeitet, aber sie hatten keine „positive" theoretische Begründung dafür. Ihre formative Erfahrung: die „versäumte Revolution" zu Beginn des Jahrhunderts und der „Siegeszug der Reaktion" von dort weg, ließ die Notwendigkeit, Fortschritt zu erklären, gar nicht aufkommen.[37] Für die nachfolgende Generation, der Habermas und Negt angehören, ist die formative Erfahrung eher der Nachkriegs-Aufbruch aus einer hoffnungslosen Lage. Fortschritt erscheint daher als möglich, „positive Wendungen" werden erprobt.

Zugleich wurden neue Felder der Kritik erschlossen, die jedenfalls zum Teil oder in Aspekten in thematischer Kontinuität zur Kritischen Theorie standen. (Vgl. auch dazu Schaubild 4.) Relativ neu waren vor allem die feministische und die staatstheoretische Kritik der Herrschaft, die neue Felder auftaten (das Private, Sicherheitsstaat) und neue Formen der Kritik inaugurierten (Patriarchat, Entdemokratisierung). Mehr an Kontinuität findet sich in der psychoanalytisch orientierten Kritik und in der Kulturindustrie-Kritik, die beide in der Studentenbewegung in den vereinfachten, aber aktivistischen Formen von u.a. Wilhelm Reich und Anti-Psychiatrie (Cooper, Basaglia) oder Bild-Zeitungs-Blockade und Wallraff-Reportagen gepflegt und geschätzt wurden.

Im folgenden wird die Weiterentwicklung der Kritischen Theorie in den 1970/80ern, nach diesen je vier Gruppen von „positiven Wendungen" und „neuen Feldern der Kritik" geordnet, im Umriss dargestellt.

Analyse des Arbeitsvermögens

Das Motiv einer Koalition der Gebildeten mit der Arbeiterschaft wurde im Ausklang der Studentenbewegung von den K-Gruppen in der Farce der „Betriebsarbeit" und der morgendlichen Mitteilung „Arbeiter, Du wirst ausgebeutet" an die Opel-Mechaniker durch einen Studenten mit einem Packen Flugblätter ad absurdum geführt. Aber es gab auch beachtlichere Ansätze zu einer solchen Koalition, vor allem in der Erkenntnis, dass die tayloristische Arbeitsorganisation gerade im Fortgang der Automatisierung an Grenzen stieß und dass die dadurch erhöhten Qualifikationsanforderungen größere Nähe zwischen Arbeiterschaft und gebildeter Schicht schufen. Zugleich konnte man hier Ansatzpunkte für eine Dialektik der Befreiung sehen, die zumindest in Organisationsformen wie Gruppenarbeit mehr Autonomie der Arbeit herbeiführen würde. Andererseits waren durch Negt (1968a) Ideen für Arbeiterbildung und gewerkschaftliche Bildungsarbeit entwickelt worden, die beanspruchten, „Erfahrung" aus der Arbeit zu ermöglichen und damit die herrschaftliche Blockade der Herr-Knecht-Dialektik, von der Kritische Theorie ausging, zu durchbrechen.

Beide Ansätze konnten sich auf Motive der Kritischen Theorie berufen und eine „positive Wendung" in Aussicht stellen. Negt, der sich immer auf Adorno bezog und ihn noch 2006 zum Marxisten erklärt, hat das auch für sich so getan. Am Institut für Sozialforschung hat anfangs eher Kritik an der Kritischen Theorie und Abwendung von ihr vorgeherrscht,[38] aber die Ergebnisse der Forschung, die Zeit und Ludwig von Friedeburg haben später die Nähe wieder hergestellt. Bemerkenswert ist, dass es zwischen Hannover und dem Institut für Sozialforschung in Frankfurt offenbar keine Kontakte, aber auch keine direkte Auseinandersetzung gab. Die Zugänge sind auch höchst unterschiedlich: In Frankfurt hat eine kontinuierliche Abfolge von empirischen Forschungsprojekten[39] die Theorie-Arbeit angeleitet und produktiv irritiert, in Hannover wurde praktisch empiriefrei gearbeitet.[40] (Die Auseinandersetzung mit dem Arbeitsbegriff und die Forschungen zur Industriearbeit am Institut für Sozialforschung und bei Negt wurden bereits im ersten Teil dieses Kapitels, S. 170ff, ausführlicher dargestellt. Das soll hier nicht wiederholt werden.)

Kritische Theorie in der pädagogischen Praxis

Neben dem Geschlechterverhältnis ist wahrscheinlich die Beziehung zwischen den Generationen im Zug der Kulturrevolution der 1960/70er Jahre am nachhaltigsten verändert worden. Die Emanzipation der Jugend war ohnehin Voraussetzung. Dazu kamen aber die Ideen von antiautoritärer Erziehung und freien Schulen. Die Veränderung der Grundhaltung zu Konsumfreude, Freizeit und Lässigkeit im durchgesetzten Fordismus ließ die konventionelle Disziplinar-Erziehung und überhaupt das Disziplin-Verhältnis zwischen den Generationen unglaubwürdig - und undurchsetzbar - werden. Dass sich Disziplin und militärischer Ton mit Faschismus verbanden, gab dieser Ablehnung Schärfe und politische Bedeutung. Die „autoritäre Persönlichkeit“ in anderen und in sich selbst zu bekämpfen, war nicht nur für das eigene Glück, sondern vor allem politisch notwendig. Der Imperativ einer „Erziehung nach Auschwitz“, die einen entscheidenden Beitrag dazu zu leisten hatte, faschistische Mitläufer wie Täter (beide wurden anfangs exklusiv männlich konnotiert, der Autoritarismus von Frauen und Müttern bekam erst später und geringere Aufmerksamkeit) nicht mehr entstehen zu lassen, gab pädagogischen Fragen Schwere und Ernst. Kritische Theorie und Psychoanalyse verbanden sich dadurch mit den Versuchen, „anders zu leben“, die Zentrum der Herausbildung einer „linken Subkultur“ waren. Das praktische Bedürfnis, in dieser Subkultur mit den Kindern anders umzugehen und sie auch nicht der autoritären öffentlichen Erziehung auszusetzen, brachte die verbreiteten Experimente der „Kinderläden“ hervor, auch „freie Schulen“, allerdings in geringerer Zahl. Die pädagogische Theorie wurde dadurch neu orientiert und erweitert zu einer „Pädagogik der Mündigkeit“.

Zweifellos waren Gründungen freier Schulen, wie der Glocksee-Schule in Hannover durch Negt, wichtige Beiträge. Zweifellos war die Tätigkeit des Max-Planck-Instituts für Bildungsforschung in Berlin, mit dessen damaligem Leiter Hellmut Becker Adorno privat und öffentlich Gespräche führte, von großem Einfluss auf Bildungs-Soziologie und Bildungs-Praxis. Einmalig ist in dem Zusammenhang aber die Tätigkeit Ludwig von Friedeburgs, eines engen und zwar jüngeren, aber gleichberechtigten Mitarbeiters Adornos, als Kultusminister des Landes Hessen von 1969 bis 1974. Die Schul- und Lehrplan-Reform („Rahmenrichtlinien“) und die mit der Universitätsreform möglich gewordene neue Lehrerausbildung sind sicher das umfassendste politische Projekt, das aus dem Umfeld der Kritischen Theorie entstand. Friedeburg (1989) hat außerdem nach dieser unmittelbar politischen Tätigkeit die Sozialgeschichte und Theorie der Bildungsreform in Deutschland vorgelegt, die als unübertroffenes Standardwerk gilt. Insgesamt ist in der Pädagogik die Kritische Theorie bis heute stark verankert geblieben,[41] vielleicht sogar besser als in der Soziologie.

Politik und Öffentlichkeit/ Theorie des kommunikativen Handelns

Trotz (oder mit Hilfe?) ihrer Kulturindustrie-Analyse hatten Horkheimer und Adorno die Öffentlichkeit verstanden und benützt, wie es Groß-Intellektuelle immer getan hatten: Sie hielten Vorträge, an der Universität, an repräsentativen Vortrags-Orten, im Radio, sie veröffentlichten Bücher und Aufsätze, letztere in Fachzeitschriften und Kulturmagazinen, auch gelegentlich in der Zeitung, sie gaben Interviews und nahmen an öffentlichen Diskussionen teil, auch im Fernsehen. Sie pflegten die dazu nötigen Kontakte und wurden mit dem Respekt behandelt, der Professoren damals noch gebührte, zumal berühmten. Ein Element von Prominenz kam schon ins Spiel, aber dominant war doch die Aura der Philosophen, die prominent sind, weil sie etwas zu sagen haben, und noch nicht umgekehrt. In der Zeit der Studentenbewegung wurden andere Erfahrungen mit Öffentlichkeit gemacht: Geringschätzung, Verdrehung, Lüge, Hetze, vor allem aber die Nichtbeachtung dessen, was man zu sagen hat, so lange man es nicht sensationell aufmacht. Und umgekehrt: Wenn man die geeigneten Bilder und Schlagzeilen liefert, kommt man „in die Zeitung“ und sogar „ins Fernsehen“. Die Studentenbewegung war auch eine gewaltige Übung in PR mit Hilfe von Massensituationen und sie verschaffte Einzelnen das Erlebnis, in solchen Situationen sprechen und sie steuern zu können. Mit anderen Worten: Die politische Öffentlichkeit erwies sich als zugleich verlogen und manipulierbar. Man konnte erfahren, dass die Demokratie, die man in der Schule gelernt hatte, schnell an ihre Grenzen geriet, wenn man ihre Toleranz in nicht ganz alltäglichen Formen herausforderte und ihre Garantien tatsächlich gebraucht hätte.

Jürgen Habermas hatte schon in seiner Habilitationsschrift *Strukturwandel der Öffentlichkeit* (1962) ein Bild der idealen bürgerlichen Öffentlichkeit und ihrer kapitalistischen Verzerrungen entworfen und damit der Kulturindustrie-Analyse der *Dialektik der Aufklärung* die Dimension des politischen Marktes hinzugefügt. Schon damals wurde deutlich, was im Rückblick heute offensichtlich ist: dass Habermas besonders Demokratietheoretiker und politischer Denker war und ist, für den der Zugang zur Öffentlichkeit und die politische Wirksamkeit in derselben von größtem Interesse ist. Sein Oeuvre enthält bis jetzt allein zehn Bände „Kleine politische Schriften“, dazu mehrere große Arbeiten zur Demokratie- und Rechtstheorie. Auch sonst ist auffallend, wie viele „Kontroversen“ mit seinem Namen verbunden sind, nicht zuletzt der „Historikerstreit“ von 1986 und den folgenden Jahren. Sozialphilosophie besteht für Habermas auch aus Interventionen in eine politische Öffentlichkeit, die er unverdrossen als wirksam annimmt und in der er daher mitspielt.

Die Handlungstheorie, die Habermas in der *Theorie des kommunikativen Handelns* (1981) entwickelt, ist eng mit diesen öffentlichen Interventionen verbunden. Spätestens in „Arbeit und Interaktion“ (1967) hat er klargestellt, dass er Befreiung nicht im Medium der Arbeit denken will, sondern (auch) in Sprache und Interaktion, als Kommunikation und Bildung. Dieser Gedanke, dass der blockierten Vernunft des strategischen Handelns eine andere Vernunft des kommunikativen Handelns gegenübersteht, wurde schließlich zum tragenden Pfeiler des Habermasschen Denkens: Wer argumentiert, setzt dabei voraus, dass der andere einem vernünftigen Argument zugänglich ist und sich dem „zwanglosen Zwang des besseren Arguments“ unterwerfen wird. Damit ist die Anerkennung, um die sonst gekämpft werden muss und die in der Arbeit als Selbst-Anerkennung gewonnen werden kann, im kommunikativen Handeln vorausgesetzt. Zugleich ist damit der Maßstab der Kritik gewonnen, den Habermas bei Horkheimer und Adorno vermisst: Vernünftige Kommunikation braucht eine Prozedur, die Störungen dieser reinen Verpflichtung auf den Austausch von Argumenten ausschließt - einen „herrschaftsfreien Diskurs“. Umgekehrt: Was diesen Diskurs stört, ist Herrschaft und unvernünftig.

Das lässt sich in die Gesellschaftstheorie übertragen durch die Unterscheidung von „System“ und „Lebenswelt“, die Sphäre der instrumentellen und die der kommunikativen Vernunft. Soziale Integration findet in der Lebenswelt und im Modus der Kommunikation statt.[42] Komplexe moderne Gesellschaften brauchen aber zugleich „systemische Integration“, um überhaupt funktionieren zu können. Die Notwendigkeiten der sozialen Integration und ihrer Vernunft setzen die Grenze für die Regelungen des System-Bereichs, die nicht als „Kolonialisierung der Lebenswelt“ wirksam werden sollen. Gesellschaftskritik ist also nach dem Maßstab möglich, dass die kommunikative Vernunft der Lebenswelt nicht von der strategischen des Systems überwältigt werden soll. Die Theorie ist eine Theorie des Intellektuellen und der Voraussetzungen dafür, dass seine Vernunft gelebt und wirksam werden kann, die auf die Gesellschaft insgesamt verallgemeinert wird.

Habermas ist als dieser öffentliche Intellektuelle immer ungewöhnlich furcht- und respektlos aufgetreten, getragen, so scheint es, von einem unerschütterlichen Vertrauen in den „zwanglosen Zwang des besseren Arguments“ und in die Strukturen einer Öffentlichkeit, die es ihm ermöglichen wird, seine Argumente ohne andere als argumentative Reaktionen vorzutragen. Er tat das zunächst den „linken“ Studenten und „Genossen“ gegenüber, nicht nur (1967) mit dem später als Überreaktion bezeichneten „linken Faschismus“ (1981: 214), sondern ausführlicher und grundsätzlicher (1968) mit der Analyse als „Scheinrevolution“ (1981: 249-260). Das war eine Situation, in der gut bekannt war, dass Diskussionsabbrüche mit anderen als argumentativen Mitteln durchaus im Bereich des Möglichen lagen.[43] Er tat das ebenso in seiner Auseinandersetzung mit Sontheimer über den „linken Terrorismus“ (1977), zu einer Zeit, als die Einschüchterung des offenen Worts in „der Linken“ groß war. Und er tat es (1986) in der „Wende“, als davon ermutigte Zeitungen und professorale Zuträger auch eine „Wende“ im Verständnis des Nationalsozialismus herbeizuführen versuchten, in dem, was sich dann zum „Historikerstreit“ auswuchs. Das war zumindest nicht opportun, wenn auch nicht so riskant. Glücklicherweise ist in der jüngsten Gentechnik-Debatte nicht unbedingt Mut nötig. Mit dieser Aufzählung geht es nicht um eine persönliche Eigenschaft des Menschen Habermas, sondern um den Eindruck, dass seine öffentlichen Interventionen tatsächlich eine nach seiner Theorie „herrschaftsfrei“ funktionierende Öffentlichkeit voraussetzen, sie auch praktisch fingieren.

Das geht noch einen Schritt weiter, wenn man berücksichtigt, dass in der Konstruktion von Habermas der Philosoph nicht als ein beliebiger Teilnehmer am Diskurs auftritt, sondern als der, der die Regeln des Diskurses jedenfalls genauer kennt als alle anderen und der ihre Verletzung feststellt und ihre Einhaltung reklamiert. Der Philosoph ist im Diskurs mindestens in der Rolle des Verfassungsgerichts, wenn nicht der verfassunggebenden Versammlung. Das ist zwar nicht mehr der Philosophenkönig, aber doch der Philosoph als Schiedsrichter. Die Theorie der Öffentlichkeit und des Intellektuellen, die hier aufgestellt wird, behauptet zugleich besondere politische Beachtlichkeit der intellektuellen Interventionen, die über das hinausgeht, was andere beizutragen haben. Es wird damit gesellschaftstheoretisch wie moralphilosophisch eine spezifische Bedeutung der Intellektuellen gegenüber den Kämpfen der Interessen reklamiert: Sie sind nicht eine weitere Interessengruppe, sondern sprechen für die Vernunft in der Abstimmung der Interessen. Die gesellschaftlichen Interessen werden von dieser Vernunft als gleich beachtlich behandelt werden müssen, jedenfalls nicht verschieden beachtlich nach dem Maß der Machtmittel, über die sie verfügen. Damit ist diese Theorie zugleich eine Absage an Klassenkämpfe und ein Plädoyer für „vernünftige“ Kompromisse, die hinterher von allen getragen werden können und müssen, auch von denen, die mit ihren Argumenten unterlegen sind. Sie ist, mit anderen Worten, eine Theorie des korporatistischen Klassenkompromisses und der Notwendigkeit von gleichberechtigten Verhandlungen unter dieser Voraussetzung.

Feministische Herrschaftskritik

Die neue Frauenbewegung, die sich innerhalb der Jugend- und Studentenbewegung in den 1960/70ern zunehmend als eigene Strömung und im Gegensatz zu anderen konstituierte, hatte einen ausgeprägt wissenschaftlichen Zweig. Das ist auch nicht weiter verwunderlich, nachdem eine ihrer gesellschaftlichen Grundlagen die Bildungsreform war, in der besonders junge Frauen die Möglichkeit zum Erwerb von Bildungsqualifikationen ergriffen. Zumindest auf diesem Gebiet wurde allmählich die Diskriminierung von Frauen überwunden (im Gegensatz zur Schicht-Diskriminierung, die ja eine wesentliche Funktion des Bildungssystems und in Deutschland besonders ausgeprägt ist). Diese Bildungs-Emanzipation der Frauen hat auch wichtige Auswirkungen auf die sozialwissenschaftliche Theorie und Begrifflichkeit gehabt.

Es wurde dadurch die Herrschaftsform „Patriarchat" nicht nur als historische, sondern als zeitgenössische Form beachtet und untersucht, auch in ihrer Verbindung zu den Formen der Waren- und Verwaltungsförmigkeit, die immer schon als dem Kapitalismus zugeordnet verstanden wurden.

Es wurde der Arbeitsbegriff aus seiner Vereinseitigung auf Lohnarbeit gelöst und ausgeweitet auf Hausarbeit, Eigenarbeit und Gemeinde-Arbeit. Würde diese Erweiterung des Arbeitsbegriffs in der Ökonomie oder auch nur in der Soziologie endlich zur Kenntnis und ernst genommen, stünde einiges an Gesellschaftstheorie zur gründlichen Überarbeitung an.

Es wurde das Geschlechterverhältnis auf allen Gebieten zu einem Gegenstand der Aufmerksamkeit und der Forschung. Dazu gehört die genaue Analyse, wie in den verschiedenen gesellschaftlichen Einrichtungen und Interaktionen Geschlecht und die Polarisierung der Geschlechter jeweils hergestellt wird.

Dass sich diese Gesichtspunkte auch im Feld der Staatstheorie bis in die internationalen Beziehungen mit Gewinn anwenden lassen, versteht sich.[44]

Gerade in dieser vom Feminismus vorangetriebenen Entwicklung ist die Beziehung zur Kritischen Theorie lose, was in der Hauptsache an der Breite dieser Bewegung liegt, selbst wenn man nur ihren wissenschaftlichen Zweig betrachtet. Die Frankfurter Schule wurde einerseits als selbst patriarchal vereinseitigt kritisiert, andererseits lässt sich eine besonders mit ihr assoziierte Strömung innerhalb der feministischen Wissenschaft identifizieren. Das gilt auch auf der Ebene des „Familienromans" (Regina Becker-Schmidt, Elisabeth Lenk), aber interessanter ist, dass die genannten Themen der feministischen Forschung sich zwanglos und mit viel Gewinn mit den Grundannahmen der Kritischen Theorie verbinden lassen.[45] In einem zentralen Bereich hat die Kritik der Herrschaft damit eine Erweiterung erfahren und einen neuen Impuls bekommen. Dazu ist zu berücksichtigen, dass die feministische Perspektive nicht nur als eigener Forschungsbereich wirksam wird, sondern als Einfluss auf praktisch alle Themen der Sozialwissenschaften.

Staatstheorie

Unter dieser allgemeinen Bezeichnung lässt sich ein Forschungsbereich zusammenfassen, dessen Bezugspunkt Staats- und Verwaltungstheorie ist, der sich aber in viele Bereiche von Rechts- und Demokratietheorie bis zu Arbeiten über Sozialpolitik und Soziale Ausschließung oder Stadt- und Regionalforschung aufgefächert hat. Dazu kommen in den letzten Jahren Arbeiten über Globalisierung und ihre Geschichte.[46] Gemeinsam ist dieser Zugangsweise die Verankerung in Analysen der Produktionsweise und der zugehörigen Modi der Regulation. Nach einer ersten Phase in den 1970ern, die unter dem Stichwort „Staatsableitung" berüchtigt war, sind die Arbeiten empirisch und differenziert geworden. Beschreibungen zunächst von Fordismus mit der Regulationsform des Korporatismus stellten die Grundlage dafür her, dass relativ früh eine grundlegende Veränderung der Produktionsweise bemerkt werden konnte, deren Konturen zunächst so unklar waren, dass nur negativ von „Post-Fordismus" geredet werden konnte. Es wurde in dieser Zugangsweise ein begriffliches Instrumentarium gewonnen, das es ermöglichte, die von der Soziologie einzeln und eher willkürlich aufgegriffenen einzelnen Entwicklungen auf einen gemeinsamen Kern von Verwertungsproblemen und Strategien ihrer Bewältigung unter Einsatz des staatlichen Instrumentariums der Regulation zu beziehen.

In den 1980ern wurden hier auch die Sozialen Bewegungen besonders beachtet, die sich in Auseinandersetzung mit den neuen Verhältnissen kristallisierten und zum Teil neue Formen der Auseinandersetzung fanden. Der Zusammenhang mit Theorien, die in der Geschichte der Arbeiterbewegung entwickelt wurden, war meist nur im Kontrast möglich, der es aber immerhin erlaubte, das Spezifische der neuen Bewegungen herauszuarbeiten. Mit den Phänomenen hat sich gerade dieser Zweig von Theorie und Forschung stark verändert, sich gelegentlich mit der Jugend- und Subkulturforschung verbunden, auch die Kulturforschung wurde einbezogen. In den letzten Jahren ist das Thema „Soziale Bewegungen" in den Hintergrund getreten: Heutige politische Bewegungen werden eher unter „NGOs" und dem ungenauen Dach-Begriff „Zivilgesellschaft" behandelt.

Ein Theoretiker wie Foucault konnte hier rezipiert werden, sogar in mehreren „Wellen", zunächst als Soziologe der „Disziplinierung", neuerdings stärker mit seinem Begriff der „Gouvernementalität". In Nachbar-Disziplinen bildeten sich Gruppierungen wie etwa (um die Zeitschrift „Kritische Justiz") in der Rechtwissenschaft oder in der Sozialgeographie, die gerade diese Art von Zugang für ihre Fragestellungen nützlich fanden. Wo sich solche Arbeitsbereiche breiter etablierten, wählten sie oft den Zusatz „kritisch", um sich abzugrenzen. Die „Kritische Kriminologie" mit ihrer internationalen Verflechtung ist ein gutes, aber nicht das einzige Beispiel. In diesen Zusammenhang gehören auch Forschungen zur Migration und zum Kulturkontakt, vor allem aber zur in erster Linie staatlichen Diskriminierung.

Die Forschung zu autoritären Regimen und besonders zum Nationalsozialismus wurde schon seit den 1960ern vorangebracht. Der ursprünglich spezifische Beitrag der Kritischen Theorie, die „Autoritäre Persönlichkeit" und die zugehörige „F-Scale", haben in diesem Prozess eher an Bedeutung verloren. Analysen der Struktur dieser spezifischen Form von Herrschaft sind stattdessen wichtiger geworden. Zugleich rückten mit dem zeitlichen Abstand Fragen der Formen von Erinnerung und der Generationen von Nachkommen in ihrem Verhältnis zu Opfern, Tätern und Mitläufern stärker in den Vordergrund. Das verbindet sich notwendig mit Fragen des Nachlebens von Nazi-Ideologemen und ihrer Träger (womöglich wieder in Positionen von Macht und Einfluss), sowie von Neo-Nazismus, aber auch allgemeiner Autoritarismus, Rassismus, Punitivität, Ausschluss-Bereitschaft.[47] Die verallgemeinerte Struktur von „Populismus" als Herrschaftsform zu untersuchen, zu der nicht nur rechtsradikale, sondern Politik generell tendiert, wird damit zu einem Programmpunkt.

Ebenfalls in diesen Bereich gehören die Arbeiten zum Naturverhältnis, die besonders durch die Ökologie-Bewegung angestoßen wurden. „Natur" hat in der Kritischen Theorie einen Stellenwert, der erst mit dieser Aktualisierung weiter ausgearbeitet wurde. In der *Dialektik der Aufklärung* wird an Arbeit als Auseinandersetzung mit der Natur als Grundbegriff festgehalten und zugleich der arbeitende Mensch selbst als Teil von Natur gesehen. Damit ist auch die Möglichkeit eines reflektierten Naturverhältnisses aus Mimesis und Aneignung angelegt. (Vgl. dazu Eder 1988; besonders aber Schmid Noerr 1990; Görg 1999.) Die Selbsterhaltung, die einerseits notwendig ist, andererseits aus dem Zusammenhang der Erhaltung der Herrschaftsposition gelöst werden soll, wird damit in einer befreiten Form denkbar. Gerade die Kritische Theorie bietet Ansätze einer Theorie des Naturverhältnisses, die materialistisch bleiben, ohne die sozial-definitorische Bestimmung des scheinbaren Gegensatzes von Natur, Mensch und Gesellschaft durch die grundsätzlichen Herrschaftsbeziehungen zwischen den dreien zu vernachlässigen.

Daraus lassen sich auch Untersuchungen zur Naturwissenschaft und damit zur Ausbeutung der Natur entwickeln und in diesem Rahmen interpretieren, wie sie in der Wissenschaftsforschung durchgeführt wurden. Besonders interessant ist hier der naturwissenschaftliche Zugriff auf den menschlichen Körper, in dem nicht zuletzt auch festgelegt wird, wer (noch) ein Mensch ist. (Lindemann 2002) Die Soziologie der Körperlichkeit ist insgesamt in diesen Jahren ein stark bearbeitetes Feld geworden. Darin verbinden sich Fragen von Natur, Geschlecht, Wissenschaft/Technik, Individualität und sozialer Ausschließung auf neue Weise. Mit dem

Konzept der Biopolitik verbindet Foucault diese Themen mit Staatstheorie im engeren und zugleich dadurch erweiterten Sinn.

In diesem Bereich wurde nachgetragen, was in der Kritischen Theorie und auch in der *Dialektik der Aufklärung* manchmal etwas grobschlächtig daherkommt, nämlich die genaue Beschreibung der Produktionsweise. Statt des „Monopolkapitalismus", mit dem Horkheimer und Adorno die Charakterisierung der wirtschaftlichen Funktionsweise bestreiten (und den sie im zweiten Durchgang wegredigiert haben), werden hier genauere Vorstellungen über Phasen von Kapitalismus entwickelt. Zugleich werden Krisentheorien, zumindest in ihrer Zusammenbruchs-Variante, weitgehend aufgegeben: Kapitalismus erweist sich als Produktionsweise mit vielen möglichen Varianten, zwischen denen es schwierige Übergänge geben mag, die aber die zentralen Mechanismen der Kapital-Reproduktion nicht aufheben, sondern nur neue Lösungen für sie finden.

Insgesamt wird in der Bearbeitung dieses Feldes der Kritik Herrschaftstheorie in der Dimension erweitert, die Horkheimer und Adorno mit „verwaltete Welt" angesprochen haben. Bürokratie-Theorie ist nur ein Teil davon und wird auch nur interessant in der Einbettung in einen Rahmen von Theorie der Produktionsweisen und ihrer Widersprüche, damit auch des Widerstands und der Revolte. Die Geschichte der Arbeiterbewegung wurde verallgemeinert zur Theorie der sozialen Bewegung(en) und damit über das (organisierte) Proletariat hinaus. In der Entwicklung der Geschichte der sozialen Bewegungen war vor allem die Rezeption der britischen Tradition von Thompson, Hobsbawm, Williams wichtig (um die sich für die Soziologie Michael Vester besonders verdient gemacht hat), damit verbunden die Einbeziehung des meist nicht so organisierten Widerstands der subalternen Klassen in allen Formen. Hier entstanden Ansätze nicht nur zu einer Neubewertung der historischen Rolle der Arbeiterbewegung, sondern auch zu einer Neukonzeption von Arbeiterwiderstand über das hinaus, was in Partei und Gewerkschaft organisiert und damit zumindest diszipliniert, wenn nicht entschärft und angepasst wurde. In dem Zusammenhang (und angeleitet von ihrer Bedeutung in der Studenten- und Alternativ-Bewegung) wurde nicht zuletzt die Geschichte und Theorie des Anarchismus aufgearbeitet.

Kritische Theorie des Subjekts

Kritische Theorie des Subjekts kann heute nur die Theorie seiner allseitigen Abschaffung sein. Psychoanalyse hat sich daher der Erforschung der Zwänge und Zumutungen zugewendet, durch die der Person einerseits „Individualisierung", andererseits Konformität abverlangt wurde und wird. Die „autoritäre Persönlichkeit" als der aggressiv angepasste Mensch stellte einen Fokus der Untersuchungen dar. Wissenschaftliche Psychoanalyse war nur mehr möglich als Schluss von der Person und ihrem Leid auf die sozialen Verhältnisse, die das Leid erzeugen. Von der „Unfähigkeit zu trauern“ bis zum Narzissmus war von den psychischen Auffälligkeiten auf die Gesellschaft zu schließen.[48] Noch in seinen Abweichungen, in Verrücktheit und Kriminalität, in künstlerischem (Selbst-)Ausdruck und in kultureller Fremdheit ist das Individuum normiert.

Sozialisation und Bildung wurden darauf geprüft, ob eine „Erziehung nach Auschwitz“ möglich ist und wie sie aussehen könnte. Als eigener Gegenstand der Untersuchung tauchte das „Alltagsleben“ als der mikro-gesellschaftliche Bereich auf, in dem vielleicht die kleine Widerständigkeit und Subversion sich ausleben konnte. In der Lebenslauf-Forschung (Apitzsch, Inowlocki) hat sich ein anderer Zugang zur Person entwickelt, der besonders geeignet ist, Materialien und Begrifflichkeiten zur Verknüpfung von Person und Gesellschaft hervorzubringen.

Es ist wahrscheinlich kein Zufall, dass sich gerade Methoden der hermeneutischen Forschung, des Verstehens und Interpretierens von sozialen Interaktionen, in engem Zusammenhang mit Fragen der Sozialpsychologie entwickelten. Auch Forschung wurde als soziale Interaktion analysiert, das Verstehen von Bedeutungen als gesellschaftliche Kompetenz, die genützt und geschärft werden kann. Nicht jede Hermeneutik, schon gar nicht alles, was unter dem Dach „Qualitative Forschung“ wucherte, hat mit Kritischer Theorie zu tun. Aber alle Theorien und Techniken dieser Art, in denen Reflexivität organisiert wird, schließen an die Bemühungen der Kritischen Theorie an, auch in der Art der Forschung, in den Methoden der Erhebung, Herrschaft nicht aus den Augen zu verlieren.[49] Gerade in diesem Bereich der Methodenlehre ist das Freudsche Paradigma der Analyse von Übertragung und Gegenübertragung nach wie vor der Prüfstein für Reflexivität: Gegenübertragungs-blinde Hermeneutiken liefern sich dem Befangenbleiben in den Selbstverständlichkeiten der gesellschaftlichen Herrschaft aus. Verfahren der „Tiefenhermeneutik“ (Lorenzer), der „Ethno-Psychoanalyse“ (Parin, Bosse) oder der Analyse des Arbeitsbündnisses (Steinert) bauen genau auf diesem Freudschen Modell auf.

Besonders interessant erschien der leider nicht organisatorisch verfestigte Versuch, eine nicht-therapeutische Variante von Psychoanalyse als „Kulturanalyse“ zu etablieren. Das gleichnamige Buch von Alfred Lorenzer und zahlreiche Arbeiten in seinem Umfeld dokumentieren das intellektuelle Potential, das in dieser Idee lag und weiter liegt. Auch die Ethno-Psychoanalyse, die ähnlich interessant ansetzte und heute nur mehr schwer zu finden ist, hat unausgeschöpfte Möglichkeiten hinterlassen. Die etablierte Psychoanalyse (soweit sie das sein kann, aber Statut, Ausbildungsregelungen und Berufszulassung sind da schon einiges) hat in Deutschland und international eine andere, therapeutisch orientierte Entwicklung genommen. Wissenschaftlich scheint neuerdings die Neigung groß zu sein, sich mit den Neurowissenschaften und ihrem PR-Erfolg zu verbünden.

Der Freudsche Entwurf eines bürgerlichen Individuums, dessen Heldenhaftigkeit in seinem komplizierten Innenleben liegt, war die Antwort auf die Krisen des Fin de siècle (um 1900). Die Diagnosen von Vaterlosigkeit und Narzissmus, des „Minimal Self" (Lasch) und der Selbstinstrumentalisierung, die hundert Jahre später Konjunktur haben, könnten ein Veralten der Psychoanalyse signalisieren.[50] Sie wird auch durch instrumentelle Eigenschaften-Psychologien und Verhaltens-Therapien bedrängt, die sich neuerdings in Gen- und Hirn-Metaphern kleiden. Es bleibt, auch nach der fundamentalen Zerstörung von Individualität im Genozid und den dafür geschaffenen Ausschließungs-Kategorien, die Frage nach einer Bestimmung des Individuums im Zeitalter seiner wissenschaftlichen Instrumentalisierung.

Kulturindustrie- und Ideologie-Kritik

Kulturstudien hatten in den 1970ern als Cultural Studies in Großbritannien, wo sich Arbeiterkultur länger halten konnte als in Deutschland, Konjunktur als ethnographische (Sub-)Kulturforschung, die inhaltlich wie methodisch bestechend war. Das Birmingham Centre for Contemporary Cultural Studies hatte unter der Leitung durch Stuart Hall wesentlichen Anteil an der Gramsci-Renaissance. In den 1980ern gehörten Halls Analysen des „autoritären Populismus" der Ära Thatcher zu den wichtigen Beiträgen dazu, die politisch eingeleitete neue Produktionsweise auf den Begriff zu bringen.

Deutschsprachig gab es Arbeiten dieser Art am ehesten im Rahmen der „Kritischen Kriminologie" (in Frankfurt damals vertreten durch Helga Cremer-Schäfer, Helge Peters, Helmut Reinicke) und der wenigen „Devianz"-Professuren in der Soziologie (eine davon in Frankfurt). Kulturen der Armut, der Unterschicht, der zugeschriebenen und gewählten Abweichung, der Bohème wurden historisch und aktuell untersucht. Das Thema spielte zusammen mit der Soziologie des Alltags (de Certeau, Lefebvre, Leithäuser), ein heute (zu unrecht) fast vergessener Forschungsbereich. Damit wurden Widerständigkeit, Subversion, Dissidenz, alltäglich antiautoritäre Handlungen und Haltungen, unorganisierte Aufläufe und kollektive Empörung anstelle von heroischem Widerstand und Revolution in die Empirie und Theorie der sozialen Bewegung eingeführt. Damit wird auch die Geschichte des Proletariats (zusammen mit der des Lumpen-Proletariats) neu interpretiert. In dieser „kulturalisierten" Sozialgeschichte besteht eine enge Verbindung zu Entwicklungen, wie sie oben unter „Staatstheorie" dargestellt wurden. In der Theorie hat das Thema britische Sozialgeschichte, Marxsche Theorie, Interaktionismus, Kulturindustrie-Analyse und Foucault auf interessante Weise in Kontakt gebracht.

Die Tendenz von Kulturanalysen im engeren Sinn, also von Untersuchungen der Inhalte von Populär- wie Gebildeten-Unterhaltung und -Selbstdarstellung, in allen Phänomenen der Jugendkultur, besonders der proletarischen, Widerstandshandlungen zu sehen und den Opportunismus des Alltags zu vernachlässigen, wurde bald überwunden.[51] Die Bezeichnung „Kultur-Populismus" (McGuigan 1992) trifft dieses Motiv gut. In den Theorie-Profilierungs-Kämpfen wurden und werden die Cultural Studies gern gegen den „Elitismus" der Kritischen Theorie ausgespielt.[52]

In den Kontext gehören auch Studien zum Rassismus und zum (stattfindenden wie ausbleibenden) Kulturkontakt, die freilich zugleich über einen engen Kulturbegriff hinausgehen und ihn jedenfalls mit dem Bereich verbinden, der hier unter dem Oberbegriff „Staatstheorie" geführt wird. (Apitzsch, Inowlocki, Demirovic) Forschungen zur sozialen Ausschließung, sofern sie nicht nur Sozialpolitik- und Soziale-Probleme-Forschung unter einer besser verkäuflichen Etikette sind (vgl. Steinert 2003b), brauchen diese Verbindung besonders.

Der recht entwickelte Bereich der Medienforschung hat heute selten (die Ausnahme ist Dieter Prokop) eine Orientierung an der Kritischen Theorie. Im Gegenteil: „Die Kulturindustrien"[53] sind zum Mittelpunkt der Wissensökonomie erklärt worden, von Lash and Urry (1994) sogar zum Struktur-Paradigma von zukünftiger Produktion überhaupt. Auch in der Kunstsoziologie, ohnehin ein dünn besetzter Bereich der Soziologie, ist (zum Nachteil der Sache) der Bezugspunkt eher Bourdieu als Adorno gewesen. Die Rezeptionsästhetik, die freilich in der Kunst- wie Literaturtheorie weitgehend wieder aufgegeben wurde, war trotzdem ein Schritt in die richtige Richtung mit interessanten Ergebnissen.[54]

In der Forschung zur Ideologie-Theorie und -Kritik war trotz damals modischer Postmoderne-Anteile Sloterdijk (1983) und der Nachweis wichtig, dass Ideologie selbst reflexiv geworden ist, also ihren Ideologie-Charakter offen mitteilt und selbst funktionalisiert. Die Zirkus-Anpreisung: „Die Direktion hat weder Kosten noch Aufwand gescheut", ist ein schönes und altes Beispiel dafür. Unter anderem daraus wurde manchmal der Schluss gezogen, Ideologiekritik sei nicht mehr möglich. Das ist Unfug. Ideologiekritik muss nur, der Realität folgend, die eigene Reflexivität höher schrauben und etwa „affirmative" und „kritische" Reflexivität sorglich unterscheiden. Ritsert hat in einer Reihe von Analysen (1996, 2002) gezeigt, was die Logik von Ideologiekritik historisch war und heute ist.

Was bleibt

Wenn uns interessiert, wie welche Erfahrungen von Gesellschaft in der Theorie verarbeitet wurden, stellen sich zunächst keine Fragen der Bewertung dieser Theorien, oder genauer: Strömungen von Forschung und Theorie. Man wird für diese Art von Analyse nicht einzelne Theorien und Theoretiker auswerten, sondern nach *Typen* der Verarbeitung suchen. Dabei habe ich nur die Strömungen zu identifizieren gesucht, die im weitesten Sinn an Ideen von Befreiung festhielten. Sie stehen neben dem breiten Bereich von Nachdenken und Forschen über Gesellschaft, in dem Kritik und Veränderung oder Entwicklung der Gesellschaft gar nicht die Frage ist. Die Soziologie ist ohnehin seit ihrer Entstehung ein konservatives, gegenrevolutionäres Unternehmen gewesen, und auch sonst ist der größte Teil des Wissens über Staat und Gesellschaft, das verbreitet wird, dazu geeignet, wenn nicht darauf gezielt, bestehende Herrschaft als notwendig und richtig zu erklären und nach Möglichkeiten ihrer „Verbesserung" zu suchen. Letzteres kann bedeuten, dass Herrschaftsexzesse unterbleiben sollen oder dass bessere technische Lösungen für Probleme gesucht werden sollen, die die Leute grantig machen. Auch eine Verbesserung der Ordnung kann sich für bestimmte Positionen in der Gesellschaft günstig auswirken. Diesen Inkrementalismus soll man nicht geringschätzen. Er ist nur nicht notwendig ein Indikator für Verringerung von Herrschaft. Man kann sogar die (Popperianische) Hoffnung haben, dass eine inkrementale Kumulation der Verbesserungen irgendwann in Befreiung umschlägt. Wie das zusammenhängt und warum es geschehen soll, wäre allerdings zu zeigen. Der Hinweis, dass es einer bestimmten Schicht der Gesellschaft auf bestimmten Dimensionen besser geht als früher, genügt dafür noch nicht.

Die hier aufgezählten Strömungen von Befreiungs-Wissen verbinden sich für die 1970/80er Jahre zu einem Bild, in dem zunächst in einer Protest-Subkultur, die weitläufige Verbindungen in die umgebende „liberale" Gesellschaft hatte, Hoffnungen und Wünsche auf Befreiung zu leben, zu denken und auch zu verbreiten versucht wurden. Zugleich sind die 1970er das Jahrzehnt des roll-back dieser „linken" Bewegung. Sie wurde von dem einen Extrem der Terrorismus-Bekämpfung her eingeschüchtert und eingedämmt. Mit der Denkfigur der „Unterstützer" und der „Sympathisanten", sehr wirksam auch mit der von „Gewalt*bereitschaft*" konnten diese Gegenangriffe weit in die „Szene" hineingetragen werden. Auf der anderen Seite wurden die Impulse und auch Personen, die sich dafür eigneten, integriert. Sie waren sogar willkommen als Antrieb für Reformen, die in weiten Bereichen der Gesellschaft gewünscht oder zumindest akzeptiert wurden.

Die Frauenbewegung trieb eine Emanzipation voran, die angesichts der schon eingetretenen Veränderungen im Geschlechterverhältnis zumindest für die Frauen selbst dringend notwendig war. Veränderungen in Bereichen der Produktion ließen den gebildeten Arbeiter in der selbstorganisierten Gruppenarbeit wünschenswert erscheinen. Planende Verwaltung, die klug mit einer Bevölkerung umging, deren Forderung nach mehr Mitbestimmung beachtet werden musste, sollte ohnehin entwickelt werden. In der Kultur ist Innovation ein Gebot, das immer zu beachten ist. Dass Kultur nicht elitär sein muss, wurde zumindest vorübergehend hingenommen. Das sollte nur alles nicht „zu weit gehen", und natürlich gab es starke Kräfte, die dezidiert dagegen arbeiteten. Der „Ölschock", die Erfahrung von „Unregierbarkeit" (die Brandt machte, als sich eine allgemeine Tempobegrenzung auf den Straßen gegen den Widerstand der Autoindustrie nicht durchsetzen ließ), schließlich die steigende Arbeitslosigkeit beendete die Reformideen. Tschernobyl bestätigte 1986 die konservative „Wende": dass es nicht um mehr Freiheit, sondern defensiv um mehr Sicherheit (oder weniger „Risiko") gehen muss.

Eine solche defensive Strömung hatte auch in der „Linken" schon lang eine beachtliche Rolle gespielt: Man sah sich spätestens seit den Notstandsgesetzen und der großen Koalition defensiv einer sicherheitsstaatlichen, entdemokratisierenden Entwicklung ausgesetzt, gegen die man sich wehren musste. Viel an Bewegungen empörte sich über Rüstung, Kriege, Diktaturen, schließlich näher zum eigenen Leben über Großbauprojekte, Industrie-Entwicklungen (AKWs), dann immer mehr Verschlechterungen der Lebens- und Arbeitsbedingungen. Politisch brisant ist am ehesten die Mischung von Reformhoffnungen mit defensiven Erfahrungen.

Was ich oben als die „positiven Wendungen" benannt habe, hat wenig an Nachwirkung hinterlassen. Die Hoffnungen auf die neue Industriearbeit der „Wissensgesellschaft I" haben sich überlebt. Das Festhalten an Entwicklungen, die innerhalb der gesicherten Industriearbeit und ihres Management geschehen, führt zunehmend in die Irrelevanz: Es sind die ungesicherten Arbeitsverhältnisse, die heute beachtet und auf ihr Entwicklungspotential und die für sie notwendige Infrastruktur untersucht werden müssen. Auf Arbeiterbewegung und dann noch gar die Facharbeiter-Gewerkschaft zu setzen, wird immer mehr zum illusionistischen Rückfall hinter alles, was dazu von der Kritischen Theorie schon vor mehr als einem halben Jahrhundert erkannt wurde.

Eine Theorie der herrschaftsfreien Kommunikation entspricht, im Rückblick leicht zu erkennen, auffallend einem korporatistischen Politik-Modell, in dem die Klassen einander „anerkennen" und in geduldigen Verhandlungen „vernünftige" Kompromisse ausarbeiten. Sie artikuliert insofern zutreffend die Bedingungen der Zeit, in der sie entwickelt wurde, samt der Forderung des Moralphilosophen, in solche gesellschaftlichen Aushandlungen (als Schiedsrichter) einbezogen zu werden.

Die Theorie des kommunikativen Handelns ist eine Artikulation der Erfahrung von Fordismus und sozialpartnerschaftlicher Politik. In diesen Rahmen passt die

Idee einer Konsens-Politik als Ergebnis von langen Prozessen des Aushandelns unter gegenseitiger Anerkennung als mündige und gleich mächtige Partner. In diesen begrifflichen Rahmen passt auch die Idee einer Planung (die immer im Bereich und mit den Mitteln des „Systems" stattfinden muss), die sich von dem, was sie in der „Lebenswelt" anrichtet oder anrichten könnte, leiten und korrigieren lässt, die auch dort als vernünftig akzeptiert werden möchte. Mit diesen Bestimmungsstücken war die Theorie tatsächlich „kritisch" in diesen Aushandlungen einer „guten Herrschaft", indem sie darauf dringt, alle Interessen zu beteiligen und keines zu „überfahren".[55]

Arbeiten an Themen der Kritischen Theorie und Weiterentwicklungen ihrer Motive zeigen in den 1970/80ern eine Breite und Vielfalt, die das bei weitem übertrifft, was ursprünglich im vielleicht theoretisch geschlosseneren, aber engeren Kreis des Instituts für Sozialforschung gearbeitet wurde und werden konnte. Kritische Theorie hatte dazu wieder einen Zusammenhang mit einer gesellschaftlichen und politischen Praxis gewonnen, nämlich mit der Alternativkultur und den sich ausdifferenzierenden „neuen sozialen Bewegungen". Theorie hatte damit zwar auch (wie es ihr gut ansteht), aber nicht nur den Charakter von „Flaschenpost", vielmehr war sie ebenso die „Akademisierung" von realen gesellschaftlichen und vor allem Widerstands-Erfahrungen. Natürlich gab es da Abstufungen: Die *Theorie des kommunikativen Handelns* etwa zeichnet sich schon in der Anlage (Abarbeitung an der „Klassik" der Soziologie nach dem Modell von Parsons) durch extrem hohe akademische Orientierung aus. Am anderen Ende gab es die Gefahr einer kurzatmigen Reaktion auf die jeweils neuesten Bewegungs-Ereignisse ohne allzu viel Theorie-Überschuss oder einer Repetitiv-Dogmatik in Form der zurecht gefürchteten und verspotteten „German Ableitungstheorie". Diese Theorie-Entwicklungen hatten kein personelles Zentrum, aber im Rückblick lassen sie sich als Versuche verstehen, auf verschiedenen inhaltlichen Gebieten Herrschaftsanalyse und -kritik voranzutreiben und damit Kritische Theorie zu aktualisieren.

Insgesamt wurden die Erfahrungen des zu Ende gehenden Fordismus und seiner Ablösung durch Neoliberalismus mit den Mitteln der Kritischen Theorie verarbeitet. Dadurch sind die Bestandteile einer ausdifferenzierten Herrschaftstheorie entstanden, in der Warenförmigkeit wie Patriarchat, Bürokratie wie Populismus, Korporatismus und seine Aufkündigung, Disziplin und Regulation, Ausschließung und Konkurrenz, aber auch eine breite Begrifflichkeit von Subversion, Dissidenz, Alltagswiderstand und Militanz, Opportunismus und Kooperation angemessen komplexe Analysen anleiten können. Es ist ein „kulturalistischer", kulturtheoretischer Überschuss entstanden, mit dem weitergearbeitet werden kann. Es sind die Grundlagen für eine Erweiterung des Arbeitsbegriffs gelegt worden, die erst theoretisch verarbeitet werden will.

Was verloren ging

Man kann zugleich zum Teil an denselben Themen, die gerade genannt wurden, zeigen, dass etliches von dem damals Erreichten nicht weiter- und zur interessanten Konsequenz durchgeführt wurde. Am folgenreichsten gilt das für den erweiterten Arbeitsbegriff: Die eigentlich nicht mehr vertretbare Konzentration auf Lohnarbeit statt auf eine zumindest gleichgewichtige Trias von Hausarbeit, Eigenarbeit und Lohnarbeit ist theoretisch (und besonders praktisch) fast ungebrochen gültig. Eher hat man den Eindruck, dass mit den Verschiebungen der Themen in der Frauenbewegung diese Konzentration auf Lohnarbeit, nun auch der Frauen, nach dem Karrieremodell eher zu- als abnimmt.

Ähnlich folgenreich ist das Verschwinden der Themen des Anarchismus, die in der Studentenbewegung wie in den 1970ern wiederentdeckt und entwickelt wurden: Genossenschaft und Selbstverwaltung, gegenseitige Hilfe und freie Vereinbarung, Autonomie und offene Assoziation, all das und Ähnliches sind kaum mehr Themen der Theorie wie der Praxis. Nach dem Ende des autoritären Real-Sozialismus ist es gelungen, den rohesten Kapitalismus nicht nur praktisch durchzusetzen, sondern auch andere theoretische Alternativen, die wahrhaft nahelagen, komplett zu verhindern. Andererseits sind in den Ideen des Netzwerkes und in der (verkorksten) Begrifflichkeit der „Zivilgesellschaft“, auch in vielem der Praxis des Internet (und des Geschäfts damit) anarchistische Ansätze lebendig, wenn auch kaum so theoretisiert.

Deutlich an Bedeutung verloren hat offenbar auch alles, was unter „Alltag“ diskutiert und theoretisiert wurde. Was am „Privaten politisch“ war, hat sich weitgehend auf die Frage der Verteilung von Haushaltsarbeit und die Behinderung von Karrieren reduziert. Die Kleinfamilie des (allenfalls gleichgeschlechtlichen) Paar-Haushaltes ist ebenso selbstverständliches Denk-Ideal wie die staatlich organisierten Anstalten der Ausbildung, der Krankenversorgung und der Absonderung von Abweichungen aller Art. Indem die Lebensweisen für vielfältig und wählbar erklärt wurden, ist die Kritik an ihnen weggefallen. Indem die Disziplin als Zwang zur Selbstdisziplin alle, auch die erreicht hat, die erfolgreich sein wollen, sind die Disziplinaranstalten kein Skandal mehr. Es geht defensiv nicht mehr darum, eine Disziplin abzuschütteln, sondern um das Erreichen von virtuoser Perfektion darin, sie zu verwirklichen. Das wirkt sich auch in der Theorie und in den Forschungsthemen aus, die behandelt werden.

Mit zu den interessantesten Phänomenen gehört der Bedeutungsverlust der Psychoanalyse parallel zur Universalisierung von Therapie und ihren Schrumpfformen der Selbsterfahrung, des Coaching und der Beratung. Das ist inhaltlich zu interpretieren als Hinweis auf Veränderungen in der Bedeutung von Individualität, aber es ist auch zu verstehen als Gefährdung von Reflexivität in der Forschung, insofern Psychoanalyse dafür ein Modell abgab. Besonders bedauerlich ist es, dass die Kulturanalyse als nicht-therapeutische Variante von Psychoanalyse nicht institutionalisiert werden konnte.

Es sind einige weitere der Forschungsrichtungen, die genannt wurden, zumindest gefährdet. Zum Beispiel scheint die staatstheoretische Arbeit, die sich mit Produktionsweisen und ihren Entsprechungen in den Regulationsweisen befasste, an den Universitäten wenig Nachfolge zu finden. Auch die Forschung über soziale Bewegungen hat dort an Bedeutung und Umfang verloren. „Devianz" ist kein Thema mehr, das selbstverständlich zum Kanon der Sozialwissenschaften gehören würde (falls es das je war). Es ist Aufgabe von Rückblicken wie diesem, solche Traditions-Abbrüche zu vermerken: Es gibt genügend personelle Zufälle, die dazu führen können, dass ein liegengebliebener Faden wieder aufgenommen wird. (Auf eine Forschungspolitik der Fonds oder auch nur einzelner Universitäten, die nicht den jeweiligen Moden nachläuft, sondern sich um die Weiterführung von hoffnungsvollen Ansätzen bemüht, die aus kontingenten Gründen gerade nicht mehr bearbeitet werden, braucht man hingegen nicht zu hoffen.[56])

Während die Theoretiker mit den Nachfolge-Kämpfen beschäftigt waren, wurde ihnen gemeinsam die Verfügung über die intellektuellen Produktionsmittel wegrationalisiert

In den 1980ern wurde hinter dem Rücken der Theoretiker der Rest einer intellektuellen Öffentlichkeit aufgelöst und auch die Umwandlung der Universitäten in höhere Lehranstalten eingeleitet; wurden die traurigen Reste von Arbeiter-Kultur und Arbeiterbewegung, die sich im Osten als Diktatur des Spießertums entlarvt hatten, im Westen endgültig zum konservativen Facharbeiter-Privilegien-Schutzverein; lösten sich in den Entwicklungen der kapitalistischen Produktionsweise die Subkultur und die Neuen Sozialen Bewegungen zur Szene der „Zivilgesellschaft" und ihrer NGOs auf; die Frauenbewegung lief in „gender mainstreaming" aus und die psychoanalytische Vereinzelung war das einzige, das sich verallgemeinerte; Kulturindustrie-Kritik wurde von Kultur-Management überrollt.

Während die Theoretiker nach neuen Formulierungen suchten, um ihre politische Bedeutung neu zu orientieren und zu begründen, wurde öffentliche Intellektualität abgeschafft: Die Umwandlung der Druck-Medien zu nur mehr Abstufungen von Boulevard, also Tratsch, und Anhängseln des Fernsehens[57] und die Ausdifferenzierung des Fernsehens zu einem Proli-TeeVee einerseits und einem Regierungs-Berichterstattungs-Staatsfunk andererseits, reine Unterhaltungs-Anstalten alle drei, entzog jener Bedeutung, nach der die Intellektuellen strebten, jede Grundlage. Aber nicht nur die intellektuellen Produktionsmittel der Veröffentlichung wurden unwirksam gemacht, zugleich wurde in den Bildungseinrichtungen die Möglichkeit von Intelligenz selbst ruiniert. Die neueste Universitätsreform ist nur die Krönung dieser Instrumentalisierung von Bildung zu Ausbildung und noch von Ausbildung zur bloßen Fähigkeit, durch gekonnte Selbstanpreisung ein Einkommen zu machen.

In den 1980ern wurde die Phase des Fordismus zu Ende gebracht und durchaus politisch unterstützt, wie man an den Programmen (und teilweise auch den Aktionen) von Reagan und Thatcher[58] gut ablesen kann, eine neue Phase inauguriert, die wir heute als Neoliberalismus identifizieren. Fünf Konsequenzen dieser neuen Produktionsweise sind im Kontext von Theorie-Entwicklung interessant:

- Das traditionelle „Normalarbeitsverhältnis“ wird zurückgedrängt zugunsten eines „Arbeitskraft-Unternehmertums“, das für verschiedene Qualifikations-Schichten der Arbeitskraft entweder (für die gut Ausgebildeten) unternehmerische Selbständigkeit oder (für die gering Qualifizierten) ein neues Taglöhnertum (den ungesicherten Wechsel von Gelegenheitsarbeit und Arbeitslosigkeit oder mehrere schlecht bezahlte Jobs nebeneinander) bedeutet.[59]
- Die Facharbeiterbewegung, die seit dem Industriekapitalismus im 19. Jahrhundert die Führung der Arbeiterbewegung übernommen hatte, wird dadurch reduziert auf die Interessenvertretung für das sich verkleinernde Segment der „gesicherten“ Arbeitskraft und insgesamt zu einer konservativen Kraft, von der notwendige Anpassungen für den Großteil der Arbeiter verhindert werden.[60]
- Was als „Wissensökonomie“ angepriesen wird, ist tatsächlich ein Schub an Rationalisierung von Wissensarbeit, ermöglicht durch die Computer-Technologie, mit deren Hilfe der Wissenskomponente der Arbeit das geschieht, was seinerzeit durch die Fertigungsstraßen der Organisationskomponente von Handarbeit geschah: Sie wird in die Maschine verlegt. Das intellektuelle Arbeitsvermögen wird dadurch entqualifiziert und auf die Beherrschung der Gebrauchsanweisung reduziert.[61]
- Zugleich werden im Berater-Kapitalismus, als den man Neoliberalismus auch charakterisieren kann, die Macht- und Verantwortungs-Verhältnisse nicht nur in der Wirtschaft verschoben,[62] sondern vor allem in der (politischen) Öffentlichkeit: Die Techniken des Wahlkampf-Management lösen Politik von dem Risiko der Bilanz und Bewertung durch die nachfolgende Wahl, die populistischen Techniken der Wählerbeeinflussung erzeugen zugleich Dauer-Krisenstimmung und eine neue „Volksgemeinschaft“. Jeglicher „räsonierenden Öffentlichkeit“ ist durch diese professionelle Öffentlichkeitsarbeit die Relevanz entzogen. Das Räsonnement der Intellektuellen wird als gehobenes Unterhaltungsprogramm weitergepflegt. Das Auswahl-Kriterium für diese Unterhaltungs-Intellektuellen ist Prominenz, also ein Selbstverstärker-Mechanismus, der von angebbaren

Unterhalter-Qualitäten oder auch nur vom Zufall ausgeht.[63] Durch die angeheizte Konkurrenz um Zeilenhonorare im professionellen Journalismus wird zugleich den Intellektuellen, die nur gelegentlich am öffentlichen Disput teilnehmen wollen, diese Möglichkeit entzogen: Sachbücher wie Zeitungs- und Magazin-Beiträge werden von Sachbuch-, Zeitungs- und Magazin-Beitrags-Profis, also von Journalisten geschrieben und nicht von Experten für das Thema, die nur etwas davon verstehen, aber damit „zum falschen Zeitpunkt" daherkommen und es dazu (im Gegensatz zu den Profis) finanziell „nicht nötig haben". Auch die Themenwahl wird nicht irgendwelchen Intellektuellen überlassen, sondern vorausschauend nach Maßstäben der erwartbaren Prominenz des Themas festgelegt: Der wichtigste Maßstab ist, dass absehbar zu einem bestimmten Zeitpunkt alle das Thema haben werden, also auch hier wieder ein Selbstverstärker-Mechanismus, dessen einfachster Anlass ein Jahrestag, also vom Thema her ein Zufall ist.[64]

- Im Rahmen dieser neoliberalen Politik-Struktur des „autoritären Populismus" wurde auch die Wirksamkeit neutralisiert, die „Protestbewegungen" oder gar „Neue Soziale Bewegungen"[65] von den 60er bis in die 80er Jahre hatten. In allen Planungen wird längst mit solchen „Protesten" gerechnet und der Zeitverlust einkalkuliert, den sie verursachen werden. In der Gesetzgebung wird ein günstiger Zeitpunkt für die parlamentarische Behandlung gewählt - wenn es um Bildung und Universität geht, die Sommerferien, auch in der Zeit vor Jahresschluss sind viele Leute anders, nämlich mit Weihnachten beschäftigt. Ansonsten hat die Polizei gelernt, solche Aktionen nicht zu eskalieren, sondern sie elastisch abzufangen. Die Instrumente der öffentlichen wie auch der weniger öffentlichen Überwachung und Kontrolle wurden in baulichen Barrieren, Kameras und vernetzten Datenbanken kontinuierlich ausgebaut. Was die staatstheoretischen Analysen seit den 70er Jahren über die Ruinierung von Demokratie, den Überwachungsstaat und politisch gewollte soziale Ausschließung festgestellt haben, ist bei allem Alarmismus, von dem man irritiert wurde, realistisch. Auch das Vertrauen in die antiautoritäre Subkultur oder das subversive Potential der „lebendigen Arbeit" ist also nicht mehr so recht plausibel.

Die gesellschaftlichen und politischen Verhältnisse haben sich mit der Produktionsweise in einer Form entwickelt, die alle unmittelbaren Ansprüche auf historische Wirksamkeit der Intellektuellen unglaubwürdig bis lachhaft erscheinen lassen. Zugleich zeigt sich auch an den „Nachfolgern" der Kritischen Theorie: Die Theorien der Gebildeten über ihre eigene Bedeutung haben ihren blinden Fleck in der Wahrnehmung der Realität ihrer Produktionsbedingungen. Nicht nur die jeweiligen Praxen haben sich blamiert. Die notwendige Kritik der „Wissensgesellschaft" als ein Schub von kapitalistischer Rationalisierung des Wissens, wie das seit den 1980ern sichtbar wurde, haben sie vernachlässigt. Ihre Zugänge und Begrifflichkeiten sind noch solide im damals zu Ende gehenden Fordismus und dem zugehörigen Korporatismus in der Politik verankert.

Wenn man, wie es die jeweiligen Protagonisten zu tun geneigt sind, darum konkurriert, welche dieser Linien die „richtige" und „eigentliche" Fortsetzung der Kritischen Theorie sei, also einen Ausscheidungs-Wettbewerb führt, dann hat man eine Geschichte von Sackgassen vor sich, deren Ende jeweils erreicht wurde. Wenn man die verschiedenen Linien der 70er, 80er und 90er Jahre aber als ein Konzert der verschiedenen Möglichkeiten sieht, in die sich Kritische Theorie unter veränderten gesellschaftlichen Verhältnissen entwickeln konnte, dann hat diese Theorie jedenfalls ein breites und vielfältiges Anregungs-Potential erwiesen. Nachträglich kann man wieder einen Überblick gewinnen, der im akademischen und politischen Gerangel der Zeit nicht immer bestehen konnte. Man kann zu einer reflexiven Position gelangen, die das Muster der verschiedenen Linien zum Gegenstand hat.

Voraussetzung dafür ist die Einordnung in den Zusammenhang der Produktionsweise, die sich, wie oben beschrieben, in dieser Zeit grundlegend wandelte: Fordismus wurde in einem langen Prozess, in den 1970er Jahren beginnend, in den 1980ern international auch politisch (Thatcherismus, Reaganomics) forciert, in Deutschland sich eher gebremst durchsetzend, in den 1990ern endgültig, bereits in sich krisenhaft und in Deutschland mit der besonderen Verwerfung durch die Vereinnahmung der DDR, von Neoliberalismus abgelöst. In diesem Prozess wurde die Form der benötigten Arbeitskraft umgebaut zum Arbeitskraft-Unternehmertum und der Arbeiterbewegung ein neuer und reduzierter Stellenwert (der Gewerkschaft als Facharbeiterprivilegien-Verteidigungsverein, der Partei als Modernisierungs-Vermittler) zugeordnet. Als Staatsform setzte sich „autoritärer Populismus" durch, gekennzeichnet durch eine Trennung der operativen Interessenpolitik, die auf der „Hinterbühne" stattfindet, von der populistischen Politik der Bevölkerungs-Integration, die die „Vorderbühne" der Politikdarstellung füllt. Zugleich wurde die gesellschaftliche Position der Gebildeten und der Intellektuellen kulturindustriell neu eingerichtet: Die Zahl der Gebildeten und damit die Konkurrenz zwischen ihnen wurde erhöht, ihre Tätigkeiten wurden (durch sie selbst, also die Fraktion der Gebildeten, die Organisationsmodelle und zugehörige Computer-Programme entwickelt) rationalisiert, ihre Bedeutung politisch wie künstlerisch auf die von Unterhaltern reduziert.

Die verschiedenen Linien der Entwicklung von Kritischer Theorie entsprechen verschiedenen Versuchen von Intellektuellen, mit diesen Bedingungen theoretisch wie praktisch fertig zu werden. Sie sind Versuche, doch noch einmal mit der Arbeiterbewegung zu koalieren oder eine eigenständige Position in der Öffentlichkeit aufzubauen und sich so politisch beachtlich zu machen. Sie sind Versuche, besonders die Bildungseinrichtungen und damit die eigenen Produktionsbedingungen zu gestalten. Sie sind Versuche, mit dem sich herausbildenden „autoritären Populismus" und seinen Kontroll- und Ausschließungs-Instrumenten zurecht zu kommen, sie sind zuletzt auch gelegentlich Versuche, auf den Zug der „Wissensökonomie" aufzuspringen und einen komfortablen Sitzplatz oder gar eine Position in der Fahrplan-Organisation zu ergattern.

Wenn Kritische Theorie noch einen Stellenwert haben kann, wenn die Idee der Befreiung als Ziel von Geschichte nicht schon völlig obsolet geworden sein soll, dann müssen die verschiedenen Strömungen, die in den 1970/80/90ern aus ihr gespeist wurden, auf verschiedene Versuche von Intellektuellen-Politik der Befreiung unter den damaligen gesellschaftlichen Bedingungen verweisen. In einer Aktualisierung wird man nicht aus ihnen die eine „richtige" Linie auswählen wollen, vielmehr, belehrt von dieser Geschichte von Versuchen, die Möglichkeiten abschätzen, die unter gegebenen Bedingungen bestehen mögen. Eine Diagnose der Produktionsweise und ihrer Veränderungen ist mit Hilfe der Theoriegeschichte, in der sie sich spiegeln, durchaus möglich. In dieser Weise nüchtern betrachtet scheint es so, als sollte man sowohl das Spekulieren auf Reste oder eine Neu-Konstitution der Arbeiterbewegung als auch die Hoffnung auf folgenreiche öffentliche Diskurse der Intellektuellen erst einmal aufgeben. Erst wenn man diesen Schnitt getan hat, kann man sich der nötigen Kritik der neuen Produktionsweise, der „Wissensgesellschaft" widmen. Die Denkfiguren der *Dialektik der Aufklärung*: herrschaftliche Vernunft, Fortschritt als Entwicklung der Produktiv- wie der Herrschaftskräfte zugleich, Umschlagen von Befreiung in neue Herrschaft, sind als Ausgangspunkt dafür vorzüglich geeignet.

Zum Abschluss dieser Überlegungen wird daher ein Forschungsprogramm vorgelegt, das sich daraus für die gegenwärtige Situation entwickeln lässt. Wenn Kritische Theorie Trauerarbeit ist, dann führt sie jedenfalls nicht zu Resignation. Forschung in diesem Rahmen zeichnet sich dadurch aus, dass sie eine Form von Gegenwehr darstellt: Was Angst und Aussichtslosigkeit verbreitet, wird genau ins Auge gefasst. Wo andere sich die Lage schönreden und ihre Chancen zu verbessern suchen, besteht das Glück der Erkenntnis in der Kritischen Theorie in nichts so sehr wie in Illusionslosigkeit.

"I'll be damned. It says, 'Cogito, ergo sum.'"

Zur Aktualität der *Dialektik der Aufklärung*: ein Forschungsprogramm

Dimensionen einer Kritik der „Wissensgesellschaft"

Die gegenwärtige Situation lässt sich mit dem Instrumentarium der *Dialektik der Aufklärung* überraschend gut interpretieren. Wenn man dieses Buch nicht als „schwarz" und so „pessimistisch" abtut, dass man nicht mehr weiterdenken kann, hat man dort folgende Merkmale der Theorie:

1/Fortschritt der Herrschaftskräfte

Die Hoffnung der Menschen auf Befreiung, also auf eine andere Produktionsweise, in der Herrschaft, Ausbeutung, Ungleichheit und Armut zumindest weniger die Grundgegebenheiten von gesellschaftlichem Leben sind als jetzt, kann nicht auf den Fortschritt der Produktivkraft vertrauen, der die Produktionsverhältnisse obsolet und hinderlich werden lässt und sie dementsprechend „sprengt". Er enthält nämlich zugleich den Fortschritt der Destruktivkraft und der Herrschaftsmittel. Daher ist auch und gerade der Fortschritt der Produktivkraft umkämpft und der Frage von „Sozialismus oder Barbarei" unterworfen. „Barbarei" ist heute operationalisierbar als „Selbstzerstörung der Menschheit" - mit einer leider wahrscheinlich langen Übergangsphase von verschärfter Konkurrenz und Unterdrückung, deren „barbarische" Effekte die Dystopien von Huxley und Orwell bis Lem, Brunner und Rufin ausgemalt haben (Selbstzerstörung „not with a bang, but with a whimper"). Warum wir darüber hinaus einen real existierenden Zustand der Welt, in dem täglich Tausende durch Hunger und Gewalt sterben, *nicht* als barbarisch bezeichnen, will ohnehin erst erklärt werden.

Die *Dialektik der Aufklärung* verweist uns also nachdrücklich darauf, den Fortschritt der Naturbeherrschung und damit verbunden der politischen und gesellschaftlichen Herrschafts-Techniken, samt der von dem allen erforderten Selbstbeherrschung genau zu bilanzieren. Dass Fortschritt der Produktivkraft zugleich Fortschritt der Destruktivkraft ist, wird in der Geschichte der Waffen und der Kriegsführung am deutlichsten sichtbar. Aber auch eine Geschichte der Techniken des Wahlkampfs und der Wahlmanipulationen bis hin zu den von weltweit agierenden Firmen „professionell" gestalteten Wahlen im „strukturellen Populismus" der heutigen Demokratien (allen voran in den USA) brächte einschlägige Einsichten zutage.[1] Die vielen unbeabsichtigten und billigend in Kauf genommenen ökologischen und wirtschaftlichen Nebenfolgen des Fortschritts etwa der Transportsysteme oder der industrialisierten Nahrungsmittel-Produktion machen das Denkmodell einer Dialektik der Aufklärung besonders plausibel. Die Herrschafts-Implikationen des Fortschritts der Elektronik und der damit möglichen Rationalisierung von Kopfarbeit in der Wissensgesellschaft werden erst allmählich sichtbar. Das Modell einer Dialektik der Aufklärung impliziert, dass auch in der Technik-Entwicklung mögliche Rationalität von Imperativen der Waren- und Verwaltungsförmigkeit verhindert wurde und wird, dass also ein anderer Fortschritt möglich, zumindest denkbar ist.

2/Herrschaft und ihr Widerspruch

Dass wir die Hoffnung auf Befreiung mit „Vernunft" und „Aufklärung" verbinden, hat damit zu tun, dass wir Aufklärung zunächst als Befreiung vom Aberglauben der traditionalen Unterwerfung unter die gegebene Herrschaft (darunter die Religionen und ihre Kirchen) und vom Aberglauben der traditionalen Produktion und ihres Verzichts auf mögliche Naturbeherrschung verstanden haben. „Aufklärung" heißt, dass die technische und die herrschaftskritische Intelligenz in Koalition mit den unmittelbaren Produzenten beide Formen von Aberglauben beseitigen und damit Selbstbestimmung und erweiterte Naturbeherrschung herbeiführen kann. Diese Koalition hat ihre Grundlage verloren: Die gebildete Schicht wurde in Herrschafts-Funktionen kooptiert, die Arbeiterschaft ist autoritätshörig. Von der befreienden Vernunft der Aufklärung ist nur „instrumentelle Vernunft" übriggeblieben. Vernunft ist damit selbst zu einem Instrument von Herrschaft geworden. Befreiung kann von einer Fraktion, der nonkonformistischen, kritischen Intelligenz noch (unter größter Anstrengung) gedacht werden, aber eine Grundlage für eine befreiende Praxis muss neu erarbeitet werden. Das ist mit der Forderung nach „Reflexion der Aufklärung auf ihr rückläufiges Moment" auch gemeint: nicht nur Selbstkritik, sondern wache Kenntnis der gesellschaftlichen Praxen von Herrschaft, Konformität und möglicher Abweichung.

Eine Implikation des Modells ist genaue Beachtung der Varianten und Abweichungen, der Individualitäten. Im Mittelwert der Konformität drückt sich nichts aus als das Wirken von Herrschaft und ihren Normen und der zugehörige Opportunismus. Das gilt zwar auch für viele Formen von Abweichung: Drogensucht ist besondere und selbstgewählte Waren-Abhängigkeit, Diebstahl und Betrug sind besonders auf Eigentum fixiert, Gewaltdelikte bestätigen gewöhnlich gängige Normen von Männlichkeit und Autoritarismus. Esoterik und New Age sind Normen der Selbstmanipulation bis zur Irrationalität verfallen. Viel an politischem Protest ist Verteidigung von Privilegien, Hineinreklamieren und Ressentiment. Innovationen aller Art haben oft etwas Monomanisches. Aber zugleich werden hier a/Normen („subterranean values") sichtbar, die sonst verleugnet werden, b/ in der Reaktion Mechanismen der Herrschaft, besonders die Bereitschaft zur sozialen Ausschließung, krass vorgeführt, die ebenfalls sonst verleugnet werden, c/ Hinweise auf Infrastruktur-Mängel gegeben, auf Leistungen der Gesellschaft, die sie nicht nur den Schwachen, den Überempfindlichen, den Unbeherrschten oder hilflos Aktivistischen vorenthält, schließlich d/Ansprüche erinnert, Beachtung und Solidarität eingefordert, Individualität behauptet, die Möglichkeit eines anderen Lebens eingeklagt (manchmal sogar vorgeführt), Implikationen, aus denen sich auf Befreiung schließen lässt.

Indem „Arbeit" die entscheidende Kategorie von Gesellschaftlichkeit und damit von Herrschaft bleibt, ist als Widerspruch (und Ansatz für die „Selbstreflexion der Aufklärung") die Einsicht relevant, dass Lohnarbeit durchaus nicht die einzige Arbeitsform in einer kapitalistischen Formation ist, dass vielmehr Reproduktionsarbeit („Hausarbeit") einen wahrscheinlich größeren Teil der gesellschaftlichen Arbeit ausmacht. Dazu kommen noch Formen der freiwilligen Arbeit, denen die Existenz von sozialer Infrastruktur (von der freiwilligen Feuerwehr bis zur politischen Arbeit) einiges verdankt. Die Produkte dieser anderen Arbeitsformen, von denen wir im eigentlichen Sinn leben, gehen aber in die öffentliche Berechnung der „Wertschöpfung", deren Voraussetzung sie sind, nicht ein. Der Reichtum der Nationen wird mit einem äußerst selektiven und sozial weitgehend unsinnigen Maßstab gemessen. Produktionsweisen mögen von einem Modus der Vergesellschaftung beherrscht sein (Feudalismus von der gegenseitigen Treue-Verpflichtung, Kapitalismus von Warenförmigkeit), aber in der Realität kommen andere Solidaritäten und Assoziationen hinzu, sei es als „Ungleichzeitigkeiten", als historische Reste, sei es als notwendige Ergänzungen (oder natürlich beides). Der kapitalistische Zwang zur Kommodifizierung (damit verbunden der „Kontraktisierung") aller Lebensbereiche, seine Durchsetzung mit staatlich-herrschaftlichen Mitteln und die Grenzen, an die er stößt, sind noch lange nicht hinreichend aufgeklärt. Instrumentalität der Beziehungen ist, wie die simple Unterscheidung von formeller und informeller Organisation zeigt, häufig nur eine Fassade, die mit nicht-instrumentellen Mitteln aufrechterhalten und umgekehrt für nicht-instrumentelle Zwecke benützt wird.

Nicht nur die Unausweichlichkeit von Herrschaft, sondern ihre Widersprüche oder auch nur blinden Flecken sind interessant.

3/Kulturindustrie

Man kann die *Dialektik der Aufklärung* überhaupt nur verstehen, wenn man zur Kenntnis nimmt, dass Gesellschaft hier grundsätzlich als Herrschaftsverhältnis verstanden wird. Es gibt keinen Naturzustand, der durch einen Gesellschafts- als Herrschaftsvertrag beendet würde, sondern der Mensch existiert nur gesellschaftlich und damit herrschaftlich. Die Frage ist nur, wie sich diese Herrschaft organisiert und ob die Beherrschten eine Chance auf Befreiung haben. Die kapitalistische Form von Herrschaft ist Warenförmigkeit, damit auch der Vertrag und die zugehörige Verwaltung. Diese Form von Herrschaft zeichnet sich dadurch aus, dass sie so aussieht, als würden wir das Herrschaftsverhältnis freiwillig eingehen und es mitgestalten können - und bis zu einem gewissen Grad stimmt das sogar. Diese Form von Herrschaft zeichnet sich auch dadurch aus, dass sie die Köpfe ergreift: Ihre Form ist Kulturindustrie. Kulturindustrie als Herrschaftsform bedeutet nicht bestimmte Inhalte, die sind vielmehr in einem weiten Rahmen austauschbar, sie bedeutet, dass auch Denken, Wissen, Kultur den Imperativen von Warenförmigkeit gehorcht, dass sie also auf Tauschwert, auf Verkäuflichkeit in einem weiten Sinn hin produziert werden. So wie der Vertrag in letzter Instanz von einem Gewaltverhältnis garantiert wird, so sind Markt und Ware von Verwaltung abhängig: Sie müssen organisiert und abgesichert werden. Warenförmigkeit und „Verwaltungsförmigkeit" gehören zusammen. Beide bedingen ein Denken über Menschen in Kategorien ihrer Brauchbarkeit, ein instrumentelles Verständnis vom Menschen.

Kulturindustrie heißt, dass Denken selbst in dieser Weise abstrakt stattfindet, dass schon unsere Begriffe herrschaftlich vorgeformt und verdorben sind. Dialektik und Kritik sind die Denkbewegungen, in denen diese Aspekte von Herrschaft reflexiv, mit Hilfe von historischer, vergleichender, logischer und empirisch angeleiteter Analyse und in vielfachen Durchgängen herausgearbeitet werden. Ein Punkt außerhalb, etwa ein moralphilosophisch abgesicherter Maßstab der Kritik, ist dabei nicht vorausgesetzt (und auch nicht möglich). Das Schiff wird immer auf hoher See umgebaut. Dass die meisten sich diese Arbeit gar nicht antun, liegt daran, dass sie innerhalb der Herrschaftszusammenhänge entweder hilflos überlastet sind oder ohnehin persönlich gut zurechtkommen - oder am besten beides: Wir schaffen es gerade eben so, aber dann doch ganz akzeptabel. Reflexivität und Kritik fallen uns nicht zu, sie wollen geübt sein und sie setzen Motive voraus: Unglück und Leid machen uns nicht notwendig klug, meistens nur böse und gemein. Reflexivität ist harte Arbeit unter Aufbietung aller kulturellen Errungenschaften der Menschheit auf der Grundlage von Unglück, das uns nicht überwältigt. Kulturindustrie hingegen macht uns das Denken leicht, lenkt uns ab und bestätigt uns die Unausweichlichkeit, möglichst auf launige Weise.

4/Individuum

Etwas wie ein vorausgesetzter Maßstab der Kritik ist bei Horkheimer und Adorno das Individuum. Eine gute Gesellschaft würde man daran erkennen, dass in ihr alle Menschen als Individuen zu ihrem jeweiligen Recht kämen. Das ist freilich weder willkürlich gesetzt noch moralphilosophisch abgeleitet, es ist vielmehr eine bürgerliche Errungenschaft, ein historisch ausgebildetes Versprechen von bürgerlicher Gesellschaft. Das Verfahren der „immanenten Kritik" besteht darin, solche Errungenschaften und ihre Spuren in der Gegenwart gegen den Widerspruch ihrer verweigerten Verwirklichung in einer kapitalistischen Klassenherrschaft zu halten. Das kann man genauso mit den bürgerlichen Ideen der Gleichheit, der Demokratie oder der Menschenrechte tun, aber das Individuum hat einen herausgehobenen Stellenwert: Es ist als Körper, der leiden gemacht werden kann, unmittelbarer Angriffspunkt von Herrschaft, und es ist ebenso der Träger von Wissen und Können. Es ist als dieses (aggressive wie erotische) Tier, das stirbt und das vielfach bedürftig ist, zugleich der Ort von Erfahrung und Erkenntnis sowie von Arbeit und der Produktion von Neuem. In der *Dialektik der Aufklärung* und vielleicht noch mehr in Adornos musiktheoretischen Arbeiten hängt die Möglichkeit von Freiheit, der Fortschritt der Produktivkraft an den Errungenschaften einzelner Individuen. Dass diese Errungenschaften sich nicht verallgemeinern, ist eine wesentliche Wirkung des kulturindustriellen Herrschaftszusammenhangs. Trotzdem sind sie die einzige und notwendige Aussicht auf Befreiung.

Dass das Individuum zugleich aus Selbstdisziplin entsteht, ist der – per Odysseus-Exkurs – bekannteste Teil der *Dialektik der Aufklärung*. Diszipliniertes Verzichten, Übernahme der Herrschaft als Selbstbeherrschung konstituiert das Individuum.

Vergleichsweise wenig beachtet wird die Bedeutung des Individuums und seiner Erfahrung von Gesellschaft für die Wissenschaft. Adornos *Minima Moralia* stellt auch den Versuch dar, persönliche Erfahrung zu einem Ausgangspunkt für Wissenschaft, also für Verallgemeinerungen zu machen. Die Form von Aphorismus (und allgemeiner Essay) berücksichtigt zugleich, wie solche „Verallgemeinerung" nur sinnvoll denkbar ist: indem ein anderes Individuum in die Lage versetzt wird, sich an dem Denk-Vorgang zu beteiligen, ihn wieder individuell mitzuvollziehen - auch in Widerspruch und Kritik, jedenfalls in aktiver Verarbeitung mit Hilfe eigener Erfahrungen. An Stelle einer Wissenschaft, die in abstrakten Verallgemeinerungen ihren gesellschaftlichen „Gegenstand“ notwendig verfehlt, die selbst einem „Ticket“-Denken zuarbeitet, wird an Formen der kritischen Erkenntnis gearbeitet, die der Individualität der Phänomene wie der Menschen, die durch (auch leidvolle) Erfahrungen und harte, geduldige Arbeit daran Schöpfer und Träger von Erkenntnissen werden, gerecht werden kann.

5/Produktionsweisen

Mit dem Vertrauen in den Fortschritt der Produktivkraft und in die Koalition von Gebildeten und Arbeitern ist auch jegliche Geschichtsphilosophie Hegelianischer oder Marxscher Provenienz aufgegeben: Gesellschaft verändert sich, sie kann radikal umgebaut werden, aber irgendwelche Zuversicht, dass das in Richtung von größerer Freiheit und Autonomie für alle oder wenigstens für die Arbeiterschaft gehen wird, ist unangebracht. Durchaus wahrscheinlich und jedenfalls möglich ist, dass das zum Vorteil und zur Vermehrung der Privilegien einer herrschenden Klasse und auf Kosten aller anderen ausgeht.

Materialistisch gewendet heißt das ganz banal, dass man nicht jede Krise des Kapitalismus gleich als seine End-Krise ansehen soll, dass Kapitalismus vielmehr ein höchst flexibles System ist und in verschiedenen Varianten überleben und sich erneuern kann. Ein Denken in Phasen von Kapitalismus empfiehlt sich. In der *Dialektik der Aufklärung* finden wir vor allem die Gegenüberstellung von zwei Phasen: (liberaler) Konkurrenz- und (autoritärer) Monopol-Kapitalismus. Diese Polarität erscheint uns heute nicht mehr ausreichend,[2] eher eine Dimension möglicher Entwicklungen als die Beschreibung qualitativ verschiedener Phasen von Kapitalismus. Als solche werden wir eher (nach der ursprünglichen Akkumulation - die im übrigen wie Konkurrenz und Monopolisierung weniger eine Phase als eine durchgehende Dimension dieser Produktionsweise darstellt) industriellen Kapitalismus (19. Jahrhundert), Fordismus (das „kurze“ 20. Jahrhundert), Neoliberalismus (seit den 1980ern), parallel dazu: Eigentümer-, Manager- und Berater-Kapitalismus annehmen. Die Übergänge zwischen diesen Phasen können ausgehend von Krisentheorien, aber auch über sie hinaus konzipiert und empirisch beschrieben werden.

6/Nach der Barbarei

Die Abwendung von Geschichtsphilosophie bedeutet auch, dass man genauso keinen linearen Fortschritt ins Verhängnis annehmen muss. Selbst nach der Menschheitskatastrophe von „Auschwitz" und „Hiroshima" war Geschichte nicht zu Ende.[3] Es ist tatsächlich ein wichtiger Grundzug von Horkheimer/Adornos Denken und besonders der *Dialektik der Aufklärung*, dass hier nicht, wie es Marxsche Theorie und marxistisches Denken bis 1917 durchgängig, danach jedenfalls im Westen in seinen interessanteren Produkten taten, auf die Revolution hin gedacht wird, sondern von ihr weg: Die Revolution ist versäumt worden, jetzt setzt sich „die Reaktion" immer gründlicher durch, sie hat schließlich die Menschheitskatastrophe herbeigeführt. Es geht darum, Möglichkeiten von Befreiung(s-Theorie) nach der Niederlage zu konzipieren. In der *Dialektik der Aufklärung* werden dafür die Ausgangspunkte und das Programm: „Aufklärung der Aufklärung", erarbeitet, nicht mehr und nicht weniger.

Die zentrale Denkfigur der *Dialektik der Aufklärung*: das Umkippen von Befreiung in neue Herrschaft, hätte das Komplement, dass auch aus der Barbarei Auswege möglich und denkbar sind. Eine solche Vorstellung ist in der *Dialektik der Aufklärung* zwar nicht ausgeschlossen, hat aber keinen systematischen Stellenwert. Zu prüfen ist, ob und wie er sich herstellen lässt oder ob sich, weil das nur möglich, aber historisch kontingent ist, zumindest die Formen empirisch beschreiben lassen, in denen Weiterleben nach Phasen der Barbarei tatsächlich stattgefunden hat. Zu fragen ist, wie sich Gesellschaften nach der Katastrophe rekonstituieren, wie sich eine Gesellschaft des organisierten Massenmords (am Beispiel etwa von Deutschland und Österreich nach 1945) in den recht zivilisierten Zustand von Demokratie, in dem zeitweise sogar autoritäre Haltungen kulturell zurückgedrängt wurden, entwickeln kann, und das jedenfalls zu guten Teilen mit demselben Personal. Leider war der Nationalsozialismus nicht das letzte Beispiel, an dem sich die Frage untersuchen lässt.

7/Instrumentelle Vernunft

Schließlich geben die beiden Bücher, Horkheimer/Adornos *Dialektik der Aufklärung* und Horkheimers *Eclipse of Reason*, in ihren einzelnen Abschnitten (hier in Klammern genannt) die Dimensionen an, in denen instrumentelle Vernunft untersucht werden kann und muss:

- Wissenschaft statt Philosophie (Begriff der Aufklärung, Eclipse of Reason)
- Politik (detto)
- Konstitution des bürgerlichen Individuums (Exkurs I: Odysseus)
- Intellektuelle Produktion (Kulturindustrie-Kapitel)

- Dimensionen der Gesellschafts-Organisation:
  - Minimale Vergesellschaftung: einander nicht umbringen (Exkurs II: Juliette)
  - Geschlecht, Sexualität und Macht (detto)
  - Moral, besonders die der herrschenden Klasse (detto)
  - Projektionen zwischen Gruppen (Elemente des Antisemitismus)

Interessanterweise gibt es kein eigenes Kapitel über instrumentelle wirtschaftliche Beziehungen. (Die Implikation dieses Fehlens ist, dass in der Wirtschaft Instrumentalität selbstverständlich gesetzt wird - was ein durchaus zweifelhafter, wenngleich zentraler Teil der Ideologie von Kapitalismus ist.) Ansonsten aber ist es erstaunlich, wie die Kapitel der „Philosophischen Fragmente", die, wie der Untertitel ankündigt, die *Dialektik der Aufklärung* bilden, sich zu einem Schema zusammenfassen lassen, das - mit der Ergänzung durch Wirtschaft/Produktionsweise - völlig geeignet und auch ausreichend ist, um Gesellschaftsformationen oder einzelne soziale Einrichtungen und Institutionen zu analysieren und zu beschreiben. Nach der Themenliste kann man jeweils, z.B. im Bereich der Bildung, der sozialen Ausschließung oder der sozialen Sicherung, die Aspekte von Instrumentalität in ihren Auswirkungen beschreiben, die zugleich sichtbar werden lassen, was darüber hinaus an nicht-instrumentellen, nicht-warenförmigen Beziehungen vorausgesetzt oder auch möglich gemacht wird.

Ein Beispiel für Instrumentalität, das in der *Dialektik der Aufklärung* durch die beiden ersten Bereiche läuft und auch in den anderen immer wieder auftaucht, ist liberaler Kapitalismus im Gegensatz, aber auch in seiner Kontinuität zum NS-Regime in Deutschland. Das Ergebnis dieser Anwendung des Begriffssystems ist verheerend für jeden Vernunft-Optimismus: Die NS-Herrschaft ist zu verstehen als ein mögliches Ergebnis von Kapitalismus in der Krise und als die Durchsetzung und Verwirklichung von instrumenteller Vernunft - damit als das Ergebnis der nicht verwirklichten und/oder schiefgelaufenen Aufklärung. Auf den anderen Dimensionen ist die Zustands-Diagnose entsprechend hart: Instrumentelle Wissenschaft hat reflexive Philosophie verdrängt, instrumentelle Politik zerstört die Demokratie, das Individuum wird ausgehöhlt und hilflos gemacht durch den Verlust jeder gesellschaftlichen Grundlage für Autonomie, intellektuelle Produktion passt sich den Imperativen von Kulturindustrie - Ware und Propaganda/Reklame - an. Auf das Minimum an Gesellschaftlichkeit kann man sich nicht verlassen (andere auszuschließen und sogar massenhaft umzubringen ist in kapitalistischen - und vielleicht in allen - Gesellschaftsformationen durchaus üblich), das Band von Liebe und Sexualität wird durch Machtausübung unverlässlich oder zu einer Fessel (oder beides), die Moral der Herrschenden reduziert sich auf Instrumentalität und Projektionen auf Außenseiter-Gruppen werden angestachelt und gepflegt. Als wirtschaftliche Grundlage dafür wird Monopol-Kapitalismus und die Vernichtung des autonomen Unternehmers wie der unabhängigen Markt-Mechanismen identifiziert.

8/Intellektuelle Produktion

Die *Dialektik der Aufklärung* bestimmt vor allem eine neue und realistische Position der Intellektuellen: Mit dem revolutionären Proletariat ist auch ihre heroische Rolle als dessen politische Avantgarde oder wenigstens als Organisatoren und Lehrer, die das „richtige Bewusstsein" (stellvertretend) artikulieren, untergegangen. In Auseinandersetzung mit Kulturindustrie geht es um die Kämpfe und Konkurrenzen zwischen den Intellektuellen und ihren Fraktionen, nicht um die Beziehung zu Adressaten außerhalb (die kulturindustriell ohnehin zum „Publikum" von Propaganda, Werbung und Unterhaltung herunterdefiniert wurden). Befreiung ist nicht von einer unterdrückten Klasse zu erwarten, die sie (in verschiedenen Formen begleitet von Intellektuellen) für uns alle erkämpfen würde, vielmehr müssen sich die Intellektuellen selbst und in ihrem eigenen Bereich darum kümmern.

Wenn sie in dieser Weise auf sich selbst und ihre eigenen Interessen verwiesen sind, ist die Grundlage für eine kritische Haltung zur Gesellschaft in ihren eigenen Arbeitsbedingungen, in der Frage der Verfügung über die intellektuellen Produktionsmittel zu suchen. Der Großteil der gebildeten Klasse war und ist ganz zufrieden damit, in einer der angebotenen Positionen als Herrschafts-Funktionär (Techniker, Manager, Verwalter, Lehrer, Berater, Unterhalter) zu arbeiten. Es ist jetzt intellektuelle Arbeit und „Wahrheit" als ihr regulatives Prinzip, woraus sich Widerstand gegen solches Funktionieren im Dienst von Herrschaft ergeben kann. Der Kampf um die Verfügung über die intellektuellen Produktionsmittel unter Bedingungen von Kulturindustrie ist ein guter Ausgangspunkt dafür. Die Kulturgeschichte des 19. und 20. Jahrhunderts kann - außer als Geschichte der reibungslosen, opportunistischen Mitarbeit des Großteils der Gebildeten an allen, auch den faschistischen und stalinistischen Herrschaftsformen - in ihren interessanteren Erscheinungen als Geschichte dieser Auseinandersetzung mit Kulturindustrie in immer neuen „Erfindungen" gelesen werden. Alex Demirovic (1999a) hat dafür den treffenden Begriff des „nonkonformistischen Intellektuellen" entwickelt.

Die interessantesten und folgenreichsten dieser „Erfindungen" sind das Gewinnen von Autonomie durch „öffentliche Einsamkeit" und durch „Reflexivität".[4] Von l'art pour l'art bis George, Schönberg und Beckett war „öffentliche Einsamkeit" das Mittel, sich vom Publikum und also dem Verkauf autonom zu halten und doch ein Publikum zu gewinnen. Das kann von Gruppenbildung unterstützt werden (George, Schönberg, Freud), kann aber auch tatsächlich Einzelgängertum bedeuten (Beckett). Der Dandy oder Snob als Sozialfigur ist nicht ganz fern. Es geht darum, absolut autonom an der „Sache“ zu arbeiten und sich von den Imperativen der Waren- und Verwaltungsförmigkeit (die Kulturindustrie bestimmen) frei zu halten. Es ist dieses Arbeitsbündnis, von dem in der intellektuellen Produktion (Musik, bildende Kunst, Literatur, Philosophie, Psychologie, Gesellschaftstheorie) das charakterisiert wird, wofür sich die Bezeichnung „(klassische) Moderne“ durchgesetzt hat. „Reflexivität“ ist die Auseinandersetzung mit Kulturindustrie, in der deren Mittel (z.B. Skandal, Sensation) gegen sie selbst gewendet werden, in der die Beziehung zum Publikum selbst Gegenstand der intellektuellen Arbeit wird. Die besten und bekanntesten Beispiele dafür sind DADA und Surrealismus, Pop-Art und Happening. Marcel Duchamp ist einer der frühesten Exponenten und zugleich unübertroffener Meister der Reflexivität, besonders in ihrer ironischen Variante. Neuerdings haben sich affirmative Formen von Reflexivität entwickelt: Darstellung des Publikums im Fernsehen, „Making-of“-Begleitinformation zu Produktionen aller Art, zynische Ideologiekritik in Werbung und Politik (wir bekommen mitgeteilt, welche Anstrengungen unternommen werden, um uns zu manipulieren), gesellschaftstheoretische und beraterische Modelle der Selbststeuerung. Solch instrumenteller Einsatz von Reflexivität macht kritische Reflexivität, in der die Herrschafts-Aspekte erfahrbar sind, nicht gerade einfacher.

Kritische Theorie ist besonders bei Adorno im Gewinnen von Autonomie des Denkens im Arbeitsbündnis der „öffentlichen Einsamkeit“ verankert. Adorno hat seine Texte so geschrieben, dass sie „keine Leser brauchen“. Das bedeutet umgekehrt, dass man als Leser nichts aufgedrängt bekommt, man soll nicht überzeugt werden, es wird einem nichts „verkauft“ – man bekommt Gedankengänge durchgestaltet vorgeführt, an denen man sich beteiligen kann. Es kommt nicht auf ein „Ergebnis“ an, das man getrost nach Hause tragen könnte, sondern es geht um eine denkerische Auseinandersetzung mit Erfahrungen von Welt, die das Individuum Adorno gemacht und verarbeitet hat, und mit der sich das Individuum LeserIn seinerseits auseinandersetzen kann. Diese aufwendige und voraussetzungsvolle intellektuelle Arbeit überhaupt zu ermöglichen und zu pflegen, ist schon die befreiende Praxis der Kritischen Theorie. Aus ihr folgen keine inhaltlichen Rezepte für die Verbesserung der Welt, sie besteht vielmehr in der Einübung einer Haltung zur Welt, in der man „sich nicht dumm machen lässt“. In dieser Haltung ist man bereit, Erfahrungen zu machen und sie angemessen theoretisch zu verarbeiten – und daraus wird sich in den jeweiligen Situationen, in denen Menschen sich finden, die Verweigerung von Mitmachen aus einer Orientierung auf Befreiung ergeben. Der nonkonformistische Intellektuelle ist nicht Herrschafts-Berater, weder Philosophen-König noch Moral-Schiedsrichter, sondern er erinnert die Gesellschaft an ihre eigenen Versprechungen und Möglichkeiten und präsentiert ihr ihre eigene herrschaftliche Wirklichkeit.

Dialektik der Aufklärung im 21. Jahrhundert

Wenn wir, wie dargestellt, die *Dialektik der Aufklärung* als zutreffende Diagnose und Ausgangspunkt akzeptieren, lassen sich für die gegenwärtige Situation eine Reihe von Interpretationen und Forschungsfragen ableiten:

1/Fortschritt der Herrschaftskräfte: Selbstüberschätzung

Der Fortschritt der Produktivkraft ist durchaus nicht identisch mit einem Fortschritt der Naturbeherrschung, der den Menschen zugute käme. Er kann genauso Fortschritt von Herrschaft und Unterdrückung und in die Selbstzerstörung sein. Er ist daher umstritten und umkämpft. Soweit er zugleich Entwicklung der instrumentellen Fähigkeiten wie der Erfahrungs-Kapazitäten der Menschen heißt, ist er auch Fortschritt der Naturbeherrschung am Menschen. Sie hat im „Zwang zur Selbst-Manipulation", durch Trainings- und Übungsprogramme wie durch möglichst direkte Eingriffe ins körperliche Substrat, ein neues Stadium erreicht. Davon ist in Punkt 4/genauer die Rede.

Naturbeherrschung war schon in der Aufklärung, spätestens nach 1755, dem Erdbeben von Lissabon, als überhebliche Phantasie erkannt. Nach der Zerstörung der Küsten des Indischen Ozeans durch eine Flutwelle 2004, ein Jahr später der von New Orleans durch Hurricane Katrina und den Klon-Lügen des südkoreanischen Gen-Forschers Hwan Woo Suk, veröffentlicht von angesehenen wissenschaftlichen Zeitschriften, vom Staat mit großen Summen (und ebensolchen Hoffnungen) unterstützt, im Skandal aufgedeckt Anfang 2006, um nur einige beliebig vermehrbare Beispiele zu nennen, ist offensichtlich, dass weder die Überheblichkeit noch der Phantasie-Anteil wesentlich zurückgegangen sind.

In der neuesten Phase von Kapitalismus sind die Ökologie-Bewegungen - spezialisiert als Naturschutz-, Tierschutz-, Anti-Atom-, Anti-Straßenverkehr- (oft auch nur Anti-Transit-bei-uns-), gesunde-Nahrungsmittel- und viele verwandte Bewegungen - geschwächt worden. Instrumentelle als kurzfristig betriebswirtschaftliche Vernunft hat das Scheinargument der „Schaffung von Arbeitsplätzen" hinzugewonnen, das alle Fragen nach dem Nutzen des Produzierten und Konsumierten in den Hintergrund drängt. Andererseits haben diese Bewegungen ihre Erfolge gehabt, die zum Teil selbstverständlich geworden sind. Die Berücksichtigung ökologischer Überlegungen und Argumente ist in vielen Bereichen der Planung und Verwaltung in Routine übergegangen. Unter dem hier interessanten theoretischen Gesichtspunkt ist zu fragen, wie weit sich das durchaus im Rahmen von instrumenteller Vernunft abspielt, die ihre Adressaten zeitlich und örtlich ausweitet, wie weit also nicht-instrumentelle, nicht-ganz-so- oder nicht-nur-instrumentelle Vernunft in nicht mehr als einer solchen Ausweitung besteht. Wenn es (intellektuell) so einfach ist, sind die zahlreichen Fälle besonders interessant, in denen diese Operationen trotzdem nicht zustande kommen.

Ebenso wie die Beherrschbarkeit der Natur wurde die moralische Ordnung der Gesellschaft(en) und besonders die Moral der Staaten im Konflikt (was heute von einer eigenen sozialwissenschaftlichen Spezialdisziplin „Internationale Beziehungen" beforscht - und beraten - wird) schon von der Aufklärung mit der fassungslosen Ironie betrachtet, die ihr zukommt.[5] Eine Sammlung von Fallbeispielen und -analysen solcher Katastrophen und Skandale der Herrschaft und (Un)Ordnung[6] wäre zentral für ein Forschungsprogramm zur Dialektik der Aufklärung. Es versteht sich, dass die kulturindustrielle Aufbereitung, Nutzung, in Aspekten Produktion dieser Ereignisse (und der „symbolträchtigen" Bilder von ihnen) Teil des jeweiligen „Falles" ist.

Hier zeigt sich die Notwendigkeit eines Typs von sozialwissenschaftlicher Forschung, der derzeit und zunehmend von der bürokratischen Forschungs-Verwaltung (mit sogenannten Drittmitteln und im Projekt-Format mit jahrelanger Beantragung - Begutachtung - Ablehnung - Revision - Wiedervorlage - Begutachtung usw. ad nauseam), aber auch von dem bürokratisch angepassten Methoden-Instrumentarium unmöglich gemacht wird: soziologische Ereignis-Forschung. Sie wäre eine Erweiterung dessen, was früher einmal das Idealbild einer journalistischen Recherche war, dazu in dauernder Reflexion auf die kulturindustrielle Rahmung theoretisch verarbeitet. Jenseits der ziemlich aufwendigen Forschungsorganisation, die man dazu entwerfen kann, sind Annäherungen gerade durch universitär-studentische Projekte und auch in Auswertung dessen, was journalistisch immerhin recherchiert wird, möglich, auch über das Internet koordinierte Untersuchungen sind denkbar.[7] Dazu gehört eine reflexive Methodologie der Interpretation, die - jenseits aller Methoden-Dogmatik - gegenübertragungs-kontrollierte Kulturindustrie-Analysen solcher Daten und Materialien ermöglicht.[8]

Dabei geht es immer um das Ereignis und seine oft vielfältig umkämpfte, manchmal viel zu schnell im Konsens festgelegte Bedeutung und (im weiten und engen Sinn) politische Nutzung. Die allseitig kulturindustrielle Rahmung dieser Produktion von Bedeutungen ist heute das Werk einer in vielfache Fraktionen aufgespaltenen gebildeten Schicht, die als Politikberater und -manager, Werber, PR-Leute, Journalisten, Reporter, Kommentatoren, Literaten, Künstler, Lehrer, Unterhalter, schließlich akademische und andere Experten bezahlt oder unbezahlt daran beteiligt sind, solche öffentlichen Bedeutungen auszuarbeiten und wieder zu verwischen. Dahinter steht ein weites Netz von kommerziellen und bürokratischen, politischen und kulturellen Einrichtungen, die das organisieren und verwerten. Wenn man die Theorie der Kulturindustrie recht versteht, ist das „Publikum" kein davon unabhängiger „Adressat", sondern vielfältig Teil und

Teilnehmerschaft, oft auch nur Vorwand dieser Aktivitäten. Das gilt auch für soziale Bewegungen (die seit ihrer Professionalisierung als „NGOs" besonders kulturindustriell einbezogen sind). Dass es nicht nur in verschiedenen Positionen innerhalb der gebildeten Schicht, sondern vor allem zwischen Hand- und Kopfarbeits-Positionen recht verschiedene Erfahrungen von Gesellschaft und damit auch von einzelnen Ereignissen geben kann, sollte nicht vernachlässigt werden: Bei den meisten Leuten gehen soziale Erfahrungen doch nicht restlos in dem auf, was das Fernsehen bietet. (Eine Unterscheidung von sozialen Positionen und Stationen im Lebenslauf, in denen das unterschiedlich der Fall ist, wäre nicht unwichtig.)

Das Programm einer Sozialwissenschaft, die der „Individualität" von Erkenntnis gerecht wird, kann nicht in Nachahmungen der *Minima Moralia* aufgehen.[9] Aber es sind vielerlei Annäherungen an dieses Ideal denkbar. Nicht der Mittelwert ist dabei am interessantesten, sondern die Abweichungen von ihm, die Varianten, die untypischen Erscheinungen, die sich den „Gesetzmäßigkeiten" und Normen entziehen und widersetzen. Immer werden die genaue Recherche, die sorgfältige Interpretation und die reflexive Arbeit daran, dass Wissenschaft und ihre Verfahren selbst gesellschaftlich, also herrschaftlich geprägt und selbst ein Aspekt der Konstitution von Erkenntnis sind, unverzichtbare Bestandteile sein.

2/Herrschaft und ihr Widerspruch: Ungleichzeitigkeiten

Die Behauptung, Wissen und nicht mehr industrielle Arbeit sei jetzt das entscheidende Produktionsmittel, ist offenbar für viele Arbeitskräfte, deren Qualifikation in einem Ausbildungs-Zertifikat besteht und die sich daher als Wissens-Arbeiter verstehen, schmeichel- und vorteilhaft. Die größer gewordene gebildete Schicht, bislang immer noch deutlich weniger von Arbeitslosigkeit gefährdet als andere, sieht sich dadurch zu „Leistungsträgern" befördert. Der sehr sichtbare Vorgang der Ent-Industrialisierung in den 1980er Jahren war eine dramatische Erfahrung, die durch den Zusammenbruch der kommunistischen Arbeiter- und Bauern-Staaten noch unterstrichen wurde. Die Industrie-Arbeiterschaft hat keine Zukunft – so wurde das überinterpretiert (obwohl Handarbeit auch in den avancierten Wirtschaften immer noch an die 40% der Lohn-Arbeitskraft ausmacht, noch mehr, wenn man aus der statistischen Kategorie der „Dienstleistungen" die, z.B. im Transport, herausrechnet, die tatsächlich höchst anstrengende körperliche Arbeiten sind).

Selbstverständlich wurde die durch Miniaturisierung ermöglichte Verallgemeinerung des Computer-Einsatzes (noch in den 1960ern nahm ein Computer mit weniger Leistung, als sie heute jeder private Laptop bringt, einen ganzen Saal mit eigener Klimaanlage ein), als Beleg für die Bedeutung des Produktionsmittels

„Wissen" genommen. Tatsächlich kann man den Vorgang auch anders interpretieren: als Rationalisierung der Wissens-Arbeit, die, wie immer in solchen Abläufen, zunächst eine privilegierte Gruppe von „Rationalisierern" erzeugt, die die neue Technik avantgardistisch beherrschen und auf der Lohnseite das Gegenstück zum Extra-Profit der avantgardistischen Einzel-Kapitale machen, einen „Extra-Lohn" lukrieren können. Sobald die neue Technik mit ihren Anwendungen durchgesetzt ist, verschwindet dieser Vorteil auf beiden Seiten und zurück bleiben von den Maschinen ent-qualifizierte und entsprechend weg-rationalisierte Arbeitskräfte und Kapitalvernichtung, sowie ebenfalls auf beiden Seiten erhöhte Anforderungen. Die Suggestion, eine „Wissensgesellschaft" setze mehr „Wissen" bei allen voraus, ist ebenfalls zu korrigieren: Tatsächlich geht es um die Verkäuflichkeit von Wissen, und die dafür nötige Nachfrage entsteht nur durch dessen ungleiche Verteilung. Ironisch zugespitzt setzt eine Wissens-Ökonomie also Unwissen voraus, das gute, alte sokratische „Wissen, dass man nicht weiß" - aber diesen Mangel durch Zukauf beheben kann.

In der jetzt notwendigen Umwandlung von Wissen als Infrastruktur, das allgemein zur Verfügung steht und möglichst allgemein verbreitet werden soll, zu einer exklusiven Ware und Dienstleistung, die als „Software" auf verschiedenen „Trägern" verkauft oder als Lehre und Beratung gegen Honorar vermittelt wird, lassen sich die Vorgänge der Rationalisierung im Detail beobachten - dazu die Konflikte, in denen das durchgesetzt wird und die daraus entstehen. Die Rationalisierung der Lehre ist in ganz Europa mit der von oben verordneten Durchsetzung der Modul-Ideologie, samt Akkreditierung und Evaluation, an den Universitäten zusätzlich durch die erzwungene Pseudo-US-Struktur von BA und MA hinreichend erfahrbar. Die rasante Durchsetzung von Beratung und ihr Funktionieren im Zusammen- und Gegeneinander-Spiel mit Verwaltern und Managern wurde von Resch (2005) beschrieben. In der Untersuchung von Brüchert (2005) wurde exemplarisch an einem der traditionsreichen Wissens-Berufe, dem Journalismus, historisch und aktuell untersucht, wie mit der Rationalisierung dieser Wissensproduktion umgegangen wird und welche Folgen für das produzierte Wissen daraus entstehen. An verschiedenen Literaturgattungen der Wissensvermittlung (von Gebrauchsanweisungen bis zu dem neuen Genre der „Sachbücher") hat Voigt (2004) gezeigt, welchen Regeln „rationalisiertes Wissen" folgt - es wird, verallgemeinert gesagt, alles zur Gebrauchsanweisung.

Besonders interessant sind die Koalitionen, die eingegangen werden: Seit der Industrialisierung und der Entstehung einer Arbeiterbewegung gab es immer eine Fraktion der gebildeten Schicht, die mit der Arbeiterschaft koalierte und wahlweise sich ihr als Sprachrohr andiente oder als „Avantgarde" sie zu ihrer historischen Aufgabe der Revolution bewegen wollte. Die zu dem Zweck übernommenen

Aufgaben der Bildung, der Programmatik, der Organisation und der Vertretung gingen von gleich gerichteten Interessen aus und waren gelegentlich als Teilnahme an kämpferischen Auseinandersetzungen gefährlich, in friedlicheren Zeiten oder gar bei Teilhabe an der Macht aber nicht unbedingt zum Nachteil der Gebildeten. Zuletzt erschien es bei uns in den 1970er Jahren noch einmal so, als würden sich die Interessen der Intellektuellen und der (gebildeten) Arbeiter glückhaft treffen und zur Gesellschaftsverbesserung bündeln lassen. Die damalige „Wissensgesellschaft I“ sah eine erfolgreiche Koalition von Planern und Arbeitern vor. Die heutige „Wissensgesellschaft II“ tut das nicht: Die Gebildeten biedern sich den wirtschaftlich und politisch Herrschenden als Berater und Technokraten an, die Arbeiterschaft erlebt sie umgekehrt als die Rationalisierer, die ihnen die Arbeitsplätze streitig und auch sonst das Leben schwer machen.[10] Die klein gewordene gesellschaftskritisch gebliebene Fraktion der Gebildeten findet sich, nachdem die eigenen „Bewegungen“ (von den Studentenprotesten, der Frauen- und der Alternativ-Bewegung über Anti-Atom-, Ökologie- und Friedens-Bewegung bis zu den Bürgerinitiativen und NGOs) an Einfluss verloren haben, wieder einmal in der misslichen Lage des Freischwebens.[11] Die freilich bedeutet keineswegs, dass man kritikunfähig wäre - man kann nur vielleicht nicht gerade als Regierungs- oder Oppositions-Berater fungieren. „Kritische Modelle“ zu formulieren ist allemal möglich und als „Aufklärung“ sinnvoller.

Die Rationalisierung der Wissensproduktion im Neoliberalismus schafft freilich auch die Positionen ab, in denen Gesellschaftskritik als Lohnarbeit möglich war: Journalismus wurde schon erwähnt, die sozialwissenschaftlichen Positionen an den Universitäten werden gerade ihrer Freiheiten beraubt, der Forschungsbetrieb tut es durch die Vorgabe des Projekt-Formats und die Belastungen der Projekt-Akquise wie -Verwaltung. Kunst, die auf ihre Weise, nämlich durch Zweck-Freiheit und reflexiven Umgang mit ihrem Material, der gesamten Kunst-Situation und ihren Normen, Gesellschaft kritisieren kann, ist in den letzten Jahrzehnten besonders umfassend unter das Glücksrad von Kulturindustrie geraten. Es gibt kein schöneres Beispiel als die Entwicklung des Kunst-Museums und des Kunst-Ausstellungswesens in den letzten Jahrzehnten in Europa, wenn man Kulturindustrie in Aktion sehen möchte. Kritische Öffentlichkeiten werden weniger unterdrückt (obwohl auch die klassische Zensur durchaus vorkommt) als inflationiert und dadurch neutralisiert.

Dem genannten Koalitions-Wechsel der Intellektuellen entspricht eine selbstbewusst und offensiv gewordene politische und wirtschaftliche Oberschicht, ideologisch geeint durch die Überzeugung von der überragenden Bedeutung der Wirtschaft und des wirtschaftlichen Denkens und das Weltbild des Neoliberalismus. Viel spricht dafür, dass sich in Europa die Netzwerke zwischen Wirtschaft und

Politik verstärkt haben, dass die traditionellen Beamten-Regierungen und -Parlamente langsam von Millionärs-Regierungen und Wirtschafts-Parlamenten abgelöst werden. Innerhalb der Wirtschaft ist das Auftreten und der rasante Ausbau von Beratung zugleich mit einer Neu-Gestaltung der Position von Management auffällig. Die möglicherweise allgemeinste Veränderung ist die Umwandlung des Betriebs von der Infrastruktur für sein Produkt in selbst eine Ware und ein Spekulationsobjekt, dessen Erhaltung oder Erweiterung, noch gar am selben Ort, kein Ziel des Wirtschaftens ist. Insgesamt ist es freilich so, dass die soziologischen Einsichten in das Leben und Treiben der Eliten jedenfalls geringer sind als das Wissen um noch so ausgefallene Jugend-Subkulturen. Wir wissen einiges über das (fehlende) Klassenbewusstsein der Arbeiter, aber wenig bis nichts über das (nach allen Hinweisen viel ausgeprägtere) der Kapital-Funktionäre. Umfassende Erforschung des Lebens der „Eliten", ihrer Arbeits- und Lebensweisen (Böhnisch 1999), ihrer Netzwerke, ihrer Rekrutierung und Kooptation, ihrer Ziele und Vorstellungen von der Zukunft etc. ist dringend notwendig. (Die Versendung von Fragebogen ist für diese Art von Forschung nur begrenzt nützlich.)

2a/Patriarchat

Kapitalismus als Produktionsweise mit seinem Herrschaftsregime und seinen Arbeitsteilungen lebt auch von Ungleichzeitigkeiten. Waren- und Verwaltungsförmigkeit wird von Patriarchat ergänzt und zum Teil erst ermöglicht. Die Form der Lohnarbeit ist nur eine der Formen, in denen der Reichtum der Nationen erzeugt wird - und ob der Wert, den sie produziert, wirklich zum „Reichtum" im emphatischen Sinn, also zum guten Leben beiträgt, ist bei ihr weniger verlässlich als besonders bei der Hausarbeit, die unmittelbar benötigte Dienste und Produkte hervorbringt. Diese theoretische Errungenschaft von Frauenbewegung und feministischer Forschung, die Einsicht, dass auch im Kapitalismus Hausarbeit die Grundlage von gesellschaftlicher Arbeit ist, hat in erstaunlicher Weise wieder an Relevanz verloren - und ist ohnehin nie konsequent in ihrer Bedeutung für Gesellschaftstheorie durchgearbeitet worden. Die Wissenschaft der Ökonomie und die volkswirtschaftliche Gesamtrechnung müssten konzedieren, dass sie von einem spezifischen Teil der gesellschaftlichen Arbeit handeln und den Teil vernachlässigen, der im engeren und weiteren Sinn für das Überleben der vergesellschafteten Menschen verantwortlich ist.

Es kommt hinzu, dass Patriarchat trotz seiner Krisen und Auflösungserscheinungen immer noch das wichtigste Modell für Gefühlsbeziehungen zu sein scheint. Waren- und Verwaltungsförmigkeit, also Konkurrenz und Bürokratie, lassen nur ein höchst begrenztes Spektrum von gefühlsbeladenen Situationen und interessanten emotionalen Komplikationen zu, vor allem keine, die nicht ihrerseits in Geschwisterrivalitäten und Autoritätskonflikten verankert und daher nach patriarchalen Modellen zu interpretieren wären.

Man muss Patriarchat hier richtig verstehen: als eine komplexe Struktur von Produktions- und Herrschaftsorganisation, die nicht einfach in Frauenunterdrückung aufgeht. (Die Unterdrückung von - jungen - Männern ist genauso konstitutiv.) Sie besteht zunächst aus einem Paar, dem Patriarchen und seiner Frau - ohne sie kann er nicht funktionieren, was auf dieser Ebene zumindest Macht-Balance herstellt. Idealtypisch folgen die Söhne und Töchter, deren Arbeit organisiert wird und die in geeigneter Weise verheiratet werden, um den Wirtschafts- und Herrschaftsbereich auszuweiten und die Patriarchate zu vernetzen. Interessant ist dabei die Nachfolge, also üblicherweise das Verhältnis von patriarchalem Paar und ältestem Sohn. Interessant sind andererseits die Töchter und Söhne, die sich nicht gleich und nicht ohne weiteres verheiraten lassen, die sich (religiös, künstlerisch, intellektuell) selbständig machen. Interessant sind die Söhne, die nicht nachfolgen können und daher (als Geschwisterhorde oder mit Knechten) auf Eroberung eines Patriarchats ausziehen oder selbst in verschiedene Dienste treten müssen. Interessant sind die Töchter und Söhne, denen Liebes- und Sexualitäts-Komplikationen (gegenüber dem glatten Patriarchats-Muster) zustoßen und die sich daher von diesen Zwängen freimachen. Man kann davon ausgehen, dass sich die emotionalen Verstrickungen und „guten Geschichten" der gesamten Welt- wie der Trivial-Literatur in den Gefühlskonstellationen finden, die in dieser Patriarchats-Struktur angelegt sind - inklusive der Außenseiter- und Rebellen-Figuren beider Geschlechter. Im christlichen Abendland war es zweifellos die Bibel, in deren Geschichten Patriarchat und die zugehörigen Gefühlsverstrickungen am wirksamsten transportiert wurden. Die klassisch-griechischen wie die mittelalterlichen Götter- und Heldensagen schließen sich ergänzend und verstärkend an. Bevor die Phantasie-Welt durch das Fernsehen auf die Verbrecher-Jagd reduziert wurde (aber selbst sie lebt, soweit sie nicht einfach Action-Hochschaubahn ist, von patriarchalen Resten), gab es in der populären Kultur keinen Mangel an Patriarchats-Geschichten (vgl. Kersten und Steinert 1997).

Interessant ist schließlich das Schicksal von Patriarchat in einer Situation, in dem ihm endgültig die wirtschaftliche Basis entzogen wurde. (Die Kritische Theorie hat bekanntlich schon in den 1930er Jahren - in *Autorität und Familie* - konstatiert, dass es mit der väterlichen Autorität vorbei war, und Thomas Mann und Sigmund Freud, von Strindberg und Wedekind nicht zu reden, wussten das schon zur Jahrhundertwende.) Neue Formen des Zusammenlebens und der Arbeitsteilung der Geschlechter entwickeln sich lang- und mühsam und schon gar die Gefühlsbeziehungen werden dabei schwierig, unverlässlich, von Konkurrenz oder geschwisterlicher Neutralität überlagert. Im Zwang zum Unternehmertum (das die Form des „Familienunternehmens" nahelegt) und in der Migration (für die sich ebenfalls die Nutzung von Familien-Beziehungen empfiehlt) wird Patriarchat neu aufgelegt. Es wird nicht zuletzt kulturindustriell auch jenseits seiner praktischen Realisierbarkeit reproduziert und wirkt damit disziplinierend.

3/Kulturindustrie: erweitert

Waren- und Verwaltungsförmigkeit von Herrschaft gehören zusammen. Markt und Plan sind keine Gegensätze, wie uns in den Jahrzehnten des Kalten Kriegs eingetrichtert und neuerdings als Versprechen von weniger Bürokratie durch mehr Markt suggeriert wird. Es ist nötig, die privaten Bürokratien in Betrieben und Wirtschaft zur Kenntnis zu nehmen und ebenso im Bereich der staatlichen Verwaltung zu sehen, dass angeblich ent-bürokratisierende Reformen entweder die schlichte Streichung von Leistungen (analog zur Einführung von Selbstbedienung im Einzelhandel) oder die Ersetzung durch externalisierte Bürokratien der Akkreditierung, Evaluation und im weitesten Sinn Beratung bedeuten.

Zentral für die Logik von Markt und Bürokratie ist das Denken in großen Kategorien, das, was Horkheimer und Adorno „Ticket-Denken" genannt haben. Deren Urbild ist - nach dem Denken in Zugehörigkeiten, „wir" und „die anderen", das sich heute vor allem nationalistisch und rassistisch organisiert - im Kapitalismus die Abstraktion von Menschen zur Arbeitskraft. Das ist zunächst als soziale Praxis zu analysieren - ich muss mich „in meiner Eigenschaft als" Arbeitskraft verkaufen und auf diversen Märkten und in diversen Konkurrenzen durchsetzen, ich organisiere danach mein Leben und meinen Tagesablauf, ich beginne schließlich, selbst so über mich zu denken und diese Abstraktion der Nützlich- und Brauchbarkeit auch auf andere Bereiche (z.B. den Freundschafts- und Heirats-„Markt" bis ins Bett) zu übertragen. Selbstinstrumentalisierendes Leben, Handeln, Reden und Denken sind heute selbstverständlich. Diese sozialen Praxen umfassend zu beschreiben, und zwar in den Bereichen der Lohnarbeit wie des „privaten Lebens", in hand- wie in kopfarbeitenden Positionen, wäre schon ziemlich erhellend. Für die hoch erfolgreiche Literaturgattung der Alltags-Beratung in Magazinen und Büchern gibt es solche Analysen, freilich kaum nach sozialen Positionen differenziert. Diese Differenzierung sowie Materialien, die andere Praxen sichtbar werden lassen als die des mehr oder weniger unterhaltsamen Schreibens, Lesens und Redens, wären ergänzend nachzutragen. Nicht zuletzt ginge es dabei um das breit entwickelte Kurs-, Fortbildungs- und Seminar-(Un)Wesen, das (mit seinen Tourismus-Anhängen) keinen geringen Teil der „Wissens-Ökonomie" ausmacht. Umfassender interessiert aber die Lebensplanung, die Partner-Wahl und

Beziehungs-Pflege, die Organisation von Ernährung, Fitness und allgemein Konkurrenzfähigkeit in der Gestaltung des Alltagslebens u.ä.m. in verschiedenen sozialen Positionen.

„Ticket-Denken" ist traditionell als Vorurteile, Stereotype, Ethnozentrismus, autoritäre bis dogmatische Persönlichkeit, Rassismus u.ä. untersucht worden, mit einer starken Neigung, das als Haltungen und Einstellungen aus verbalen Äußerungen im Fragebogen zu rekonstruieren. Wichtiger wäre auch hier, die konkreten Praxen zu beschreiben, in denen solches Ticket-Denken wirksam wird. Ein offensichtlich zentraler Bereich ist Verwaltungshandeln, der ausgezeichnete Ort für Denken in „großen Kategorien" wie Ausländer, diverse ethnische Identifikationen, Störer, gefährlich etc. Was in der Polizeiforschung als „verdachtgeleitete Strategie" oder „ethnic profiling", in Studien über richterliche Urteile als (fehlende) „Normaldeutigkeit" untersucht wurde, könnte gut verallgemeinert werden. Asylverfahren wären ein Gegenstand, der sich aus vielen Gründen anbietet. Dass auch die Politik solches Ticket-Denken pflegt, ist dokumentiert, ebenso dass Mob-Aktionen wie Lynching mehr oder weniger verdeckten Aufforderungen oder „Freigaben" durch die „Elite" folgen. Relativ wenig untersucht sind entsprechende Praxen in der Wirtschaft, etwa bei Einstellungen, Beförderungen und Entlassungen oder im Umgang mit internationalen Geschäftsbeziehungen.[12]

Ticket-Denken ist nicht nur ein entscheidendes Instrument von Wirtschafts- und Verwaltungs-Handeln, es wird ebenso von einzelnen Personen als Behaupten einer „Identität" und damit Einfordern einer Zugehörigkeit eingesetzt. In der Tradition der „Etikettierungs-Theorie" (die in den 1960ern aufblühte und seit den 1990ern niedergeht) wurde dieser Umgang mit „Stigma", aber auch allgemeiner mit zugeschriebenen und selbst reklamierten „Identitäten" ausführlich bearbeitet. Heute wird eher in der Terminologie und in Aktivitäten von „Ausschließung" damit umgegangen. Entsprechend wurden auch neue Etiketten kreiert, die diesem verschärften Klima entsprechen: „Überflüssige", „Sozialschmarotzer", „Wirtschaftsflüchtlinge", „Asylbetrüger", gehören zu denen, die am offensten sagen, worum es geht.[13] Soziale Ausschließung ist in der Produktionsweise des globalisierten Neoliberalismus sicher zu einem Thema geworden, das die Soziologie nicht wie früher selbst an den Rand schieben kann. Aber historisch informiert wird man daran festhalten, dass es eng mit dem Thema „Armut" verbunden bleibt, das es zu verdrängen droht,[14] und dass Ausschließung ein mehrdimensionaler, gradueller und umkämpfter Prozess ist, in dem die davon Betroffenen Möglichkeiten der Gegenwehr, der Umgehung, insgesamt des kompetenten Umgangs mit der Drohung haben. Von den wirklich „harten" Formen der Ausschließung (Völkermord, Massaker, kriegerische Vernichtung, Todesstrafe; auf der nächsten Stufe Ghettoisierung, Einsperrung, Aussperrung, relative Rechtlosigkeit z.B. für Ausländer, Verweigerung von grundlegender Versorgung mit Lebensmitteln, Behausung, Gesundheitsvorsorge) gibt es ein Kontinuum der rechtlichen, wirtschaftlichen, sozialen und kulturellen Formen von Benachteiligungen, die volle demokratische Beteiligung verhindern.[15] Von dem Begriffspaar Ausschließung und Partizipation her ist die Integration von Theorie der Sozialpolitik und Demokratietheorie zu bewerkstelligen (vgl. Steinert and Pilgram 2003, sowie Mackert 2004).

4/Individuum: bodenlos

Das bürgerliche Individuum - historisch entstanden als auch und anders als der Adel „heroische" Figur, als Held der disziplinierten Lebensführung und als Original- und Kraft-Genie, als rücksichtsloser Selbsterforscher (von „cogito, ergo sum" über pietistische Selbst-Zerknirschung bis zu den „Bekenntnissen" aller Art), als politischer, besonders aber ästhetischer Rebell und Außenseiter, als Held der Einsamkeit und der Selbstentwicklung (und noch einige mehr dieser historischen Stilisierungen) - wurde in seiner Krise um 1900 von Sigmund Freud und der Psychoanalyse mit einem noch einmal „heroischen", hochkomplizierten und konflikthaften Innenleben ausgestattet. Selbst seine Hysterien und Neurosen, sein Leiden an der Gesellschaft und die dafür erfundene „talking cure", machten das sich unmöglich werdende bürgerliche Individuum ungemein interessant. Nach dem Durchgang durch die Verwüstungen des 20. Jahrhunderts ist ein Schein-Individuum unter dem Zwang der Selbst-Manipulation übriggeblieben, das gehalten ist, eine „Identität" durch Identifikation mit den großen gesellschaftlichen Kategorien, vorgegeben von Werbung und Verwaltung, zu finden, dessen Innenleben nicht mehr der Rede wert ist (dafür werden seine Leistungen regelmäßig vermessen) und dessen Auflehnung gegen die Zumutungen der Gesellschaft in die Pflege des perfekten Opportunismus umgeleitet wurde.[16]

Diese Geschichte ist vor allem die Geschichte des männlichen Individuums (mit der Implikation, sie enthalte auch die des weiblichen). Dabei wurde zumindest die Technik, nicht allerdings die Theorie der Psychoanalyse an den Leiden von Töchtern des Bürgertums entwickelt. Zur Sozialgeschichte des weiblichen bürgerlichen Individuums gibt es genügend Teil-Befunde (vgl. etwa Honegger 1991, Maihofer 1995, Kontos und Steinert 1981, Walser 1985). Im Niedergang von Patriarchat wurde auch die Frau des Patriarchen zur Hausfrau mit Doppelbelastung, zugleich wurde im 19. Jahrhundert Geschlecht biologisiert. Im 20. Jahrhundert ist die Emanzipation der Töchter anders und vielleicht weniger unglücklich als die der Söhne (etwas weniger gleich wieder in Massenorganisationen hinein) erfolgt. Diese Geschichte und die der Wechselbeziehungen zwischen den beiden in verschiedenen Positionen wartet noch darauf, geschrieben zu werden.

Naturbeherrschung am Menschen hat in doppelter Weise ein neues Stadium erreicht: Aus der Disziplinierung (Treiber und Steinert 1980/2005) wurde der Zwang zum Selbst-Management; und der Zugriff auf das körperliche Substrat beansprucht, durch Früh-Selektion und vielfältige (genetische, endokrinologische, medikamentöse, prothetische, chirurgische) Manipulation perfekt zu werden und den Zugriff auf die „Seele" entbehrlich zu machen. Die jetzt noch in Beratungs- und Trainings-Programmen zum Selbst-Management angehaltene Person erscheint von daher als Übergangs-Erscheinung: Die Reste des komplizierten und heroischen Innenlebens des bürgerlichen Individuums in der Krise, das psychoanalytisch zu Beginn des 20. Jahrhunderts konzipiert wurde, werden zur Selbst-Manipulation kleingearbeitet und mit der Hirnphysiologie fusioniert. Damit sind die „zwei Psychologien" (Steinert 1987), die physiologische, behavioristische Eigenschaften- und Test-Psychologie für die Zurichtung der Arbeitskraft und die dynamische, humanistische Selbstverständnis-Psychologie für die Pflege und Therapie der bürgerlichen Persönlichkeiten, endlich zusammengeführt. Selbst-Manipulation soll absehbar diese Umwege meiden und sich (zur Freude der Pharma- und Drogen-Industrie) gleich direkt an das körperliche Substrat halten können.

Das Forschungsprogramm muss sich nicht nur um die gerade besonders in die öffentliche Diskussion gebrachten genetischen und hirnphysiologischen Versprechungen und Drohungen kümmern, sondern um die gesamte oben genannte Palette: Medikamentös, prothetisch und chirurgisch ist schon jetzt und viel unspektakulärer viel mehr an (Selbst-) Manipulation am körperlichen Substrat verwirklicht. Die kulturindustrielle Rahmung ist bei diesen Fortschritten besonders auffällig: Krudeste Technokratie verbindet sich in diesen Fragen, in denen es darum geht, wer und was der Mensch ist, mit esoterischer Mystik (gern „Spiritualität" genannt).

Die Abschaffung des bürgerlichen Individuums hat nicht nur in den Schützengräben und Bombardierungen der Weltkriege stattgefunden, sie wurde nicht nur in den massenmörderischen Todesfabriken der Nazis und in den Zwangsarbeits-Lagern Stalins zum Extrem geführt, sie hat sich außerhalb der Diktaturen ganz harmlos und undramatisch in den Techniken des Selbst-Management, besonders am körperlichen Substrat, veralltäglicht. Die kulturindustrielle Zuspitzung lässt auch und besonders auf diesem Gebiet des Selbstverständnisses die Phantasien überschießen. Es wird eine Perfektion an gesellschaftlich vorgegebener Gesundheit, Leistungsfähigkeit, Schönheit, an sozialem und materiellem Erfolg, an Schmerzfreiheit und ewig ausgeglichener Heiterkeit versprochen und verlangt, die trotz aller Hilfsmittel keiner persönlichen Realität standhalten kann. „Abschaffung des Individuums" ist das nicht nur durch diese hochgetriebene Standardisierung des Ergebnisses, sondern vor allem durch die angebotenen Mittel: Selbstmanipulation durch einerseits Ausbildungen, Trainings, Coachings, Pflege von körperlicher und geistiger Fitness bis hin zu geordneter „Spiritualität", andererseits und parallel aber durch direkte Eingriffe in das biologische Substrat: Drogen, Dauer-Medikationen, chirurgische Eingriffe, Prothesen, künstliche Befruchtung mit Auswahl der Embryos, zumindest phantasiert wird von Gen-Manipulation am Menschen. In beiden Formen vermischt sich strenge Wissenschaftlichkeit mit Esoterik und Aberglaube.

Das Irreale und Illusionäre der Vorgaben wie die Unkontrollierbarkeit der Mittel, nicht nur bei denen, die sie offensichtlich nicht einholen können, sondern gerade bei den „Erfolgreichen" zu beschreiben, wäre eine interessante Forschungsaufgabe. Schließlich bedeutet „Erfolg" schon begrifflich das höchste Maß von Anpassung an gesellschaftliche Vorgaben. Wie hier „Individualität" in Formen wie heroische Disziplin jetzt und Verschieben des „guten Lebens" in die Zukunft (die dann nie eintritt), aber auch Prominenz, Exklusivität, demonstrativem Konsum oder Ritualen der gegenseitigen Bestätigung gepflegt wird und wie das alles in stillen Stunden oder, als besonders interessante Situation, bei körperlichen, sozialen, wirtschaftlichen Einbrüchen aussieht, sagt mindestens ebensoviel über den Zustand der Gesellschaft aus, wie die eher über-erforschten „sozialen Probleme".

5/Produktionsweisen: Kapitalstrategien

Ohne Geschichtsphilosophie, die entweder Fortschritt oder krisenhaften Umbruch einer Produktionsweise in die nächste, vorbestimmte vorgibt, ist trotzdem die Diagnose eines „Endes der Geschichte"[17] doch etwas voreilig und gewiss nicht die einzig verbliebene Möglichkeit. Vielmehr haben wir es immer noch mit *Veränderungen* der Produktionsweise zu tun, die wir freilich nicht als gerichtet annehmen werden (die wir aber vielleicht danach beurteilen können, ob sie in eine - für wen? - wünschbare Richtung gehen), die aber immer noch von Imperativen der Kapitalverwertung[18] und der Reproduktion von Herrschaft getrieben zu verstehen sein werden. Die charakteristische Größe sind „Kapitalstrategien", typische Muster der (erweiterten) Kapitalreproduktion, die zugleich eine bestimmte „Arbeitsmoral" brauchen und, indem sie diese auswählen oder herstellen, das gesellschaftliche Leben so organisieren, dass beide möglich sind.

Nichts ändert sich, wenn wir Geschichtsphilosophie und Fortschrittsglauben aufgeben, am Kapitalverhältnis, das einen kategorialen Widerspruch zwischen Kapital und Arbeit und ihren Interessen konstituiert; nichts an der Konkurrenz zwischen den Einzelkapitalen, die nach wie vor Innovation erzwingt; nichts an Klassenpolitik von oben wie von unten,[19] die man ruhig auch „Klassenkampf" nennen kann; nichts an der Notwendigkeit einer Instanz, die jene Interessen vertritt, die die Einzel-Kapitale und ihre Konkurrenzen übergreifen und die wir Staat nennen; nichts daran, dass neue Kapitalstrategien nur auf Zeit Vorteile für die

Avantgardisten auf beiden Seiten herstellen, sich mit allgemeiner Durchsetzung erschöpfen und durch neue ersetzt werden müssen. Aber es muss auch nicht immer eine „Krise" sein, eine gute Gelegenheit, die sich nützen lässt, ist ebenso als „Auslöser" einer neuen Kapitalstrategie denkbar. Die „Erfindungen", die dazu gemacht werden, bestehen nur nicht notwendig in der Übernahme der früheren Leistungen in der Organisation der Produktion durch die Arbeiterschaft selbst und damit in deren „vernünftiger" und „gerechter" Gestaltung. Die Geschichte lehrt vielmehr, dass das auch extrem repressive neue Regime sein können und dass die Initiative mit hoher Wahrscheinlichkeit von der Kapitalseite ausgeht.[20] Es hängt von den Machtverhältnissen ab.

Über die Einteilung der beiden letzten Jahrhunderte nach den drei oben genannten Produktionsweisen: industrieller Kapitalismus (19. Jahrhundert), Fordismus (das „kurze" 20. Jahrhundert), Neoliberalismus (seit den 1980ern), parallel dazu: Eigentümer-, Manager- und Berater-Kapitalismus, scheint ein gewisses Einverständnis herstellbar. Schwieriger wird es, wenn weiter differenziert werden soll und wenn größere „lange Wellen", etwa nach dem vorherrschenden Energie-Rohstoff (Holz, Kohle, Öl) damit zusammengeführt werden. Ebenso machen Weltsystem-Theorien und menschheitsgeschichtliche Ausweitungen die Sache nicht einfacher. Hier muss man herausfinden, was an Differenzierung und/oder Ausweitung pragmatisch für die Untersuchung welcher Fragen gebraucht wird. Schließlich ist die Beschreibung und Typisierung von Produktionsweisen in diesem Forschungsprogramm nicht Selbstzweck, sondern Grundlage für die Untersuchung von gesellschaftstheoretischen und soziologischen Fragen. Auf diese Zwecke wird sie ausgerichtet.

Untersuchungen zur Typisierung von Phasen der Gesellschaftsentwicklung werden eher in der Sozialgeschichte und in der Staatstheorie benötigt. Soziologie hat dagegen eine Neigung, die jeweilige Gesellschaftsformation als gegeben zu nehmen. Das ist oft genug ein Fehler und jedenfalls der Verzicht auf eine Erkenntnismöglichkeit. Möglicherweise sind sich ändernde Formen von Staatstätigkeit auch leichter und schneller zu erkennen als Änderungen etwa in den Formen der Partnerwerbung. Der Rückschluss auf Interessen, die sich aus der Produktionsweise ergeben, ist in einer geeigneten Staatstheorie ebenfalls naheliegender. Für die gegenwärtige Phase werden in „nationaler Wettbewerbsstaat" und „autoritärer Populismus"[21] zwei sich ergänzende Beschreibungen angeboten. Die erste Bezeichnung nennt die Funktion nach außen, die zweite die nach innen: Populismus ist eine Politikform, die am besten als Gegensatz zu Interessenpolitik zu verstehen ist – die Organisation nach Köpfen statt nach Interessen. Sie kann daher nicht an die „Vernunft" (das aufgeklärte Interesse) appellieren, sondern muss Folgebereitschaft durch Fanatismus, Begeisterung, Feindbilder, Bedrohungen mobilisieren.[22]

Es gibt zur Zeit über den Begriff „Populismus" ein wenig Verwirrung, weil er von manchen (besonders den damit konkurrierenden Politikern) exklusiv für „rechten Populismus" (LePen, Haider, Blocher u.a.m.) verwendet wird. Tatsächlich ist Populismus als *Form* von Politik im genannten Sinn heute eine Struktureigenschaft auch von demokratischer Politik geworden und wird von allen Parteien befolgt. Voraussetzung dafür ist nicht zuletzt die wissenschaftliche „Rationalisierung" von Wahlen und Wahlkämpfen durch sozialwissenschaftliche und PR-Instrumente, die heute von international agierenden Beratungs-Firmen angeboten werden. Dazu gehört vor allem das Schüren und die Nutzung von Ängsten, weshalb Katastrophen und Kriegserklärungen (nicht nur als „war on terrorism", sondern auch als „war on drugs") besonders günstige „populistische Situationen" darstellen. Insofern ist populistische Politik auch in einem eminenten Sinn kulturindustrielle Politik – kulturindustriell in einem Ausmaß, das Horkheimer und Adorno selbst mit ihrer Kenntnis der faschistischen Agitation nur vage ahnen konnten. Die US-amerikanische Politik hatte genau in dem hier genannten Sinn schon lange eine ausgeprägt populistische Struktur und könnte daher als entwickeltes Beispiel dafür untersucht werden (Steinert 2005b).

6/Nach der Barbarei: Neuordnung, Nachwehen

Die Jahrhunderte seit der Aufklärung haben keineswegs zu durchgängig „vernünftigen" Umgangsformen zwischen den Menschen und zwischen den Staaten geführt. Grausame und massenhaft eingesetzte Formen der eliminatorischen Ausschließung von Völkermord bis Sklavenarbeit (wie sie oben in 3/genannt wurden) sind keineswegs verschwunden. Entwickelt wurden allenfalls die technischen und administrativen Möglichkeiten dafür und damit ihre Systematisierung. Die Untaten, die in den Bandenkriegen (immer mehr die „Normalform" von Krieg) wie in den Staatenkriegen (durch technisch besonders „effektive" Waffen, nicht zuletzt solche der Massenvernichtung) verübt werden, sind in der Welt der „globalisierten Wissensgesellschaft" (mindestens) so prävalent wie eh und je. Auch die Untaten der staatlichen Unterdrückung der eigenen Bevölkerung mit den traditionellen und mit technisch avancierten Mitteln sind verbreitet. Das 20. Jahrhundert ist voll von Phasen der Barbarei und nichts spricht dafür, dass sich das im 21. grundlegend ändern wird.

Aber erstaunlicherweise gibt es nach solchen Weltuntergängen immer wieder auch Phasen eines relativ zivilisierten Zusammenlebens, eines wirtschaftlichen, gesellschaftlichen und kulturellen Aufschwungs, einer eigentlich unmöglichen neuen „Normalität". Solche Stabilisierung fällt offensichtlich sogar den Tätern, besonders aber den Mitläufern ziemlich leicht. Wenn ein durchschnittliches Maß an Opportunismus persönlich nicht überschritten wurde, ist das grundsätzliche Mitläufertum offenbar für die Person im Umgang mit sich selbst und erst recht zwischen den Opportunisten im Umgang mit einander höchst akzeptabel. Dabei spielt ein Bewusstsein von Macht- und Einflusslosigkeit, das hinterher verstärkt werden mag, eine Rolle, ebenso eines von eigenen Nachteilen und Leiden, die aufgerechnet werden, schließlich auch die entschlossene Abwendung von der Vergangenheit, wenn das zugelassen wird. Naturgemäß haben die überlebenden Opfer weniger Möglichkeiten, die Vergangenheit so einzukapseln, wollen aber auch eine Zukunft leben können. Die politischen Bedingungen eines Arrangements, in dem sich sogar Täter, jedenfalls aber Mitläufer und Opfer gemeinsam in gesellschaftlichen Einrichtungen unterschiedlicher Größenordnung wiederfinden und in den Routinen des Alltags ohne Eklat und ohne überwältigende Emotionen zusammenleben können, sind nicht systematisch untersucht und beschrieben. Die *Dialektik der Aufklärung* legt eine solche Umkehrung der Perspektive[23] nahe: Wie ist es möglich, dass nach einer Zeit der Barbarei wieder eine Phase der „Normalität" einsetzen und dauern kann? Es ist die umfassendste und ernsteste Frage, die in diesem Programm zu stellen ist.

Sie ist in keinem einzelnen Forschungsprojekt zu beantworten, sondern muss mit verschiedenen Zugängen umkreist werden: mit vergleichenden Untersuchungen über Kriegsenden und Nachkriegsjahre, vom amerikanischen Bürgerkrieg bis zu dem, was zur Zeit in Südafrika, auf dem Balkan und im Nahen Osten gelingt und misslingt; mit Untersuchungen zu einzelnen Instrumenten, die dabei eingesetzt wurden (von der Strafjustiz bis zu Wahrheitskommissionen, von direkten Konfrontationen bis zu Ablenkungen, z.B. durch einen neuen gemeinsamen Feind); mit Untersuchungen zu einzelnen Ereignissen in diesen sozialen Prozessen (in der jüngeren Vergangenheit war in Deutschland etwa die „Walser-Debatte" ein solches Ereignis, in dem sich viel kristallisierte, in Österreich die „Waldheim-Affäre"; in der Zeitgeschichte gibt es zahlreiche weitere Beispiele, die auch in der zeitlichen Abfolge und Veränderung zu vergleichen wären); mit Untersuchungen des Verlaufs über die Generationen (vgl. Schneider et al. 1996, 2000); ein gewisses Interesse kommt auch Modalitäten der Repräsentation zu, von der feierlich-ernsten Kundgebung bis zum Melodram und zur Satire (vgl. Frölich et al. 2003). Das meiste davon wird in der Auswertung vorhandener Untersuchungen geschehen müssen und können. Auch bei diesem Thema ist Kulturindustrie von ausschlaggebender Bedeutung.

Die von Horkheimer und Adorno geforderte und in Gang gesetzte „Aufklärung der Aufklärung" wird die Entstehung der politischen und gesellschaftlichen Katastrophen genauso als Material verwenden wie das Ende der Diktaturen, aber ebenso die erstaunliche Möglichkeit, dass danach gesellschaftliches Leben, sogar gutes Leben, doch wieder entstehen kann. Horkheimer und Adorno haben dazu in Deutschland viel praktisch beigetragen.

7/Instrumentelle Vernunft: Kritik der „Wissensgesellschaft"

Instrumentelle Vernunft hat sich auf allen Dimensionen, die in der *Dialektik der Aufklärung* dargestellt werden, durchgesetzt. Der Fortschritt der Rationalität wird heute überwiegend als Fortschritt von Technik (inklusive Sozialtechnik) verstanden - und auch beklagt. Die Weber-Rezeption hat in der Soziologie seine (tragische) Gleichsetzung von Rationalität mit rationaler Verwaltung, also Bürokratie selbstverständlich gemacht. Die neoliberale Ideologie kämpft dagegen mit Propaganda für eine neue Form von Markt-Rationalität an, die tatsächlich einen gewaltigen Bürokratie-Schub impliziert.

Historisch ist instrumentelle Vernunft sicher in dieser Weise mit der Durchsetzung von Kapitalismus verbunden, aber sie geht darin nicht auf: Zumindest in der Traditionslinie von Hegel-Marx besteht die Entwicklung der Vernunft in der Herausbildung von größeren Möglichkeiten von Freiheit, in der Reduktion der Herrschaft von Menschen über Menschen. Das Mittel dazu sollte erweiterte Naturbeherrschung aus den Erfahrungen von Arbeit an dieser Natur sein, damit zugleich das Überflüssig- bis Hinderlich-Werden der herrschaftlichen Produktionsverhältnisse[24] und ihrer die Arbeit organisierenden und koordinierenden Leistung. In dem Maß, in dem überbetriebliche Koordination nötig ist, wird der Betriebs-Egoismus der Einzelkapitale hinderlich, eine übergeordnete Instanz, z.B. der planende Staat wird nötig. Es gibt eine weitergehende Lesart dieser Dialektik von Produktivkraft-Entwicklung und Produktionsverhältnissen: Entwicklung der Produktivkraft bedeutet durch die Erfahrungen, die in der Produktion gemacht werden, erweiterte Fähigkeiten der Arbeiter. Sie gewinnen damit auch die Kapazität, die Koordination der arbeitsteiligen Produktion selbst zu organisieren. Die Kapital-Funktionäre (und dazu sind dann wohl auch die Zentral-Planungs-Bürokraten zu zählen), die, wie in Hegels Herr-Knecht-Geschichte der Herr, die Erfahrung der unmittelbaren Produktion nicht haben, werden überflüssig bis hinderlich, weil die Arbeiter das selbst besser kennen und können. In der ersten Version entsteht bürokratische Herrschaft, in der zweiten entsteht Befreiung: die Möglichkeit einer freien Assoziation der Produzenten und als Teil davon der Arbeiter-Selbstverwaltung.

Dass diese Geschichte historisch im Sinn der ersten Version verkürzt nur bis zur Rechtfertigung der Verstaatlichung gelesen wurde, wird mit den Interessen der (potentiellen) Planer und Verwalter zu tun haben: der „Rationalisierer", die Ordnung nur als Ergebnis ihrer eigenen planenden Vernunft konzipieren können und die damit zugleich einen kapitalistisch und bürokratisch verkürzten Begriff von Rationalität festhalten. Dieser Begriff prägt auch die Wissenschaft, besonders die wissenschaftlichen Entwürfe von Arbeitsorganisation, Management und Planung/Verwaltung, ordnungs- statt befreiungstheoretisch, man kann auch sagen: autoritär. Diesen kapitalistisch verkürzten Begriff von Vernunft und Rationalität hat Max Weber als unausweichlich vorführt und zugleich mit dem Erschrecken des Bürgers vor der Macht der Bürokratie, die er mit seinem Denken selbst organisiert, kritisch verurteilt. Er entspricht den Interessen der gebildeten Schicht von privatwirtschaftlichen oder staatlichen Kapital-Funktionären schon in der Produktionsweise des Fordismus, in als „Beratung" erneuerter, allerdings kurzsichtiger Weise auch im Neoliberalismus und seiner „Wissensgesellschaft".

In der fordistischen Ausdifferenzierung von Angestellten und Managern als Kapital-Funktionären und der „wissenschaftlichen" Arbeitsorganisation wie Betriebsführung, die diesen Vorgang von „Klassenpolitik" begleitete, wurden Arbeitsfelder für eine sich erweiternde gebildete Schicht geschaffen, die diese seither solide mit Kapital- wie Staatsinteressen verbanden. Ihr Begriff von Vernunft speist sich nicht primär aus Erfahrungen der unmittelbaren Arbeit, sondern aus denen der Planung und Verwaltung, also der Herrschaft. Darin besteht die Dialektik der Aufklärung, dass diese (wirtschaftlich wie staatlich) zentral verwaltende, herrschaftliche Vernunft sich als die einzig denkbare durchgesetzt hat. Vernunft als Instrument von Befreiung wurde davon verdrängt.

Dagegen kann eine Rückbesinnung auf die Wurzeln, nämlich auf die historische europäische Aufklärung helfen. Aufklärung trat als Philosophie und Bewegung der nicht-religiösen Fraktion der Gebildeten schon ursprünglich differenziert in herrschaftskritischen (französischen), technokratisch-projektemacherischen (angelsächsischen) und reflexiven (deutschen) Varianten und Dimensionen auf. Die Dialektik der Aufklärung kann auch so verstanden werden, dass sich die technokratische Dimension gegen die beiden anderen durchsetzte – übrigens auch in Frankreich selbst mit Saint-Simon und seinem Sekretär Auguste Comte, dem Positivisten, dem die Erfindung von „Soziologie" zugeschrieben wird. Die Geschichte der Aufklärungen, ihrer Träger mit ihren unterschiedlichen sozialen und damit Positionen zur Herrschaft (entfremdete Literaten, ihr Gemeinwesen gestaltende Privatleute, Fürstenberater und -erzieher, Hauslehrer) und ihrer Tradierungen (samt dem Einfluss der jeweiligen Gegenaufklärung darauf) neu zu rekonstruieren, kann die Bedeutung der herrschaftskritischen, befreienden Dimension klären helfen.

Der Begriff von Vernunft mag auch eine weitere Reflexionsstufe vorankommen durch die Erfahrungen der Gebildeten in der „Wissensgesellschaft": Wenn diese in der Rationalisierung und Kommodifizierung von Kopfarbeit besteht, wird die gebildete Schicht vielleicht irgendwann bemerken, dass diese Entwicklung nicht zu ihrem Vorteil ist. Ihr Arbeitsvermögen wird in ihr zugleich entwertet und stärker beansprucht, die Arbeit wird schematischer und anstrengender, die Lebensführung erschöpfend und langweilig, global entwurzelt und ebenso einförmig wie -fältig. Allmählich wird erfahrbar, dass die Avantgardezeit der Extra-Profite (wie bei allen Umstrukturierungen der Produktionsweise) kurz ist. Die Wissensgesellschaft mag zwar, wie immer noch suggeriert wird, „Wissen" und die damit verbundenen Dienste (Lehre, Beratung, Unterhaltung) zu einem wichtigeren Produktionsmittel und vor allem verkaufbar gemacht haben, aber das macht den Leuten mit den Bildungs-Zertifikaten das Leben nicht leichter.

Ein wesentlicher Teil des verkäuflichen Wissens dient der Rationalisierung von Kopfarbeit, setzt dort also für die, die nicht wegrationalisiert werden, die Anforderungen höher, verschärft die Konkurrenz und reduziert die Qualität der Wissensarbeit - in einer allgemeinen Formel: auf das Beherrschen von Gebrauchsanweisungen. Das damit verbundene Versprechen von Autonomie, das die (jungen) Gebildeten schätzen, bedeutet auch für sie prekäre Arbeitsverhältnisse und den Verlust von Einkommen.

Schließlich ist die angekündigte und durch Rationalisierung möglich erscheinende Ent-Bürokratisierung nicht eingetreten: Soweit Verwaltung überhaupt abgebaut wurde, ist sie durch externe Kontrollen (Akkreditierung, Evaluation) ersetzt worden (die jetzt als Dienstleistungen erscheinen). Sie haben die erforderliche Zuarbeit der Kontrollierten beachtlich erhöht.

Gegen alle Ankündigungen impliziert die Wissensgesellschaft für die gut Ausgebildeten Entqualifizierung und Bürokratisierung der Wissensarbeit bei prekären Arbeitsverhältnissen und schlechterer Entlohnung. Für diejenigen, die weniger an schulischen Qualifikationsnachweisen vorlegen können, bedeutet das alles einen Verdrängungswettbewerb und soziale Abwertung.

Bisher scheint der Drang der Gebildeten zu den Fleischtöpfen der Beratung und Rationalisierung zu überwiegen, aber nach der ersten Generation, die ihren Gewinn damit macht, dass sie die Entwertung von Kopfarbeit als Rationalisierung organisiert, mögen die Widersprüche stärker und unangenehmer in den Vordergrund treten. Auch die aus der Wissensgesellschaft Ausgeschlossenen müssen nicht auf alle Zeiten ihre Entwertung und die Erschwerung des Lebens geduldig hinnehmen. Sicher ist das nicht, immerhin aber möglich.

Die Kritik der Wissensgesellschaft könnte sich reflexiv auf die Untersuchung der Kosten für die Gebildeten, die angeblichen „Globalisierungs-Gewinner" konzentrieren. Die *Dialektik der Aufklärung* legt nahe anzunehmen, dass die Suggestion, man müsse nur genügend Ausbildungs-Zertifikate erwerben, um zu den „Gewinnern" dieser neuen Formation zu gehören, die Verkaufs-Masche derer ist, die solche Zertifikate für gutes Geld anbieten (möchten) und deren Geschäften daher z.B. die höhere Bildung als Infrastruktur (also allgemein und frei zugänglich) im Weg ist. Tatsächlich wird mit der Rationalisierung und Instrumentalisierung von Wissen auch und gerade den Gebildeten das Leben schwer gemacht. Dazu wären die Eigenschaften, die intellektuelle Arbeit und das resultierende Wissen damit bekommen, empirisch zu beschreiben. Die Vermutung drängt sich auf, dass die Arbeit einerseits pedantisch vorgegebenen Programmen gehorchen muss, was zugleich effiziente Selbstorganisation verlangt, und dass das Produkt Show und Selbstanpreisung als entscheidende Bestandteile aufzuweisen hat.

Es ist also zu klären, wie sich instrumentelle Vernunft, die offensichtlich „kommunikative" Aspekte zwingend mit aufnimmt, weiter entwickelt. Wenn der Standard an verlangtem Wissen, operationalisiert als Zertifikate über schulische Abschlüsse, angehoben wird, bedeutet das für alle, Gewinner wie Verlierer, verschärfte Konkurrenz. Wenn dazu das verlangte Wissen im Beherrschen von (komplizierten) Gebrauchsanweisungen besteht, ist das als Fortschritt der Produktivkraft, also als Verbesserung der Lage der Menschen, nicht besonders eindrucksvoll.

Andererseits gibt es Erfahrungen, die einem „befreienden" Denken zuträglich sein mögen: So sind vielleicht Kulturkontakte und Weltläufigkeit imstande, Lebensweisen und andere (schlechte) Gewohnheiten zu relativieren und zu einem erweiterten Begriff von Vernunft beizutragen. (Sie können bekanntlich aber auch rein instrumentell ausgenützt und chauvinistisch beantwortet werden.) Zumindest der Kreis der (imaginären) Adressaten kann sich dadurch erweitern. Vielleicht gibt es tatsächlich demokratisierende Erfahrungen im www, etwa die der Unverlässlichkeit von sogenannter „Information". Vielleicht ermutigt die offensichtliche und schamlose Selbstbezogenheit und populistische Volksverachtung der Herrschenden anti-autoritäre Haltungen.[25] Es ist nicht auszuschließen, dass in Teilen der internationalen gebildeten Schicht eine andere, erweiterte Vernunft entsteht. Nach diesen Spuren wäre zu suchen.

8/Intellektuelle Produktion: Arbeitsbündnisse

Kritische Theorie ist gekennzeichnet dadurch, dass sie im Arbeitsbündnis der „öffentlichen Einsamkeit" entwickelt wurde. Am reinsten ist das bei Adorno der Fall, am wenigsten bei Neumann oder Kirchheimer. Auch sind jedenfalls Horkheimer, Adorno und Marcuse als „öffentliche Intellektuelle"[26] wirksam geworden. Seine unverdrossene Aktivität als „öffentlicher Intellektueller" nach der Abschaffung dieser Figur und der zugehörigen Öffentlichkeit verbindet Habermas am stärksten mit der Tradition der Kritischen Theorie. Diese Politik-Figur hat große Veränderungen durchgemacht, dient heute eher der Unterhaltung als dem moralischen oder politischen Einfluss und ist durch „Experten" oder durch „Prominenz" ersetzt. Diese Entwicklung genau nachzuzeichnen, wäre ein wichtiger Teil eines Forschungsprogramms, das von der *Dialektik der Aufklärung* ausgeht. Um diese Figur des „öffentlichen Intellektuellen" einzuordnen, ist eine Typologie von intellektuellen Tätigkeiten nötig. Sie soll im folgenden umrissen werden.

Die Literatur über Intellektuelle ist (von Johnson, 1988, um das tiefste Niveau zu benennen, bis Walzer, 1988, und Dahrendorf, 2006) voll von mehr hämischen oder mehr traurigen Nachweisen des opportunistischen Ausverkaufs an kommerzielle und politische Kulturindustrie. Der Erkenntnisgewinn daraus hält sich in Grenzen: Auch Intellektuelle sind und waren opportunistisch. Wahrscheinlich sind und waren sie das eher weniger, jedenfalls nicht mehr als Leute in anderen Positionen, die dazu die Chance hatten, etwa Wirtschaftstreibende, Lehrer oder Hausmeisterinnen. Warum sollten sie auch?

Interessanter ist, dass man Leuten, die veröffentlichen, besonders wenn es Texte sind (also Journalisten, Literaten, Philosophen, Sozialwissenschaftler), solchen Widerstand und Nonkonformismus überhaupt zutraut und auch zumutet - obwohl sie besonders vom Verkauf ihrer Meinung und also von der Zustimmung dazu abhängig sind. (Hingegen sind Geschäftserfolg und Einkommen etwa eines Fleischermeisters, einer Kosmetika-Verkäuferin oder einer Tiefbau-Ingenieurin von ihren Meinungen zu Politik und Gesellschaft weitgehend unabhängig. Deren Opportunismus, wenn er denn auftritt, ist also viel erklärungsbedürftiger.) Hier schwingt wohl eher der Entlastungseffekt und die Freude darüber mit, dass auch die „Obergescheiten" sich getäuscht und den hinterher falschen Opportunismus gewählt haben.

Viel interessanter sind daher hier wie auch sonst die Akte und Praxen des Widerstands und der Autonomie - und auch da nicht so sehr (oder nicht nur) die großen Gesten und Heldentaten, die häufig sehr spezifische Hintergründe haben, als vielmehr die Unabhängigkeit und der Anti-Autoritarismus im Alltag. Interessant sind (übrigens in allen, auch und besonders den nicht explizit politischen intellektuellen Äußerungen, also etwa Musik, Malerei oder Betriebsführung und Design) die sozialen Praxen, in denen die Orientierung an der Lösung der intellektuellen Probleme, um die es geht, gesichert wird - unabhängig von Erwünschtheiten aller Art.

Da sich das immer in Feldern abspielt, die von Herrschaft und Machtkämpfen bestimmt sind, ist das geschickte Sich-Entziehen, das z.B. Dahrendorf (2006) an Erasmus als „Unabhängigkeit des liberalen Geistes" hervorhebt, zumindest nicht die einzige denkbare Strategie. (Ihr Extrem ist übrigens Montaigne, der sich aus den Religionskämpfen in seinen komfortabel ausgestatteten Turm und in die Selbstanalyse zurückzog - freilich auch nicht auf Dauer: Immerhin hat er sich noch als Bürgermeister von Marseille in die Kämpfe der praktischen Politik begeben.) Die meisten Intellektuellen haben sich in irgendeiner Form mit Repräsentanten der herrschenden Klasse eingelassen oder sich gar selbst dazu aufgeschwungen: erstens weil sie dieser Klasse gewöhnlich ohnehin entstammen und angehören, zweitens weil es die Versuchungen des Wirksamwerdens der eigenen Einsichten gibt, drittens vielleicht auch, weil es ihre Aufgabe ist, der Herrschaft die Wahrheit zu sagen.

Es geht also darum, die verschiedenen Arbeitsbündnisse zu beschreiben, die gefunden wurden, um diese vielfältigen Beziehungen zu organisieren. Dabei sollte man nicht in erster Linie auf ganze Biographien sehen, sondern auf Situationen, Lernprozesse, Selbst-Korrekturen, also auf soziale Praxen historisch konkret und nicht auf Moral und Charakter „großer Männer", wie es so gern getan wird. Das starre Festhalten an einer einmal entwickelten Haltung, das demonstrative „Hier stehe ich, ich kann nicht anders, Gott helfe mir", das gewöhnlich als heldenhaft gepriesen wird, mag weniger interessant sein als der rechtzeitige Seitenwechsel, der „Verrat", die kluge und einsichtige Selbst-Korrektur.

Dieses Missverständnis von Intellektualität als Charaktersache, Mutprobe und Bereitschaft, für seine Überzeugungen durchs Feuer zu gehen, ist ein Mittel der Intellektuellen-Konkurrenz: „Inkonsequenz" diskreditiert den anderen. Dabei ist offensichtlich, dass Wissen mit Überzeugung gleichgesetzt wird und also aus dem religiösen Glauben hergeleitet ist. Märtyrer aus einer verfolgten oder aggressiven Religion beziehen ihre „Rationalität" aus dem Lohn im Jenseits und aus den Phantasien vom posthumen Ruhm für die Person und für die gemeinsame Sache. Selbst dort ist das eine prekäre Strategie, aber warum man aus einer Wahrheit, die man erkannt hat, einen ähnlichen Glaubenssatz machen sollte, ist allenfalls aus Trotz und Rechthaberei zu erklären. Das gilt besonders, wenn der Begriff von Wahrheit sich so weit entwickelt hat, dass „Wahrheit" nicht durch Bekenntnisse dazu, sondern durch praktische Demonstration erwiesen wird.[27] Die Säkularisierung von Intellektualität, die in der Aufklärung in einem großen Schub vorangetrieben wurde, ist offenbar noch nicht vollendet.

Sobald Kunst und Intellektualität aus dem Status des Handwerkers, der die geistliche und weltliche Herrschaft zu „verherrlichen" hatte, und dem des „Hofkünstlers", der schon einige Autonomie hatte (Warnke, 1985), in die Markt-Selbständigkeit des bürgerlichen Intellektuellen übergegangen waren, trat das Problem der Autonomie verschärft auf: Kunst und Wissenschaft mussten auf Autonomie bestehen, waren aber zugleich gefährdet, die Verfügung über ihre Produktionsmittel, besonders über den Zugang zum Publikum, und von dort zurückwirkend über ihre Produkte zu verlieren. Das bürgerliche „Arbeitsbündnis Kunst" oder allgemeiner „Intellektualität" ging von einem ebenso exemplarischen wie außergewöhnlichen Individuum aus, dessen Einsichten und Entäußerungen für alle und zu allen sprechen. Das beruht auf besonderer Begabung, aber auch auf harter

Arbeit, auf einer Balance von Genie und Exzentrik, die durch Professionalität und Disziplin sozialverträglich und sogar besonders wertvoll gemacht werden. Dissidenz, also Herrschaftskritik durch persönliches Bekenntnis und Beispiel, liegt nahe. (Schneider et al. 2002) In Kunst und Wissenschaft wird gezeigt und artikuliert, was alle fühlen und meinen, aber selbst nicht so äußern könnten. Das Publikum, das entsprechend gebildet mitarbeitet, jedenfalls aufmerksam und respektvoll teilnimmt, findet damit in einem überhöhten Bildungserlebnis zu sich selbst.

Andererseits will diese anspruchsvolle Tätigkeit finanziert sein, und das bürgerliche Mittel dazu ist der Markt, also die Verkäuflichkeit der intellektuellen Produkte. Mit der bürgerlichen Kunst und Wissenschaft traten zugleich die Idee der Bewährung der Produkte auf dem Markt und in der kommunalen/staatlichen Anwendung auf, sowie die Idee der Autonomie von intellektueller Produktion, einzig bestimmt von den internen Anforderungen der Arbeitsbereiche. Die anonyme Instrumentalisierung durch Markt und Verwaltung brachte erst die Möglichkeit von Autonomie hervor, die davor, bei strikter personaler Abhängigkeit von Herrschaft (und religiöser Einbindung), gar nicht denkbar gewesen war. Seither ist intellektuelle Produktion von dieser Auseinandersetzung zwischen Instrumentalität und Autonomie geprägt. Die Geschichte der intellektuellen Produktion, der Kunst, der Literatur wie der Gesellschaftstheorie, kann seither als Geschichte der Formen von Anpassung an diese Anforderung und des Widerstands gegen die Zumutung geschrieben werden.

Das gilt besonders seit der Krise von Bürgerlichkeit im Fin de siècle. Ich habe an anderer Stelle[28] gezeigt, dass man die Kunstgeschichte des 20. Jahrhunderts von drei Formen von Widerstand der Künstler gegen kulturindustrielle Vereinnahmung - und Anpassung an sie - bestimmt beschreiben kann: Avantgarde, öffentliche Einsamkeit und Reflexivität. Sie sind in dem folgenden Schema „Formen des Umgangs mit Kulturindustrie“ zusammengefasst beschrieben. Es handelt sich um drei grundlegende „Arbeitsbündnisse“, Bündel von Normen und Wissens-Voraussetzungen, die als selbstverständlich von allen Beteiligten geteilt unterstellt werden. Jedes Arbeitsbündnis ist auch ein „Gestus“, ein bestimmtes Verhältnis zwischen Produkt und Publikum, das vorausgesetzt und hergestellt wird. (Demirovic 2001)

Das Arbeitsbündnis „Avantgarde“ setzt revolutionäre, jedenfalls verändernde Politik gegen Markt und Verwaltung. Der Intellektuelle will das Publikum dazu bewegen, sich an dieser Umwälzung zu beteiligen. Das Arbeitsbündnis „öffentliche Einsamkeit“ wehrt sich gegen Kulturindustrie durch betonten Rückzug auf eine intellektuelle Subkultur, in der die Produktion gegen die Einflüsse von Markt und Verwaltung abgeschirmt ist. Das Publikum wird demonstrativ vernachlässigt und auf keinen Fall wird ihm nach dem Mund geredet. „Öffentliche Einsamkeit“

Formen des Umgangs mit Kulturindustrie

	widerständig	affirmativ
integrierte Herrschafts-Teilnahme und -Zuarbeit	Reformer	(Sozial-)Techniker, Verwalter, Berater, Lehrer, Unterhalter
Avantgarde (Konstruktivismus, Futurismus)	(revolutionäre) Politik als Gegengewicht zum Markt	Verherrlichen der (großen) Zukunft; Propaganda
öffentliche Einsamkeit („Moderne")	Produktion „mit dem Rücken zum Publikum", esoterische Gruppen	Exklusivität (um den Preis zu erhöhen)
Reflexivität (DADA, Surrealismus)	Kulturindustrie und Publikum als Gegenstand der Produktion	„Kunstmarkt-Kunst"; „Kulturkritik"

ist das Gegenteil von Populismus. Im Arbeitsbündnis „Reflexivität" wird Kunst und Wissenschaft selbst zum Gegenstand der Produktion und damit wird vor allem das Publikum (auch das professionelle, also die anderen Intellektuellen, nicht zuletzt die Kritiker) dazu gebracht, sich selbst und seine Erwartungen zu reflektieren.

In allen drei Arbeitsbündnissen lassen sich Formen unterscheiden, in denen die Widerständigkeit doch wieder affirmativ vereinnahmt wird. Im Arbeitsbündnis Avantgarde wird besonders leicht aus der revolutionären Politik mit ihrer Herrschaftskritik eine Verherrlichung der neuen Herrschaft (die freilich nicht als Herrschaft thematisiert wird). Aus der betonten Autonomie im Arbeitsbündnis „öffentliche Einsamkeit" kann (besonders verkäufliche) Exklusivität werden. Affirmative Reflexivität verharmlost Ideologiekritik zur abgeklärten Selbstironie, macht Ironie zum aparten Verkaufs-Gag, entwickelt Reflexivität zur Selbststeuerung der Herrschaftsinstrumente, nimmt die Darstellung des Publikums in das Produkt hinein, dessen Herstellung seinerseits Gegenstand von Unterhaltung wird. Allen drei affirmativen Varianten ist Zynismus gemeinsam: Aus dem als hoffnungslos eingeschätzten Widerstand wird eine neue Verkaufs-Masche entwickelt. („Verkauf" in dem allgemeinen Sinn, der längst geläufig ist und „Verkauf" an die Verwaltung mit einschließt.)

Integrierte Herrschafts-Teilnahme

Der Normalzustand von intellektueller Arbeit ist, dass sie, in der bürgerlichen Entwicklung über die Mechanismen von Kulturindustrie vermittelt, innerhalb der herrschenden Klasse und in ihren Diensten stattfindet. Künstler und Intellektuelle waren vorbürgerlich bessere Lakaien (man denke an Haydn) oder Sekretäre und

Berater (Morus, Goethe), die sich eine gewisse Selbständigkeit erarbeiten konnten: als Geistliche, die gelegentlich auch die „Ehre Gottes" zu verteidigen hatten (und überhaupt gab der eigenständige und in sich – etwa als Kirche und die Orden – vielfältige Machtapparat der Religion neben Unterdrückung auch Spielraum); durch Berühmtheit und die damit entstehende Möglichkeit, zwischen verschiedenen Herren zu wechseln (und überhaupt die kompetente Teilnahme an der höfischen Intrigenwirtschaft); und schließlich in der riskanten Akrobatik des Hofnarren, der die Wahrheit sagen kann, weil sie als Witz erscheint (eine frühe Form von „repressiver Toleranz"). Bürgerlich kann sich intellektuelle Arbeit professionalisieren und so verselbständigen, wird aber gerade in der damit gewonnenen Freiheit durch Markt und Verwaltung, also kulturindustriell integriert. Im allgemeinen wollen Intellektuelle auch nichts anderes, als in dieser Herrschaftsstruktur einen halbwegs oder auch besonders gut dotierten und sonst komfortablen Platz und einige Wirksamkeit zu erhalten.

Immerhin besteht jetzt der Widerspruch, dass intellektuelle Produktion sich am Fortschritt, gemessen an den bisher herrschenden Normen ihres eigenen künstlerischen, technischen oder theoretischen Spezialbereichs, in dem nur anerkannte und zugelassene Fachleute kompetent mitreden können, und zugleich an ihrer Verkäuflichkeit und Herrschafts-Nützlich- oder zumindest -Verträglichkeit orientieren soll. Es geht um Fortschritt der Produktivkraft im jeweiligen Spezialbereich. Zugleich damit besteht beim bürgerlichen Intellektuellen (Künstler wie Theoretiker) der Anspruch auf Universalität, also auf die Menschheit als Publikum. Kulturindustrie heißt, dass er diesen Anspruch aufgibt und sich stattdessen auf den „Erfolg" bei einem erreichbaren Publikum orientiert. Faktisch war die „Menschheit" der Intellektuellen immer schon begrenzt: auf eine Kultur, eine Sprachgemeinschaft, oft genug einen Staat und gewöhnlich auf die Gebildeten (und ihr wirtschaftsbürgerliches Gegenüber). Eine der ungelösten Fragen ist es seit der „Postmoderne", was man gewinnt und verliert, wenn man den Universal-Anspruch aufgibt und sich auf eine Vielfalt von „Wahrheiten" und ihre Kultur-Relativität einlässt.[29]

Zur Wirksamkeit von intellektueller Arbeit sollte man auch noch vorausschicken, dass die höchste Wirksamkeit natürlich nicht die schreibende und diskutierende Klasse hat, sondern die (Sozial-)Techniker, Verwalter, Ingenieure und Architekten: Sie bestimmen Wirklichkeit unmittelbar, indem sie sie materiell herstellen lassen. In einer Produktionsstraße, in der Gestaltung einer Innenstadt oder einer Stadtrand-Siedlung, in der Organisation von just-in-time-Lieferungen durch das, was heute als „Logistik" ein eigener (ausgegliederter) Zweig der Betriebsführung ist, in der Konstruktion und im Design der Haushalts-Ausstattung, aber auch staatlich etwa in den Regeln des Grenzübertritts und seiner Verweigerung, ist viel unmittelbarer Herrschaft festgelegt, als in der gesamten Beratungs-Literatur und der Diskussion dazu, die es für all diese Bereiche gibt – von öffentlichen Disputen über Fragen der Demokratie, der Gesellschaftsverfassung oder des Jenseits (oder auch nur des Seelenfriedens in diesem Leben) gar nicht zu reden. Diese öffentlichen Diskurse werden allenfalls indirekt auf die Techniker und Verwalter zurückwirken: und das auf Wegen, die unterschiedlich festgelegt sein können, etwa indem sie in der Ausbildung verwendet werden oder indem sie rechtliche Festlegungen beeinflussen. Aber sie werden (oder wurden?) in interessanter Weise in ihrer Bedeutung überschätzt.

Kunst und Gesellschaftstheorie

Kunst wie Theorie sind beides Formen der Selbstdarstellung von Gesellschaft (unter Bedingungen der Trennung von Hand- und Kopfarbeit: spezialistisch durch ihre Intellektuellen), freilich in unterschiedlichen Materialien und mit unterschiedlicher Reichweite. In beiden Formen geht es um Arbeit mit und an sozialen Normen und Selbstverständlichkeiten. In der Kunst ist das jeweils begrenzt auf die Normen etwa des musikalischen Ausdrucks (des Komponierens, Arrangierens, Improvisierens, der Aufführung in Konzert, Oper, Tanzlokal, Kammermusik-Situation, Jazz-Club), der Gestaltung von und mit verschiedenen Materialien (Farbe, Ton, Holz, Stein, Metallguss, Assemblage, Körpern), schließlich der Sprache (des Erzählens, des Dramas, des lyrischen Spiels mit Bedeutungen und Klängen). In der abstrakten Diagnose von Gesellschaft in Philosophie und Gesellschaftstheorie besteht der Anspruch, die Wahrheit über Gesellschaft nicht (nur) auszudrücken, sondern die Erfahrungen von Gesellschaft in der jeweils verfügbaren (akzeptierten oder abgelehnten) Tradition von Denkmodellen und ihrer Weiterentwicklung begrifflich zu fassen, Gesellschaft nicht (nur) exemplarisch erfahrbar, sondern sie kritisierbar zu machen, aus dieser Erfahrung Folgerungen zu ziehen und Konflikte zu analysieren oder gemeinsames Handeln zu projektieren.

Ein Problem entsteht in beiden Fällen damit, ob und wie Intellektuelle mehr oder weniger autonom über die Produktionsmittel verfügen,[30] besonders aber, wenn sie von den intellektuellen Produkten leben wollen und müssen und wenn sie mit ihnen gezielt Wirkungen in der Welt außerhalb erreichen wollen und also ein Verhältnis zu einem Publikum eingehen und es gestalten müssen. Damit liefern sie sich materiell an Kulturindustrie aus und erschweren sich den reflexiven Umgang mit den gesellschaftlichen Normen, die im Material schon enthalten sind, aber in den Formen der Ausstellung (als allgemeinstem Begriff für das Verhältnis zu einem Publikum) verschärft auftreten.

Gesellschaftstheorie hat es – im Gegensatz zu Kunst – etwas weniger mit Fragen der Verkäuflichkeit und dafür mehr mit dem Verhältnis zur Verwaltung und sonst politischen Herrschaft zu tun. Freilich gibt es auch Gesellschaftstheorie zur Unterhaltung, und das nicht erst neuerdings als „Sachbuch" und „Lebensberatung". Diderot und D'Alemberts „Encyclopédie", ein, wenn nicht das entscheidende Werk der Aufklärung, war auch eine verlegerische Großleistung. (Vgl. Darnton 1979, Darnton and Roche 1989) Die Utopien und Robinsonaden des 18. Jahrhunderts waren unterhaltende Romane und zugleich Gesellschaftskritik. Die Herausbildung des Journalismus seit den *Moralischen Wochenschriften* war eine wichtige Grundlage für die Entwicklung von Gesellschaftstheorie und -kritik. Insgesamt ist Gesellschaftstheorie historisch keineswegs eine Sache von Philosophie, später Soziologie, Ökonomie, Politikwissenschaft und Psychologie und also von akademischer Forschung und universitärer Lehre. Politikberatung, Journalismus, Etikette-Bücher und andere Lebensweisheiten (von Haushaltsführung bis Sexualhygiene) waren zu Zeiten die wichtigeren Artikulationen von Gesellschaftstheorie.

Arbeitsbündnisse der Theorie-Produktion

Gesellschaftstheorie kann sich ganz direkt als Herrschaftsberatung verstehen. Eine interessante frühe Variante war die Fürstenerziehung und die Ausbildung der Verwalter, letztere ein entscheidender Ursprung der Universität.[31] Sie kann direkt der Verwaltung zuarbeiten. Sie kann Marktforschung betreiben. Sie kann, zusammengefasst, Teil des Herrschaftsapparates sein und unmittelbar instrumentelles Wissen, Sozialtechnologie zur Ausübung von Herrschaft beitragen. Das kann und wird gewöhnlich in Koalition mit der bestehenden Herrschaft, also konservativ geschehen, direkt in ihrem Auftrag und Sold oder in freiwilliger Zuarbeit, als „Freunde und Förderer" diverser Apparate. (Steinert 2005a)

Gesellschaftstheorie gerät in eine maßvoll herrschaftskritische Rolle, wenn sie einer Reformfraktion innerhalb des Herrschaftsapparates angehört oder zuarbeitet. Das ist die klassische Position der Soziologie, die als eine bürgerliche Wissenschaft im Kampf des Bürgertums gegen die Adelsherrschaft entstand.[32] Das ist auch deshalb eine wahrscheinliche Position, weil eine Reformfraktion mehr an wissenschaftlicher Unterstützung und Legitimation braucht als die bestehende Herrschaft. Andererseits ist bürgerliche, demokratische Herrschaft von Anfang an mit dem Anspruch aufgetreten, rationale und daher verbesserbare Herrschaft zu sein. Die bürgerliche Gesellschaft und ihr Staat sollen im Interesse aller günstige Umstände und Regeln, sowie nützliche Einrichtungen des Zusammenlebens erfinden, herstellen und immer weiter verbessern. Insofern ist die Soziologie konservativ wie reformerisch (daher zu verschiedenen Zeiten unterschiedlich) gut herrschaftlich einsetzbar. In der reformerischen Funktion können sich Gesellschaftstheoretiker also durchaus auf der Seite der bürgerlichen Herrschaft sehen. Sie entwerfen, orientiert an den Interessen der wirtschaftlich und politisch Herrschenden, eine vernünftige Ordnung des Gemeinwesens. Die Intellektuellen, die innerhalb der herrschenden Ordnung arbeiten, haben häufig die Aufgabe, zwischen Wirtschaft und Staat und zwischen verschiedenen Staatsapparaten zu vermitteln, sie in Übereinstimmung zu bringen. Viel an intellektueller Arbeit besteht darin, ideologische Verträglichkeiten herzustellen.

Intellektuelle Produktion im Arbeitsbündnis der „Avantgarde" geschieht aus der Position von „Soziale-Bewegungs-Intellektuellen". Bis ins 19. Jahrhundert hat in Europa die bürgerliche Bewegung, danach die Arbeiterbewegung, in beiden die Frauenbewegung die widerständige intellektuelle Produktion wenn nicht organisiert, so doch bestimmt. In seiner widerständigen Form geht das Arbeitsbündnis „Avantgarde" davon aus, die bestehende Herrschaft zu stürzen, nicht nur sie vernünftig zu zähmen oder gar zu verbessern. Hingegen ist in der affirmativen Variante der Unterschied zur reformerischen Herrschaftsbeteiligung nicht mehr als eine Verlagerung der Schwerpunkte: Die Avantgarde entwirft die „vernünftige Ordnung" ausgehend von den Interessen der Herrschaftsunterworfenen und muss dabei affirmativ auch die der Herrschenden berücksichtigen. Die vernünftige bürgerliche Ordnung muss, umgekehrt orientiert, auch Zugeständnisse an die Interessen der anderen Klassen und Schichten machen. Der Übergang vom revolutionären Avantgarde- zum (besonders nach einer Machtübernahme) an der Herrschaft beteiligten Partei-, Staats- und Wirtschafts-Intellektuellen ist nicht sehr schwierig.

Besonders interessant sind daher die Bewegungen, die nicht auf eine Übernahme der Macht im Staat aus waren. Diese verschiedenen anarchistischen und libertären Bewegungen (oder auch nur Ideen) zielen auf die (phantasierte) Bildung und Sicherung von eigenen („utopischen") Subkulturen – von den Levellers oder Diggers und ihrem Intellektuellen Gerrard Winstanley über die Quäker, die als Pilgrim Fathers nach Amerika auswanderten, um dort ihr „Neues Jerusalem" zu gründen, über Owen und Fourier bis zu den zahlreichen Kommune-Bewegungen um das Fin de Siècle und in den 1960/70er Jahren.[33] In der hier zugehörigen intellektuellen Produktion ergibt sich ein Arbeitsbündnis mit großer Distanz zur bestehenden Herrschaft, das auch nicht gefährdet ist, diese übernehmen und „verbessern" zu wollen. Freilich haben die Utopisten Herrschaftssysteme entworfen, aber im Kontrast zum bestehenden und daher nicht reformistisch, aber auch nicht revolutionär: Ihr Ort ist die Insel am Ende der Welt, die auch mitten im Meer der bestehenden Gesellschaft liegen kann, ein Ort physisch oder sonst abgegrenzt „außerhalb". Die Verwandtschaft zum Arbeitsbündnis „öffentliche Einsamkeit" ist groß.

„Öffentliche Einsamkeit", die demonstrative Abwendung von Rücksichten auf die bestehende Herrschaft und ihre Anforderungen, besonders auf das Publikum, die ebenso ostentative reine Hingabe an die „Sache", die mit Emphase als individuell auftritt, wird gleichwohl gewöhnlich auf dem Hintergrund einer Gruppe praktiziert: der George-Kreis, die Schönberg-Schule, Freuds Mittwochrunde, der Wiener Kreis, die Frankfurter Schule. Das ist intellektuell hilfreich, oft auch wirtschaftlich nötig: Wirtschaftliche Unabhängigkeit ist Voraussetzung, die entweder auf den externen Einkünften der Einzelnen, auf (möglichst ererbtem) Vermögen oder auf der Bedürfnisreduktion der Bohème und der gegenseitigen Unterstützung in Subkultur und engerer Gruppe beruht. Ein Mäzen (oder mehrere) ist sinnvoll. Um sich das Modell leisten zu können, muss man der Oberschicht angehören oder von ihr kooptiert werden[34] - oder man hält sich radikal vom Betrieb fern und produziert tatsächlich in Einsamkeit. In diesem Arbeitsbündnis finden wir die Gesellschaftstheoretiker, die aus Enttäuschung oder kluger Wahl mit sozialen Bewegungen und politischen Gruppierungen nichts zu tun haben - in Europa war das schon im 19., besonders aber im 20. Jahrhundert häufig genug durch die Exilierung bedingt.

Ein Arbeitsbündnis der „Reflexivität", wie es in der Kunst in DADA, Surrealismus, Pop-Art, Happenings - und exemplarisch von Marcel Duchamp realisiert wurde, bedeutet in der Gesellschaftstheorie, dass die Bedingtheit der Phänomene, darunter der Ideen, die der Theoretiker produziert, durch soziale Normen und Selbstverständlichkeiten, letztlich durch die jeweilige Produktionsweise, leitender Gesichtspunkt der Analyse ist. Das zu realisieren setzt Zeit, Distanz zu sich selbst und zum intellektuellen „Betrieb" - und organisatorisch, wie in der Psychoanalyse entwickelt, eine Situation der Supervision voraus (die später verinnerlicht werden kann). Reflexivität wird wahrscheinlich deshalb so selten realisiert, weil ihre Ergebnisse nicht einfach als „ewige Wahrheit" behauptet und tradiert werden können, vielmehr in der Rezeption einen aktiven, anti-autoritären Mit-Vollzug erfordern, der in den traditionellen Medien des Buchs und des Aufsatzes schwer herzustellen ist, der von den Leserinnen „mitgebracht" werden muss. Die Formen der Ironie, des schlagenden Beispiels, der Mystifikation, die sich lustvoll auflöst, u.ä.m., wie sie in der Kunst entwickelt wurden, all das hat in den Formen der Wissenschaft keinen Platz.[35]

Andererseits ist Reflexivität in der Gesellschaftstheorie durchaus innerhalb der üblichen Publikationsformen möglich. Eigentlich wäre sie der Modus, in dem Soziologie grundsätzlich stattfindet. Gesellschaftstheorie nämlich unterscheidet sich durch zwei Eigenschaften von naturwissenschaftlicher Forschung: Ihr Gegenstand verändert sich, grundlegend im Jahrhunderte-Abstand durch Wechsel der Produktionsweise, in kleinerem Maßstab dauernd durch die unterschiedlichen, insgesamt konfligierenden Reaktionen der Teilnehmer auf diese Gegebenheiten in allen gesellschaftlichen Bereichen. Und die Forscher und Theoretikerinnen sind Teil ihres Gegenstandes, teilen die Normen und Selbstverständlichkeiten ihrer Gesellschaft und ihrer Position darin. Insofern ist Theorie, die nicht diese beiden Gegebenheiten reflexiv einbezieht, Teil der jeweiligen Herrschaftsausübung und der gesellschaftlichen Konflikte darum, ideologischer Ausdruck einer Position in diesen Auseinandersetzungen und damit ein Kampfmittel, nicht aber Auskunft über den Zustand der Gesellschaft. Das gilt übrigens umso mehr, je „wertfreier“ sie sich selbst versteht. Und es gilt nicht nur für die Theorie, sondern eher mehr für die zugehörige Sozialforschung, wie besonders einfach am Fall der Umfrage-Industrie zu sehen ist – einer rationalisierten Form dessen, was seit Metternich die internen Spitzelorganisationen über die Stimmung im Volk zu erfahren suchten. Nur reflexive Arbeit, die aus diesen (materiellen wie ideologischen) Produkten der sozialen Konflikte auf die darunterliegenden Strukturen schließt, klärt über die Gesellschaftsverfassung auf.[36]

Man könnte meinen, die Universität mit ihrer Autonomie sei besonders geeignet, Reflexivität zu ermöglichen. Sie ist freilich zugleich von „Akademismus“ gefährdet. Das geht durchaus nicht in dem geläufigen Vorwurf der „gesellschaftlichen Irrelevanz“ auf, der nur heißt, die dort betriebene Wissenschaft sei nicht genügend instrumentell ausgerichtet. Wissenschaft muss aus sich selbst und ihrer Logik ihre eigenen Fragen entwickeln können. „Akademismus“ meint im Gegenteil einerseits die Auslieferung an den Wissenschafts-Betrieb, also an eine verselbständigte Orthodoxie, die durch dauernde gegenseitige Begutachtung fixiert wird. Das gilt in den Sozialwissenschaften für Inhalte und Methoden, besonders das Projekt-Format von Forschung und was aus ihm folgt, ebenso wie für das, was überhaupt als wissenschaftliche Leistung gilt (derzeit „eingeworbene Drittmittel“ und „gewogene“ Mengen an Publikationen). Damit wird ein rastloser Betrieb in Gang gehalten, dessen Ergebnisse auch intern niemanden interessieren. Dazu bedeutet „Akademismus“ häufig politische Naivität und damit gerade „im Elfenbeinturm“ Auslieferung an partikulare Interessen in Verwaltung und Wirtschaft sowie, vermittelt über die Versuchungen der Prominenz, in der Unterhaltungs-Branche. Es ist nochmals zu betonen, dass diese Vereinnahmung nicht nur über Geld, also Gutachten- und Forschungs-Aufträge, und Stellen-Avancements erfolgt, sondern weitgehend freiwillig. Die (Teil-)Disziplinen organisieren sich selbst als „Vereine der Freunde und Förderer“ von Verwaltungs- und Wirtschafts-Einrichtungen und um Begriffe und Fragen, die von dort vorgegeben werden.

Insgesamt ist für eine „Aufklärung der Aufklärung“ in diesem Bereich die Frage zu beantworten, was historisch und aktuell die Bedingungen für eine befreiungstheoretische Orientierung und für Reflexivität in der intellektuellen Produktion sind. Im hier skizzierten Rahmen einer Begrifflichkeit sollten sich intellektuelle Produktionsverhältnisse wie ihre Produkte so beschreiben lassen, dass in Einzelstudie und vergleichenden Analysen sichtbar wird, was den „nonkonformistischen Intellektuellen“ in den Sozialwissenschaften ausmacht- und warum er so selten auftritt.

Die Kritische Theorie ist selbst ein relevantes Beispiel: Adorno hat wie kaum ein anderer Reflexivität in seiner Produktion verwirklicht und auch, wie Demirovic (1999a) zeigt, vielfältige wissenschafts- und theoriepolitische Anstrengungen (von Studienordnungen über Lehrveranstaltungen und Vorträge bis zum Vorsitz in der Deutschen Gesellschaft für Soziologie) gemacht, die Bedingungen dafür zu verallgemeinern. Die Gründe dafür, dass die Soziologie (von anderen Spezialdisziplinen der Sozialwissenschaften gar nicht zu reden) dem nicht gefolgt ist und sich heute völlig davon verabschiedet, sollten wir genau kennen. Dazu ist es nötig, die Gegen-Positionen (Gehlen, Schelsky, Tenbruck) und die konkurrierenden Parallel-Positionen (etwa Plessner, Claessens, König, Dahrendorf, Luckmann), sowie die Nachfolge-Positionen zu typisieren und auch ihre Voraussetzungen zu klären. Historisch weiter gefasst bieten andere dissidente Sozialwissenschaftler (Günther Anders, Jean Améry, André Gorz, Hannah Arendt, Arthur Koestler, Sartre, Camus, Althusser, Poulantzas, Foucault, Hobsbawm, Anderson, Jameson - die Liste ist erweiterbar) Material, um die Bedingungen für Konformismus/Opportunismus und Abweichung in der Wissenschaft zu klären.

Aufklärung der Aufklärung: fortzusetzen

Ein umfassendes Programm wie das einer Weiterführung dessen, was in der *Dialektik der Aufklärung* nicht zu Ende gebracht wurde, kann an vielen Punkten angegangen werden. Die acht Bereiche, die sich hier ergeben haben, ermöglichen und benötigen viele und vielfältige historische wie aktuelle Einzeluntersuchungen, von denen einige denkbare hier angedeutet wurden.

Die auf instrumentelle Vernunft verengte Aufklärung ist heute, sechzig Jahre nach der *Dialektik der Aufklärung*, um nichts aufgeklärter als damals. Auch von der Barbarei sind wir nicht weiter entfernt: Sie hat sich an anderen Orten und in im einzelnen geringerem Ausmaß sehr wohl wiederholt und wird das weiter tun. Der religiöse Fundamentalismus, der erste Gegenstand der historischen Aufklärung, hat sich im 20. Jahrhundert, auch hier ein Jahrhundert der Gegenaufklärung, in Christentum und Islam verstärkt, dazu sind die feel-good-Pseudoreligionen gekommen, die vielleicht weniger unmittelbaren Schaden anrichten, aber dem klaren Kopf auch nicht unbedingt zuträglich sind. Die Einbeziehung des emotionalen Lebens in den Zugriff von instrumenteller Vernunft hat diese herrschaftlich erweitert: Die Manipulation und der Zwang zur Selbstmanipulation sind umfassend geworden und sparen schon längst keinen „privaten“ Bereich mehr aus. Dass wir selbst im befriedeten Europa „ohne Angst leben“ könnten, davon ist keine

Rede. Die europäische Wissenschaft wird durch ihre übermächtige Verwaltung im Zeichen von „Bologna" zur Selbstinstrumentalisierung gezwungen. Kulturindustrie hat sich in affirmativer Reflexivität erweitert. Die „Wissensgesellschaft" stellt einen Schub der Rationalisierung von Intellektualität zum gekonnten Umgang mit Gebrauchsanweisungen dar.

Die Aufklärung der Aufklärung ist seit Horkheimer/Adorno vielleicht nicht entscheidend vorangekommen, aber ihre Bedingungen und Möglichkeiten müssen immer wieder neu bestimmt werden.

„[Aufklärung] kommt erst zu sich selbst, wenn sie ... das falsche Absolute, das Prinzip der blinden Herrschaft, aufzuheben wagt. Der Geist solcher unnachgiebigen Theorie vermöchte den des erbarmungslosen Fortschritts selber an seinem Ziel umzuwenden." Dieser berühmte Satz aus der Schlusspassage von „Begriff der Aufklärung" ist kein utopisch frommer Wunsch, sondern Programm. Die *Dialektik der Aufklärung* war weder eine Sackgasse noch ein durch Exil, Krieg und Shoah ausgelöstes Verstimmungsprodukt in der Entwicklung der Kritischen Theorie, vielmehr die, wenn auch nicht in alle Details ausgeführte Formulierung ihres Rahmens und Umrisses. Daran lässt sich gerade in der gegenwärtigen gesellschaftlichen Situation mit Gewinn anschließen. Daran ist weiterzuarbeiten.

Private Journal - Entry #3,071
300 Years after Descartes' death, his fundamental insight remains valid.

But unfortunately, now it reads, "I thought, therefore I was."

Anmerkungen

Zum Anlass: Sechzig Jahre Dialektik der Aufklärung

1 Für wissenschaftliche Zwecke empfiehlt sich die Ausgabe in HGS 5: Sie weist die Korrekturen zwischen dem Typoskript von 1944 und der Druckfassung von 1947 aus und ist kommentiert.

Vorrede: Schicksale der Kritischen Theorie

1 Im Verlagstext auf der Rückseite einer amerikanischen Ausgabe von *Dialectic of Enlightenment* (1994, New York: Continuum) wird diese (in einem Zitat aus *Times Literary Supplement*) damit angepriesen, dass sie eine brauchbare Einleitung zu dem sei, was man von Marcuse kenne: „Worth reading as an introduction to the peculiar synthesis of Marx, Freud, Nietzsche, and Heidegger commonly associated with the name of Herbert Marcuse." Die Übersetzung stammt, bis heute unverändert, von John Cumming, zuerst 1972.

2 Sie wurde sogar zweimal übersetzt, zuerst 1983 von Christian Lenhardt (London: Routledge), zum zweiten Mal von Robert Hullot-Kentor in einer Ausgabe von 1997 (London: Athlone). Inzwischen sind von Adorno sogar verschiedene Briefausgaben ins Englische übersetzt erschienen.

3 Zum Überleben der Kritischen Theorie gehören auch die verschiedenen in Frankfurt versammelten Archive: Horkheimer, Marcuse, Löwenthal, besonders aber, weil finanziell komfortabler ausgestattet, das Adorno-Archiv, das die Gesammelten Schriften Adornos und Benjamins und daran anschließend Adornos Nachlass, Unvollendetes, die Vorlesungen und die Briefe herausgebracht hat. Die Horkheimer-Gesamtausgabe, philologisch wesentlich informativer als die Adorno-GS (die programmatisch eine Ausgabe letzter Hand ohne Anmerkungen und Lesarten ist), ist verfügbar, ebenso gibt es eine Löwenthal-Ausgabe (etwa nach dem Standard der Adorno-GS), die Marcuse-Gesamtausgabe ist nach langen Jahren der Unklarheit und des Zögerns nun in Arbeit, die Kracauer-Ausgabe wird gerade neu bearbeitet und erscheint verbessert noch einmal.

Fromm ist außerhalb des Zusammenhangs der genannten Archive, aber gut mit einer Gesamtausgabe repräsentiert. Schwierig wird es mit Neumann und Kirchheimer. Auch die Geschichtsschreibung, Legendenbildung und Ikonographie der Frankfurter Schule ist gut entwickelt, besonders seit 2003, dem hundertsten Geburtstag Adornos. Trotzdem (oder deshalb?) gilt sie in der akademischen Soziologie als „historisch".

4 Ich werde später (S. 39f, 59ff) zeigen, dass seine Kritik der *Dialektik der Aufklärung* interpretativ und sachlich falsch ist. Man kann aber unabhängig davon seinen Theorie-Entwurf ernst nehmen.

5 *Geschichte und Eigensinn* ist das Gegenprogramm zu Habermas, insofern hier strikt „Arbeit" im Mittelpunkt der Theorie bleibt und auf z.B. „Krieg als Arbeit", besonders aber „Hausarbeit" und „Beziehungsarbeit" ausgedehnt wird – was damals wohl von der Frauenbewegung und der feministischen Theorie übernommen war und dieser umge-

kehrt sehr zupass kam. Das weitere Rezeptions-Schicksal dieses Buchs, das sich gegen die umgekehrte Denkbewegung: Kommunikation rückt in den Vordergrund, Arbeit wird in der Theorie irrelevant - nicht durchsetzen konnte, wäre eine eigene Studie wert.

6 Die Habermas-Luhmann-Debatte, die sich an den Positivismusstreit anschloss und im Gegensatz zu diesem weitgehend vergessen zu sein scheint, obwohl sie mehrere Suhrkamp-Bände hervorbrachte, tat der Profilierung beider, besonders aber der Luhmanns in den Sozialwissenschaften gut. Inhaltlich von ihr beeinflusst wurde offenbar vor allem Habermas in der Gegenüberstellung von „System" und „Lebenswelt" - das Begriffsangebot in der *Theorie des kommunikativen Handelns*, das seit damals richtig populär wurde, vermutlich weil es so bequem in „Öffentlichkeit" und „privates Leben" zu übersetzen ist. Dass wir unser Privatleben vor den Übergriffen von Politik und Verwaltung (der „Kolonialisierung" durch sie) schützen müssen, das leuchtet allen (besonders allen Politikern und Verwaltern und ihren Journalisten) unmittelbar ein.

7 Und möglicherweise ist das Setzen einer „Stunde Null" eine Bedingung dafür, dass nach der Katastrophe neu angesetzt werden kann - es hat nur auch seinen Preis.

8 Die erste große Studie des Instituts unter der Leitung von Horkheimer, „Studien über Autorität und Familie" (1936), analysierte die Auflösung der patriarchalen Familie, den Niedergang von Autorität und die autoritären Reaktionen darauf. Ansonsten ist in der Theorie von „Kulturindustrie", die Adorno seit den 1920ern in Europa, also unabhängig von der späteren Erfahrung der USA, in Analysen der musikalischen Komposition entwickelt hatte, deutlich die Erfahrung von Fordismus thematisiert. Vgl. Steinert 1992/2003.

9 Man kann Forschungsprogramme niemandem aufdrängen. Schon gar nicht sollten mächtige (staatliche oder private) Forschungsfonds das tun. (Auch die behauptete Selbstverwaltung der Wissenschaft, die aus einem aufwendigen Gewebe von Begutachtungen besteht, verbessert die Lage nicht.) Stipendien an (auf allen Stufen von Erfahrung) interessante Forscher, die sich dann selbst aussuchen können, ob sie ein eigenes Programm entwickeln oder sich einem vorhandenen zuordnen wollen, würden der Sache besser gerecht. Zuletzt schreibt man ein Forschungsprogramm immer für sich selbst.

Daher interessieren mich auch Konkurrenzen mit anderen Programmen nicht, und schon gar nicht solche um irgendein „Erbe". (Vgl. dazu die Ausführungen zum Familienroman der Kritischen Theorie, S. 152ff.) Ich will und kann daher nicht auf das Forschungsprogramm eingehen, das derzeit am Institut für Sozialforschung in Frankfurt verfolgt wird. Auch dort, so kann man den Veröffentlichungen entnehmen, wird daran gearbeitet, zentrale Erfahrungen der neuen Produktionsweise unter Verwendung einer Theorie- und Begriffs-Tradition zu verarbeiten. Angekündigt ist, dass eine entwickelte und aufgefächerte Theorie von „Anerkennung", die wie seinerzeit Habermas auf den frühen Hegel zurückgreift, das Zentrum bilden soll.

Eine starke moralphilosophische Komponente ist ebenso unverkennbar wie die - mit viel Kritik an Habermas verbundene - Herkunft aus der Habermas-Schule. Ansonsten scheint es dafür noch zu früh zu sein, dass der Ertrag dieser empirischen wie theoretischen Anstrengung schon Konturen haben könnte. Hier ist mit Interesse abzuwarten.

Ausgeklammert habe ich auch das Hamburger Institut für Sozialforschung, das schon mit seiner Namenwahl programmatisch an Kritische Theorie anschließt. Soweit die

Ergebnisse seiner schon mehr als 20jährigen Tätigkeit nicht in den Strömungen der Kritischen Theorie, die ich unterscheide, enthalten sind, fällt es schwer, eine Bilanz zu ziehen, noch gar von außen. Man kann ebenfalls mit Interesse abwarten, dass das Institut das selbst in zwei Jahren (25 Jahre Bestand) tun wird.

10 Vgl. dazu ausführlicher Resch (2005), besonders 254ff, wo die Evidenz zusammengestellt ist.

11 „Flexibilität" ist der gängige Euphemismus für erzwungene Ortswechsel oder lange Wege zur Arbeit, für erzwungene Umqualifikation, für verringerte soziale Absicherung in schlechten Zeiten oder im Alter, für intensivere Arbeit unter ungünstigeren Bedingungen, für Lohnsenkungen, für erzwungenes Klein-Unternehmertum - kurz: für die Hinnahme aller Zumutungen, die von Kapital-Seite verlangt werden können. Das heißt in den Metropolen schlechtere Löhne und Arbeitsbedingungen „auf hohem Niveau", in den Peripherien Ausbeutung bis zum Niveau von Sklavenarbeit und Verhungern.

12 Auch darüber muss man nicht nostalgisch klagen, sondern kann Kosten und Möglichkeiten analysieren. Für manche entstehen damit sicher Autonomie-Spielräume, die sie für sich selbst und womöglich zur Verbesserung der Gesellschaft produktiv nützen können. Es ist nur vielleicht nicht richtig, diese Leistungen und Risiken allen abzuverlangen, ohne die dafür nötige Infrastruktur zur Verfügung zu stellen.

13 Bei vielen Beratern stellt sich die Frage, ob und woher sie eigentlich die Expertise haben wollen, um auf einem Gebiet beraten zu können. Es ist in anderen Bereichen wohl ähnlich wie in der Wirtschaft, wo auch gescheiterte Manager zu Beratern werden können.

Begriff der Kritischen Theorie

1 Die Zitate dieses Abschnitts stammen aus *Minima Moralia*, Aphorismen 5 und 6. Es ließen sich in diesem Buch noch etliche weitere Passagen angeben, in denen die Haltung des „Snob" entwickelt wird, etwa die Aphorismen 77 („Auktion") oder 121 („Requiem für Odette"), zur Wissenschaft die ganze Reihe der Aphorismen 79 bis 87. Die beispielhaft behandelten genügen aber vielleicht, um die Haltung zu beschreiben und zu klären, dass sie mehr an Hintergrund hat als was im Alltag mit „Snob" verbunden wird - was aber wiederum nichts daran ändert, dass sie eben so wirkt.

2 Wozu noch Philosophie, 1962, GS 10.2: 461.

3 Adorno hat nach 1944 keine opus-Zahlen seiner Kompositionen mehr vergeben. Nach dem Verzeichnis von Riehm, 1989, finden sich auch im Nachlass tatsächlich nur mehr wenige und nicht vollendete Kompositionen aus späteren Jahren. Er hatte die Absicht, nach seiner Emeritierung wieder zu komponieren.

Nur als Kuriosität sei angemerkt, dass das auffällige Bild der „Verschlingung", das Habermas wählt, um die Untrennbarkeit von Mythos und Aufklärung zu bezeichnen, bei Horkheimer und Adorno nur einmal auftaucht (von „Verstrickung" ist öfter die Rede), und zwar als die „Verschlingung von Mythos, Herrschaft und Arbeit" (HGS 5: 55): Hier wird Mythos also genau mit der Kategorie „Arbeit" in Verbindung gebracht, die Habermas aus der Kritischen Theorie entfernt hat.

4 Der Text von 1983 ist praktisch unverändert wiederabgedruckt als Abschnitt V in Habermas (1985). Die kleine Veränderung besteht darin, dass die ursprünglichen Abschnitte I und II zu einem (I) vereinigt werden und ebenso ursprünglich IV und V (zu III). In beiden Fällen wird damit die ursprüngliche Trennung von Darstellung und scharfer Kritik - erst der *Dialektik der Aufklärung* immanent, dann in ihrem Bezug auf Nietzsche - aufgehoben. Die seinerzeitige Atempause vor der Ungültig-Erklärung wird eingezogen. Als weiteres Dokument von Habermas' Kritik der *Dialektik der Aufklärung* steht sein *Nachwort* zu der Hardcover-Sonderausgabe des S.Fischer-Verlags von 1986 zur Verfügung (auf das er in dem Buch von 1985 bereits - Fn 2, 131- verweist).

5 Dass Habermas sich an dieser Stelle auf den Schönberg-Teil der *Philosophie der Neuen Musik* beruft, den Adorno in der Einleitung in der Tat als „ausgeführten Exkurs zur 'Dialektik der Aufklärung'" bezeichnet, ist ein besonders seltsames Missverständnis: Dort wird nämlich keineswegs „im utopischen Gehalt des Kunstschönen ... Mimesis, jenes vernunftlose Potential einer vorvergangenen ... Vernunft" (Habermas, Nachwort, 1986: 290) gesucht, geschweige denn gefunden, sondern es wird scharf kritisiert, wie Schönbergs Befreiung des musikalischen Komponierens aus der Zeit um 1908 später durch die Systematisierung zu einer Kompositions*technik* selbst zu einem Korsett und also zu Herrschaft geworden sei - in dem Sinn Adornos unmittelbarste - musikalische - Erfahrung einer „Dialektik der Aufklärung" als Umschlagen von Befreiung in neue Herrschaft.

6 Habermas ist bei dieser skeptischen Einschätzung der Kritischen Theorie und Adornos geblieben. Noch seinen Festvortrag zur Eröffnung der Frankfurter Adorno-Konferenz 2003 beginnt er wie folgt: „Die heutige Veranstaltung ist der Versuch, die aktuelle Anschlussfähigkeit der Theorie einer Prüfung zu unterziehen: Was zählt der Philosoph und der Soziologe Adorno im Kontext gegenwärtiger Auseinandersetzungen?" (Habermas 2005: 13) Das Zitat gleich aus dem ersten Absatz des Artikels deutet schon an, wie hier statt einer Aktualisierung Adornos eine „Prüfung" der Brauchbarkeit seiner Einsichten und Denkmodelle angegangen wird. Wenig überraschend erweisen sie sich als interessant, aber unbrauchbar („uns Nachgeborenen ... nicht mehr ganz geheuer"; 31).

7 Honneth hat mit noch größerem (jedenfalls umfänglicherem) Argumentationsaufwand Adorno auf eine „ästhetische" Rationalität und Persönlichkeit festzulegen versucht, gegen die er damals die Position von Habermas stark machte. (Honneth 1982, 1989). Ich nehme hier als exemplarisch den Aufsatz von 1994 „Die soziale Dynamik von Mißachtung". In den Folgerungen zu einem Forschungsprogramm zur „Anerkennung", die den Schluss dieses Aufsatzes bilden, ist nicht ganz leicht zu erkennen, wie sich die Annahmen dieser „Aktualisierung der kritischen Gesellschaftstheorie" (17) von denen des „Werteverfalls" oder der „Auflösung der Familie" unterscheiden.

Neuerdings ist die Absetzbewegung am nun von Honneth geleiteten Institut für Sozialforschung einen Schritt weiter gegangen: Celikates und Pollmann (2006) erklären jetzt in der Zeitschrift des Instituts die Theorie von Habermas in einem (langen) Satz (97) für „überzogen", „überholt", „veraltet", nur mehr von „antiquarischem Interesse". Dagegen wird die „Neubegründung der Kritischen Theorie" in einer „anerkennungstheoretischen Neuausrichtung" (112) in Aussicht gestellt.

8 Wie sehr diese „vernichtende Kritik“ (die Bezeichnung als Gegensatz zu der von Benjamin und Adorno geschätzten „rettenden Kritik“ gewählt) der *Dialektik der Aufklärung* in der Soziologie kanonisch geworden ist, zeigt neuerdings das Referat der Kritischen Theorie in Imbusch (2005), das sich immer wieder auf Habermas und Honneth beruft. In der Zusammenfassung wird die Verlegenheit deutlich, in die Imbusch durch die Übernahme dieser Standard-Kritiken gebracht wird, weil die *Dialektik der Aufklärung* seinem Interesse, die Welt- und Menschheits-Katastrophen des 20. Jahrhunderts theoretisch ernst zu nehmen, durchaus entspricht. Daher muss der (den Argumenten der Habermas-Schule folgenden) durchgängig kritischen Darstellung zuletzt eine „trotzdem“-Volte (446ff) folgen, in der - jetzt etwas verunsichert - die Bedeutung der *Dialektik der Aufklärung* hervorgehoben wird.

9 Im Titel seines Buchs *Gesellschaft und Demokratie in Deutschland* hat Dahrendorf auf diese Tocqueville-Identifikation noch einmal angespielt. Vgl. zur „Reise nach Amerika“ Offe (2004), Steinert (2005).

10 Die erste Zahl ist die Seitenzahl aus dem deutschen Text in HGS 5, die zweite aus dem englischen in der ZfS.

11 Diese Veränderungen sind in der Ausgabe in HGS 5 als Fußnoten dokumentiert und im Anhang interpretiert.

12 Die wirtschaftliche Macht ist durch die Abhängigkeit von Auslandsinvestitionen und ausländischen (vor allem chinesischen) Währungsreserven prekär und die militärische Übermacht lässt sich nicht einmal unbedingt in militärische Siege und schon gar nicht in gewonnenen Frieden umsetzen. Ob und wie schnell Regierungen nach Bush die innen- wie außenpolitischen Schäden dieser Phase reparieren können, ist abzuwarten. Selbst oder gerade, wenn sie einen Politikwechsel vorhaben sollten, sind die nächsten US-Regierungen um das Erbe, mit dem sie fertig werden müssen, nicht zu beneiden.

13 Eine Übersicht ohnehin nur über die frühe Phase seiner zahl- und erfolgreichen Projekte zur Verbesserung zuerst seiner Heimatstadt Philadelphia, dann der Kolonien, schließlich der Verfassung der damaligen Welt gibt Franklin selbst im 1788 geschriebenen dritten Teil seiner oft missverstandenen *Autobiography*. Vgl. Wood (2004); Weinberger (2005).

14 Tocqueville, der entmachtete Aristokrat, bemerkt dazu: „Was mich betrifft, so ist es mir, wenn ich die Hand der Gewalt auf meiner Stirn lasten fühle, ziemlich gleichgültig zu wissen, wer mich unterdrückt, und meine Bereitschaft, den Kopf unters Joch zu beugen, wird nicht größer dadurch, daß eine Million Arme es mir hinhalten.“ 1835/40: 496.

15 Vgl. zum Bildungsbürgertum etwa Ruppert (1984), van Dülmen (1986), Frevert (1989).

16 Der Versuch von Lepenies (1985), hier die Soziologie als „dritte Kultur“ dazwischenzuschieben, ist nicht in allen Aspekten überzeugend: Die Soziologie ist selbst gespalten zwischen einer naturwissenschaftlichen und einer literarischen Orientierung. Wichtig ist es allerdings, dass man, so aufmerksam gemacht, die „naturwissenschaftliche“ Intelligenz erweitert zu einer „technisch/technokratischen“, die dann Teile der Soziologie mit enthält. Vielleicht kann man im Gegenzug auch die „literarische“ Intelligenz ausweiten zu einer „kritischen“, und hier dann den anderen Teil der Soziologie zuordnen.

17 Ferguson (1994) betont besonders die europäischen Einflüsse auf die amerikanische Aufklärung. „Aufklärung“, die zeitgenössisch nicht als einheitliche „Phase“ verstanden

wurde, ist rückblickend *zugleich* als international zu konzipieren (so z.B. Outram 2005, 2006) und als lokales, nationales Phänomen. Letzteres gilt besonders für Deutschland, wo sich im Selbstbewusstsein der Bildungsbürger die „Kulturnation", definiert durch die Sprache, über die Klein-Absolutismen hinweg bildete. Vgl. als anschauliches Beispiel die Wieland-Interpretation bei Kopitzsch (1989).

18 Fabian (2003: 29) fasst es so zusammen: „Deutschland war ein Konglomerat von Territorien, das sich von seiner Niederlage im Dreißigjährigen Krieg allmählich erholte ... Daher war die Aufnahme der englischen Kultur in Deutschland im achtzehnten Jahrhundert mehr als eine Bereicherung der eigenen Kultur, wie etwa in Frankreich. Sie war ein in seiner Breite und Differenziertheit fast einmaliger Rezeptionsvorgang, der großflächige Transformationen zur Folge hatte."

19 Für die Zwecke dieses Essays erscheint es sinnvoll, den „deutschen Idealismus" in der Philosophie mit der „Aufklärung" zusammenzufassen. Es ist auch in der Literaturgeschichte nicht unerhört, in die Epoche der Aufklärung auch Sturm und Drang, Empfindsamkeit, Klassik und Romantik einzubeziehen. (Siehe etwa Grimminger, 1980: Die Bände des Handbuchs folgen den üblichen Kategorien, die im Text aber aufgelöst werden.) In den Geistesgeschichten anderer Länder gibt es diese Feingliederung ohnehin nicht, vielmehr einen mehr oder weniger langen Übergang von der Aufklärung in den Empirismus in der Philosophie und in die Romantik in der Literatur. (Es ist lehrreich, englischsprachige Abhandlungen zu „German Idealism" und besonders ihre gewöhnlich befremdete oder aber exotistisch-faszinierte Haltung dazu zur Kenntnis zu nehmen.) In der Kritischen Theorie sind für die „Aufklärung" - wenn sie als spezifische Phase der Philosophiegeschichte und nicht als weltgeschichtlicher Prozess verstanden wird - zweifellos Kant und Hegel (und der Links-Hegelianer Marx, dazu noch Nietzsche) entscheidend. In einem engen Epochenbegriff von „Aufklärung" stünde Kant schon an ihrem Ende.

20 Im *Hofmeister* (1774) des Jakob Michael Reinhold Lenz wird die Situation des Intellektuellen, der mit dieser Privatheit, die keine sein darf, nicht zurechtkommt, besonders drastisch dargestellt: Er entmannt sich selbst. In der Bearbeitung des Stücks von Brecht wird der Lakaien-Status deutlich herausgestellt.

21 In den Philosophiegeschichten wird Aufklärung und Idealismus in Deutschland gewöhnlich als „Professoren-Philosophie" charakterisiert. Durch die Kleinstaaten gab es mehr Universitäten, deren Aufgabe die Ausbildung der jeweiligen Beamten war, und die Lehr-Positionen waren für Philosophen attraktiv. (Schneiders, 1997: 89ff) Es gelang auch einzelnen, direkt in diese Laufbahn zu kommen, ohne die Zwischen-Position des Hofmeisters durchleben zu müssen, den meisten (darunter Kant und Hegel) aber nicht.

22 Ob dieser „Werther-Effekt", wie ihn die Selbstmordforscher nennen, real oder seinerseits ein auf vielleicht wenigen Fällen beruhendes Gerücht war, wird möglicherweise nicht mehr zu klären sein.

23 Goethe stimmt gegenüber Eckermann (2. Mai 1827) der Einschätzung zu, man könne „den Tasso einen gesteigerten Werther" nennen.

24 Ein neueres Beispiel dafür ist die Einführung von Körber (2006). Der herrschende Konsens scheint zu sein, dass die Aufklärung eine internationale Bewegung mit einem Zentrum in Frankreich war. „Die Aufklärung kannte nationale Ausprägungen, war aber im

Prinzip eine transnationale Bewegung." (Möller, 1986: 8) So wird sie auch von Peter Gay (1966/1970) in seiner großen Geschichte behandelt, oder auch von Norman Hampson (1968).

25 Am interessantesten daran ist, dass man auch bei den US-Konservativen damit zu punkten versucht, dass sich die eigene Position auf eine „Aufklärung" zurückführen lässt - die man dazu von den „französischen" Anteilen säubern und moralisch aufladen muss. Zumindest unter den Gebildeten lässt sich doch nicht leugnen, dass die allseitig hochgeschätzten „Founding Fathers" der Aufklärung zugerechnet werden.

Für die US-„Linke" präsentiert Bronner (2004) dasselbe Manöver, allerdings mit einer Konstruktion von „Aufklärung", die sich nicht explizit national zuordnet. Er konstruiert sich seine Aufklärung als im Kern liberal (155), realistisch, pragmatisch und reformerisch, auf Rechtsstaatlichkeit bedacht und naturwissenschaftlich-experimenteller Prüfbarkeit von Aussagen verpflichtet - ohne deshalb Religionen und andere Glaubenssysteme angreifen zu wollen, so lange sie „privat" bleiben (164ff). Im Effekt ist es doch wieder die Aufklärung der amerikanischen „Founding Fathers", auf die er sich beruft und die er einer amerikanischen „Linken" anbietet, von der man nur das klar erfährt, dass sie jenseits der „Postmoderne" und der damit identifizierten „Critical Theory" steht. Die Position erinnert auch in den Einzelheiten oft an Habermas.

26 Selbst für den Rousseau von *Über den Ursprung der Ungleichheit unter den Menschen* (1755) im Gegensatz zu dem des Erziehungsromans *Émile* (1762), von den *Confessions* (1770) gar nicht zu reden, kann man die Zugehörigkeit zur selben Aufklärung bezweifeln. Seine *Nouvelle Héloise* (1761) passt ohnehin besser in die Hauslehrer-Problematik der deutschen Aufklärung als in die Aristokratie-Kritik der französischen.

27 Vgl. die Darstellung bei McMahon (2001) oder knapper Outram (2005), Kapitel 9. Wir haben das analog für den „linken Terrorismus" in den 1970er Jahren erlebt, der von Politikern wie Professoren verwendet wurde, um die anti-autoritären Ideen der Jugend- und Studentenbewegung, aber auch die Kritische Theorie zu diffamieren.

28 Herf zeigt auch empirisch, dass entsprechend gerade die Ingenieure, die Praktiker des „rationalsten Berufs", für die scheinbaren Irrationalismen des Nationalsozialismus anfällig waren und avancierte Technik problemlos mit „Gemeinschaft, Blut, Wille, Selbst, Form, Produktivität und zuletzt Rasse" (16) verbinden konnten.

29 Selbst im Manifest heißt es gleich zu Beginn des Abschnitts über „Bourgeois und Proletarier": „Unterdrücker und Unterdrückte standen in stetem Gegensatz zueinander, führten einen ununterbrochenen, bald versteckten, bald offenen Kampf, einen Kampf, der jedesmal mit einer revolutionären Umgestaltung der ganzen Gesellschaft endete *oder mit dem gemeinsamen Untergang der kämpfenden Klassen*." (Hervorhebung HSt)

Exkurs I

1 Offenbar wird sie dabei auch zum Kalauer und unterliegt der Erosion im Alltagsgebrauch. So entstehen diverse Ungenauigkeiten der Wiedergabe: Eine der schönsten trägt Deutschmann (1991: 523) bei, indem er davon spricht, dass „Odysseus seine Ohren gegen den Gesang der Sirenen mit Wachs vollstopft".

Negt und Kluge (1981) haben offenbar aus diesem Überdruß an der gewöhnlich nur Nacherzählung der Sirenen-Geschichte stattdessen das Argonauten-Epos interpretiert und es mit deutschen Märchen verglichen.

2 So wird die „panische Angst" (auch etymologisch) auf eine solche Verkörperung, nämlich im Waldgott Pan zurückgeführt. Die sonst unerklärliche Beklommenheit in der sommerlich-griechischen Mittags-Hitze mit ihren Gerüchen von Harz und Thymian, zur Stunde des Pan, wenn selbst die Zikaden schweigen, ist jetzt im Zirkelschluss auf dessen nicht wahrgenommene, aber in der aufsteigenden Angst gefühlte Nähe zurückzuführen und daher nicht mehr grundlos.

3 In der *Dialektik der Aufklärung* ist diese Abfolge angesprochen etwa mit „(m)imetische, mythische, metaphysische Verhaltensweisen galten nacheinander als überwundene Weltalter" (HGS 5: 54), oder mit: „Die Kategorien, in denen die abendländische Philosophie ihre ewige Naturordnung bestimmte, markierten die Stellen, die einst Oknos und Persephone, Ariadne und Nereus innehatten." (28) Über die ersten dieser Stufen wird wiederholt gehandelt, etwa in den Erwägungen zur Geburt der Sprache und ihrer Verwendung durch Priester und Zauberer als „ihre Meister" (43, 37f, 40ff) und bei den mehrfachen Erwähnungen von „Mana", dem „bewegenden Geist", dem „Echo der realen Übermacht der Natur in den schwachen Seelen der Wilden" (37f), dem „Schrecken, der so hieß" (64; vgl. auch 39f, 51, 63f). (Heute ist Mana als „die Macht", die „mit dir sein möge", wieder geläufig aus *Star Wars* und diversen davon inspirierten Fantasy Spielen.) Der zirkelschlüssige Vorgang wird illustriert mit dem Raub der Persephone als Erklärung für den Wechsel der Jahreszeiten (50). Handlich zusammengefasst findet sich diese Abfolge von „Aufklärungen" dargestellt in Horkheimers Vortrag über die Dialektik der Aufklärung (1946) vor der American Philosophical Association, besonders 109ff.

4 Im Odysseus-Exkurs wird auch auf die Verwandtschaft von Odysseus und Robinson, dem nun wirklich bürgerlichen Seefahrer-Helden, verwiesen. (85) Das gesamte Genre der Seefahrer-Geschichte als Abenteuer der Bürger und Darstellung des bürgerlichen Lebenslaufs lässt sich hier aufrufen. Die Odyssee wurde in dieses Genre eingepasst.

5 Es scheint heute in der klassischen Philologie Konsens zu sein, dass ein Dichter-Individuum namens Homer nicht nachweisbar ist und dass auch *Ilias* und *Odyssee* zu verschiedenen Zeiten entstanden und von verschiedenen Personen kompiliert wurden. In den interessanteren Spekulationen ist seit Samuel Butlers Idee, Nausikaa dafür zu nominieren, die Kompilatorin eine Frau. (Vgl. Dalby, 2006, Part Two.)

Jedenfalls sind dann diese Epen so zu behandeln wie die Bibel: als ein Konvolut von Texten unterschiedlicher Herkunft, in der Überlieferung immer wieder abgeschrieben, nacherzählt, neu geordnet, angereichert, gekürzt, umgeschrieben, übersetzt - und so für die jeweilige Zeit und ihr Publikum aufbereitet. Aus dem Ergebnis auf eine historische wirkliche Wirklichkeit schließen zu wollen, ist ein halsbrecherisches Unterfangen und eines, das man Spezialisten, etwa literarisch ambitionierten Archäologen überlassen kann. Die Bibel wie die Odyssee sind das, was die jeweilige Zeit daraus gemacht hat. Sie sind in diesem Sinne jeweils zeitgenössisch und können so interpretiert werden.

6 Die bildliche Darstellung der sexualisierten Sirenen-Phantasie des 19. Jahrhunderts ist besonders komisch, weil man sich angesichts der drallen Weiber im Wasser fragt, wa-

rum den Gefährten eigentlich die Ohren verstopft und nicht die Augen verbunden wurden.

7 Von dem Sandalen-Film von Mario Camerini, 1955, mit Kirk Douglas und Silvana Mangano, bis zur Nachmittags-TV-Version für unsere Kleinen von Andrei Konchalovsky, 1997.

8 Auf diese sexualisierte Phantasie fällt besonders unkontrolliert Oevermann (1998) herein. Dementsprechend ist bei ihm viel von „Paarungstod", vom (ausbleibenden) „Vollzug mit den Sirenen" und (ausfallender) „Endlust" die Rede - dass die Sirenen *Wissen* versprechen, wird aber überlesen. Im Zitat der Homer-Textpassage in Fn 5, 486, sind die Verse, die das aussagen, ausgespart.

Manche gegenübertragungsblinden Interpretationen sagen weniger über ihren Gegenstand als über die Phantasien des Interpreten aus.

9 Homer, Odyssee, 12. Gesang, Verse 186-191, Übersetzung von Roland Hampe, Stuttgart: Reclam, 1979. Nach dieser Übersetzung in Hexametern wird hier durchgängig zitiert, gewöhnlich mit der Angabe (Gesang: Vers).

10 Odysseus war als einziger Überlebender eines weiteren seiner katastrophalen Schiffbrüche halbtot am Strand angeschwemmt worden. Die Königstochter Nausikaa hatte bei ihrem Morgenspaziergang den nackten Fremden am Strand versteckt gefunden. Das Gastmahl hat der Phäaken-König Alkinoos zu Ehren des noch unbekannten Fremden ausgerichtet. Die gesamte Geschichte, die wir als die Irrfahrten und Abenteuer des Odysseus kennen, wird von ihm selbst, um sich gebührend bekannt zu machen, in vier Gesängen der Odyssee den Phäaken vorgetragen.

Die ersten vier Gesänge des Homerischen Epos handeln von Telemach, der angesichts der immer unhaltbarer werdenden Situation mit Penelope und den Freiern nach verlässlichen Nachrichten über seinen Vater sucht. Gesang fünf spielt im Olymp und beendet den Aufenthalt Odysseus' bei Kalypso. Er wird auf den Heimweg geschickt. Die Gesänge sechs bis acht berichten von Nausikaa, von Alkinoos und von dem Fest, auf dem Odysseus selbst, in den Gesängen neun bis zwölf, seine Geschichte erzählt. Die Gesänge dreizehn bis vierundzwanzig erzählen die Rückkehr des Odysseus nach Ithaka, den Kampf mit den Freiern und die Wiederaufnahme der Herrschaft (mit abschließenden Komplikationen).

11 Die Odyssee, selbst eine der „großen Erzählungen", handelt auch vom Erzählen. Sie entspricht inhaltlich und performativ dem, was Lyotard (1979) über das „narrative Wissen" und seine Legitimationsfunktion ausgeführt hat.

12 Diese Erzählung wird vom allwissenden Erzähler so kommentiert: „Sprach's und erzählte ihr viele der Wahrheit ähnliche Lügen; ..." (19: 203).

13 Es hat etwas Komisches, wenn Hölscher (1988: Kapitel XV) diese Erzählungen in Ithaka in der Interpretation als „Lügengeschichten" behandelt - „Lügen" welcher „Wahrheit" gegenüber? Er folgt damit der Suggestion des Textes, die Erzählung bei den Phäaken - die aus allgemein, besonders aus der Geschichte von den Argonauten bekannten Motiven montiert ist - sei die „wahre" Geschichte der Irrfahrten. Das Individuum konstituiert sich viel radikaler in seinen Lebens-Erzählungen, als in der naiven Unterscheidung einer „wahren" von „erfundenen" Geschichten seiner selbst impliziert ist - und die Odyssee stellt diese radikale Version dar: Die soziale Individualität entsteht im Akt des Erzählens.

14 Diese Drastik spricht doch ein wenig gegen Samuel Butlers sonst sehr ansprechende These, Nausikaa sei die Autorin der Odyssee.

15 Der allwissende Erzähler hat uns Leserinnen freilich schon lange mitgeteilt, dass zumindest am Schluss die Lage nicht gut war: Odysseus „wurden die Augen/Nicht mehr trocken von Tränen; das süße Leben zerrann ihm,/Der sich nach Heimkehr sehnte; denn nicht mehr gefiel ihm die Nymphe;/Sondern die Nächte wohnte er noch erzwungen der Göttin/Selbst nicht wollend der wollenden, bei in der wölbigen Grotte;/Aber am Tage saß er auf Felsen oder am Sandstrand,/Sich sein Herz zerquälend mit Tränen und Seufzen und Schmerzen./Über das Meer, das wogende, blickte er, Tränen vergießend." (5: 152-8) Jede auch nur halbwegs kluge Frau, und das ist Kalypso gewiss, gibt in einer solchen Situation Ehe- und Familienwünsche auf und schickt den Mann weg, schon gar, wenn auch die eigene Familie, Zeus und die Seinen, darauf drängt.

16 „So sprach ich; da brach den Gefährten das Herz, denn sie dachten/An des Antiphates, des Lästrygonen, schreckliche Taten/Und die Gewalt des Menschenfressers, des stolzen Kyklopen,/Und sie weinten, hell die quellende Träne vergießend;" (10: 198ff) „Aber Eurylochos kehrte zum schnellen Schiffe, dem schwarzen,/Kunde von den Gefährten und ihrem Unglück zu bringen./Aber er brachte kein Wort hervor; so sehr er es wünschte,/So getroffen war er vom Schmerz; ihm füllten die Augen/Sich mit Tränen an; zum Jammern war ihm zumute." (10: 244ff) „Als sie einander erblickten und gegenseitig erkannten,/Weinten und jammerten sie, und es hallte das Haus davon wider." (10: 453f) „So sprach ich, da brach das liebe Herz den Gefährten,/Und sie setzten sich klagend hin und rauften die Haare; ..." (10: 566)

17 Im Text tut er das gegenüber den Freiern mit den erfreulich offenen Worten: „Ja, das möchte ich wohl, wenn Zeus es gewährt, übernehmen./Meinst du etwa, das sei das schlechteste Los unter Menschen?/König zu sein, ist gar nicht übel; da füllt sich das Haus dir/ Rasch mit Reichtum an, und du selbst bist höher geachtet." (1: 390ff) In dieser Passage bemerkt auch Antinoos, dass Telemach das Königtum „vom Vater her zusteht" (1: 387), und Eurymachos, dass es noch nicht ausgemacht sei, wer König wird, Telemach solle aber seinem „Besitz und den Häsern, die dir sind,/... selber gebieten". (1: 402f)

18 Die Belagerung durch die Freier begann vor etwa drei Jahren, denn so lange konnte sie nach verschiedenen Erwähnungen (2: 106, 19: 151) die Freier mit ihrem Webstuhl-Trick hinhalten, jetzt aber nicht mehr.

19 Als Odysseus sich den Phäaken zum ersten Mal vorstellt, spricht er von den Eltern und dem Land, aber nicht von Penelopeia. Selbst als er seine Sehnsucht dorthin zurückzukehren damit illustriert, dass ihn zwei Göttinnen, Kalypso und Kirke, die ihn beide zum Gatten haben wollten, nicht zurückhalten konnten, erwähnt er die Frau nicht, zu der er zurück will, sondern nur „das Vaterland und die Eltern" (9: 34).

Dass er bei Kirke die Gemahlin nicht erwähnt, wenn er von zu Hause spricht, verwundert nicht weiter. Auch im Zusammenhang mit Kalypso kommt Penelope nicht vor. Erst der Schatten des Teiresias im Hades spricht zum ersten Mal von Penelope, ohne den Namen zu nennen, wenn er das „Unheil" beschreibt, das ihn zu Hause erwarte: „Übermütige Männer, die Hab und Gut dir verzehren,/Dein gottgleiches Gemahl mit Brautgeschenken umwerben. Aber du kommst ja heim und läßt ihre Frevel sie büßen."

(11: 116f) Kein weiteres Wort über die Ehefrau in den Voraussagen über sein Schicksal nach der Heimkehr.

Vom Schatten der Mutter verlangt er selbst dann Auskunft über „der Gattin Beschluß und ihre Gesinnung;/Bleibt sie noch bei dem Sohn, um alles treu zu bewahren,/Oder freite sie den, der von den Achäern der beste?" (11: 177) Die Frage ist nicht, ob sie ihm treu sei, das sagt erst die Mutter in ihrer Antwort.

Am ausführlichsten spricht der Schatten des Agamemnon über Penelope, indem er einerseits rät, der Gattin nicht alles anzuvertrauen, andererseits weiß er: „Doch dir wird kein Mord von der Frau her drohen, Odysseus,/Denn sie ist verständig und hat sehr gute Gedanken,/Des Ikaros Tochter, die kluge Penelopeia./Ja, wir haben als junge Frau zurück sie gelassen,/Als in den Krieg wir zogen; es lag ihr am Busen der kleine/Sohn, der nun wohl schon erwachsen im Kreise der Männer/Glücklich sitzt; ..." (11: 444ff) Agamemnon schließt dann aber doch mit dem guten Rat: „Heimlich und nicht offen sollst du im Land deiner Väter/Landen das Schiff, da keine Treue mehr ist bei den Frauen." (11: 455f) Daran hält sich Odysseus dann ja auch. Beim Aufbruch von Alkinoos, dessen Schiff ihn nach Ithaka bringen wird, sagt Odysseus: „... o möchte ich doch die tadellose Gemahlin/Wiederfinden daheim und unbeschädigt die Meinen." (11: 42f)

In der Erzählung unter Königen ist von der Gemahlin, wenn überhaupt, als Statthalterin die Rede, nicht von einer liebenden Frau. Der allwissende Erzähler in den Gesängen 1 bis 8 und 13 bis 24 weiß deutlich mehr von Penelope, die dort handelnde Person ist und über die in diesen Teilen auch mehr und Schmeichelhafteres gesagt wird.

20 Diese Szene, in der Penelope den Odysseus wieder als Mann annimmt, wird unterschiedlich interpretiert. Reemtsma (2001: 32) versteht sie als „eine der großen Liebesszenen unserer Literatur". Der Vergleich von Penelopes Erleichterung mit der von Schwimmern, die wieder festen Boden unter den Füßen finden, spricht von Nachlassen der Angst und der erzwungenen Anstrengung. Horkheimer und Adorno verwenden dafür die Charakterisierung „wahrhaft patrizisch" (98). Jedenfalls sind in der langen Szene Wiedererkennen, Zweifel daran, Staunen, Erleichterung - und Erwägungen über die Lage, Berichte vom eben Geschehenen und vom früher Erlebten, Ankündigungen und Pläne eng verschlungen.

21 Wir erfahren in der Odyssee nicht, wie viele Schiffe es ursprünglich waren. Die Zahl der Männer pro Schiff lässt sich aus der Angabe in 10: 208 (nach der Landung auf Aiaia ließen sich die Gefährten noch in zwei Gruppen zu je zweiundzwanzig mit je einem Anführer aufteilen) als ursprünglich sechzig zurückrechnen.

22 Er ist noch am stärksten individualisiert. Sonst gibt es außer ihm und Elpenor nur noch zwei, die überhaupt einen Namen haben: Polites und Perimedes, beide nur je einmal und nebenher erwähnt (10: 224 und 12: 195). Im Grundsatz sind die Gefährten namenlos, Mannschaft.

23 Die Anweisungen der Kirke für die Sirenen und für Skylla und Charybdis gibt er nur sukzessive und im zweiten Fall bruchstückhaft weiter. (10: 562ff, 12: 154ff, 214ff) Vor allem aber wird ihnen zwar gesagt, dass sie die Rinder des Helios nicht schlachten dürfen, aber nicht, dass die vorhergesagte Strafe dafür der unausweichliche Untergang aller sei, vielmehr wird nur allgemein „das schrecklichste Unheil" genannt. (12: 273ff, 300f, 321f)

24 Es sei denn bei der Plünderung und Zerstörung Trojas, die aber in Ilias und Odyssee nicht ausführlich vorkommt. Im Vortrag des Sängers Demodokos am Hof des Alkinoos, bevor Odysseus das Wort ergreift, wird sie im Anschluss an die Geschichte vom hölzernen Pferd in wenigen Versen (8: 514ff) und recht allgemein bleibend erwähnt („wie sie ... die steile Feste verheerten").

25 Völlig unverständlich ist daher auch die Interpretation von Geyer-Ryan und Lethen (1987), die Odyssee sei die Geschichte einer Resozialisierung. Der verrohte Krieger werde allmählich wieder zum Zivilisten. Nichts dergleichen geschieht. Viel verrohter als in der Tötung der Freier und der Dienerschaft kann kein Krieger sein. Das als „der Protagonist erscheint hier nicht so sehr als selbstmächtiges Subjekt denn vielmehr als Instrument der Götter" (64) weginterpretieren zu wollen, ist kein akzeptabler Ausweg: Spielball und Protegé der Götter ist Odysseus von Anfang bis Ende. Keine der Götter und Göttinnen haben am Untergang der Freier und der Dienerschaft ein besonderes Interesse, besonders nicht Pallas Athene, die hier (den Odysseus) beschützend mitwirkt. Die Raserei ist nicht fremdgesteuert.

26 In den Rezensionen zu Botho Strauß' *Ithaka* 1996 finden sich einige Blüten dieses Verleugnungs-Genres.

27 Odysseus sieht die empörte Reaktion voraus (23: 117ff) und versucht das Bekanntwerden seines Rache-Exzesses möglichst lange hinauszuschieben (23: 130ff).

28 In einem ersten Manuskript Adornos vom Mai 1944, das 1998 in *Frankfurter Adorno Blätter V* veröffentlicht wurde, war diese Einleitung sehr viel länger. Was jetzt in den ersten zwölf Zeilen zusammengefasst ist, machte dort zwei Seiten aus. Die ersten acht Seiten des Manuskripts wurden auf drei in der veröffentlichten Form reduziert. Die Auseinandersetzung mit der alt-philologischen Literatur und mit Rudolf Borchardt wurde hier radikal gekürzt.

29 Diese Interpretation ist in der veröffentlichten Fassung auffallend kurz, weil hier, wie sich dem eben genannten Manuskript entnehmen lässt, mehrere Seiten gestrichen wurden, die Adorno später unter dem Titel „Über epische Naivetät" in den *Noten zur Literatur I* (1958; AGS 11: 34-40) veröffentlichte.

30 Einzig von der Sirenengeschichte gibt es eine Version, in der sie sich - wie die Sphinx nach der Lösung des Rätsels - zu Tode stürzen müssen.

31 „Und dem Phemios legte der Herold das überaus schöne/Saitenspiel in die Hand; im Zwang nur sang er den Freiern./Und nun schlug er die Saiten und stimmte den schönen Gesang an." (1: 153ff) Er entgeht am Schluss dem Rache-Gemetzel, indem er sich auf diesen Zwang beruft, den Telemach bezeugt. (22: 330ff)

32 „Phemios, viele andre bezaubernde Weisen der Menschen/Kennst du, Taten der Männer und Götter, wie Sänger sie preisen./Eine davon sing jetzt, ..." (1: 337ff)

33 Dies ist die einzige von den vielen in der Odyssee erzählten Geschichten, die rein zur Unterhaltung (und als Untermalung und rhythmische Vorgabe für den Tanz der Jünglinge) vorgetragen wird. Ähnlich fungieren allenfalls die Anspielungen auf bekannte Heldensagen in den Begegnungen im Hades. Alle anderen Erzählungen, besonders die von Menelaos und Agamemnon, ergänzen die Ilias oder tragen Aspekte zur Odysseus-Geschichte bei.

34 Diese Geschichte wird noch zweimal erzählt: zum ersten Mal von Menelaos, der sich gemeinsam mit Helena an die Situation erinnert, für Telemach (4: 269-289); und zum dritten Mal von Odysseus im Hades für Achilles innerhalb seiner Erzählung über dessen Sohn Neoptolemos (11: 523-532); beide Male aus der Sicht der Männer im Pferd.

35 Der Sauhirt Eumaios spricht es später offen aus: „Nein, die fahrenden Leute, da sie der Pflege bedürfen,/Lügen auch sonst und sind nicht gewillt, die Wahrheit zu sagen. ... Alter, da würdest auch du dir bald ein Märchen erdichten,/Gäbe dir einer dafür einen Mantel und Leibrock und Kleider.“ (14: 124f, 131f)

36 Die andere mögliche Interpretation wäre freilich, dass es den Phäaken vor allem darauf ankommt, Feste zu feiern - und dafür ist ihnen jeder Anlass recht. Sie wird durch die reichen Geschenke und die Bereitschaft ausgeschlossen, den Fremden in seine Heimat zu bringen.

37 Selbst bei Goethe ist freilich der Witz an dem angespielten Gymnasiallehrer-Wahrspruch aus dem übermütigen Buch Suleika des *West-östlichen Divan*, dass Hatem ihm sofort widerspricht. Statt bleiben zu wollen, was er ist, will er sich lieber in Suleika wiederfinden: „Wie sie sich an mich verschwendet,/Bin ich mir ein wertes Ich;/Hätte sie sich weggewendet,/Augenblicks verlör ich mich.“ Der Liebende weiß, dass Individualität ein Beziehungsbegriff ist.

38 Das hat gewöhnlich den Preis der Selbsterniedrigung, besonders deutlich in Talk- und Casting-Shows oder Reality-TV, aber auch der Professor, der mit einer Wortspende als talking head vor der Bücherwand auftritt, kann sich dabei nicht richtig einzigartig vorkommen.

39 Reemtsma (1992) hat etwa das Beispiel von *First Blood* (Kotcheff, 1982), des ersten und einzig nennenswerten der Rambo-Filme mit Sylvester Stallone, als Vietnamkrieg-Heimkehrer-Drama mit Wolfgang Borcherts *Draußen vor der Tür* (1947) verglichen.

Exkurs II

1 Hans Mayer (1971) weist darauf hin, dass Hegel Diderots Roman gekannt hat, und verfolgt die lange Tradition der Herr-Knecht-Geschichten, besonders auch nach Hegel. Dabei fällt besonders auf, dass das Interesse sich auf die Marxsche Interpretation und die Arbeiterbewegung verlagerte, während in der bürgerlichen Literatur wie Philosophie das Thema verschwand oder nur mehr (wie bei Hofmannsthal) nostalgisch behandelt wurde. Den Zusammenhang zwischen Diderots Jacques und Hegels Knecht hat Mayer schon in seiner Besprechung des Romans (1955) herausgestellt, Unterschiede haben ihn offenbar weniger interessiert.

2 In der *Jenenser Realphilosophie II* unterscheidet Hegel „subjektiven“ und „wirklichen“ Geist.

3 Theoriegeschichtlich geht das Motiv des Kampfes in der Entstehung von Gesellschaftlichkeit auf Thomas Hobbes zurück. Dessen Annahme eines ursprünglichen Kampfes aller gegen alle wird hier in ein spätes Stadium der Entwicklung von Selbstbewusstsein verlegt und zugleich zur Grundlage einer Möglichkeit von Befreiung gemacht. Hobbes hat durch die Erfahrung des englischen Bürgerkriegs dazu gefunden, das Ende der Kämpfe

als Voraussetzung für Gesellschaftlichkeit zu sehen. Vielleicht haben auch bei Hegel die äußeren Umstände dazu beigetragen, die kriegerische Metapher nahezulegen: Es wird berichtet, die *Phänomenologie* sei praktisch unter dem Kanonendonner der Schlacht bei Jena und Auerstädt abgeschlossen worden. Hegels Haus in Jena wurde von Soldaten geplündert. Aber Hegel und seine Freunde hatten sich schon im Tübinger Stift intensiv mit der französischen Revolution und später auch mit Napoleon und seinen Kriegen beschäftigt. Gegenüber der Vorfassung in der *Jenenser Realphilosophie* hat Hegel die Metapher verschärft. Dort haben für den Kampf um Anerkennung zwar „Worte, Versicherungen, Drohungen oder Versprechen" nicht gereicht, es genügte aber, dass die beiden „einander verletzen" oder einander im Besitz stören. (I: 227; II: 206ff) In der Vorlesung I, nicht in II, schließt sich daran allerdings auch der Tod: „Dies Anerkennen der *Einzelheit der Totalität führt also das Nichts des Todes* [herbei]; jeder muß von dem Andern erkennen, ob er ein absolutes Bewußtsein sei." (I: 229) Von der Todes*angst* und ihrer Bedeutung für die Anerkennung ist hier noch nicht die Rede.

4 Indem Hegel den Kampf auf Leben und Tod und nicht die asketische oder enthusiastische Ekstase zum Modell der Überwindung der äußeren Wirklichkeit durch ein absolutes Selbstbewusstsein macht, hat er die Deutung praktisch erzwungen, dass der Kampf zwischen den beiden Formen von Selbstbewusstsein als Kampf zwischen zwei Menschen verstanden wird. Wäre Askese die Form, wie das „praktische" Selbstbewusstsein zugunsten eines „absoluten" überwunden wird, könnte man nur auf die Deutung kommen, dass sich dieser Kampf innerhalb eines Menschen abspielt: Der Kampf bedeutete Selbst-Überwindung. Freilich haben alle von Marx herkommenden Interpreten der Herr-Knecht-Dialektik (von Lukács und Bloch über Kojève und Marcuse bis Habermas, Honneth und auch Taylor) den Kampf um Anerkennung als Kampf zwischen zwei Menschen verstanden. In den frühen Schriften, vor der *Phänomenologie des Geistes*, ist das auch eindeutig so.

5 Habermas lässt beiseite, dass Hegel in beiden in der *Realphilosophie* dokumentierten Vorlesungen als vierte und krönende Kategorie den „Volksgeist" behandelt. In ihm wird erst Subjekt und Objekt auf ganz besondere Weise vermittelt: „Die vorhergehenden Potenzen [Sprache, Werkzeug, Besitz und Familie] sind überhaupt ideale; sie sind erst existierend in einem Volke." (I: 235) „Dieses Allgemeine ist Volk, Menge der Individuen überhaupt, daseiendes Ganzes, die allgemeine Gewalt. Es ist von unüberwindlicher Stärke gegen den Einzelnen und [ist] seine Notwendigkeit und niederdrückende Macht und die Stärke, die jeder nach seinem Anerkanntsein hat, ist die des Volkes." (II: 244) Die höchste Stufe des Anerkanntseins ist schon beim frühen Hegel das Aufgehen des Individuums im Gesetz und in der - Volksgemeinschaft.

Erweiterte Kulturindustrie

1 Der erste Teil dieses Abschnitts hält sich eng an unsere Ausführungen in Resch und Steinert (2003b).

2 Zu Wagner: Adorno, Notiz über Wagner, 1933, AGS 18; Fragmente über Wagner/ Versuch über Wagner, 1939/1952, AGS 13; zum Jazz: Adorno, Abschied vom Jazz,

1933, AGS 18; Über Jazz, 1937, AGS 17; Fanatismus: Horkheimer, Egoismus und Freiheitsbewegung, 1936, HGS 4; zum Neo-Klassizismus: Adorno, Ad vocem Hindemith, 1922ff, AGS 17; Zur gesellschaftlichen Lage der Musik, 1932, AGS 18.

3 Adorno, Versuch über Wagner, 1952, Abschnitt VI, AGS 13: 82-91.

4 Vgl. dazu ausführlich Steinert (2000) sowie Resch und Steinert (2004).

5 Zitiert nach dem Abdruck in: Adorno und Haselberg 1965: 494.

6 Was folgt, ist eine knappe Zusammenfassung von Ergebnissen, die in meiner Untersuchung über Jazz und Kritische Theorie in Steinert (1992/2003) ausführlich dargestellt sind. Passagenweise wurde auch Text von dort übernommen.

Grenzen der Kritischen Theorie

1 Das andere Bild, das hier verwendet werden könnte, ist das der Sekte, in die man aufgenommen, aus der man ausgestoßen werden und in der man zum inneren Kreis oder nur zu den Mitläufern gehören kann. Die Sekte ist aber selbst wieder nach dem Modell der patriarchalen Familie organisiert, deshalb bleibe ich gleich bei dieser Analogie.

Dafür spricht auch, dass es hier, anders als in Sekten-Geschichten wie etwa der der Surrealisten oder der Situationisten (von den Kommunisten gar nicht zu reden), nur eine einzige Ausschließung gab, nämlich die von Erich Fromm in New York, und selbst die war zumindest zu gleichen Teilen auch eine Abwanderung Fromms, der seinen eigenen Betrieb aufmachte. (Vgl. dazu neuerdings Schmid Noerr 2007) Die gleichzeitigen Trennungen von Neumann, Kirchheimer, auch Marcuse geschahen unter dem Druck der Finanzknappheit und wurden offenbar nicht als konflikthafte Ausschließungen vollzogen.

2 Erst in letzter Minute, nämlich im Text des Nachwortes, werden Habermas und Negt nebeneinander genannt - aber im Anhang der Mitglieder des Instituts und ihrer Publikationen hat nur Habermas einen ausführlichen und eigenen Eintrag. Negt firmiert dort in einer Restkategorie von „Weitere ... Buchpublikationen aus dem Kreis der Frankfurter Schule" (765). Diese Zurückstufung ist umso auffälliger, als Wiggershaus selbst auf das Buch von van Reijen (1984) verweist, in dem auch die Redeweise von der „zweiten Generation" prominent firmiert. Dort wird Negt fast gleichgewichtig mit Habermas referiert.

3 Besonders an englischsprachigen Universitäten findet man nicht selten kleine Zirkel von Sozialtheoretikern, die sich als Adepten einer „Critical theory" oder sogar „Frankfurt School" verstehen und damit oft ausschließlich Habermas meinen.

4 Das Prinzip ist von Caesar bekannt: Lieber der Erste im kleinsten Dorf Galliens, als in Rom der Zweite. Ohnehin war damals die Zeit der Universitäts-Neugründungen in der BRD, so dass viel an Arbeitskapazität gerade von „linken" Leuten von solchen Neubeginn-Projekten mit ihren Hoffnungen und vor allem bürokratischen Anforderungen an verschiedenen, oft genug entlegenen Orten absorbiert wurde.

5 Es gehört zu den besonderen Ironien der Theoriegeschichte, dass Oskar Negt zuletzt in den Gazetten als „Berater Gerhard Schröders" geführt wurde - was immer das an realem Austausch zwischen den beiden implizieren mag. Das vorübergehende Engagement von Habermas in einem Frankfurter Diskussionszirkel zur Bearbeitung von Grundsatzfragen der Grünen ist im Vergleich dazu deutlich weniger peinlich.

6 Es ist mir nicht gelungen, außer Drieschner (1996), dem Bericht eines Mitarbeiters der Weizsäcker-Hälfte, eine öffentlich zugängliche Geschichte dieses immerhin zehn Jahre lang arbeitenden Instituts zu finden, nicht einmal eine Liste der Projekte und MitarbeiterInnen der Habermas-Abteilung. Im Archiv der Max-Planck-Gesellschaft muss sich das Material für eine solche Geschichte natürlich finden lassen. Die damals Beteiligten könnten Auskunft geben. Hier gibt es das Feld für eine kleine Forschungs-, etwa eine Diplomarbeit.

7 Adorno - und das wird vielleicht besonders wegen des persönlichen Desasters der Projektarbeit mit Lazarsfeld im Radio Research Project übersehen - hatte offenbar durchaus Interesse an empirischer Arbeit: Er entwarf schon 1936 empirische Erhebungen in der Musikindustrie für seine Jazz-Theorie, komplett mit Fragebogen und Erhebungsplan (vgl. Steinert 1992/2003: 95ff); der Arbeit im Radio Research Project, die ihm den Eintritt in die USA sicherte, sah er durchaus mit Enthusiasmus entgegen; an den Studien zur Authoritarian Personality beteiligte er sich aktiv und über die Interpretation der dabei gewonnenen Materialien hinaus immer wieder mit eigenen inhaltsanalytischen Arbeiten (der agitatorischen Radioansprachen von Martin Luther Thomas, der Horoskope in der Los Angeles Times, von Fernsehspielen). Anders als Horkheimer, von dem es keine Arbeiten dieser Art gibt, hatte Adorno durchaus eine Neigung auch zum Handwerklichen der empirischen Forschung - wie immer man seinen Erfolg dabei einschätzen mag. Er war nicht auf das Philosophische festgelegt und betrieb empirische Forschung durchaus mit Überzeugung.

8 Adorno setzt (480) etwas beschwörend mit der Versicherung ein: „Das Vordringen der empirischen Tendenzen in der deutschen Soziologie entspringt nicht dem Kultus der übermächtigen Tatsächlichkeit." Es ergebe sich vielmehr in einer „immanent wissenschaftlichen Entwicklung" als Korrektur der geisteswissenschaftlichen Soziologie, die an ihre Grenzen gestoßen sei: „Als aber Begriffe wie der des Geistes aus ihrem Zusammenhang und aus der Beziehung zum Material herausgesprengt waren, wurden sie erst isoliert, dann absolut gesetzt, schließlich zu Fetischen, zu Werkzeugen des Obskurantismus." Als Beispiel nennt er die Dichotomie von Gemeinschaft und Gesellschaft und ihre Verwendung im Nationalsozialismus. Mit Hilfe von Empirie „muß Wissenschaft die Härte dessen, was ist, zum Bewußtsein erheben". (481) Der zweite Teil dieses Vortrags betont in verschiedenen Wendungen, dass „social research" „Herrschaftswissen" hervorbringe und damit einerseits unabdingbar sei („Die Reproduktion des Lebens unter den heutigen Bedingungen erscheint überhaupt nicht möglich, ohne daß zentralen Planungsstellen jene präzisen Angaben über die mannigfachsten sozialen Verhältnisse zugeleitet werden, die nur durch die Techniken der empirischen Sozialforschung zu erwerben sind." 492), andererseits „so leicht partiellen Zielen zugute" komme. (492) Der Vortrag, mit dem Adorno eine große Tagung der Vertreter aller Arten von empirischer Sozialforschung in der BRD eröffnete, ist ein Dokument von Diplomatie in einer höchst widersprüchlichen Situation.

9 Es wird das Niveau des Dialektik-Projekts noch eine Reflexionsstufe höher geschraubt und seine Logik, dazu die Wurzeln im deutschen Idealismus herausgearbeitet. Diese sind im Text der *Dialektik der Aufklärung* nur erstaunlich knapp angedeutet, etwa in dem Abschnitt zu Kant am Beginn des Exkurs II; Hegel kommt dort gar nicht vor. Dazu wird erst hier, in den „Meditationen zur Metaphysik", die philosophische Verarbeitung der Shoah versucht, die gern für den „Pessimismus" der *Dialektik der Aufklärung* verantwortlich gemacht wird, damals, 1944, aber noch gar nicht möglich war.

10 Allenfalls kann man sich hier fragen, warum seine Theorie der Kulturindustrie damit so relativ wenig verbunden wurde.

11 Es ist dadurch gekennzeichnet, dass es die verschieden strukturierten Felder von Lohnarbeit und Hausarbeit balancieren muss, dass es die Lohnarbeit nicht zum Fetisch macht, sondern sie als notwendig, aber deshalb nicht unbedingt Zentrum des Lebens und der zum Leben notwendigen Arbeit sieht.

12 Die Unterscheidung wird auch beschrieben durch die Menschenbilder, die in den beiden Ökonomien vorausgesetzt werden: Die erste Ökonomie braucht „den allseitig funktionsfähigen Menschen ..., leistungsbewußt, anpassungsfähig, mit wenigen oder gar keinen Bindungen, die ihn am Aufstieg hindern könnten ... Der Mensch der Zweiten Ökonomie hat einen ganz anderen Zuschnitt: Er ist eigensinnig, auf autonome Urteilsfähigkeit und eigentümliche Lebensstile bedacht, die rebellische Elemente enthalten. So können Menschen dieses Typs große Opfer bringen und sich entschieden kampfbereit zeigen, aus keinen anderen Gründen als dem Gefühl, daß politische Machtverhältnisse gestört sind oder soziale Gerechtigkeit verletzt ist - massiver Widerstand, um die bedrohte Würde zu sichern." (321f)

13 Auch ohne die Hinweise in der Einleitung und im ersten Kapitel von Negt (1984) wäre der Zusammenhang der beiden Bücher mit der damals gestarteten Gewerkschafts-Kampagne für kürzere Arbeitszeit - 35 Stunden sind genug - offensichtlich. In der Vorrede zu Negt (2001) blickt der Autor desillusioniert auf die „politische Streitschrift" von 1984 und die damaligen Kämpfe zurück: „Der auch in mir entflammte Optimismus, eine konsequente Politik der Arbeitszeitverkürzung durch gewerkschaftliches Handeln, das sich der historischen Verantwortung bewußt ist, könnte die Fundamente des bestehenden Herrschaftssystems erschüttern, ist nicht tragfähig gewesen." (23)

14 In seinem Beitrag zur Negt-Festschrift von 2004 greift André Gorz das krachlederne Wort „Umwichtung" mit leisem Spott und offener Kritik auf: Damit wird es nicht getan sein, es wird schon etwas radikaler neu gedacht werden müssen. (Gorz 2004: 36)

Der Abschnitt „Eine Moral jenseits von Lohn und Leistung" (Negt 2001: 462-473) ist nur wenig verändert aus Negt (1984: 214-226) übernommen. (Das Buch von 2001 wird in der „Vorrede": 24, als „in den meisten Teilen neu geschrieben" bezeichnet.) In der Fassung von 1984 hatte es noch „Umgewichtung" geheißen. (222) Vielleicht hebt Gorz also nur einen Druckfehler hervor.

15 Alexander Kluge beschreibt 2001 die Form der Zusammenarbeit mit Negt. Beide behielten dabei „den vollen Zusammenhang zu unseren Interessen", mit einer Ausnahme, die sich „herauskristallisiert" habe: „Ich bringe nie Beispiele und Interessen aus dem Filmbereich, Oskar Negt keine seiner Erfahrungen aus der gewerkschaftlichen Bildungsarbeit ein." (7) Diese Erfahrungen mit der Gewerkschaft bestimmen dafür Negts Bücher zur „Arbeit" umso nachhaltiger.

16 Nur so ist zum Beispiel zu erklären, dass 1998 eine englische Neuausgabe des „Kommunistischen Manifests" zu einem Verkaufserfolg bei den Finanzkapitalisten und ihren Kritikern werden konnte: Offenbar hat die Marxsche Theorie, an Zuständen von Frühkapitalismus entwickelt (man muss sich nur in einem Industrie-Museum einen Eindruck davon verschaffen, wie bescheiden 1848 die „große Maschinerie" ausgesehen

hat, um die Vorhersagekraft zu ermessen), zu Struktur-Einsichten vorstoßen können, die ihre Gültigkeit nicht verloren haben und ihr Erklärungskraft auch für heutige Zustände zuwachsen lassen. (Die gute Aufmachung und das Vorwort von Hobsbawm haben sicher zum Verkaufserfolg beigetragen.)

17 Vgl. dazu Steinert (1998a), sowie das Kapitel „Zur Methode: Genau hinsehen, geduldig nachdenken und sich nicht dumm machen lassen" in Steinert (1998b).

18 Ebenso müsste das in der Neuro-Psychologie getan werden, wo das aber interessanterweise nicht gelingt und stattdessen die Verdopplung in „Ich und mein Hirn" geschieht, die ihrerseits altehrwürdige Leib-Seele- oder Geist-in-der-Maschine-Probleme zur Folge hat.

19 Die ausführliche Darstellung dieser Zusammenhänge findet sich in meinem „Adorno in Wien" (Steinert 1989/2003), weitergeführt in Steinert (1992/2003).

20 Dort hatte zum Beispiel der Kaiser mehrere Jahre lang verhindert, dass der aggressiv antisemitisch auftretende und deshalb gewählte Bürgermeister Lueger tatsächlich das Amt antreten konnte. Er hat seine Haltung später, im Amt, deutlich gegenüber seinen Wahlkämpfen moderiert.

Ich verweise auch hier für eine ausführliche Darstellung auf Steinert (1989/2003).

21 Vgl. Schneider, Stillke und Leineweber (2000), auf deren Analyse ich mich hier insgesamt stütze.

22 Vgl. Steinert (1998b), Resch und Steinert (2003a), besonders 18ff, 51ff.

23 Die Jugend- und Studentenbewegung wird also nicht als defensiv, als die Reaktion auf neue Zumutungen, sondern als offensiv verstanden: Sie hat die Nutzung von Möglichkeiten reklamiert, die bestanden und deren Realisierung herrschaftlich verhindert wurde. Sie hat damit genau einem Denkmotiv der Kritischen Theorie entsprochen und auch, aber nicht nur, die Reaktion erfahren, die dort angenommen wird: verschärfte und raffiniertere herrschaftliche Verhinderung. Nicht nur: Ein paar befreiende Veränderungen wurden auch erreicht und jedenfalls nicht sofort zurückgenommen.

24 Zur Darstellung und Interpretation der Studentenbewegung und ihrer verschiedenen Fraktionen in europäischen Ländern mit unterschiedlich eskalierten Ausprägungen von „bewaffnetem Kampf" vgl. Steinert et al., 1984.

25 Vgl. die Beispiele in Herzog, 2005: 193ff. Ein schönes Beispiel ist auch das Flugblatt „Suchanzeige" der situationistischen *Subversiven Aktion* (der Kunzelmann und Böckelmann, zeitweise auch Dutschke angehörten) von 1964, auf dem sie als „verantwortlich: Th. W. Adorno" mit voller Frankfurter Privatadresse verzeichnet hatten. (Abgedruckt in: Böckelmann und Nagel, 1976: 145. Adorno erstattete Anzeige.) Es enthält in bunter Mischung Zitate zum Thema Kulturindustrie und Widerstand von André Breton, Jacques Mesrine, Guy Debord, Marcuse und zweimal Adorno (aus *Minima Moralia* 80 und 131, in letzterem ist „Der Film" durch „Die Kulturindustrie" ersetzt) ohne genaue Zuordnung im einzelnen. Es ging nicht um Genauigkeit oder um bestimmte Autoren, es ging um eine Haltung.

Ironischerweise überträgt sich dieser nonchalante Umgang mit Zitaten noch in die Geschichtsschreibung der Studentenbewegung: In einer Besprechung von Kraushaar (1998) im *Spiegel* 20/1998 verwendet Reinhard Mohr die beiden ersten auf dem Flugblatt abgedruckten Zitate zusammengenommen als Adorno-Zitat, das belege, ein wie

„radikaler und eloquenter Kritiker der bürgerlichen Gesellschaft" dieser „hochgebildete jüdische Linksintellektuelle Adorno" doch gewesen sei. Beide Sätze stammen nicht von Adorno, vielmehr der erste von Breton, der zweite von Mesrine.

26 In Schneider et al. (2002) haben wir gefunden, dass es eine Verlaufskurve der Entwicklung bei den West-Dissidenten, also Teilnehmern der Studentenbewegung gab, die oberflächlich nach Aufgeben der „linken" Position und nach opportunistischer Anpassung an die später konservativere Stimmung aussah. Tatsächlich muss man in der Interpretation solcher Lebensläufe darauf achten, ob die opportunistische Anpassung nicht vielmehr seinerzeit, in der Übernahme von „linken" Positionen stattfand.

27 Man könnte als etwas zugespitzte Formel sagen: Alle Disziplinen, die das überhaupt konnten, wurden (in Aspekten) Sozialwissenschaften.

28 Auch sonst ist dieses Jahr ein für die Geschichte der sozialen Bewegung merkwürdig gewählter Bezugspunkt, in dem sich nur gewalttätige Auseinandersetzungen sehr unterschiedlicher Art verbinden - kriegerische Ereignisse (die Tet-Offensive in Vietnam, die Invasion der Warschauer-Pakt-Panzer in Prag), Attentate (auf Martin Luther King und Rudi Dutschke mit nur einer Woche Abstand, später noch Robert Kennedy), Straßenkämpfe besonders in Paris, aber auch in deutschen Städten. Dass „1968" Symbol für die Studentenbewegung wurde, belegt nur den starken kulturindustriellen Anteil dieser Bewegung. Für die mit ihr verbundene Theorie-Entwicklung ist dieses Jahr weder Anfang, noch Höhepunkt, noch gar ein Ende.

29 Umgekehrt wäre die Wissenschafts- und damit auch Universitäts-Feindlichkeit gerade der Grünen eigene Studien wert. Dass die Impulse der Technik-Kritik sich nicht stärker in Bemühungen um eine „bessere" Wissenschaft umsetzten, sondern eher in Wissenschafts-Skepsis und Universitäts-Ablehnung, ist nicht ganz leicht zu erklären.

30 Die Bedeutung der Verlage und sogar einzelner Lektoren-Persönlichkeiten wie Günter Busch darf auch nicht übersehen werden.

31 Schon für das 18. Jahrhundert ist zu fragen, wie die als „Populäraufklärung" beschriebene Bewegung sich zu den Schriften von Christian Wolff oder den verlegerischen Aktivitäten von Christian Thomasius verhielt und ob diese breite Bewegung nicht interessanter wäre als die Schriften einiger Professoren, die sich für die Aufklärungsforschung vor allem dadurch empfehlen, dass sie leichter zugänglich sind als das, was an Höfen, in Geheimgesellschaften, in Lesezirkeln und in Kaffeehäusern diskutiert wurde.

32 Demirovic (2007) erinnert an den größeren Kontext einer Geschichte der Gesellschaftskritik, in der die Kritische Theorie und der „westliche Marxismus" eine Phase dargestellt haben, die der Formation des Fordismus zugeordnet werden kann. In einer solchen Sicht wird die Geschichte von Theorie als Verarbeitung der Erfahrungen von Gesellschaft und Herrschaft ohnehin die einzig sinnvolle Form. Demirovic zeigt, dass seit der Aufklärung Gesellschaftskritik als Beruf, zuletzt in besonders enger Verbindung mit den Universitäten entwickelt wurde. Es ist nur hinzuzusetzen, dass das durchaus nicht so bleiben und dass schon gar nicht der Ort dafür die Universität bleiben muss.

33 Die Philosophie behielt in Frankfurt einen starken Schwerpunkt Kritische Theorie durch Alfred Schmidt und den Hegel-Kenner Bruno Liebrucks, sowie (am Fachbereich Gesellschaftswissenschaften) Jürgen Ritsert.

34 Aus eigener Erfahrung ab 1977 lässt sich die Beobachtung beitragen, dass es in den Frankfurter Gesellschaftswissenschaften und über diesen Fachbereich hinaus etwas gab, das Universitäten selten haben: ein Team, das in wesentlichen Grundlinien der theoretischen Orientierung übereinstimmte. Es macht die grundsätzliche Schwäche der Rekrutierung an der Universität aus, dass sie Teams, nicht zuletzt mit dem Mittel des Hausberufungsverbots, verhindert und, wenn sie doch entstehen, zerschlägt. Frankfurt hatte damals aus angebbaren Gründen (neben der hegemonialen Stärke von Ansätzen einer im weiteren Sinn Kritischen Theorie durch die Stärke des Mittelbaus) und vielleicht auch glückliche Zufälle ein solches Team, das die Disziplinen und Fachbereiche überspannte und das sonst übliche universitäre Monaden-Dasein aufhob oder wenigstens zwischen ihnen Elemente einer „prästabilierten Harmonie" wichtiger werden ließ, als sie gemeinhin in der Konkurrenz sind.

35 Daniel Bell etwa hat schon 1973 die „nachindustrielle Gesellschaft" diagnostiziert, die unter anderem auch schon durch eine gestiegene Bedeutung von Wissen als Produktionsfaktor gekennzeichnet war. Auch in der Bildungsökonomie der 60/70er war ebenso wie in linken Schriften aus der Studentenbewegung die wirtschaftliche Bedeutung von Wissen ziemlich hoch eingeschätzt worden. Ebenso gab es in Frankreich eine Denkrichtung, die mehr oder weniger technokratisch Wissen und Planung als Wirtschaftsfaktor darstellte. Alain Touraine ist wahrscheinlich als Kritiker dieser technokratischen Entwicklung bei uns am bekanntesten geworden. Vgl. dazu Resch 2005: 32ff.

36 Die meisten soziologischen Theorien haben schon keine Begrifflichkeit, um Veränderung zu beschreiben. Sie können Strukturen und ihre Erhaltung darstellen und müssen Veränderung als Außen- oder Zufalls-Einfluss konzipieren. Im Gegensatz dazu geht Kritische Theorie von Veränderung aus und muss Stabilität als Ergebnis von Herrschaft erklären. Wahrscheinlich ist das Ärgernis dieses Insistieren auf Herrschaft: Wer mag sich schon gern sein relativ hilfloses Überwältigtsein nicht nur praktisch, sondern auch noch theoretisch eingestehen?

37 Außerdem braucht die Praxis keine solche Rechtfertigung: So lange das Leben weitergeht, wird man daran arbeiten, es gut zu gestalten und möglichst zu verbessern, was sonst? Jeder theoretische Pessimist ist vor dem Selbstmord praktischer Optimist. Wie sehr das Horkheimer und Adorno in der Rückkehr nach Deutschland und in den daraus folgenden Aktivitäten auch wissenschaftlich und theoriepolitisch waren, beschreibt Demirovic (1999a).

38 Als neue Bezugsgröße immerhin noch aus dem Umkreis der Kritischen Theorie wurde Alfred Sohn-Rethel gefunden. Vgl. dazu die Darstellung durch Brandt (1981), besonders die Abschnitte 4 und 5. Brandt sah sich damals veranlasst, Adorno und die *Dialektik der Aufklärung* als „Überdehnung historischer Kategorien" und „von apodiktisch anmutenden theoretischen Urteilen ... gekennzeichnet" (25) beiseite zu schieben, eine Reduktion der Kritischen Theorie auf „radikalisierte Ideologiekritik" in den 40er Jahren zu diagnostizieren und in der Geschichte des Instituts eine „materialistische Unterströmung" auszumachen, personifiziert in Neumann, Kirchheimer und Gurland, an die man wieder anschließen wollte, wenn nicht gar an die „Frühphase der Institutsgeschichte vor der Amtsübernahme Horkheimers" (47), also an die Arbeiterbewegungs-

orientierte Zeit unter der Leitung Grünbergs. Jede Revision der Kritischen Theorie braucht ihre eigene Konstruktion der Geschichte.

39 Der von Demirovic (1999b) zusammengestellte Überblick über die empirische Arbeit des Instituts für Sozialforschung ist für diese Phase besonders hilfreich.

40 Die Beziehungslosigkeit lässt sich leicht an den Literaturverzeichnissen der Bücher verifizieren: Es gibt so gut wie keine gegenseitigen Verweise. (Genauer gesagt: Ich konnte in den 1970/80ern keinen einzigen finden.)

41 Ein schönes Beispiel dafür ist Schäfer (2004) und natürlich Gruschka und Oevermann (2004).

42 Diese Unterscheidung entspricht dem die akademische und besonders die US-amerikanische Soziologie beherrschenden Paradigma der Kleinstadt-Soziologie: Gesellschaft wird als entweder integriert durch gemeinsame Werte, am besten eine Religion, oder aber als Defizit-Erscheinung verstanden, der genau jene Integration abgeht.
In der deutschsprachigen Soziologie hat Tönnies mit der Polarisierung von *Gemeinschaft und Gesellschaft* (1887) die Hintergrund-Annahme auf den Begriff gebracht. Vgl. insgesamt zu dem Thema Nisbet (1966). Neuerdings haben die „Kommunitaristen“ die Gemeinschaft besonders moralphilosophisch bis sozial-technokratisch aufgeladen. Vgl. Brumlik und Brunkhorst (1993); Honneth (1993). Die aus diesem Modell von Gesellschaft als Wertegemeinschaft resultierende „Sozialpathologen“-Haltung wurde schon früh von C. Wright Mills (1941) kritisiert.
In der *Theorie des kommunikativen Handelns* drängt sich diese Orientierung auf: 5 der 21 Abschnitte, also etwa ein Viertel der beiden Bände, hat Überschriften, die sich auf Religion beziehen. (Das ist natürlich auch der Auseinandersetzung mit Max Weber geschuldet - aber damit hat Habermas, wie die gesamte deutsche Nachkriegs-Soziologie, das Problem und das Grundmodell eben von dort, von der konservativen Bearbeitung der Umwälzungen des Fin de siècle übernommen.) Als Problem wird gesehen, dass jene Phantasie von der durch Religion (und Recht) integrierten Gemeinschaft offensichtlich auf die heutige Gesellschaft nicht zutrifft, dass die „Bindewirkung“ einer gemeinsamen Weltanschauung fehlt - und durch etwas anderes ersetzt werden muss. Habermas ist einerseits selbstverständlich, dass das „Vernunft“, eine „rationale“ Bindung sein muss, andererseits folgt er der Diagnose der *Dialektik der Aufklärung* darin, dass „instrumentelle Vernunft“ das nicht leistet. Weil aber eine „vernünftige Bindung“ sein muss, schlägt er dafür eine andere Art von vernünftigem Handeln, „Kommunikation“, „kommunikatives Handeln“ vor.

43 Zwar noch argumentativ, aber durchaus ausschließend geriet das von Negt herausgegebene Buch *Die Linke antwortet Jürgen Habermas* (1968b), das den Titel der von Habermas herausgegebenen *Antworten auf Herbert Marcuse* (1968) aufnahm, aber durch den Zusatz „Die Linke antwortet ...“ die Hommage in eine Ausschließung aus der Linken drehte. Negt hat sich später (1994: 261) von diesem Buch distanziert.

44 Es ist hier nicht der Ort und es ist nicht meine Kompetenz, eine Bilanz der feministischen Forschung zu ziehen, die eine differenzierte interne Entwicklung genommen hat. Hier sind nur die großen Theorie-Impulse festzustellen, die von ihr nach außen gewirkt haben.

45 Für Frankfurt verweise ich für die Zeit vor der Einrichtung des „Frauenlehrstuhls“ auf Namen wie Claudia von Braunmühl, Christel Eckart, Claudia Honegger, Silvia Kon-

tos, Helgard Kramer, Karin Walser, nach seiner Besetzung mit Ute Gerhard auch auf Andrea Maihofer, Tomke Böhnisch und Gesa Lindemann.

46 Um wenigstens einen Hinweis zu geben, nenne ich als Exponenten unter vielen Alex Demirovic, Josef Esser, Joachim Hirsch, Stefan Leibfried und Claus Offe, aber auch stärker ökonomisch orientierte Autoren wie Elmar Altvater und Birgit Mahnkopf gehören hierher.

47 Weil es zu selten damit verbunden wird, soll besonders das Buch *Außenseiter* (1975) von Hans Mayer genannt werden - der Versuch, eine andere *Dialektik der Aufklärung* zu schreiben, in deren Mittelpunkt die nicht eingelösten Versprechen der Emanzipation von Frauen, Juden und Homosexuellen stehen. (Im Abschnitt „Endzeit des Ancien Regime" von *Das unglückliche Bewußtsein* (1986) hat Mayer als vierte Gruppe die „Exoten" und also Kolonialismus und Rassismus als Versagen von Aufklärung hinzugefügt.) Hier wird anhand der (bürgerlichen) Literatur differenziert gezeigt, wie sich die Vorurteile und Diskriminierungen hielten und unter veränderten Bedingungen reproduzierten. Das Buch wäre ein besonders lohnender Anlass, die Arbeiten aus Literatur- und Sozialwissenschaften zusammenzuführen.

48 Krovoza und Schneider (1994) zeigen, wie es in der Kritischen Theorie, besonders bei Adorno, über die Jahre ein Schwanken in der Frage gab, ob die Gesellschaft so brutal durchgreift, dass es nicht mehr lohnt, die Person als eigenständige vermittelnde Größe zu berücksichtigen, oder ob doch das psychische Funktionieren der einzelnen Person und also Psychologie etwas zur Erklärung von Gesellschaft beitragen. Insofern war auch die Zusammenarbeit mit Analytikern, besonders mit Mitscherlich, nicht intensiv. In den 1970ern wurde einerseits dezidiert nach solchen Widerstands-Potentialen gesucht, andererseits eine genauere Beschreibung der Zwänge angestrebt, etwa in Familiendynamiken oder in der äußeren Organisation des Lebenslaufs und der Sozialisation.

49 Ein paar Namen als Hinweis zur Orientierung im Bereich der Hermeneutik: Wolfgang Bonß, Ronald Hitzler, Ulrich Oevermann, Jo Reichertz, Hans-Georg Soeffner.

50 Die Sozialgeschichte von Psychologie und Psychoanalyse (etwa Rose 1990, 1996; Zaretsky 2004) stellt die Ausgangs-Daten für Untersuchungen zur Verfügung, in denen dieser Zusammenhang zwischen der Produktionsweise mit ihren Krisen, der zugehörigen Wissenschaft vom Menschen und der jeweiligen Ausprägung von „Individualität" geklärt werden könnte.

51 In Deutschland gab es das Phänomen der „Pop-Linken", die Widerstandshandlungen aus den Rezensionen von Pop-Musik machte, die auf möglichst unzugänglichen labels erschien. (Die Zeitschrift *Spex* gibt es bis heute.) Bei Behrens (2002) wird das als eine Strömung der Kritischen Theorie dargestellt.

52 Dieser ermüdende Vorwurf des Elitismus gegen Adorno wurde zuletzt wieder von Müller-Funk (2006) nachgebetet. Und selbst Böhme (2006: 340) ist sich nicht zu schade für den Kalauer, der Sprache Adornos, seiner Theorie und der authentischen Kunst (die Adorno nicht kennt) zu attestieren, sie würden „zum Fetisch des Anti-Fetischismus". In meinem Buch *Kulturindustrie* (1998b) habe ich von der anderen Seite her versucht, das Element des Vergnügens an den Produkten in die Theorie einzubauen, ohne aus der Rezeption gleich Handlungen des Widerstands zu machen.

53 Dieser Plural wäre in einem Begriff, der konsequent ausbuchstabiert, was bei Horkheimer und Adorno angelegt ist, gar nicht möglich. Es ist ein gewisses Problem, dass Horkheimer und Adorno selbst (seltene) Ausnahmen von der strikten Fassung ihres Begriffs machen. Überhaupt braucht gerade diese Theorie, deren Gegenstand sich ausgeweitet und verfeinert hat, angemessene Weiterentwicklung. Vgl. zu einem solchen Begriff von zeitgenössisch „erweiterter Kulturindustrie" Resch und Steinert (2003b).

Für Frankfurt sind in diesem Bereich der Kulturanalysen in den 1970/80ern außer Prokop Alexander Kluge, Gertrud Koch, Burkhardt Lindner, Martin Lüdke, Heide Schlüpmann, Karsten Witte als Referenz-Namen zu nennen.

54 Vgl. zur Darstellung und Kritik das entsprechende Kapitel in Resch (1999), zur Weiterentwicklung zu einer „Interaktionsästhetik" Resch und Steinert (2003a).

55 Sie ist, anders eingeordnet, genauso wie die damalige industriesoziologische Forschung, kritische Theorie der „Wissensgesellschaft I", wie das von Resch (2005): 30-50, besonders 36ff beschrieben wird.

56 Gerade die „Selbstverwaltung" der Forschungsgelder, die durch die permanente gegenseitige Begutachtung auch dort gegeben ist, wo sie gar nicht im Statut steht, führt mit einiger Sicherheit zur Regression auf das Mittelmaß und verhindert den Einsatz von „Risikokapital". Vielfalt wäre allenfalls zu erwarten von einer Stärkung der Forschung aus unbürokratisch vergebenen universitätseigenen Mitteln.

57 Die wirtschaftlich-organisatorische Voraussetzung dieser Entpolitisierung der Zeitungen und Magazine war die Rationalisierung der Herstellung: Ende des Bleisatzes und damit der Berufe des Setzers und Druckers, ersetzt durch Automaten-Produktionsstraßen und Computer-Layout, das in der Tendenz die Redakteure selbst übernehmen konnten, dazu die allmähliche Entlassung der Journalisten in die Position von „freien Mitarbeitern" (besonders auch von *„ständigen* freien Mitarbeitern", eine frühe Version des von *einem* Auftraggeber abhängigen Arbeitskraft-Unternehmers), die nach Zeilenhonorar bezahlt werden und entsprechend mit ihren Beiträgen und um jede Zeile konkurrieren. Dass in den (zuletzt erfolglosen) Arbeitskämpfen der Drucker und Journalisten ab 1976 mit einem Höhepunkt in London 1984 ausgerechnet die Drucker, historisch die gebildete Avantgarde der Arbeiterbewegung, wegrationalisiert wurden, hat damals Traditionsbewusste erschüttert. In dieser Wegrationalisierung gerade von hoch qualifizierten Tätigkeiten bildet sich der tatsächliche Charakter der „Wissensökonomie": Wegrationalisierung der Wissenskomponente von Lohnarbeit, früh und schlagend ab.

58 Die Programme waren in beiden Fällen Entstaatlichung und Freisetzung der Marktkräfte, dazu gehörte auch eine Schwächung bis Zerschlagung von Arbeitermacht und -organisation, die tendenzielle Ersetzung von Sozial- durch Ausschließungspolitik (dabei nahm die Ausschließung auch die Form einer neuen „großen Einschließung" in den ausgebauten Gefängnissen an), die Reduktion von Demokratie auf „autoritären Populismus". Reagan hat freilich die Marktkräfte hauptsächlich auf dem Gebiet der Finanzspekulation freigesetzt und durch forcierte Rüstung tatsächlich rechts-keynesianische Wirtschaftspolitik betrieben. Er ist damit faktisch doch ziemlich stark im Rahmen von fordistischer Politik geblieben, mit der Thatcher konsequent gebrochen hat.

59 Die Soziologen thematisieren die eine Form als „Wissensgesellschaft", die andere als „Dienstleistungsökonomie", beide unter dem Stichwort „Individualisierung", mit dem sie eine gezielte Politik der Veränderung von Arbeitsverhältnissen zu einer säkularen Tendenz verklären.

60 Der Kampf um die Rettung der alten, allseitig gesicherten Form von Arbeitsverhältnis ist zugleich hoffnungslos: Er wird einfach unterlaufen, indem es durch andere, „prekäre" verdrängt wird - mit der interessanten Folge, dass durchgeregelte, gesicherte Arbeitsverhältnisse nur mehr im öffentlichen Dienst durchzusetzen sind. Der „Arbeitskraft-Beamte", als den ich (Steinert, 2003a) in ironischer Absetzung zum „Arbeitskraft-Unternehmer" das Ideal-Arbeitsverhältnis der Facharbeiterbewegung charakterisiert habe, wird tatsächlich in der Gewerkschaftsorganisation vorherrschend. Umgekehrt: Die Wirksamkeit von Gewerkschaft (und übrigens auch aller „affirmative action", in den USA breit ausgefächert, in Europa hauptsächlich „gender mainstreaming") zieht sich tendenziell auf den öffentlichen Dienst zusammen.

Die „notwendigen Anpassungen", die durch dieses Festklammern an einem hoffnungslos gewordenen Ideal versäumt werden, lägen in einer neuen Form der sozialen Absicherung, die nicht mehr lohnarbeitszentriert organisiert werden kann, vielmehr die Form einer steuerfinanzierten sozialen Infrastruktur haben könnte. Dem gewerkschaftlichen Festhalten am Ideal des allseits gesicherten Arbeitsverhältnisses entspricht in den politischen Parteien der Arbeiterbewegung das ebenso illusionäre Ziel der „Vollbeschäftigung" (mit gesicherter Lohnarbeit). Damit wird nicht nur übersehen, dass die Arbeitsplätze, die „geschaffen" werden, allenfalls prekäre sind, es wird auch übersehen, dass die Leute ohnehin ziemlich „voll beschäftigt" sind, nur halt nicht mit Lohnarbeit. Eine Politik, die etwas weniger die Wirklichkeit verleugnet als die gängige, würde sich damit beschäftigen, wie man diese anderen Arbeiten, von denen wir viel eher leben als von der Lohnarbeit und die auch nicht die Schäden an Welt und Menschen anrichten, die von Lohnarbeit verursacht werden, finanzierbar und sonst leistbar machen könnte.

61 Dieser Vorgang der Entqualifikation wird am Beginn der Phase dadurch verborgen, dass zugleich ein erhöhter Bedarf an „Rationalisierern" entsteht. Konkret am Beispiel der computerisierten Automatisierung: Es werden Programmierer benötigt, die die automatisierten Vorgänge (in der Fabrik wie am heimischen PC) einrichten und warten. Vorübergehend gibt es also eine erhöhte Nachfrage nach hochqualifizierten „Wissensarbeitern". Ihre Aufgabe ist es aber, bisher verlangte intellektuelle Qualifikationen und mittelfristig auch ihre eigenen und damit sich selbst überflüssig zu machen. Wie beim Kapital gibt es also auch bei der Arbeitskraft durch Innovation einen ersten Extra-Profit, hier Extra-Nachfrage (mit der Möglichkeit, extra-hohe Einkünfte zu machen). Wie beim Kapital verschwindet er aber nach mehr oder weniger kurzer Zeit in der erhöhten Konkurrenz, die davon erzeugt und angezogen wird.

62 Fordismus war, im Gegensatz dazu, ein Manager-Kapitalismus: Diese Produktionsweise hat nicht nur (in Ablösung eines Eigentümer-Kapitalismus) den angestellten Kapital-Verwalter und als dessen höchste Stufe den Manager überhaupt erst hervorgebracht, sie wurde auch von dessen betrieblichen Interessen bestimmt: Der Betrieb und damit der Spielraum der Manager sollte möglichst erweitert werden. Im neoliberalen Berater-Kapitalismus ist hingegen der Betrieb selbst zur Ware geworden: Es geht nicht um

seine Erweiterung, nicht einmal unbedingt um seine Erhaltung, sondern um börsengesteuert günstige Fusion, Übernahme oder auch Teilung und Verkauf. Die Manager wurden dadurch zu Öffentlichkeitsarbeitern ihren Aktionären, der Börse und dem Markt für mehr oder weniger feindliche Übernahmen gegenüber. In den so verstandenen operativen Entscheidungen und der Bearbeitung ihrer Auswirkungen auf die Belegschaften sind Berater wichtiger geworden als die Manager. Sie haben sich diese neue Funktion teuer abkaufen lassen. Vgl. Resch (2005).

63 Das gilt für die Politiker genauso wie für die mitdiskutierenden Intellektuellen: Der österreichische Politiker Haider etwa hat in den 1990ern Prominenz und damit Wählerstimmen erreicht durch fesches Auftreten, gekonnte Rhetorik im Fernsehen und Provokation der Journalisten, die sich alle mit ihm messen wollten und ihm dadurch eine überwertige Medien-Präsenz verschafften. Das Modell ist wahrscheinlich verallgemeinerbar auf andere Populisten, die aus der Opposition ins Scheinwerferlicht drängen. Die Populisten an der Regierung (Thatcher, Blair, Schröder, Bush zum Beispiel) müssen Provokation durch Angstmache ersetzen.

64 Das hat zum Beispiel dazu geführt, dass seit 2003, dem hundertsten Geburtstag Adornos, der eine Flut von Veranstaltungen wie Veröffentlichungen zur Kritischen Theorie oder zumindest zur Hagiographie oder Beschimpfung der Person auslöste, bis heute bei Veröffentlichungen zur Kritischen Theorie gewöhnlich mit „zu spät" abgewunken wird. Möglicherweise ist das unter gegebenen Kulturindustrie-Verhältnissen für die Sache sogar ein Gewinn.

65 Faktisch waren mit „Bewegung" öffentlichkeitswirksame Auftritte in Demonstrationen bis Besetzungen und Kämpfen gemeint. Das reichte vom Ostermarsch bis zu den Bürgerinitiativen und vom Häuserkampf in allen größeren Städten bis zu den Belagerungssituationen von Brockdorf, Wackersdorf oder der Frankfurter Startbahn West.

Zur Aktualität der Dialektik der Aufklärung

1 Vgl. zum „strukturellen Populismus" Steinert (1999), zu einem Programm der autoritären Potentiale von Demokratie, die sich besonders in den USA studieren lassen, Steinert (2005b).

2 Auch Horkheimer/Adorno haben den ursprünglich freizügigen Gebrauch von „Monopol-Kapitalismus" schon 1947 aus ihrem Manuskript herausredigiert. Vgl. dazu van Reijen und Bransen (1987), sowie meine Anmerkungen zu den Folgen dieser Selbst-Redaktion besonders im Kulturindustrie-Kapitel in: Steinert 1998a: 139-144.

3 Im übrigen war das nicht die erste „Menschheitskatastrophe": Die Verheerungen, die der europäische Kolonialismus in Amerika, Afrika, Asien und Australien angerichtet hat, stehen dem an Grausamkeit und Ausmaß nicht nach, eher im Gegenteil. Der Unterschied liegt in den entwickelten „Destruktivkräften": Die kolonialen Gemetzel und Völkermorde erfolgten weitgehend vorindustriell, „handwerklich" (unterstützt durch biologische und ökologische Devastierungen). Im 20. Jahrhundert hat der technische Fortschritt „kalte" Massenmorde - bis hin zur Selbst-Ausrottung der Menschheit, deren Ausbleiben ohnehin erklärungsbedürftig ist - mit den Mitteln der rationalen Verwaltung, der Lager und der Massenvernichtungswaffen ermöglicht. Vgl. dazu Horstmann (1983).

4 Die Gegenmodelle zu diesen Arbeitsbündnissen der „(klassischen) Moderne" sind „Partei-Intellektuelle" und die historische „Avantgarde", vor allem nach der russischen Revolution. Hier treten Intellektuelle als Teilnehmer an Herrschaft und als Darsteller einer erwünschten neuen Welt auf, als Propagandisten und „Lehrer" (in einem weiten Sinn). In diesen Formen wird auf Autonomie zugunsten von Macht verzichtet. (Dass es sich um „revolutionäre Macht" handelt, ändert nichts an dem Verzicht auf intellektuelle Eigenständigkeit, auch wenn man vielleicht gerade dadurch erst an die intellektuellen Produktionsmittel kommt.) Ausführlicher dazu später S. 245f, 250. Zum Begriff des „Arbeitsbündnisses" vgl. Steinert (1989/2003; 1998b) und Resch und Steinert (2003a). Zur Kritik des geläufigen Begriffs von „Avantgarde" das einschlägige Kapitel (63ff) in Resch (1999).

5 Voltaires *Candide* (1759) und de Sades *Justine* (1788) und *Juliette* (1797) sind die bekanntesten Beispiele, aber zahlreiche andere, etwa Benjamin Franklins Satire über die Abrechnung für die nach Amerika verkauften und dort gefallenen hessischen Soldaten, stehen ihnen nur an Umfang, nicht an Schärfe nach. Die behauptete moralische Ordnung desavouiert sich durch Gier, Geilheit und Grausamkeit der Herrschenden, die auch noch „belohnt" werden, und durch die Ungeheuerlichkeiten, die besonders im Krieg mit gutem Gewissen, womöglich noch als „Heldentaten", begangen werden.

6 Dazu gehören auch Nicht-Ereignisse: etwa in Deutschland das politische Management einer Massen-Arbeitslosigkeit im zweistelligen Ausmaß (und regional dem der Weltwirtschaftskrise) bei/durch gleichzeitige/r Kürzung der Sozialleistungen und Steuer-Geschenke/n an die großen Firmen, international die Ruinierung ganzer Volkswirtschaften durch das Zusammenspiel von lokalen Eliten und IMF/WTO - um wieder nur zwei Beispiele zu nennen, deren Größenordnung zugleich die Anforderungen illustriert, denen eine solche Forschung gerecht werden müsste. „Nicht-Ereignisse" stellen in jeder Hinsicht die größere Herausforderung dar.

7 Aus einer nach dem Ereignis rasch zusammengestellten und koordinierten studentischen Arbeitsgruppe an der NYU ist z.B. eine Untersuchung zur politischen Nutzung von 9/11 in New York hervorgegangen: Steinert (2003c). Vor allem aus der Auswertung von medialen Darstellungen: Laster und Steinert (2001) zum herbeigeführten Absturz der russischen Raumsonde MIR; dieselben (2003) über europäische Überschwemmungen und australische Waldbrände; Gebauer (2005). Im Spezialgebiet der Katastrophen-Soziologie finden sich Beispiele für Recherchen wie die hier gemeinten, beispielhaft und zeitlich wie inhaltlich weit gestreut etwa Cantril (1940), Morin (1969), Molotch (1970), Erikson (1976), Klinenberg (2002).

8 Vgl. Steinert (1998a) und das Kapitel „Gegenübertragung und die Analyse des Arbeitsbündnisses" in Steinert (1998b).

9 Wer immer das versucht hat, zum Beispiel Botho Strauß in *Paare, Passanten* (1981), hat sich damit eher lächerlich gemacht.

10 Verbünden können sie sich allenfalls in dem gemeinsamen Interesse, eine „Unterschicht" von der Konkurrenz um die gesicherten Arbeitsplätze fernzuhalten, was mit Hilfe des Bildungssystems, also der Lehrer, und der dort verwalteten Kategorie der „Ungebildeten" geschieht.

11 Eine besondere Erwähnung verdient an dieser Stelle die Entwicklung der (neuen) Frauen-Bewegung: Sie trug ursprünglich den anti-autoritären Impetus der Studenten- und

Jugendbewegung mit, hat sich mit ihren Erfolgen aber als Frauen-Gewerkschaft für die akademischen Berufe und den öffentlichen Dienst veralltäglicht. Die Spaltung zwischen den Interessen von Karriere- und Hausfrauen ist in dem Maß schwerer zu überbrücken, in dem die Karriere-Fraktion das Übergewicht bekommt. Damit tritt die wichtigste theoretische Errungenschaft: die Korrektur des herrschenden Arbeitsbegriffs mit seiner einseitigen Orientierung auf Lohnarbeit unter Vernachlässigung von Reproduktionsarbeit aller Art, in erstaunlicher Weise in den Hintergrund.

12 Vgl. etwa Wodak and van Dijk (2000), Steinert (1980), Davis (1973), Krais (2001), Pilgram (2001).

13 In den USA wurden die „underclass" und „urban predators" zu diesem Wörterbuch des Unmenschen beigetragen.

14 Im Großbritannien Blairs wurde es Programm, dass sozialpolitisch nicht Armut bekämpft werden soll, sondern - durch den interministeriellen „Social Exclusion Unit" gesteuert - einzelne Formen von „exclusion" (etwa Obdachlosigkeit, frühe und uneheliche Mutterschaft, wenig formale Ausbildung) zu bearbeiten sind.

15 Wirtschaftlich finden diese Ausschließungen in den Metropolen-Ländern „auf hohem Niveau" statt und sind zwar theoretisch in dieser Kontinuität zu konzipieren, treten aber mit vergleichsweise geringer Dringlichkeit auf, wenn man an die Gegebenheiten auf anderen Kontinenten denkt.

16 Ohnehin ist Opportunismus, auch als opportunistische Rebellion (Adorno sprach von „autoritärer Rebellion"), eine in der politischen Theorie - nicht in der Praxis der Politik - unterschätzte und zu wenig erforschte Haltung. Vgl. aber Rathgeb 2001; Schneider et al. 2002.

17 Fukuyama (1992) meinte, aus dem Zusammenbruch des real existierenden Sozialismus 1989 diesen Schluss ziehen zu können/zu müssen.

18 Wenn man menschheitsgeschichtlich weiter ausholen und den Übergang von Feudalismus zu Kapitalismus einbeziehen will, wird man das verallgemeinern zu „Formen der Abschöpfung von Mehrprodukt".

19 Sie besteht in Differenzierungen der Positionen in der Produktion, also z.B. in der „Erfindung" von Angestellten und Managern (das geschah in den ersten Jahrzehnten des 20. Jahrhunderts), oder in der Schließung von besonders qualifizierten Arbeitskraft-Kategorien. (Das begann mit den Zünften, wurde mit der Organisation von Lehrberufen fortgesetzt und ist ein laufender Prozess der „Professionalisierung" bei den handarbeitenden Berufen ebenso wie besonders bei den akademisch ausgebildeten.)

20 Auch und besonders durch die Herrschenden wird „Geschichte gemacht" und auch auf dieser Seite „unter nicht selbstgewählten Umständen", zu denen nicht zuletzt die Hinnahmebereitschaft und die Aktionen der organisierten oder desorganisierten Arbeiterschaft gehören.

21 Joachim Hirsch hat es über die Jahre immer wieder geschafft, Beschreibungen der jeweiligen Phase von Gesellschaftsentwicklung anhand der sich herausbildenden Politikform zu einem frühen Zeitpunkt treffsicher zu liefern. Vgl. Hirsch und Roth (1986), Hirsch (1995), Hirsch (2002). Die Bezeichnung „autoritärer Populismus" entstand nach dem Wahlsieg Thatchers. Vgl. Hall (1988) und die nachfolgende Diskussion in GB, vor allem in *New Left Review*.

22 Horkheimer („Egoismus und Freiheitsbewegung“ 1936, HGS 4) hat ausführlich gezeigt, dass bürgerliche Befreiungs- und Aufstands-Bewegungen die unteren Klassen immer schon mit solchen Mitteln zum Mitmachen gewinnen mussten. Diese historisch umfassende Theorie des Populismus (für die Horkheimer diese Bezeichnung noch nicht hatte) ist in den aktuellen Bemühungen um das Thema zum eigenen Schaden völlig vernachlässigt worden.

23 Sie entspricht übrigens der Perspektive, die in der Mediation von Konflikten aus Alltags-Kriminalität eingenommen wird: Wenn das Unglück schon geschehen ist, was lässt sich tun, damit die Beteiligten ihre Leben wieder in Ordnung bringen können und damit es sich nicht wiederholt? Das hat, recht verstanden, weder mit Buße noch mit Vergeben zu tun, sondern damit, aus dem Ereignis umfassend zu lernen und die Zukunft entsprechend einzurichten.

24 Sie mit Privateigentum an den Produktionsmitteln gleichzusetzen, benennt nur einen Spezialfall: Allgemeiner geht es um die Verfügung über die Produktionsmittel und darum, wer welchen Einfluss auf die Entscheidungen und Steuerungen der Produktion hat. Eigentum (im erst kapitalistisch durchgesetzten Sinn der absoluten Verfügung über seinen Gegenstand) ist nur eines der dafür relevanten Rechtsverhältnisse, das durch andere Regelungen der Sozialverpflichtung, der Mitbestimmung und insgesamt der Wirtschaftsdemokratie ergänzt und relativiert werden kann.

25 Wenn wir Darnton (1985) glauben sollen, hat ein solcher Effekt zur unmittelbaren Vorgeschichte der französischen Revolution einiges beigetragen. Auch in den USA der „robber barons“ ist das in den 1920/30er Jahren schon einmal geschehen und durch den „muckraker“-Journalismus stimuliert worden. Sie wiederum waren offenbar für die Durchsetzung des New Deal hilfreich.

26 Hier wird der Begriff „Intellektuelle“ gleichbedeutend mit „Kopfarbeiter“ verwendet. Bekanntlich ist das Wort historisch in einer anderen, engeren Bedeutung entstanden, die ich als „öffentlicher Intellektueller“ benenne. Wie Bering (1978) gezeigt hat, ist die Bezeichnung im Zug der Dreyfus-Affäre als abwertende Bezeichnung für Dreyfusards wie Zola verwendet und von diesen als ehrenvoll übernommen worden. „Öffentliche Intellektuelle“ sind also Intellektuelle, die in der politischen Öffentlichkeit mit dem Anspruch agieren, Politik müsse durch Argumente zu beeinflussen sein.

27 Galilei erwies sich gerade dadurch als moderner Wissenschaftler, dass er für die Wahrheit, die er zu kennen glaubte, *nicht* den Scheiterhaufen riskierte. „Sie bewegt sich“ nämlich doch und ganz unabhängig davon, ob das jemand wahrnimmt, es glaubt oder sich gar dafür, dass er es ausspricht, umbringen lässt.

28 Vgl. die Literaturangaben in Fn 4, S. 281.

29 Die Arbeit an diesem Problem konzentriert sich auf die Frage der Universalität von moralischen Normen und Rechten („Menschenrechten“). Interessanter wäre die nach der Universalität von Wahrheit und der Möglichkeit, mit „Wahrheiten“ zu leben, bzw. der Felder, in denen das leichter oder nicht möglich ist. Dass gesellschaftliche Wahrheiten spezifisch für Produktionsweisen und Kulturen sind, liegt auf der Hand, ebenso, dass es dazu immer wieder reflexive Verallgemeinerungen geben kann, die aber, weil sich Gesellschaften ändern, nie an das Ende der „einen Wahrheit“ kommen werden.

30 Das fällt bei Lyrik relativ leicht (ein Bierdeckel genügt, um ein Haiku festzuhalten), bei Oper, TV oder Film, Architektur oder einem Parteiprogramm ist Autonomie jedenfalls aller Beteiligten eher schwierig. Der Zugang zum Publikum als Teil der intellektuellen Produktionsmittel wird explizit durch Zensur, die bis zur Inhaftierung, sogar Ermordung von Intellektuellen gehen kann, implizit, aber für viele auch ziemlich wirksam, durch den Markt verhindert. Die Gegenwehr gegen Zensur besteht in Anspielungen und Ironie, auch in alternativen Publikationswegen (private Zirkulation, Samisdat). Das Internet mit seiner leichten und billigen Publikation hat gegenüber Zensur wie Markt die Situation interessant verändert.

31 Das gilt besonders, wenn man bedenkt, dass vor dem Absolutismus die Kirche die einzig überlokal (sogar international) funktionierende Verwaltung betrieb, dass also die theologische Wurzel der Universität ohnehin aufs engste mit der Ausbildung von Verwaltern verbunden war.

32 Das war ein Kampf durchaus innerhalb der herrschenden Klasse, an der die Bürgerlichen durch Reichtum und Bildung und daher als Financiers und Berater/Verwalter schon beteiligt waren, als die bürgerliche Revolution erst in England, dann in Amerika, schließlich in Frankreich möglich wurde.

33 Vgl. Hill 1972, Hollstein 1979, Schibel 1985, Walzer 1985.

34 Der „Salon" hat das Kennenlernen von Intellektuellen und möglichen Mäzenen organisiert. Vgl. den Abschnitt „Intellektuelle Subkulturen" (28ff) in Steinert 1989/2003.

35 Was so daherkommt, z.B. die Forschungen des „Collège de Pataphysique" oder die anders gelagerten des „Journal of Irreproducible Results", wird nicht ernstgenommen und bleibt aus der Wissenschaft ausgeschlossen, aus der es freilich entsteht. Alan Sokals *Social Text*-hoax, 1996, hat viel Schadenfreude und einiges an Schrifttum ausgelöst (eine umfassende Sammlung der Texte dazu findet sich unter http://physics.nyu.edu/faculty/sokal/) - und vielleicht immerhin mitgeholfen, die damals ohnehin schon moribunde „Postmoderne" zu Ende zu bringen.

36 Insofern folgt gesellschaftstheoretische Forschung auch nicht dem von Kuhn (1962) für die Mathematik und die Naturwissenschaften beschriebenen Phasen-Schema von „Normalwissenschaft" und „Paradigmawechsel". Die Sozialwissenschaften sind grundsätzlich multi-paradigmatisch, wobei die verschiedenen Paradigmen unterschiedlichen Positionen in der Gesellschaft und ihrer Produktionsweise entsprechen. Zwischen ihnen wird nicht entschieden, schon gar nicht durch die Kumulation von normalwissenschaftlich gewonnenen Ergebnissen. Sie werden allenfalls obsolet, weil sich die Konfliktlinien und die Produktionsweisen verändern. Wenn ein Paradigma relativ unangefochten vorherrscht, wie es etwa Mitte des 20. Jahrhunderts der Funktionalismus tat, verweist das nur auf stabile Herrschaftsverhältnisse, nicht auf „ewige Wahrheiten".

Literatur

Adorno und Horkheimer werden grundsätzlich (mit AGS oder HGS und der Bandzahl) aus den jeweiligen *Gesammelten Schriften* zitiert, die *Dialektik der Aufklärung* nach HGS 5.

Im Anhang zum Literaturverzeichnis findet sich eine tabellarische Auflistung aller Arbeiten von Horkheimer und Adorno, die dem Komplex der *Dialektik der Aufklärung* zugehören.

Adorno, Theodor W. (1944) Geschichtsphilosophischer Exkurs zur Odyssee; aus dem Nachlass veröffentlicht in: *Frankfurter Adorno Blätter* V/1992: 37-88.

Adorno, Theodor W. und Peter von Haselberg (1965) Über die geschichtliche Angemessenheit des Bewußtseins, in: *Akzente. Zeitschrift für Dichtung* Heft 6/1965: 487-497.

Albrecht, Clemens et al. (1999) *Die intellektuelle Gründung der Bundesrepublik: Eine Wirkungsgeschichte der Frankfurter Schule*. Frankfurt: Campus.

Behrens, Roger (2002) *Kritische Theorie*. Hamburg: EVA.

Bell, Daniel (1973) *The Coming of the Post-Industrial Society*; deutsch Frankfurt: Campus, 1975.

Bering, Dietz (1978) *Die Intellektuellen: Geschichte eines Schimpfwortes*. Stuttgart: Klett-Cotta.

Bloch, Ernst (1951) *Subjekt - Objekt: Erläuterungen zu Hegel*. Bloch Werke Bd. 8.

Böckelmann, Frank und Herbert Nagel (1976) (Hg) *Subversive Aktion: Der Sinn der Organisation ist ihr Scheitern*. Frankfurt: Verlag Neue Kritik.

Böhme, Hartmut (2006) *Fetischismus und Kultur: Eine andere Theorie der Moderne*. Reinbek: Rowohlt.

Böhnisch, Tomke (1999) *Gattinnen: Die Frauen der Elite*. Münster: Westfälisches Dampfboot.

Borgstedt, Angela (2004) *Das Zeitalter der Aufklärung*. Darmstadt: Wissenschaftliche Buchgesellschaft.

Brandt, Gerhard (1981) Ansichten kritischer Sozialforschung 1930 - 1980, in: *Leviathan* Sonderheft 4: Gesellschaftliche Arbeit und Rationalisierung: Neuere Studien aus dem Institut für Sozialforschung in Frankfurt am Main. Opladen: Westdeutscher Verlag. 9-56.

Bronner, Stephen Eric (2004) *Reclaiming the Enlightenment: Towards a Politics of Radical Engagement*. New York: Columbia University Press.

Brüchert, Oliver (2005) *Autoritäres Programm in aufklärerischer Absicht: Wie Journalisten Kriminalität sehen*. Münster: Westfälisches Dampfboot.

Brumlik, Micha und Hauke Brunkhorst (1993) (Hg) *Gemeinschaft und Gerechtigkeit*. Frankfurt: Fischer.

Bubner, Rüdiger (1989) *Ästhetische Erfahrung*. Frankfurt: Suhrkamp.

Cantril, Hadley with the assistance of Hazel Gaudet and Herta Herzog (1940) *The Invasion from Mars: A Study in the Psychology of Panic*. Princeton: Princeton University Press.

Celikates, Robin und Arnd Pollmann (2006) Baustellen der Vernunft. 25 Jahre Theorie des kommunikativen Handelns - Zur Gegenwart eines Paradigmenwechsels, in: *Westend: Neue Zeitschrift für Sozialforschung* 3(2): 97-113.

Claussen, Detlev (2004) Kann Kritische Theorie vererbt werden?, in: Tatjana Freytag und Marcus Hawel (Hg) *Arbeit und Utopie: Oskar Negt zum 70. Geburtstag*. Frankfurt: Humanities Online. 271-285.

Commager, Henry Steele (1977) *The Empire of Reason: How Europe Imagined and America Realized the Enlightenment*. New York: Oxford University Press.

Dahrendorf, Ralf (1958) Homo sociologicus: Ein Versuch zur Geschichte, Bedeutung und Kritik der Kategorie der sozialen Rolle, in: *Kölner Zeitschrift für Soziologie und Sozialpsychologie* 10: 178-208; 345-378.

Dahrendorf, Ralf (1963) *Die angewandte Aufklärung: Gesellschaft und Soziologie in Amerika*. München: Piper.

Dahrendorf, Ralf (1965) *Gesellschaft und Demokratie in Deutschland*. München: Piper.

Dahrendorf, Ralf (2006) *Versuchungen der Unfreiheit: Die Intellektuellen in Zeiten der Prüfung*. München: Beck.

Dalby, Andrew (2006) *Rediscovering Homer: Inside the Origins of the Epic*. New York: Norton.

Darnton, Robert (1971) The High Enlightenment and the low-life of literature in pre-revolutionary France, in: *Past & Present*, no. 51: 81-115; deutsch in: Robert Darnton (1985) *Literaten im Untergrund*. München: Hanser. 11-43.

Darnton, Robert (1979) *The Business of Enlightenment: A Publishing History of the* Encyclopédie *1775-1800*. Cambridge, Mass.: Harvard University Press.

Darnton, Robert (1985) *Literaten im Untergrund*. München: Hanser.

Darnton, Robert and Daniel Roche (1989) (eds) *Revolution in Print: The Press in France 1775-1800*. Berkeley: University of California Press.

Davis, Natalie Zenon (1973) The rites of violence: Religious riot in sixteenth century France, in: *Past & Present* no. 59: 51-91.

Defoe, Daniel (1697) *An Essay on Projects*; deutsche Ausgabe: Sociale Fragen vor zweihundert Jahren, Leipzig 1890; zitiert nach der Wiederausgabe *Über Projektemacherei*. Wiesbaden: B. Heymann, 1975.

Demirovic, Alex (1999a) *Der nonkonformistische Intellektuelle: Die Entwicklung der Kritischen Theorie zur Frankfurter Schule*. Frankfurt: Suhrkamp.

Demirovic, Alex (1999b) *Institut für Sozialforschung an der Johann Wolfgang Goethe-Universität Frankfurt am Main: Forschungsarbeiten*. Ganzes Heft 10 der Mitteilungen des Instituts für Sozialforschung. Frankfurt: IfS.

Demirovic, Alex (2001) Der theoretische Text als Geste: Zur Performanz in den Texten der älteren Kritischen Theorie, in: K. Ludwig Pfeiffer, Ralph Kray und Klaus Städtke (Hg) *Theorie als kulturelles Ereignis*. Berlin: deGruyter. 167-178.

Demirovic, Alex (2007) Kritische Gesellschaftstheorie und ihre Bildungsbedingungen im fordistischen und postfordistischen Kapitalismus, in: Oliver Brüchert und Alexander

Wagner (Hg) *Kritische Wissenschaft, Emanzipation und die Entwicklung der Hochschulen: Reproduktionsbedingungen und Perspektiven kritischer Theorie*. Marburg: BdWi-Verlag. 57-79.

Deutschmann, Christoph (1991) Die „Adhocracy" in modernisierungstheoretischer Sicht, in: *Die Modernisierung moderner Gesellschaften.* Verhandlungen des 25. Deutschen Soziologentages in Frankfurt am Main 1990. Herausgegeben im Auftrag der Deutschen Gesellschaft für Soziologie von Wolfgang Zapf. Frankfurt: Campus. 517-527.

Diderot, Denis (1796) *Jacques le fataliste et son maître*; zuerst in *Correspondance littéraire*, 15 Folgen von Nov 1778 bis Juli 1780; deutsch *Jakob und sein Herr*, zuerst 1792; zitiert nach: Denis Diderot, *Jakob und sein Herr*. In der Übersetzung von Mylius. Herausgegeben von Horst Günther. Frankfurt: Insel, 1984.

Drieschner, Michael (1996) Die Verantwortung der Wissenschaft: Ein Rückblick auf das Max-Planck-Institut zur Erforschung der Lebensbedingungen der wissenschaftlich-technischen Welt, in: Tanja Fischer und Rudolf Seising (Hg) *Wissenschaft und Öffentlichkeit*. Frankfurt: Lang. 173-198.

Dubiel, Helmut (1988) *Kritische Theorie der Gesellschaft: Eine einführende Rekonstruktion von den Anfängen im Horkheimer-Kreis bis Habermas*. Weinheim: Juventa.

Dunn, Susan (1999) *Sister Revolutions: French Lightning, American Light*. New York: Faber and Faber.

Eder, Klaus (1988) *Die Vergesellschaftung der Natur: Studien zur sozialen Evolution der praktischen Vernunft*. Frankfurt: Suhrkamp.

Elias, Norbert (1992) *Studien über die Deutschen. Machtkämpfe und Habitusentwicklung im 19. und 20. Jahrhundert*. Hg. Michael Schröter. Frankfurt: Suhrkamp.

Erd, Rainer (1989) Kulturgesellschaft oder Kulturindustrie? Anmerkungen zu einer falsch verstandenen Alternative, in: Rainer Erd et al. (Hg) *Kritische Theorie und Kultur*. Frankfurt: Suhrkamp. 216-235.

Erikson, Kai T. (1976) *Everything in its Path: Destruction of Community in the Buffalo Creek Flood.* New York: Simon & Schuster.

Fabian, Bernhard (2003) Englisch-deutsche Kulturbeziehungen im achtzehnten Jahrhundert, in: Barbara Schmidt-Haberkamp, Uwe Steiner und Brunhilde Wehinger (Hg) *Europäischer Kulturtransfer im 18. Jahrhundert.* Berlin: Berliner Wissenschafts-Verlag. 13-29.

Ferguson, Robert A. (1994) *The American Enlightenment, 1750-1820*. Cambridge, MA: Harvard University Press.

Frevert, Ute (1989) „Tatenarm und gedankenvoll"? Bürgertum in Deutschland 1780-1820, in: Helmut Berding, Etienne Francois und Hans-Peter Ullmann (Hg) *Deutschland und Frankreich im Zeitalter der Französischen Revolution*. Frankfurt: Suhrkamp. 263-292.

von Friedeburg, Ludwig (1989) *Bildungsreform in Deutschland: Geschichte und gesellschaftlicher Widerspruch*. Frankfurt: Suhrkamp.

Frölich, Margrit, Hanno Löwy und Heinz Steinert (2003) (Hg) *Lachen über Hitler – Auschwitz-Gelächter? Filmkomödie, Satire und Holocaust*. München: text + kritik.

Fukuyama, Francis (1992) *The End of History and the Last Man*. New York: Free Press.

Gay, Peter (1966) *The Enlightenment: An Interpretation. 1: The Rise of Modern Paganism*. London: Weidenfeld & Nicolson.

Gay, Peter (1970) *The Enlightenment: An Interpretation. 2: The Science of Freedom*. London: Weidenfeld & Nicolson.

Gebauer, Thomas (2005) Flutbilder, Bilderflut: Schlaglichter auf die Rolle von Hilfe heute, in: www.links-netz.de.

Geyer-Ryan, Helga und Helmut Lethen (1987) Von der Dialektik der Gewalt zur *Dialektik der Aufklärung*: Eine Re-Vision der *Odyssee*, in: Willem van Reijen und Gunzelin Schmid Noerr (Hg) *Vierzig Jahre Flaschenpost:* Dialektik der Aufklärung *1947-1987*. Frankfurt: Fischer. 41-72.

Görg, Christoph (1999) *Gesellschaftliche Naturverhältnisse*. Münster: Westfälisches Dampfboot.

Gorz, André (1980) *Abschied vom Proletariat: Jenseits des Sozialismus*. Frankfurt: EVA.

Gorz, André (2004) Wa(h)re Arbeit, in: Tatjana Freytag und Marcus Hawel (Hg) *Arbeit und Utopie: Oskar Negt zum 70. Geburtstag*. Frankfurt: Humanities Online. 29-37.

Grimminger, Rolf (1980) Aufklärung, Absolutismus und bürgerliche Individuen: Über den notwendigen Zusammenhang von Literatur, Gesellschaft und Staat in der Geschichte des 18. Jahrhunderts, in: Rolf Grimminger (Hg) *Hansers Sozialgeschichte der deutschen Literatur vom 16. Jahrhundert bis zur Gegenwart*. Band 3/1. München: Hanser. 15-99.

Gruschka, Andreas und Ulrich Oevermann (2004) (Hg) *Die Lebendigkeit der kritischen Gesellschaftstheorie*. Wetzlar: Büchse der Pandora.

Habermas, Jürgen (1962) *Strukturwandel der Öffentlichkeit*. Neuwied: Luchterhand.

Habermas, Jürgen (1967) Arbeit und Interaktion, in: Habermas (1968) *Technik und Wissenschaft als „Ideologie"*. Frankfurt: Suhrkamp. 9-47.

Habermas, Jürgen (1968) (Hg) *Antworten auf Herbert Marcuse*. Frankfurt: Suhrkamp.

Habermas, Jürgen (1981a) *Kleine Politische Schriften I-IV*. Frankfurt: Suhrkamp.

Habermas, Jürgen (1981b) *Theorie des kommunikativen Handelns*. Frankfurt: Suhrkamp.

Habermas, Jürgen (1983) Die Verschlingung von Mythos und Aufklärung: Bemerkungen zur *Dialektik der Aufklärung* nach einer erneuten Lektüre, in: Karl Heinz Bohrer (Hg) *Mythos und Moderne*. Frankfurt: Suhrkamp. 404-431.

Habermas, Jürgen (1985) *Der philosophische Diskurs der Moderne: Zwölf Vorlesungen*. Frankfurt: Suhrkamp.

Habermas, Jürgen (1986) Nachwort, in: Max Horkheimer und Theodor W. Adorno (1947) *Dialektik der Aufklärung*. Neuausgabe. Frankfurt: S. Fischer. 277-294.

Habermas, Jürgen (2005) „Ich selber bin ja ein Stück Natur" - Adorno über die Naturverflochtenheit der Vernunft. Überlegungen zum Verhältnis von Freiheit und Unverfügbarkeit, in: Axel Honneth (Hg) *Dialektik der Freiheit: Frankfurter Adorno-Konferenz 2003*. Frankfurt: Suhrkamp. 13-40.

Hall, Stuart (1988) *The Hard Road to Renewal: Thatcherism and the Crisis of the Left*. London: Verso.

Hampson, Norman (1968) *The Enlightenment: An Evaluation of its Assumptions, Attitudes and Values.* Harmondsworth: Penguin.

Hegel, Georg Wilhelm Friedrich (1803-06) *Jenenser Realphilosophie.* I: Die Vorlesungen von 1803/04. (1932) II: Die Vorlesungen von 1805/06. (1931) Aus dem Manuskript herausgegeben von Johannes Hoffmeister. Leipzig: Verlag von Felix Meiner.

Hegel, Georg Wilhelm Friedrich (1807) *Phänomenologie des Geistes.* Zitiert nach der Ausgabe Hegel Werke Bd. 3, herausgegeben von Eva Moldenhauer und Karl Markus Michel. Frankfurt: Suhrkamp, 1986.

Heinrich, Klaus (1989) Zur Geistlosigkeit der Universität heute, in: *Das Argument* 31(1) Nr. 173: 9-19.

Herf, Jeffrey (1984) *Reactionary Modernism: Technology, Culture, and Politics in Weimar and the Third Reich.* Cambridge: Cambridge University Press.

Herzog, Dagmar (2005) *Die Politisierung der Lust: Sexualität in der deutschen Geschichte des 20. Jahrhunderts.* München: Siedler.

Hesmondhalgh, David (2002) *The Cultural Industries.* London: Sage.

Hill, Christopher (1972) *The World Turned Upside Down.* Harmondsworth: Penguin.

Himmelfarb, Gertrude (2004) *The Roads to Modernity: The British, French, and American Enlightenments.* New York: Knopf.

Hirsch, Joachim (1995) *Der nationale Wettbewerbsstaat: Staat, Demokratie und Politik im globalen Kapitalismus.* Berlin: ID-Archiv.

Hirsch, Joachim (2002) *Herrschaft, Hegemonie und politische Alternativen.* Hamburg: VSA.

Hirsch, Joachim und Roland Roth (1986) *Das neue Gesicht des Kapitalismus: Vom Fordismus zum Post-Fordismus.* Hamburg: VSA.

Hobsbawm, Eric J. (1990) *Echoes of the Marseillaise: Two Centuries Look Back on the French Revolution.* London: Verso.

Hölscher, Uvo (1988) *Die Odyssee: Epos zwischen Märchen und Roman.* München: Beck.

Hollstein, Walter (1979) *Die Gegengesellschaft: Alternative Lebensformen.* Bonn: Verlag Neue Gesellschaft.

Honegger, Claudia (1991) *Die Ordnung der Geschlechter.* Frankfurt: Campus.

Honneth, Axel (1982) Von Adorno zu Habermas: Zum Gestaltwandel kritischer Gesellschaftstheorie, in: Wolfgang Bonß und Axel Honneth (Hg) *Sozialforschung als Kritik: Zum sozialwissenschaftlichen Potential der Kritischen Theorie.* Frankfurt: Suhrkamp. 87-126.

Honneth, Axel (1989) Kritische Theorie: Vom Zentrum zur Peripherie einer Denktradition, in: *Kölner Zeitschrift für Soziologie und Sozialpsychologie* 41: 1-32.

Honneth, Axel (1992) *Kampf um Anerkennung: Zur moralischen Grammatik sozialer Konflikte.* Frankfurt: Suhrkamp.

Honneth, Axel (1993) (Hg) *Kommunitarismus: Eine Debatte über die moralischen Grundlagen moderner Gesellschaften.* Frankfurt: Suhrkamp.

Honneth, Axel (1994) Die soziale Dynamik von Mißachtung, in: *Leviathan;* zitiert nach dem Abdruck in: *Mitteilungen des Instituts für Sozialforschung* Heft 7/1996: 13-32.

Honneth, Axel und Christoph Menke (2006) (Hg) *Theodor W. Adorno: Negative Dialektik*. Klassiker Auslegen Bd. 28. Berlin: Akademie Verlag.

Horkheimer, Max (1936): Egoismus und Freiheitsbewegung: Zur Anthropologie des bürgerlichen Zeitalters, in: *Zeitschrift für Soziaforschung* V: 161-233. HGS 4: 9-88.

Horkheimer, Max (1941) Vernunft und Selbsterhaltung. Englisch veröffentlicht als: The End of Reason, in: *Zeitschrift für Sozialforschung/Studies in Philosophy and Social Science* IX no. 3 (1942): 366-388. Deutsche Version zitiert nach *HGS* 5: 320-350.

Horkheimer, Max (1946) Die Vernunft im Widerstreit mit sich selbst: Einige Bemerkungen zur Aufklärung, in: *HGS* 12: 105-118.

Horstmann, Ulrich (1983) *Das Untier. Konturen einer Philosophie der Menschenflucht.* Wien: Medusa.

Imbusch, Peter (2005) *Moderne und Gewalt: Zivilisationstheoretische Perspektiven auf das 20. Jahrhundert*. Wiesbaden: Verlag für Sozialwissenschaften.

Jay, Martin (1973) *The Dialectical Imagination: A History of the Frankfurt School and the Institute of Social Research 1923-1950*. Boston: Little, Brown & Co; zitiert nach der deutschen Ausgabe Frankfurt: S. Fischer. 1976.

Johnson, Paul (1988) *Intellectuals*. London: Weidenfeld & Nicolson.

Kersten, Joachim und Heinz Steinert (1997) (Hg) *Starke Typen: Iron Mike, Dirty Harry, Crocodile Dundee und der Alltag von Männlichkeit*. Baden-Baden: Nomos.

Klinenberg, Eric (2002) *Heat Wave: A Social Autopsy of Disaster in Chicago*. Chicago: Chicago University Press.

Kluge, Alexander (2001) Momentaufnahmen aus unserer Zusammenarbeit, in: Oskar Negt und Alexander Kluge (2001) *Der unterschätzte Mensch: Gemeinsame Philosophie in zwei Bänden*. Band I. Frankfurt: Zweitausendeins. 5-16.

Kojève, Alexandre (1947) *Introduction à la lecture de Hegel*. Zitiert nach der deutschen Ausgabe Frankfurt: Suhrkamp, 1958.

Kontos, Silvia und Heinz Steinert (1981) Über die staatliche Sorge um die „Weibspersonen von einem gesunden vielversprechenden Körper", in: Christoph Sachße und Florian Tennstedt (Hg) *Jahrbuch Sozialarbeit 4*. Reinbek: Rowohlt. 107-128.

Kopitzsch, Franklin (1989) Sozialgeschichte der Aufklärung in Deutschland: Eine Skizze, in: Helmut Berding, Etienne Francois und Hans-Peter Ullmann (Hg) *Deutschland und Frankreich im Zeitalter der Französischen Revolution*. Frankfurt: Suhrkamp. 373-390.

Körber, Ester-Beate (2006) *Die Zeit der Aufklärung: Eine Geschichte des 18. Jahrhunderts*. Darmstadt: Wissenschaftliche Buchgesellschaft.

Krais, Beate (2001) (Hg) *An der Spitze: Von Eliten und herrschenden Klassen*. Konstanz: UVK.

Kraushaar, Wolfgang (1998) (Hg) *Frankfurter Schule und Studentenbewegung: Von der Flaschenpost zum Molotowcocktail 1946 bis 1995*. Frankfurt: Zweitausendeins.

Krippendorf, Ekkehart (1996) Die Idee der Universität, in: *PROKLA* 26(3) Nr. 104: 431-439.

Krovoza, Alfred und Christian Schneider (1996) Politische Philosophie - politische Psychologie. Über das Verhältnis von Kritischer Theorie und Psychoanalyse nach 1945, in: Tomas Plänkers u.a. (Hg) *Psychoanalyse in Frankfurt am Main: Zerstörte Anfänge - Wiederannäherung - Entwicklungen*. Tübingen: edition diskord. 630-653.

Kuhn, Thomas S. (1962) *The Structure of Scientific Revolutions*. Chicago: University of Chicago Press.

Lash, Scott and John Urry (1992) *Economies of Signs & Space*. London Routledge..

Laster, Kathy und Heinz Steinert (2001) Bei MIR bist du schejn. Ein Kulturindustrie-Ereignis, das ausblieb, in: *Wespennest* Nr. 123: 112-116.

Laster, Kathy und Heinz Steinert (2003) Höhere Gewalt und anderes Unglück. Über den politischen Nutzen von Naturkatastrophen, in: *Wespennest* Nr. 130: 107-110.

Lepenies, Wolf (1985) *Die drei Kulturen: Soziologie zwischen Literatur und Wissenschaft*. München: Hanser.

Lindemann, Gesa (2002) *Die Grenzen des Sozialen: Zur sozio-technischen Konstruktion von Leben und Tod in der Intensivmedizin*. München: Fink.

Lorenzer, Alfred (1986) (Hg) *Kultur-Analysen*. Frankfurt: Fischer.

Lukács, Georg (1948) *Der junge Hegel: Über die Beziehungen von Dialektik und Ökonomie*. Zürich: Europa Verlag. Zitiert nach der Ausgabe Frankfurt: Suhrkamp, 1973.

Lukács, Georg (1953) *Die Zerstörung der Vernunft*. Werke Bd. 9. Neuwied: Luchterhand, 1962.

Lutz, Burkart (1984) *Der kurze Traum immerwährender Prosperität: Eine Neuinterpretation der industriell-kapitalistischen Entwicklung im Europa des 20. Jahrhunderts*. Frankfurt: Campus.

Lyotard, Jean-Francois (1979) *La condition postmoderne*; zitiert nach der deutschen Ausgabe: *Das postmoderne Wissen: Ein Bericht*. Wien: Passagen Verlag. 1994.

Mackert, Jürgen (2004) (Hg) *Die Theorie sozialer Schließung: Tradition, Analysen, Perspektiven*. Wiesbaden: VS Verlag für Sozialwissenschaften.

Maihofer, Andrea (1995) *Geschlecht als Existenzweise: Macht, Moral, Recht und Geschlechterdifferenz*. Frankfurt: Ulrike Helmer Verlag.

Marcuse, Herbert (1941) *Vernunft und Revolution: Hegel und die Entstehung der Gesellschaftstheorie.* Schriften Band 4. Springe: zu Klampen Verlag.

Marx, Karl and Frederick Engels (1998) *The Communist Manifesto: A Modern Edition*. With an Introduction by Eric Hobsbawm. London: Verso.

Mayer, Hans (1955) Diderot und „Jacques le Fataliste“, in: Hans Mayer (1989) *Weltliteratur: Studien und Versuche*. Frankfurt: Suhrkamp. 157-185.

Mayer, Hans (1971) Herrschaft und Knechtschaft: Hegels Deutung, ihre literarischen Ursprünge und Folgen, in: *Jahrbuch der deutschen Schillergesellschaft* 15: 251-279.

Mayer, Hans (1975) *Außenseiter*. Frankfurt: Suhrkamp.

Mayer, Hans (1986) *Das unglückliche Bewußtsein: Zur deutschen Literaturgeschichte von Lessing bis Heine*. Frankfurt: Suhrkamp.

McGuigan, Jim (1992) *Cultural Populism*. London: Routledge.

McMahon, Darrin M. (2001) *Enemies of the Enlightenment: The French Counter-Enlightenment and the Making of Modernity*. New York: Oxford University Press.

Mills, C. Wright (1941) The professional ideology of social pathologists, zitiert nach dem Abdruck in Mills (1963) *Power, Politics and People*. New York: Free Press.

Möller, Horst (1986) *Vernunft und Kritik: Deutsche Aufklärung im 17. und 18. Jahrhundert*. Frankfurt: Suhrkamp.

Molotch, Harvey (1970) Oil in Santa Barbara and power in America, in: *Sociological Inquiry* 40: 131-144.

Moore, Barrington, Jr. (1978) *Injustice: The Social Bases of Obedience and Revolt*. White Plains NY: M.E.Sharpe.

Morin, Edgar (1969) *La rumeur d' Orlèans*. Paris: Seuil.

Müller-Funk, Wolfgang (2006) *Einführung in Schlüsseltexte der Kulturwissenschaften*. Tübingen: Francke.

Negt, Oskar (1968a) *Soziologische Phantasie und exemplarisches Lernen: Zur Theorie der Arbeiterbildung*. Frankfurt: EVA.

Negt, Oskar (1968b) (Hg) *Die Linke antwortet Jürgen Habermas*. Frankfurt: Suhrkamp.

Negt, Oskar (1984) *Lebendige Arbeit, enteignete Zeit: Politische und kulturelle Dimensionen des Kampfes um die Arbeitszeit*. Frankfurt: Campus.

Negt, Oskar (1994) Jürgen Habermas: Deutscher Intellektueller mit politischem Urteilsvermögen, in: Negt, *Unbotmäßige Zeitgenossen: Annäherungen und Erinnerungen*. Frankfurt: Fischer. 251-267.

Negt, Oskar (2001) *Arbeit und menschliche Würde*. Göttingen: Steidl.

Negt, Oskar (2006) Adorno als Marxist, in: Joachim Perels (Hg) *Leiden beredt werden lassen: Beiträge über das Denken Theodor W. Adornos*. Hannover: Offizin. 9-26.

Negt, Oskar und Alexander Kluge (1972) *Öffentlichkeit und Erfahrung: Zur Organisationsanalyse von bürgerlicher und proletarischer Öffentlichkeit*. Frankfurt: Suhrkamp.

Negt, Oskar und Alexander Kluge (1981) *Geschichte und Eigensinn*. Frankfurt: Zweitausendeins.

Negt, Oskar und Alexander Kluge (1992) *Maßverhältnisse des Politischen: 15 Vorschläge zum Unterscheidungsvermögen*. Frankfurt: S. Fischer.

Nisbet, Robert A. (1966) *The Sociological Tradition*. London: Heinemann.

Oevermann, Ulrich (1998) Selbsterhaltung oder Sublimierung? Odysseus als künstlerischer Protagonist der Kulturentwicklung, in: *Merkur* 52: 483-496.

Offe, Claus (2004) *Selbstbetrachtung aus der Ferne: Tocqueville, Weber und Adorno in den Vereinigten Staaten*. Frankfurt: Suhrkamp.

Outram, Dorinda (2005²) *The Enlightenment*. New York: Cambridge University Press.

Outram, Dorinda (2006) *Panorama of the Enlightenment*. Deutsch: Stuttgart: Belser.

Pilgram, Arno (2001) Wirklichkeitskonstruktionen im Vergleich: Polizei und Unternehmer im Ost-West-Geschäft über „Organisierte Kriminalität", in: Martina Althoff et al. (Hg) *Integration und Ausschließung: Kriminalpolitik und Kriminalität in Zeiten gesellschaftlicher Transformation*. Baden-Baden: Nomos. 143-159.

Plessner, Helmut (1935/59) *Die verspätete Nation: Über die politische Verführbarkeit bürgerlichen Geistes*. Stuttgart: Kohlhammer.

Porter, Roy and Mikulás Teich (1981) (eds) *The Enlightenment in National Context*. Cambridge: Cambridge University Press.

Prokop, Dieter (2003) *Mit Adorno gegen Adorno: Negative Dialektik der Kulturindustrie*. Hamburg: VSA.

Rathgeb, Kerstin (2001) *Helden wider Willen. Frankfurter Swing-Jugend - Verfolgung und Idealisierung*. Münster: Westfälisches Dampfboot.

Reemtsma, Jan Philipp (1992) Generation ohne Abschied: Wolfgang Borchert als Angebot, zitiert nach dem Abdruck in: Jan Philipp Reemtsma (1995) *Der Vorgang des Ertaubens nach dem Urknall*. Zürich: Haffmans Verlag. 24-61.

Reemtsma, Jan Philipp (2001) Einige Gedanken zu den Versen 426 bis 438 des 24. Gesangs der Odyssee, zitiert nach dem Abdruck in: Jan Philipp Reemtsma (2003) *Warum Hagen Jung-Ortlieb erschlug: Unzeitgemäßes über Krieg und Tod*. München: Beck. 15-35.

Resch, Christine (1999) *Die Schönen Guten Waren: Die Kunstwelt und ihre Selbstdarsteller*. Münster: Westfälisches Dampfboot.

Resch, Christine (2005) *Berater-Kapitalismus oder Wissensgesellschaft? Zur Kritik der neoliberalen Produktionsweise*. Münster: Westfälisches Dampfboot.

Resch, Christine und Heinz Steinert (2003a) *Die Widerständigkeit der Kunst. Entwurf einer Interaktionsästhetik*. Münster: Westfälisches Dampfboot.

Resch, Christine und Heinz Steinert (2003b) Kulturindustrie: Konflikte um die Produktionsmittel der gebildeten Klasse, in: Alex Demirovic (Hg) *Modelle kritischer Gesellschaftstheorie: Traditionen und Perspektiven der Kritischen Theorie*. Stuttgart: Metzler. 312-339.

Resch, Christine und Heinz Steinert (2004) Der Potsdamer Platz aus der Perspektive der Kritischen Theorie. Die Widersprüche von Herrschaftsdarstellung: Bescheidenes Großtun als Kompromiss, in: Joachim Fischer und Michael Makropoulos (Hg) *Potsdamer Platz: Soziologische Theorien zu einem Ort der Moderne*. München: Fink. 107-138.

Ringer, Fritz K. (1983) *Die Gelehrten: Der Niedergang der deutschen Mandarine 1890-1933*. Stuttgart: Klett-Cotta.

Ritsert, Jürgen (1996) *Einführung in die Logik der Sozialwissenschaften*. Münster: Westfälisches Dampfboot.

Ritsert, Jürgen (2002) *Ideologie: Theoreme und Probleme der Wissenssoziologie*. Münster: Westfälisches Dampfboot.

Rose, Nikolas S. (1990) *Governing the Soul: The Shaping of the Private Self*. London: Routledge.

Rose, Nikolas S. (1996) *Inventing Our Selves: Psychology, Power, and Personhood*. Cambridge: Cambridge University Press.

Ruppert, Wolfgang (1984) *Bürgerlicher Wandel: Die Geburt der modernen deutschen Gesellschaft im 18. Jahrhundert*. Frankfurt: Fischer.

Schäfer, Alfred (2004) *Theodor W. Adorno: Ein pädagogisches Porträt*. Weinheim: Beltz.

Schibel, Karl-Ludwig (1985) *Das alte Recht auf die neue Gesellschaft: Zur Sozialgeschichte der Kommune seit dem Mittelalter*. Frankfurt: Sendler.

Schmid Noerr, Gunzelin (1990) *Das Eingedenken der Natur im Subjekt: Zur Dialektik von Vernunft und Natur in der Kritischen Theorie Horkheimers, Adornos und Marcuses.* Darmstadt: Wissenschaftliche Buchgesellschaft.

Schmid Noerr, Gunzelin (2007) Zwischen Sozialpsychologie und Ethik - Erich Fromm und die „Frankfurter Schule", in: Oliver Decker und Christoph Türcke (Hg) *Kritische Theorie - Psychoanalytische Praxis.* Gießen: Psychosozial-Verlag. 15-44.

Schneider, Christian, Annette Simon, Heinz Steinert und Cordelia Stillke (2002) *Identität und Macht. Das Ende der Dissidenz.* Gießen: Psychosozial-Verlag.

Schneider, Christian, Cordelia Stillke und Bernd Leineweber (1996) *Das Erbe der Napola: Versuch einer Generationengeschichte des Nationalsozialismus.* Hamburg: Hamburger Edition.

Schneiders, Werner (1997) *Das Zeitalter der Aufklärung.* München: C.H.Beck.

Sloterdijk, Peter (1983) *Kritik der zynischen Vernunft.* Frankfurt: Suhrkamp.

Sonntag, Michael (1999) *„Das Verborgene des Herzens": Zur Geschichte der Individualität.* Reinbek: Rowohlt.

Steinert, Heinz (1980) Kleine Ermutigung für den kritischen Strafrechtler, sich vom „Strafbedürfnis der Bevölkerung" (und seinen Produzenten) nicht einschüchtern zu lassen, in: Klaus Lüderssen und Fritz Sack (Hg) *Seminar: Abweichendes Verhalten, Bd. IV.* Frankfurt: Suhrkamp. 302-357.

Steinert, Heinz (1984) (unter Mitarbeit von Henner Hess, Susanne Karstedt-Henke, Martin Moerings, Dieter Paas und Sebastian Scheerer) Sozialstrukturelle Bedingungen des „linken Terrorismus" der 70er Jahre: Aufgrund eines Vergleichs der Entwicklungen in der Bundesrepublik Deutschland, in Italien, in Frankreich und den Niederlanden, in: Fritz Sack und Heinz Steinert (1984) *Protest und Reaktion.* Analysen zum Terrorismus, Band 4/ II. Opladen: Westdeutscher Verlag. 387-603.

Steinert, Heinz (1987) „Enteignung der Konflikte": Zur soziologischen Kritik an Psycho- und anderen Experten, in: Marianne Springer-Kremser und Rudolf Ekstein (Hg) *Wahrnehmung - Fantasie - Wirklichkeit: Fragen der Psychotherapie heute. Festschrift für Hans Strotzka.* Wien: Deuticke. 157-184.

Steinert, Heinz (1989/2003) *Adorno in Wien. Über die (Un-)Möglichkeit von Kunst, Kultur und Befreiung.* Münster: Westfälisches Dampfboot.

Steinert, Heinz (1992/2003) *Die Entdeckung der Kulturindustrie oder: Warum Professor Adorno Jazz-Musik nicht ausstehen konnte.* Münster: Westfälisches Dampfboot.

Steinert, Heinz (1998a) (Hg) *Zur Kritik der empirischen Sozialforschung: Ein Methodengrundkurs.* Frankfurt am Main: Studientexte zur Sozialwissenschaft. Bd. 14.

Steinert, Heinz (1998b) *Kulturindustrie.* Münster: Westfälisches Dampfboot.

Steinert, Heinz (1999) Kulturindustrielle Politik mit dem Großen & Ganzen: Populismus, Politik-Darsteller, ihr Publikum und seine Mobilisierung, in: *Internationale Gesellschaft und Politik* 4/1999: 402-413.

Steinert, Heinz (2000) Kulturindustrie in der Architektur: E-U-Kultur und die Autonomie des Publikums, in: *Zeitschrift für Kritische Theorie* 6 Heft 10: 73-87.

Steinert, Heinz (2003a) Participation and social exclusion: A conceptual framework, in: Heinz Steinert und Arno Pilgram (eds) *Welfare Policy from Below: Struggles Against Social Exclusion in Europe.* Aldershot: Ashgate. 45-59.

Steinert, Heinz (2003b) Die kurze Geschichte und offene Zukunft eines Begriffs: Soziale Ausschließung, in: *Berliner Journal für Soziologie* 13(2): 275-285.

Steinert, Heinz (2003c) Unspeakable September 11th: Taken-for-granted assumptions, selective reality construction and populist politics, in: *International Journal of Urban and Regional Research* 27(3): 651-665; deutsch: Selektive Realitätskonstruktion und populistische Politik, in: Ronald Hitzler und Jo Reichertz (2003) (Hg) *Irritierte Ordnung: Die gesellschaftliche Verarbeitung von Terror.* Konstanz: UVK. 199-214.

Steinert, Heinz (2005a) „Die Kriminologie hat keine Fehler, sie ist der Fehler." Kulturindustrielles Wissen über Kriminalität und populistische Politik, in: Arno Pilgram und Cornelius Prittwitz (Hg) *Kriminologie: Akteurin und Kritikerin gesellschaftlicher Entwicklung.* Jahrbuch für Rechts- und Kriminalsoziologie 2004. Baden-Baden: Nomos. 265-279.

Steinert, Heinz (2005b) Die Reise nach Amerika, damals und heute: Tocquevilles Forschungsprogramm und kulturindustrielle Politik, in: *Berliner Journal für Soziologie* 15(4): 541-550.

Steinert, Heinz and Arno Pilgram (2003) (eds) *Welfare Policy from Below: Struggles against Social Exclusion in Europe.* Aldershot: Ashgate.

Strauß, Botho (1981) *Paare, Passanten.* München: Hanser.

Taylor, Charles (1975) *Hegel.* Cambridge: Cambridge University Press. Zitiert nach der deutschen Ausgabe Frankfurt: Suhrkamp, 1978.

Theweleit, Klaus (1977) *Männerphantasien.* Frankfurt: Verlag Roter Stern.

Tiedemann, Rolf (1998) „Gegenwärtige Vorwelt": Zu Adornos Begriff des Mythischen (I), in: *Frankfurter Adorno Blätter* V: 9-36.

Tocqueville, Alexis de (1835/40) *De la démocratie en Amérique.* Zitiert nach der deutschen Ausgabe Stuttgart: DVA, 1959 (identisch mit München: dtv, 1976).

Touraine, Alain (1969) *La societé post-industrielle*; deutsch Frankfurt: Suhrkamp, 1972.

Treiber, Hubert und Heinz Steinert (2005^2) *Die Fabrikation des zuverlässigen Menschen: Über die „Wahlverwandtschaft" von Kloster- und Fabrikdisziplin.* Münster: Westfälisches Dampfboot.

van Dülmen, Richard (1986) *Die Gesellschaft der Aufklärer: Zur bürgerlichen Emanzipation und aufklärerischen Kultur in Deutschland.* Frankfurt: Fischer.

van Reijen, Willem (1984) *Philosophie als Kritik: Einführung in die Kritische Theorie.* Meisenheim: Anton Hain.

van Reijen, Willem und Jan Bransen (1987) Das Verschwinden der Klassengeschichte in der „Dialektik der Aufklärung": Ein Kommentar zu den Textvarianten der Buchausgabe von 1947 gegenüber der Erstausgabe 1944, in: *HGS* 5: 453-457.

Voigt, Torsten (2004) *Wissen – Eine paradoxe Ware?!* Frankfurt: Diplomarbeit am Fachbereich Gesellschaftswissenschaften.

Walser, Karin (1985) *Dienstmädchen: Frauenarbeit und Weiblichkeitsbilder um 1900.* Frankfurt: extrabuch.

Walzer, Michael (1985) *Exodus and Revolution.* New York: Basic Books.

Walzer, Michael (1988) *The Company of Critics: Social Criticism and Political Commitment in the Twentieth Century.* New York: Basic Books.

Warnke, Martin (1985) *Hofkünstler: Eine Sozialgeschichte des modernen Künstlers.* Köln: Dumont.

Weinberger, Jerry (2005) *Benjamin Franklin Unmasked: On the Unity of His Moral, Religious and Political Thought.* Lawrence, KA: University Press of Kansas.

Wellmer, Albrecht (1985) *Zur Dialektik von Moderne und Postmoderne: Vernunftkritik nach Adorno.* Frankfurt: Suhrkamp.

Wiggershaus, Rolf (1986) *Die Frankfurter Schule: Geschichte - Theoretische Entwicklung - Politische Bedeutung.* München: Hanser.

Wodak, Ruth and Teun A. van Dijk (2000) (eds) *Racism at the Top: Parliamentary Discourses on Ethnic Issues in Six European States.* Klagenfurt/Celovec: Drava.

Wood, Gordon S. (2004) *The Americanization of Benjamin Franklin.* New York: Penguin.

Zaretsky, Eli (2004) *Secrets of the Soul: A Social and Cultural History of Psychoanalysis.* New York: Knopf.

Abbildungen

Archiv des Autors, Karikaturen überwiegend aus dem *New Yorker*
Foto Adorno-Denkmal: Ursula Schmidt

Der Komplex der Texte zur Dialektik der Aufklärung

<table>
<tr><th>Horkheimer</th><th>Adorno</th></tr>
<tr><td colspan="2">1939 Diskussionen über die Differenz zwischen Positivismus und materialistischer Dialektik - HGS 12: 436-492</td></tr>
<tr><td colspan="2">1939 Diskussion über Sprache und Erkenntnis, Naturbeherrschung am Menschen, politische Aspekte des Marxismus - HGS 12: 493-525</td></tr>
<tr><td colspan="2">1939 Diskussion über Dialektik - HGS 12: 526-541</td></tr>
<tr><td>1939-42 Aufzeichnungen und Entwürfe zur Dialektik der Aufklärung -HGS 12: 250-295
besonders: Die Rackets und der Geist, 287-291</td><td></td></tr>
<tr><td>1940/42 Autoritärer Staat - HGS 5: 293-319</td><td>1940-41/49 Schönberg und der Fortschritt
AGS 12: 36-126 (Philosophie der neuen Musik)</td></tr>
<tr><td></td><td>1941 Veblens Angriff auf die Kultur
AGS 10.1: 72-96</td></tr>
<tr><td></td><td>1941 Aldous Huxley und die Utopie
AGS 10.1: 97-122</td></tr>
<tr><td>1942 Zum Problem der Bedürfnisse
HGS 12: 252-256</td><td>1942 Thesen über Bedürfnis
AGS 8: 392-396</td></tr>
<tr><td>1942 Institut
(+ Anders, Brecht, Eisler, Reichenbach u.a.)</td><td>Diskussionen aus einem Seminar über die Theorie der Bedürfnisse
HGS 12: 559-586</td></tr>
<tr><td>1942 Vernunft und Selbsterhaltung
HGS 5: 320-350</td><td>1942 Reflexionen zur Klassentheorie
AGS 8: 373-391</td></tr>
<tr><td>1943 Zur Soziologie der Klassenverhältnisse
HGS 12: 75-104</td><td>1943 Über epische Naivetät
AGS 11: 34-40</td></tr>
<tr><td colspan="2">1943 Diskussionen zu den 'Elementen des Antisemitismus' der Dialektik der Aufklärung
HGS 12: 587-592</td></tr>
<tr><td colspan="2">1944/47 Dialektik der Aufklärung: Philosophische Fragmente - HGS 5, AGS 3 (plus Anhang: Das Schema der Massenkultur)</td></tr>
<tr><td>1944/47 Eclipse of Reason, Vorlesungen an der Columbia University, NY - HGS 6: 21-186</td><td>1944-47/51 Minima Moralia
AGS 4</td></tr>
<tr><td colspan="2">1946 Rettung der Aufklärung. Diskussion über eine geplante Schrift zur Dialektik - HGS 12: 593-605</td></tr>
<tr><td>1946 Die Vernunft im Widerstreit mit sich selbst, Vortrag - HGS 12: 105-118</td><td></td></tr>
<tr><td>1946 Vertrauen auf Geschichte, Vortrag
HGS 12: 119-127</td><td></td></tr>
</table>

Nicht aufgeführt sind Adornos frühere Texte zum Komplex von Kulturindustrie, dazu gibt es die Zusammenstellung in Steinert, *Die Entdeckung der Kulturindustrie oder: Warum Professor Adorno Jazz-Musik nicht ausstehen konnte*, 2003: 217.

In den Jahren ab 1938 fand auch die Auseinandersetzung mit der Psychoanalyse (also mit Fromm & Co) statt, die literarisch in den Aphorismen 36 bis 40 (1944) der *Minima Moralia* und in Adornos Vortrag „Die revidierte Psychoanalyse“ (1946, GS 8) geführt und schließlich in Marcuses *Eros and Civilization* (1955) abschließend geklärt wurde.

Dank

Die Konventionen der Danksagung spiegeln die Rationalisierung der intellektuellen Arbeit. Der Dank an die Sekretärin für zuverlässiges Abschreiben verschiedener Fassungen des Manuskripts hat sich erübrigt. Das hat man in eigene Regie übernommen. Der Dank an die Gemahlin, die einem den Rücken freigehalten und gemeinsam mit den Kindern Verständnis für Geistesabwesenheit gezeigt habe, wird ebenfalls seltener. Dankesverpflichtungen ziehen sich stattdessen aufs Institutionelle zusammen: Stipendien, die Aktennummer des Forschungsauftrags, Gastvorträge und Forschungssemester sind zu nennen. Auch ironische Formen der Danksagung, wie ich sie über die Jahre verschiedentlich versucht habe, bleiben bürokratisch oder kokett und bestätigen nur die Regeln des Genres. Der Situation von gesellschaftstheoretischer Arbeit wird das alles nicht gerecht. In ihr gilt bekanntlich beides: „Es denkt" und „wer schreibt, ist allein".

Ich habe das Glück, mich bei einer Arbeitsgruppe, meinem Arbeitsschwerpunkt an der Universität Frankfurt am Main, und bei einigen (geographisch weit verstreuten) Freunden bedanken zu können. Im Gespräch mit ihnen konnte ich Teile dessen, was ich hier niedergeschrieben habe, vor und nach diversen Textfassungen erproben und entwickeln: Oliver Brüchert, Bodo Hahn-Dehm, Torsten Heinemann, Susanne Martin, Christine Resch, Renate Uhrig. Dazu kommen Kolloquien, die ich (leider viel zu selten) gemeinsam mit Jürgen Ritsert und (regelmäßig) mit Ursula Apitzsch und Lena Inowlocki durchführe. An meiner letzten Vorlesung über Kritische Theorie hat Susanne Martin als Tutorin mitgearbeitet. Freunde, die einzelne Kapitel gelesen und kommentiert und mir mit ihren Kommentaren Überarbeitungen nahegelegt haben, waren Helga Cremer-Schäfer, Alex Demirovic, Wolf Heydebrand und Reinhard Kreissl. Christine Resch hat das gesamte Manuskript in verschiedenen Stadien gedanklich und zuletzt noch durch Korrekturlesen verbessert.

Ich habe auch das Glück, hilfreiche nachbarschaftliche Beziehungen nennen zu können: In Frankfurt die beiden Karl-Marx-Buchhandlungen, in New York St. Nick's Pub, seine Musiker und seine Gäste, mein spätabendliches neighbourhood home territory während eines Semesters.

Zu danken ist meinem Verleger und seinem Verlag, deren sachliches Interesse und professionelle Unkompliziertheit einen Autor die Tatsache der Kulturindustrie fast vergessen lassen.

Soll ich beteuern, ohne euch wäre dieses Buch nicht zustandegekommen? Besser gefällt mir: Wir haben miteinander gute und schlechte Zeiten gehabt und dabei habe ich auch dieses Buch geschrieben.

Ich widme es meiner Frankfurter Arbeitsgruppe und der www.folks-uni.org.

Frankfurt, im Mai 07 HSt

EINSTIEGE

Grundbegriffe der Sozialphilosophie und Gesellschaftstheorie

Band 18 *Ceren Türkmen*
Migration und Regulierung
ISBN 987-3-89691-684-6

Band 16/17 *Gerhard Hauck*
Kultur
Zur Karriere eines sozialwissenschaftlichen Begriffs
ISBN 987-3-89691-685-3

Band 15 *Boris Michel*
Stadt und Gouvernementalität
ISBN 987-3-89691-686-0

Band 14 *Carsten Rösler*
Medien-Wirkungen
ISBN 987-3-89691-687-7

Band 11/12 *Jürgen Ritsert*
Ideologie
ISBN 987-3-89691-689-1

Band 10 *Heiner Ganßmann*
Politische Ökonomie des Sozialstaats
ISBN 987-3-89691-690-7
zzt. vergriffen

Band 8 *Jürgen Ritsert*
Soziale Klassen
ISBN 987-3-89691-692-1

Band 7 *Christoph Görg*
Gesellschaftliche Naturverhältnisse
ISBN 987-3-89691-693-8

Band 6 *Hanns Wienold*
Empirische Sozialforschung
ISBN 987-3-89691-694-5

2. Auflage

Band 5 *Heinz Steinert*
Kulturindustrie
ISBN 987-3-89691-695-2

Band 4 *Rainer Rotermundt*
Staat und Politik
ISBN 987-3-89691-696-9

Band 3 *Reinhart Kößler*
Entwicklung
ISBN 987-3-89691-697-6

Band 2 *Claus Rolshausen*
Macht und Herrschaft
ISBN 987-3-89691-698-3

Band 1 *Jürgen Ritsert*
Gerechtigkeit und Gleichheit
ISBN 987-3-89691-699-0

WESTFÄLISCHES DAMPFBOOT
Hafenweg 26a · 48155 Münster · Tel. 0251-3900480 · Fax 0251-39004850
e-mail: info@dampfboot-verlag.de · http://www.dampfboot-verlag.de